张其成全解论语

张其成 著

华夏出版社
HUAXIA PUBLISHING HOUSE

图书在版编目（CIP）数据

张其成全解论语 / 张其成著 . -- 北京：华夏出版社，2017.6（2020.5 重印）
（张其成国学经典全解丛书）
ISBN 978-7-5080-9170-9

Ⅰ. ①张… Ⅱ. ①张… Ⅲ. ①儒家②《论语》- 研究 Ⅳ. ① B222.25

中国版本图书馆 CIP 数据核字（2017）第 067543 号

张其成全解论语

作　　者	张其成
责任编辑	黄　欣

出版发行	华夏出版社
经　　销	新华书店
印　　刷	三河市少明印务有限公司
装　　订	三河市少明印务有限公司
版　　次	2017 年 6 月北京第 1 版 2020 年 5 月北京第 5 次印刷
开　　本	787mm×1092mm　1/16
印　　张	24.75
字　　数	428 千字
定　　价	49.00 元

华夏出版社　　地址：北京市东直门外香河园北里 4 号　　邮编：100028
网址：www.hxph.com.cn　　电话：（010）64618981
若发现本版图书有印装质量问题，请与我社联系调换。

序

孔子，名丘，字仲尼，为儒家创始人。生于公元前551年9月28日（农历八月廿七）鲁国陬邑昌平乡（今山东省曲阜市东南鲁源村），享年73岁。自称"丘也，殷人也"，乃殷商后裔。父叔梁纥，母颜徵在。幼年丧父，少贫贱。时逢乱世，孔子信而好古，明知不可为而为之，致力于复兴周代文化，周游列国，游说诸侯，废寝忘食，乐而忘忧，志在使"老者安之，朋友信之，少者怀之"。首开私家讲学之风，主张因材施教，诲人不倦，有弟子三千，贤者七十二。相传孔子删定《诗》《书》《礼》《乐》《易》《春秋》，整理古代文献，其功甚伟。

《论语》是一部语录体、对话体著作，记录了孔子及其弟子的言行，较为完整地反映了孔子的思想，是儒家代表性经典。《汉书·艺文志》云："《论语》者，孔子应答弟子、时人及弟子相与言而接闻于夫子之语也。当时弟子各有所记，夫子既卒，门人相与辑而论纂，故谓之《论语》。"《论语》书成于众手，乃由孔子弟子甚至再传弟子整理而成。《论语》传至汉代，有三种版本：鲁论语、齐论语和古文论语。历代注《论语》者甚众。

《论语》主言仁，倡导忠恕之道，主张孝悌忠义、克己复礼。或曰，"半部《论语》治天下"，此言不虚。孔子的智慧不仅指引我们独善其身，而且指引我们兼济天下。读《论语》，领略孔子的胸怀与志向；读《论语》，参悟"一以贯之"的天人之道；读《论语》，探求内圣外王的至高境界。

书序至此，想起2007年11月，余携诸位易道同修，聚集在孔子故里曲阜，肃立于大成殿前，谨以鲜花雅乐，恭祭至圣先师。气氛之肃穆，场面之庄严，仪式之隆重，犹历历在目。特将所拟祭文附上：

洙泗长长，尼山蒙蒙。沃野千里，绿树千重。

天佑中华，生我圣孔。大成先师，万世尊崇。

十五志学,六艺并宏。三十而立,杏坛授众。
有教无类,私学先锋。四十不惑,觉悟人生。
五十研易,韦编三绝。彬彬无过,终知天命。
六十耳顺,删定六经。七十从心,感叹道穷。
缅怀先圣,追远慎终。仁者爱人,以义为重。
以和为贵,执两用中。忠孝首善,恕道宽容。
诚信为本,礼法为用。志道据德,游艺其中。
诚意正心,修齐治平。修己安人,身正令行。
论语易传,先圣两经。彖象系辞,十翼七种。
文言说卦,易道贯通。阴阳谓道,继善成性。
乾坤氤氲,万物化生。天地合德,日月运行。
易知易从,有亲有功。天下理得,成位乎中。
观象玩辞,知变在动。乐天知命,原始反终。
洗心研虑,趋吉避凶。自强不息,乾阳资始。
厚德载物,坤阴资生。保合太和,乾坤变通。
知往察来,神化无穷。易道广大,嘉惠后生。
我辈弘毅,道远任重。中华复兴,腾飞巨龙。
宝岛盼归,华夏一统。世界和平,祈愿大同。
告慰先圣,文脉昌隆。

目 录

导　语 / 001
　　关怀天下的学问 / 001
　　半部《论语》治天下 / 003
　　我缘何发愿全解《论语》/ 006
　　孔子是一个怎样的人 / 007
　　《论语》是什么时候谁写的 / 016
　　关于《论语》的版本传承 / 017
　　关于《论语》的历代注疏 / 019
　　《论语》在儒家经典中的地位 / 020
　　《论语》的核心思想 / 021
　　《论语》与思想史背景 / 021
　　《论语》与伦理思想 / 024
　　《论语》与教育思想 / 027
　　《论语》以"仁"为核心的思想体系 / 028
　　《论语》的人生启示 / 030
　　事业从"五伦"做起 / 030
　　为政以"德行"为先 / 033
　　处世以"中庸"为准 / 035

学而第一 / 038
为政第二 / 059
八佾第三 / 079

里仁第四 / 098
公冶长第五 / 114
雍也第六 / 133
述而第七 / 151
泰伯第八 / 173
子罕第九 / 187
乡党第十 / 210
先进第十一 / 226
颜渊第十二 / 246
子路第十三 / 263
宪问第十四 / 282
卫灵公第十五 / 309
季氏第十六 / 329
阳货第十七 / 339
微子第十八 / 355
子张第十九 / 365
尧曰第二十 / 378
后　记 / 388

导　语

在公元前500年前后，我们中华民族为人类贡献了一批圣哲，其中影响最大的有两位：孔子和老子。

孔子的学说和思想集中反映在《论语》中，如果用一个字来概括《论语》的核心思想，那就是"仁"。孔子是儒家的创始人，《论语》是儒家思想的第一元典。《论语》中已经比较完备地具有了后世儒家演进发展的素材，是儒学的奠基之作，《论语》是一部满怀人文精神和人伦哲理的经典，为我们展开了一幅充满人性光辉的图景。而孔子，在世界范围内，已成为中华民族文化精神的象征。

关怀天下的学问

孔子是中国文化的象征。在孔庙中常见一副赞誉孔子的对联，上联是"德配天地，道贯古今"，下联是"删述六经，垂宪万世"。

上联说的是：孔子以道德立身，人格伟岸，其精神与天地相往来，亘贯古今，至今仍是人类的宝贵财富。在孔子的学说中第一看重的就是德行，传统上认为孔子的"弟子三千"中有"七十二贤"，有七十二个学生非常出色，是贤达之人，从这七十二个出色学生中再挑，就挑出来"孔门十哲"了。在《论语·先进》中孔子说："从我于陈、蔡者，皆不及门也。德行：颜渊，闵子骞，冉伯牛，仲弓。言语：宰我，子贡。政事：冉有，季路。文学：子游，子夏。"

孔子像

这是孔子对跟随他的早期弟子做的一个评点,"德行"排在前面最先说,说明孔子第一重视德行修养。首先是"德行",然后"言语",再说"政事",最后是"文学",这四项合起来就是"孔门四科",就是孔子考查学生时用的四种科目,其中"德行"排在第一。

下联说的是孔子一生的事业,当然,孔子一生做了很多事情,做得最成功的是这样两件事:第一件是开办了私人教育。孔子是所有中国老师的祖师爷,我是"教国学的大学老师",所以孔子也是我的祖师爷。现在台湾的教师节定在9月28日,这是个什么日子?9月28日是孔子的生日,孔子生于公元前551年9月28日(农历八月廿七)。孔子是"万世师表",是"大成至圣先师","至"是到达极点的意思,"大成至圣"就是"圣"到顶头上了,再也没有比孔子更"圣"的人了。第二件事情是"删述六经",说的是孔子晚年整理文献,为中华文化的传承做出了非常了不起的贡献。孔子在《论语·述而》中说过,"述而不作,信而好古,窃比我于老彭",也就是他评价他自己做的工作主要是整理记述,而不是创作。"六经"是《易》、《诗》、《书》、《礼》、《乐》、《春秋》。"删述六经"这个事情很重要,因为一个文化必须要有文献传承下来,才能得到继承并发扬光大。在孔子所处的那个年代就已经出现过类似的问题,在《论语·八佾》中,孔子说:"夏礼吾能言之,杞不足征也;殷礼吾能言之,宋不足征也。文献不足故也。足,则吾能征之矣。"意思是:夏代的礼孔子能说,商代的礼孔子也能说,但能不能说清楚,主要看文献资料是不是充足,而不在于有没有血脉子孙流传下来(杞是夏的后嗣,宋是商的后嗣)。所以,仅仅是"子子孙孙无穷匮也"是没有用的,人的因素才是传承发扬文化的基本条件。但仅仅有人也是不够的,有文化传承、有文献流传也非常重要。

那么,孔子做这些事情的目的是什么?孔子的目的,在当时是为了恢复社会秩序,使社会所有成员都安居乐业。客观来说,孔子在世的时候,这件功业他并没有完成。那么,孔子所做的事情为什么还会对后世有这么大的影响呢?这是因为,孔子创立的儒家学说是一种关怀天下的学问。自古以来,这种以天下为己任、以文化担当为己任的精神吸引着中国整个的精英阶层,儒家的精神气质成了古代中国精英阶层的一种内在要求,甚至在今天的知识分子身上,我们仍然能感受到这种气质。这种气质的首要特点就是"以道自任",也就是一种对天下的关怀,这种关怀始终超越一己或家族的利益得失,而指向"道",比如《论语·卫灵公》中说"君子谋道"、"君子忧道",到《大学》就讲"修、齐、治、平",格物致知、修身养性始终是指向实现"家—国—天下"的太平幸福这一目标。于是,为了达到"天下大同"而从"格物修身"开始做起,成为精英阶层的文化自觉。

此外,孔子创立的儒家学问还能让人修养出与天地一样伟大的人格,让人养成一种处乱不惊、娴静沉着、淡泊宁静又睿智深沉、自我剖析且洞察是非的气质。而且按照孔子的说法,一旦达到这种人格修养的境界,接着就会于微妙之中带着一种神奇非凡的力量,使得很多事情都能自然而成,而不费吹灰之力了,比如《论语·述而》中说"仁远乎哉?我欲仁,斯仁至矣","仁"离我很远吗?我想要"仁","仁"自然就来了,又比如《论语·子路》中说"其身正,不令而行",如果处身正直,用正确的思想和方法行事,那不用命令什么,自然就能被执行,显得很轻而易举地就完成了治理家、国和天下的任务。

这就是孔子的学问,孔子的气质,指引了我们两千多年,今后仍将指引我们完善道德、修养人格、成就事业。

半部《论语》治天下

孔子和《论语》,都是要引导我们学而不倦,引导我们以"仁"为最高目标去完善人格,又要以天下为己任,要先天下之忧而忧,后天下之乐而乐。那么,通过学习《论语》,能不能达到孔子为我们设定的目标呢?应该是可以的。只要真能"学而时习之",不断学习上进而且应时实践练习,又做到"无终食之间违仁",哪怕是一顿饭的工夫都不会违背"仁"的标准,我们自然能获得"修齐治平"所需要的能力。

这几年"国学"很热,尽管如此,可能很多人还是没有工夫来好好读一读《论语》。不过我相信很多人都听说过一句俗话,"半部《论语》治天下",意思是说只需要领会《论语》一半的精髓,就有了经天纬地的才能,足以安定天下。真能"半部《论语》治天下"吗?这就要从一个故事说起,据《辞海》说,这个故事记载在宋朝罗大经的《鹤林玉露》中。

《鹤林玉露》里面说:宋朝初年的宰相叫赵普,当时的人们传言说赵普这个宰相没什么学问,读书很少,仅仅读了一本《论语》而已。于是有一次,太宗皇帝赵匡义就问赵普,这个传闻是不是真的,赵普这个人很机智,他说:"臣平生所知,诚不出此。"他告诉皇帝说：他一生所知道的、所领悟的，确实没有超出一部《论语》的，没说自己只会一本书，也没说自己读了很多书，但是肯定了《论语》的博大精深，不管我究竟有学问还是没文化，肯定没法超出《论语》去。接下来赵普更是语出惊人了，他说："昔以其半辅太祖定天下，今欲以其半辅陛下致太平。"以前我辅佐太祖皇帝南征北战，平定天下，靠的就是这本书的一半。现在我也想继续以这本书的一半辅佐陛下您治理天下，以达到天下太平的目的。这个厉害了，一边叙述自己的功绩，一边表明自己的能力，以前辅佐太祖皇帝平定了天下，现在也愿意继续忠诚地辅佐太宗皇帝治理天下。真不知道赵普是在夸《论语》这本书厉害呢，还是在夸自己这个人很厉害——我只要半部书就搞定天下了，皇帝您不用我用谁啊。赵普可以算得上是宋朝的开国元老，相传，宋太祖赵匡胤陈桥驿称帝是在喝醉酒睡得迷迷糊糊的情况下完成的，据《宋史》记载，当时带头起哄、架着赵匡胤称帝的有两个人，一个是太祖的弟弟、后来的宋太宗赵匡义，另一个就是赵普。所以赵普有拥立的功勋，又有辅弼的本事，宋朝建立后一直官居高位。《宋史》记载赵普"少习吏事，寡学术"，赵普年轻时候的"专业"是刑狱争讼之类的事情，相当于今天治安警察一类的具体行政工作，所以"寡学术"，理论修养不高。后来宋朝建立了，赵普也当了宰相，理论水平还这么低可不行，所以宋太祖赵匡胤时常劝赵普要多读书。皇帝说了，赵普当然得照办了，而到宋太宗赵匡义执政的时候，赵匡义自己就非常喜欢读书，还经常给文臣武将布置读书任务，赵普估计也养成了读书的习惯，"经史百家常存几案"，案头常常放着不少六经、史书以及诸子百家等各种各样的参考书，"晚年手不释卷"，晚年的时候拿起书就舍不得放下。"每归私第，阖户启箧取书，读之竟日"，一回家就关起门来，打开书箱子（竹子做的小箱子，而不是今天我们见到的那种书柜）取出书来读，一读就是一整天。第二天上朝临政的时候，处理问题非常得心应手，非常顺畅。等赵普亡故之后，家人打开他的书柜一看，原来是"《论语》二十篇也"，原来书柜里放着的是一部《论语》。这个事情在南宋王偁的《东都事略》里也有记载，只不过略有出入，这本书里用"不测也"来形容赵普读书，也就是赵普读书鬼鬼祟祟、神神秘秘的，连家人也不知道他读的什么东西。

不管怎么说，我们大致可以从这个故事中得出两个结论：第一是从中国儒家治国的传统思路看来，《论语》是治国的法宝，半部就威力无边了；第二是宋以后的中国文人都很认可《论语》在治理国家方面的巨大功用。不然从宋朝开始出现的"半部《论语》治天下"的故事就不会流传至今了，且不论赵普是真没学问还是假没学问，是帮《论语》吹牛皮还是为自己长面子，反正后世文人都传颂这个故事，显然表明，即使到今天，我们仍然愿意相信《论语》在治理国家方面有巨大功用。

事实真的如此吗？《论语》真能在治理国家时威力无边吗？当今世界，没有一个国家是以《论语》作为国家意识形态的，所以，逻辑上我们既找不到支持的直接论据，当然也提不出反对的直接论据。不过，我们倒是可以提供一些支持"半部《论语》治天下"的间接的正面论据，典型的例子就是上个世纪末东亚经济圈的快速腾飞。东亚地区在地域上是指包括东亚大陆上的中国、朝鲜，向西向南扩展包括了日本、韩国、新加坡等地区，同时，东亚地区又有其文化内涵。在近代之前，这个地区的文化格局是以东亚大陆为中心，向周边传播，于是，从公元7世纪到公元17世纪，东亚地区形成了有很大共性的、比较稳定的文化体系。而且这种文化体系在16世纪之前是处于世界领先地位的，自成体系，与近百年来高度发展起来的近代文化有很大差异。近代文化以科学和大工业生产为特征，首先是在西方发展起来的，这种文明的成果在资本主义冲动的驱使下，通过殖民和霸权扩张，成功地展开了一场世界性的政府运动，东亚世界的文化传统因此而必然面临很大挑战。19世纪后半叶开始，东亚地区以日本为先导，先后竞起，开始了近代化和现代化的进程，最先崛起的是日本，经济很快发展起来，接着又有韩国、中国香港、中国台湾、新加坡快速发展起来。学者们就开始研究这个问题，为什么这个地区的经济能发展得这么快呢？找到了很多影响的因素，其中文化角度的考察表明：儒家文化是非常重要的一个因素。

儒家思想为什么会成为东亚经济圈经济快速崛起的文化原因呢？有一本叫《德川宗教——现代日本的文化渊源》的书认为：促进日本近代快速发展的文化原因是王阳明的力行哲学和武士道精神，这两个文化因素合流而影响日本人形成一种独特的人生态度。还有一些日本本土的学者认为是朱子哲学和神道精神的结合促进了日本的近代崛起……王阳明的学说和朱子（朱熹）的学说都是典型的儒家学说，因此我们可以这样总结：正是儒家文化的优秀部分浸染到每一个人的生活中，人们重视家庭责任和对家庭的无条件承诺、强调纪律性而不强调自我、愿意献身工作并奉行节俭、追求成就和接受杰出的教育等等，这些都成为促进一个民族、国家、地区快速完成近代化和现代化的文化动因。

"半部《论语》治天下"在今天来理解,除了前面说到的对促进东亚地区经济快速腾飞提供文化动力外,还有一个方面就在于《论语》在当代企业管理和企业文化建设中的应用。还是以日本为例,日本的很多企业家很喜欢《论语》中的伦理精神和经营管理价值,他们把儒学与现代化管理相融合,使企业的发展充满活力和动力。日本近代有"实业之父"之称的涩泽荣一认为:一个企业家应该"一手拿着算盘,一手拿着《论语》",也就是既要精于算计谋划,能创造价值,获取利益,又要兼顾道义,是一种儒商经营的思路。著名企业家松下幸之助则自称是"靠一部《论语》起家的";而另一位同样著名的企业家北尾吉孝强调:对任何事情的判断标准只有信、义、仁三个字;日本 ADK 广告公司总裁稻垣正夫对《论语》等四书五经有专门的研究,据说能把《论语》倒背如流,他相信儒学是一门惠及世界的学问……《论语》的这些在当代企业管理中可资借鉴的智慧,在本书中将会始终被关注,体会到《论语》中富含有这么多对企业管理和人生幸福有助益的内容,也是我发愿全解《论语》的原因之一。

我缘何发愿全解《论语》

在当代中国人案头常备的经典中,《论语》是不可或缺的,每一次翻读《论语》都会有新的感悟,这就是孔子说的"温故而知新"。

在十年多讲读《论语》的过程中,我深切地体会到:面对这么一部经典,要真读懂,有所领悟,从中找到心灵的家园,从中获得立身处世的智慧,并不是一件容易的事情。这些年来,似乎全中国的人都在谈论《论语》,几乎每一个中国人都知道一点《论语》,但是几乎都是片面的、零星的解读。

古人也有很多论语的注疏,如清代刘宝楠先生的《论语正义》,宋代的朱熹朱夫子的《论语集注》。从某种意义上说,任何一部解读《论语》的著作都是从某一个视角去解读《论语》,都只是讲解了《论语》的一部分道理。《论语》是一部非常有生命力的经典,其中有丰富的思想素材,从这个意义上来说,对《论语》的解读是与时偕行的,是没有人可以终结的。也正是在这个意义上,我非常乐意贡献出我这些年读《论语》的心得体会,与大家分享。

《论语》文义深奥,我们今人读《论语》常常会面临两大难题:第一是能不能读懂古文,第二个是能不能把《论语》放到正确的历史背景中去理解。而解读

《论语》则还得再加上一重困难：如何让《论语》鲜活起来，与今天的生活有关联，对今天的生活有帮助。有鉴于此，我在全解《论语》的过程中就尝试去解决这三个难题：首先，我解读《论语》是立足文本，选择可靠的底本，以"小学"为基础，把文字的意思解读正确了；其次，我解读《论语》是结合孔子所处的时代背景去理解，以"同情之理解"去诠释，去还原孔子立论之初的旨趣；最后，我解读《论语》一定是关怀当下的，以古为今用和与时俱进的思路引申发挥，以通俗白话为表述形式。贯彻以上三条原则，我想像这样一章一章的解读下去，最后呈现给大家的《全解〈论语〉》至少会是一个完整自足的《论语》，真能如此，也就实现了我的心愿——让当今每个中国人都能有一部完整的、能一看就懂的《论语》。

当然，解读经典名著从来都是一件吃力而未必讨好的事情，正如我发愿"弘扬中华文化，构建精神家园"，不断宣讲国学一样，我总是说"我不入地狱，谁入地狱"，这解读《论语》也一样，或誉或毁，一任时贤，我真心地希望大家批评指正。

孔子是一个怎样的人

公元前551年9月28日，农历八月廿七日，这个日子中国人都应当永远记住，因为后人说"天不生仲尼，万古如长夜"，老天如果不生孔夫子，那我们这些炎黄子孙千秋万代就会像生活在黑夜里一样。据目前文献所见，最早说出这句话的人是南宋的朱熹，但是朱熹自己说他是引用前人的话，究竟是谁说的，现在还没有考证出来。至少从南宋开始，这句话就成为我们中国人的共识，所以大家要记住孔子出生的这个时间。

孔子是我国著名的大教育家，也是我国第一位"民办教师"，我们学术界通过各种渠道提出来希望把教师节改到9月28日，虽然到现在都没改，我相信以后还是可能会改的。教师节定在哪一天也不是很重要，其实我有另外一个提议，我提议将9月28日作为我们中国人的圣诞节，因为孔子是中华文明的一个符号。但是，这个提议估计到我死的那一天也实现不了，不过没关系，还有大家，因为通过我

孔子行教像

的演讲和著作让大家认识了孔子,这个更加重要,这件事情是为我们中国人找一颗心啊。

孔子活了七十三岁,我们现在来看看《史记》对孔子的描述。大家还记得吧,讲老子的时候我也引用《史记》的记载,在说春秋战国诸子百家的人物时,第一个依据就是去看《史记》。司马迁的《史记》开创了一种记载历史的体裁,《史记》一共一百三十篇,里面分了十二本纪、三十世家、七十列传、十表、八书。《史记》记载的是汉武帝前的历史,把人物分成三等:第一等"本纪"是记载帝王的历史,第一篇就叫《五帝本纪》;第二等是"世家",是给诸侯写的传;第三等是"列传",记载那些不是帝王和诸侯的其他重要人物。在司马迁的眼里,历史上的各类人物是有分别的,他在《老庄申韩列传》里把老子、庄子、申子和韩非子四人绑在一起,也就是说把道家(老子、庄子是道家的代表人物)和法家(申子、韩非子是法家的代表人物)合起来做一篇传。按说孔夫子也没有做过诸侯,更不是帝王,也应该放在"列传"里来讲,但是司马迁把孔子放在了"世家"里,在先秦诸子里面只有孔子被放在世家里。可想而知,在汉武帝时期,孔子的地位已经在诸子百家里凸显出来了。汉武帝接受董仲舒"罢黜百家,独尊儒术"的建议,把其他家都废除了,只推崇儒家。

现在我们来看看《史记》对孔子的记载,我们一段一段地解释。

"孔子生鲁昌平乡陬邑。其先宋人也,曰孔防叔。防叔生伯夏,伯夏生叔梁纥。纥与颜氏女野合而生孔子,祷于尼丘得孔子。鲁襄公二十二年而孔子生。生而首上圩顶,故因名曰丘云。字仲尼,姓孔氏。"

"孔子生鲁昌平乡陬邑",孔子出生在鲁国昌平乡陬邑这个地方,在现在曲阜的东南边,不是现在的孔府。现在那边还有一个"夫子洞",据说当年孔子的母亲就是在那里生了孔子。"其先宋人也",他的祖先是宋国的贵族,宋国现在在河南商丘一带。"曰孔防叔",他的祖先叫孔防叔。"防叔生伯夏,伯夏生叔梁纥",孔防叔生下孔伯夏,孔伯夏生下叔梁纥。叔梁纥就是孔子的父亲。你看下面这样记载,孔纥,字叔梁,所以叫孔叔梁,又叫孔纥。"纥与颜氏女野合而生孔子",这句话非常有意思,好多人说孔子是私生子,是孔纥和颜家的女儿野合而生。据说孔纥很勇猛,是当地的主管,他娶了一个妻子,给他一连生了九个女儿而没有生儿子,到了第十才生了一个儿子,这个儿子叫孟皮,字伯尼,"孟"就是老大,"仲"就是老二,孔子字仲尼,前面还有一个大哥,所以人称"孔老二"(现在大家绝对不允许这样叫啊)。孟皮本来长得很英俊的,但小时候有一次爬树不小心摔下来,脚摔跛了,这就不算健全了,所以孔纥觉得这不行,不孝有三,无后为大啊。后来他看上了颜家的大女儿(颜家有三个女儿),孔纥和颜父是好朋友,颜父这个人也比较开明,后来他就问女儿们谁愿意嫁给孔纥,大女儿和二女儿都不同意,结果三女儿(颜徵在)同意了。颜徵在当年十九岁,孔纥当年六十六岁,这两人就这样结合了。历史上对这段事有很多的争议和考证,实际上颜徵在早就喜欢上了孔纥,有的人说她十七八岁没结婚时就和孔纥野合生下了孔子,这是一种说法。也有另外一种说法,认为是因为他们年龄差距太大而不符合礼仪,所以说他们野合,按照这种说法,他们是结了婚才生了孔子。通过对一些文献的考证,我比较赞同第一种说法。后面一段说法可能是为了避讳。"祷于尼丘得孔子",他们两个在没结婚的时候就一起去尼丘山祈祷,因为这座山叫尼丘山,所以孔子叫丘,字叫仲尼,这是一个原因。"鲁襄公二十二年而孔子生",也就是说公元前551年孔子出生。"生而首上圩顶",孔子生下来头顶中间凹陷。"故因名曰丘云",这句话一般人看不懂,头上凹下去怎么叫丘呢?其实你只要会"丘"字的写法你就知道了("丘"字小篆),"丘"字的样子就是像山丘一样,中间是凹下去的,所以他叫孔丘,这是他名字由来的第二个原因。"字仲尼,姓孔氏",孔子字仲尼,姓孔。为什么叫仲尼呢?古代的名和字是解释与被解释的关系,因为那个山叫尼丘山,所以孔丘,字仲尼,两个字是互相解释的。因为他排行老二,所以叫"仲"(兄弟排行顺序:孟、仲、叔、季)。

"丘生而叔梁纥死,葬于防山。防山在鲁东,由是孔子疑其父墓处,母讳之也。孔子为儿嬉戏,常陈俎豆,设礼容。孔子母死,乃殡五父之衢,盖其慎也。陬人挽父之母诲孔子父墓,然后往合葬于防焉。"

"丘生而叔梁纥死,葬于防山",孔丘出生三年后,叔梁纥便死了,安葬在防山。"防山在鲁东,由是孔子疑其父墓处,母讳之也",防山在鲁国的东边,当时鲁国的首都在曲阜。孔

祷尼山图

子怀疑他父亲埋葬的地方，但是母亲态度隐晦，不告诉他。这也是他小时候的一个谜，母亲不告诉他父亲究竟埋在哪里，这里面一定是有原因的。"孔子为儿嬉戏，常陈俎豆，设礼容"，孔子在孩童时做游戏，经常做的游戏的内容是陈列俎豆，设礼容。"俎"是一种器具，"豆"先秦时它是这么写的，它就是个高脚的器具，俎和豆都是礼器。"设礼容"，是用器具来做礼仪的动作，比如说老师来了，我们要摆放什么样的礼器，要做什么样的仪式，怎么鞠躬，平辈的人相见又该如何，父母去世了又该用什么礼。礼仪非常重要，但是当年礼崩乐坏，一般都不讲究礼仪（周礼）了，这就是世道衰微的一种表现，孔子小时候做的游戏，实际上都是在恢复礼仪，所以孔子在《论语》中说"仁"就是"克己复礼"。"孔子母死"，孔子母亲去世，当时他十七岁。"乃殡五父之衢"，"五父"是地名。"衢"意思是路，就是将灵柩停放在五父的路上。"盖其慎也"，这是出于孔子谨慎从事的考虑，母亲去世后放在棺材里，然后放到大路上陈列出来，这都是当时的礼仪。之后孔子想让母亲与父亲合葬，但是不知道父亲究竟葬在何处，这个时候，"陬人挽父之母诲孔子父墓，然后往合葬于防焉"，陬邑人中一个叫挽父的人的母亲告诉孔子其父的墓址，"诲"就是告诉。这之后孔子才将母亲灵柩送往防山合葬。十九岁的时候，孔子娶丌官氏为妻，二十岁的时候他和丌官氏生了一个儿子，也是孔子唯一的儿子，鲁国国君为表示祝贺就送了鲤鱼，孔子感到十分荣幸，所以就给他儿子取名为孔鲤。现在如果我让大家给孔鲤取一个字，应该是什么呢？鲤是一条鱼，所以孔鲤就是字伯鱼。

昭公赐鲤图

"孔子贫且贱。及长，尝为季氏吏，料量平；尝为司职吏而畜蕃息。由是为司空。已而去鲁，斥乎齐，逐乎宋、卫，困于陈、蔡之间，于是反鲁。孔子长九尺有六寸，人皆谓之'长人'而异之。鲁复善待，由是反鲁。"

"孔子贫且贱"，孔子小时候贫困，"贱"是地位低下。在他三岁时父亲去世，十七岁时母亲也去世了，所以他小时候很贫贱，后来长大了。"及长，尝为季氏吏"，曾经做过季氏手下的小吏,料量平,"料"是料理、管理,"量"是统计,他曾经做过管理仓库的官,他的管理和统计都非常的公平、公道。你看孔子有管理的才能啊。"尝为司职吏而畜蕃息",曾做过一些小吏,后来他管过现在说的畜牧业(养牛羊),使牛羊加倍地增加和繁衍。"息"字特别重要,你看小篆是这么写的,下面是心,上面像个鼻子,"息"是指一种气,气从心里通过鼻子呼吸,"一息"最早的意思就是一呼一吸,一次呼吸叫一息。"息"有两个意思,一个是生长,一个是消亡,一呼一吸不是一涨一落吗?后来我们说的"休息"中的"息"就是取了它"消亡"的这个意思。但在这句话里"息"是"生长"的意思,孔子做了这个小官吏后,使得那些牲畜不断繁衍生长。"由是为司空",又由此出任司空,"司空"是一个官职。现在我们军队里最高长官叫司令,"令"是命令,"司"是掌管,掌管命令的叫司令,"司空"就是司工,就是掌管现在的工业如建筑、水利等的官。如果是掌管农业的,就叫司农。"已而去鲁",不久离开鲁国,古代的"去"就是离开。"斥乎齐",去了齐国,受到排挤。"逐乎宋、卫,困于陈、蔡之间,于是反鲁",被宋人、卫人所驱逐,在陈国、蔡国之间受困,于是返回鲁国。这就是孔子周游列国,这段历史我一会儿再说。

"孔子长九尺有六寸",孔子个子太高了,身高九尺六寸,我专门考证了一下到底有多高,古代的一尺大概是现在的33厘米,但是周朝的一尺是21厘米,一算也两米多了,肯定没有那么高,但究竟有多高,这是一个谜了。"人皆谓之'长人'而异之",人们都称他为"长人"而感到奇异。我在我们家也算高的,但是我父母都不高,我一直很奇怪,后来我知道我小时候有四个奶妈喂我,因为我是三代独苗,四个奶妈各自的孩子都很高,所以我才那么高,我的弟弟妹妹们都不高,只有我高。"鲁复善待,由是反鲁",鲁君又善待孔子,因此返回鲁国。

我大概说一下,在孔子五十岁之前的几个大的事件:

十九岁的时候娶亓官氏为妻。

二十岁的时候生了一个儿子。

二十一岁的时候做了一些小官。

人说三十而立,三十岁左右孔子就开办私立学校,开始授徒了,所以教师节应该是孔子的生日。那是不是孔子就是第一位老师呢?不是,之前就有学校,不过都是贵族学校。孔子办的是私立学校,他要的学费很便宜,叫"束修",十条干肉,我们后面会说到。所以他的学生里有贵族子弟也有平民百姓,颜渊就很贫穷,子贡家里就很有钱。所以叫"有教无类",不分类别和阶级。

三十四岁时孔子去周的首都洛阳向老子问礼仪。

三十五岁时，鲁国有一场内乱，当时的国王鲁昭公就逃到齐国的首都淄博，孔子也跟着逃亡到齐国。

三十七岁的时候齐国有个大夫想陷害孔子，所以他就返回了鲁国。

到了五十岁的时候，他时来运转，因为他学习《易经》而知了天命。这是他人生的转折点，发生了几件事情。鲁定公让孔子当中都宰（中都这个地方的主管），这个官相当于一个县长，又过了一年，"四方皆则之"，他把中都治理得非常好，四面八方的人都来效法他，他治国是很有一套的。于是他就从中都宰升为了大司空，不久他又由大司空升为大司寇，大司寇就是大法官。

鲁定公十年，孔子五十三岁的时候，鲁国与齐国交好、和平，这个时候发生了一件事情，叫"夹谷会盟"。鲁国和齐国交好，当时齐国的势力大，鲁国的势力小，这一年，齐国有个大夫叫黎钮，黎钮对当时齐国的国君齐景公说："鲁国现在在重用孔子，这对我们齐国造成了很大的威胁。"所以，"乃使使告鲁为好会，会于夹谷"，第一个"使"是动词，于是齐国派出使者告知鲁国结好会盟，约定在夹谷会面，夹谷就在现在的莱芜，因为是齐国这样一个强大的国家对鲁国这样一个弱小的国家示好，鲁国当然就同意了。鲁定公就决定乘车前往，并带上了孔子，叫孔子摄相事，"摄"是主管，"相"简单的理解就是司仪。后来就发生一些事情，孔子当时就建议说："按照古代的礼仪，要做文事的话必须有武备。"就是说你要做文事的时候一定要有武事来配备（这就是阴阳思想的运用），现在这个会盟就是文事，所以要准备武事来配合。反过来，要武事的时候也一定要文备。这个思维方法太厉害，如果你这个董事长长得高大威猛，你带个娇小的女生在身边就比较好；如果董事长是个女士，你就可以带个五大三粗的人在身边，虽然不太贴切，但就这个意思啊。文武搭配，阴阳相合。于是鲁定公就听了孔子的话，配了左、右司马，还按照孔子的建议在夹谷这个地方起了一个高台，这个台不要高，要有三级台阶，然后还要排好座次。这时候齐景公就来了，因为当时齐国的势力大，所以下面的大臣就建议，在会盟之前要演奏四方舞乐，齐景公答应了，鲁国也只能接受。结果上来跳舞的是"四方之人"，就是野蛮民族的人，当时齐国和鲁国已经很文明了，所以请这些人来跳舞就非常不雅了。这时孔子就走上了第二级台阶，说："这些蛮夷之舞，必须马上撤掉，并且不许举旗。"孔子个子很高，长得也不是很好看，牙齿还暴出来。但孔子是很威严的，孔子教学生是先教"小六艺"，后教"大六艺"。"小六艺"就是：礼、乐、射、御、书、数，他能教弟子们射箭骑马，自己不会哪行啊？所以他十分孔武有力。他一挥手说："给我退下。"但是这些人听不听他的呢？那些齐景公请来的人当然不听，但是都停住了。齐景公看孔子的架势，就吩咐那些人退下了。齐国的大臣又一次建议说："请演奏宫中的舞乐。"鲁定公就说："好。"结果上来一些侏儒，按说宫中的舞乐是很文雅的，孔子看了又非常生气，又上去了，说："你们这简直是对我们鲁国的一种侮辱，立即退下。"这些人又不听他的了，孔子就和齐景公说："你们请四方之人和侏儒这些不文明的人来，你们的国家肯定会亡，所以请把他们杀了。"齐景公听了以后就下令把这些侏儒腰斩。这个夹谷会盟的历史是很有名的，鲁国大胜。齐景公回国以后非常生下面大臣的气，斥责那些大臣说："你们是怎么教导我的？专门请蛮夷之人和宫中侏儒，你们这么来陷害我们齐国？"有位大臣就说了："大王，没有关系，有了错就要改，我们现在改还来得及，首先把他们都清退，而且改过最重要的是付诸行动，现在我们实际上占领了鲁国一些地盘，改过的最好的行动就是把侵占的这些地盘还给鲁国。"后来齐景公就同意了，退还了地盘给鲁国，这些事情在《史记》上都有记载。我们要记住孔子一生中的几个关键点和几个关键的事件，其中之一就是这个"夹谷会盟"。

  又有一个关键事件是"隳三都"，发生在定公十三年的夏天，孔子五十五岁时。孔子向鲁定公建议："臣无藏甲，大夫毋百雉之城。"大臣们不应该在家里藏有铠甲兵器，要是藏有兵器，就说明要犯上作乱、叛变，卿大夫不能建百雉的城堡。百雉是多少？古人说了，一雉是三丈，百雉就是三百丈。鲁国当时有三位贵族，也就是三桓：季孙氏、孟孙氏、叔孙氏，这三家中势力最大的是季孙氏。实际上鲁国国君没有什么实权，权力都被这三家贵族瓜分了。这三家分别养了很多家臣，势力非常大，盖的城堡都非常大。这时候孔子就向鲁定公建议，把下面大臣盖的城堡——三都废除掉，三都也就是三个城堡，他们分别叫：郈、费、郕，这就是"隳三都"。因为他们的势力太强了，影响到鲁国的国君。要想把这三座城堡废掉，首先要得到季孙氏、孟孙氏、叔孙氏他们三位的同意，这三位后来都同意了，因为孔子向他们说明了利害关系。这三个地方，叔孙氏的都是郈，季孙氏的都是费，孟孙氏的都是郕。叔孙氏首先同意了，就把郈废除掉了。季孙氏废费时，费了很多周折。这里有一段故事，季孙氏本来不愿意，但后来孔子说明利害关系了，他还是同意了。当时掌管费这个城堡的是季孙氏的一个家臣，叫公山不狃，他不同意，组织一帮人来反抗。公山不狃用了一计，如果用后来《三十六计》里面的计来说就是

"围魏救赵",他首先攻打鲁国的首都曲阜,鲁定公懦弱地逃跑了,孔子派了部队反击,结果把公山不狃击败,公山不狃逃到了齐国,这样季孙氏就把费都废了。最后孟孙氏要废除郕邑的时候,郕邑的主管者告诉孟孙氏:"我们这个地方处在国境边缘,好比屏障,如果拆除了我们这个地方,那么我们这个国就不能保存了。"孟孙氏听从了这些话,没有废除郕,三都里面只废除了两都。

孔子五十岁之后有几个最重要的事件,第一个是杀了少正卯,即"诛鲁大夫乱政者少正卯",这时孔子五十六岁。第二个是"夹谷会盟"。第三个是"隳三都","隳三都"没有彻底成功,但基本上成功了。

再到后来,孔子遇到一件事情。当时的执政者季孙氏,就是季桓子,他接受了齐国所进贡的珠宝和美女,然后不理朝政,孔子对此特别失望,就去劝阻季桓子,但季桓子不听,于是两人不和。当时的鲁国实际上操纵在季桓子手中,所以孔子没有办法,只好离开了鲁国,周游列国。从五十六岁开始,孔子周游列国,一共十四年,先从曲阜到卫国,就是现在的商丘那一带,然后到匡、蒲,再走到宋国,再走到陈国,后来一直到了郑这个地方,就是现在郑州这一带,又回到了卫国,后又回到了曲阜。一路上走了十四年,六十八岁的时候回到了鲁国。我仔细算了一下,可能是七个国家,都是在现在的山东和河南境内,他差一点走到山西了,但是没过去,这十四年里四处碰壁。

最后我们来个总结,孔子之时"周室微而礼乐废",当时分了好多个国家,周天子不能号令天下,所以这个时代叫春秋战国,而"礼乐"被废除了,《诗》《书》也缺失了。于是,孔子就"追迹三代之礼",所以孔夫子去追寻三代(夏、商、周)的礼,"序书传,上纪唐虞之际,下至秦缪,编次其事"。"缪"通"穆",秦穆就是秦穆公,意思是孔子编写历史上起于唐虞,从尧舜开始,唐虞就是尧舜,尧叫唐尧,舜叫虞舜,下到秦穆公这个时候。也就是说,孔子六十八岁回到鲁国之后,万念俱灰,当时也曾经想过再次出仕治国,当然没人会用他了。所以他整理文献,这是他做的一件非常伟大的事情,这样才给我们留下了"六经":《诗》《书》《礼》《易》《乐》《春秋》。《诗经》是孔子汇编的,一共三百零五篇,简称"诗三百"。《诗经》当时太多,有三千多篇,孔子"去其重",把重复的去掉了,取"可施于礼义",把符合礼义的诗篇留下。有人说孔子有功,也有人说孔子有过,把那些去掉干吗?孔子"晚而喜易",孔子晚年比较喜欢《周易》,"序彖、系、象、说卦、文言"。读《易》,"韦编三绝"。"韦编三绝"是个成语,当时的书是写在竹简上的,用牛皮绳串起来，"三"是多次的意思，"绝"是断掉，就是说孔子读《周易》读到串竹简的这个牛皮绳断掉了多次，这样才读懂了。孔子曰："假我数年，五十以学易，我于易则彬彬矣。"《论语》里记载，"假我数年，五十以学《易》，可以无大过矣。"就是懂得礼义了，知道天命了。再到后来，孔子以《诗》《书》《礼》《乐》教弟子，弟子有三千人，但是有才能的人，身通六艺者七十有二人，也就叫"弟子三千，贤人七十"，贤人是有才能的人，是身通六艺的人，礼、乐、射、御、书、数是小六艺，大六艺就是六经，《诗》《书》《礼》《易》《乐》《春秋》。

鲁哀公十四年春，孔子七十一岁，狩大野，在鲁国野外打猎的时候，国君猎到了一只麒麟，这件事对孔子打击非常大，因为那时候孔子正在作最后一本书《春秋》，麒麟是神物，抓到了麒麟是不祥之兆，说明国家要乱了，孔子说："河不出图，洛不出书，吾已矣夫！"黄河不再出河图了，洛水不再出洛书了，表明我们这个世界也差不多完了，所以他把笔撅断了，往地下一摔，说再也不作《春秋》了，这叫"绝笔作春秋"，不作了，等死了。这时候，颜渊死了，颜渊死时才四十岁，有说法是三十二岁，但我考证过是四十岁。孔子说："天丧予！天丧予！"这三个字说了两遍，老天杀我了，老天杀我了，他把我最心爱的弟子带走了。这里我补充说明一下，这个时候孔子多大岁数？七十一岁。而在这之前，在他回鲁国的路上，在他六十七岁的时候，还在卫国，他的夫人丌官氏死了，他既不在身边，又没有为她奔丧，这里又有很多猜想了。孔子六十九岁的时候，他的儿子孔鲤死了，他也悲伤，但比起颜渊死的悲伤要小得多。孔子七十一岁，颜渊死的时候，孔子说了两遍"天丧予！天丧予"，比他死了夫人、儿子还要痛苦。接下来第二年，子路也死了。子路是非常可爱的一个人，当时卫国发生叛乱，子路阻止叛乱的时候，孔子就有预感，果然不久，叛军围住子路，当叛军要杀他时他大叫一声："不要动，等一下。"然后他把帽子戴正了，他说："士死，冠要正。"叫"结缨而死"，就是把帽带系好以后，再被刺死，这对孔子又是一次沉重的打击。然后快七十三岁的时候，孔子病中子贡（儒商的第一代代表人物）请见，孔子"负杖逍遥于门"，挂着拐杖，摇摇摆摆、颤颤巍巍地走到门前，说："赐，汝来何其晚也？"你来得太晚了，我太想你了。孔子感叹，歌曰："太山坏乎！梁柱摧乎！哲人萎乎！"因以涕下。他唱了一首歌，说泰山快要毁灭了，梁柱也要断了，有智慧的人（这里指孔子自己）也会离开世间，唱完这首歌后声泪俱下，七天之后，孔子去世，享年七十三岁。

太史公司马迁在最后的时候（记录还很长，我取了三分之一，基本上已经把孔子一生讲得很清楚了，几个大事件都讲了），有一个对孔子的总结、评论，诗咏之："高山仰止，景行行止。虽不能至，然心向往之。"这段非常有名。这两句话经常被引用，"高山仰止"中的"止"不是停止的意思，是个语气助词，没有意思，就是高山仰兮，景行行兮，仰望着高山啊，孔子在我们心目中，就是高不可攀的高山。"景"就是大，"景行"就是大路，第二个"行"就是行走，意思就是我走在大路上，仰望着高山，孔子就是一座高山，千秋万代都是中华民族的一座巍峨的高山，而孔子的学说、思想，那就是大路，一条中国人永远行走在上面、不能离弃的大路，是一条通途，这就是孔子。"虽不能至"，虽然我们不能达到他的境界，"然心向往之"，可是每一个人都向往孔子，这样中华民族就有希望。

《论语》是什么时候谁写的

《论语》是一部语录体、对话体著作，记录了孔子及其弟子的言行，较为完整地反映了孔子的思想，是儒家代表性经典。《汉书·艺文志》说："《论语》者，孔子应答弟子、时人及弟子相与言而接闻于夫子之语也。当时弟子各有所记，夫子既卒，门人相与辑而论纂，故谓之《论语》。"

关于《论语》的成书年代，后人始终不能确定，只能根据相关文献推断，至迟此书在战国初年已成书。这么判断的根据是《礼记·坊记》中最早把"论语"当作书名或篇名提到，以及湖北1993年出土的战国中期文献郭店楚简中有一篇文字显然是《礼记》中的《缁衣》。那么，根据出土楚简可以推测，《礼记》当在战国中期之前就已经有了，而《礼记》中提到《论语》，所以《论语》应比《礼记》更早一些，所以《论语》成书大致在战国初年。清代的刘宝楠先生和近代的杨伯峻先生也都执此观点。

关于《论语》的作者，我们今天看到的《论语》版本通常都写着"孔子著"，究竟是不是孔子本人写了这本书呢？学界一般认为不能把《论语》看成某一个人的著作。通读《论语》全文，我们会发现，它是若干篇章的集合体，而且这些篇章绝不是同一个人的手笔。《论语》各篇章的排列也不一定有什么道理（有些学者在注释《论语》时刻意引申发挥出篇章排列的逻辑则另当别论），就算是前后两章之间，也不一定有什么逻辑关联。《论语》二十篇，517章，篇幅不长，却出现了不少次重复的章节，有的章节字句完全相同，这种现象的一个合理推论就是：孔子的言论，弟子们各有记载，后来才汇集成《论语》，也就是说《论语》一书不是某一个人的著作。那么，论语的作者具体是一些什么人呢？郑玄说，"《论语》乃仲弓、子夏等所撰定"，而陆德明在《经典释文》中的《论语音义》中又说，"郑玄云：仲弓、子游、子夏等撰"，编撰者中多提了一个子游；《论语崇爵谶》说，"子夏六十四人共撰仲尼微言，以事素王"（素王就是指的孔子）；赵歧说，"七十子之畴，汇集夫子之言，以为《论语》"。总的来说，《论语》的具体编撰者由子夏、仲弓、子游等六七十个孔子的学生组成。

《论语》二十篇当时是没有篇名的，后来就选了这一篇开头的两个字作为题目，所以我们今天见到的《论语》二十篇的名字都是两个字。那为什么不叫"子曰"呢？因为基本每一篇开头都是"子曰"，当然不能作为篇名，只有一篇开头不是，就是第十章《乡党》。《论语》二十篇没有一个固定的主题，所以有人会觉得《论语》有些乱，一会说这个问题一会说那个问题，同样的问题在不同的篇章里面都出现。这是因为《论语》基本上保留了那种现场感，那是孔子在不同的时空点和不同的学生的问答。后人也把《论语》里面相同的论述重新整理过，但是我觉得这样做还不如维持原状。

由于《论语》是孔子的学生（包括弟子和再传弟子）记录孔子的言行而编撰成书，所以《论语》反映的是孔子的学说，是儒学最重要的经典，对中国思想文化的发展有极其深远的影响。同时，因为《论语》毕竟成书于战国，距离今天太久远了，我们今天见到的《论语》和战国时候的《论语》是一样的吗？这么久的历史中，《论语》在传抄过程中又发生了哪些变化呢？接下来我们就看看《论语》的版本问题。

关于《论语》的版本传承

我们学习一部典籍，尤其是像《论语》这样重要的原典，对两个内容一定要有所了解：第一是版本流传的问题，也就是要弄清楚，我们今天正在读着的这本书和原先作者写的那本书是不是一样，有多少出入（古籍传抄过程中会发生一些变化，版本不同，篇章结构和文字都可能有差别，一字之差，意思就会大不一样，所以要留意这件事情）；第二是历代注疏的问题，"注"是对原始文本的注释，就是解释作者写的那些话是什么意思，"疏"是对"注"的"注"，就是对前人的注释再做解释，比如清朝人解释前面的汉朝人、宋朝人的注释，说说这些古人哪些地方注释对了，哪些地方的注释有待商榷。我们中华文化源远流长，《论语》经过两三千年的传抄变化，版本问题肯定需要搞清楚。而我们的民族文化又习惯了通过注疏来表达自己的学术观念，这也是孔子教给我们的思路，叫"述而不作"，所以注疏也非常重要。

首先，关于《论语》的版本问题，《论语》书成于众手，而且在战国初年就已经成书，也就是说，《论语》的文本传承从战国初年就开始了。和许多先秦古籍一样，《论语》也经过了秦朝的焚书坑儒和秦末战乱，也曾一度失传。到汉代的时候，《论语》传本又重新出现，最著名的有三种版本：《鲁论语》《齐论语》和《古论语》（即《古文论语》），这三个本子在文字、篇名及篇数上都有差异。

《鲁论语》主要在鲁国界地上的学者中传习，所以被称为《鲁论语》，有二十篇，汉代的夏厚生、夏后建、萧望之、韦贤、扶卿等人传授的是这个版本，据史志记载，汉朝时在这个《鲁论语》的基础上还有一个叫《论语解》的著作，有十九篇。《鲁论语》和《论语解》都亡佚了，找不到了，现在有的关于《鲁论语》的本子是清朝学者从各种记载中收集材料、重新编撰而成的，如于鬯编撰的《新定鲁论语述》二十卷、钟文丞编撰的《鲁论语》一卷和徐养原编撰的《鲁论语续考》一卷。

《齐论语》主要在齐地的学者中传习，有二十二篇，其中二十篇的内容和《鲁论语》有很多相同的地方，但是比《鲁论语》多出了《问王》和《知道》两篇。《齐论语》原本也没有流传下来，今天能见到的版本也是清朝学者重新编撰的，如马国翰辑的《齐论语》一卷和王少兰辑的《齐论语问王知道逸文补》一卷。

《古论语》是二十一篇，没有《问王》和《知道》两篇，但是它把《尧曰篇》的"子张问"另分作一篇，于是就有两个《子张篇》，合起来是二十一篇。《古论语》的篇次和《齐论语》《鲁论语》都不一样，文字也有四百处左右不同，所谈的多是玄学，有汉代的王卿、庸生、王吉、朱畸、贡禹等人传授这个本子。《古论语》是在汉景帝时由鲁恭王刘余在孔子旧宅的夹壁墙中发现的，文字为"蝌蚪文"，"蝌蚪文"在汉朝初年就算是古文字了，所以这个本子就被称为《古论语》，也叫《古文论语》。当时已经很少有人认识这个古文——"蝌蚪文"了，学者当中并没有人能传授这个学问，后来找到一个叫孔安国的人，他认识这个古文字，孔安国为《古论语》做了训解（这种说法后世有的学者也提出怀疑，在此不一一列举），人们才能重新开始传授这个版本的《论语》。到后来《古论语》也没有流传下来，今天见到的本子还是清朝人马国翰辑的《古论语》六卷。

通过前面介绍的版本情况，我们可以看出，《鲁论语》和《齐论语》最初的时候风格不一样，流传的地域也不一样，师承传授的人也不一样。但是到了西汉末年，这种师承传授的自成体系的格局被打破了，安昌侯张禹先学了《鲁论语》，后来又学了《齐论语》，于是他把两个本子融合起来，篇目仍以《鲁论语》为依据，自己编辑整理了一个版本，称为《张侯论》（"张"是指张禹，"侯"是指安昌侯，"论"是指《论语》，即安昌侯张禹编的一个《论语》）。张禹是汉成帝的师傅，所以他的这个本子一编辑出来，一般儒生都开始使用，后世传承也基本都是用的这个本子。于是《齐论语》《古论语》大半都失传了。到东汉末年，大学者郑玄以《鲁论语》为基础，参考《齐论语》《古论语》，编撰了一个新的本子并且加上了他的注释，叫《论语注》（后世称之为"郑玄本"）。前面我们说到，西汉末年的"张侯论"是《鲁论语》和《齐论语》的合流，现在郑玄编撰出来的本子实际上是"张侯论"再和《古论语》的合流，这样一来，三个版本的差别在后世的传承中基本上就不存在了，因为后世学者学习时基本都是用"郑玄本"。

关于《论语》的历代注疏

在我们中华文化的传承历史上，一部著作一旦成为"经"，后面一定会跟着出来很多"传"，而《论语》就是这样一部有很多"传"的儒家第一经。所谓"经"是指那些在历史上被奉为典范的著作，而"传"就是专门来解释"经"的著作。最早的"经"有六种，都是孔子整理编辑过的，分别是《易》《书》《诗》《礼》《乐》《春秋》，《乐》经已经失传了，所以后世流传下来的只有"五经"。到汉朝的时候，政府设置了"五经博士"，专门有学者来讲授这些学问，而《论语》和《孝经》则是汉朝初学者的入门书，一定要先读这两部书，然后才能进一步学习"五经"，也就是说在汉朝的时候，《论语》实质上已经取得了相当于"经"的地位。而到了宋朝，朱熹把《礼记》中的《大学》和《中庸》两篇与《论语》《孟子》合在一起而成"四书"，《论语》的地位得到了进一步提升，成为士子进学科举必须要熟读的著作。一直到今天，《论语》仍然被当作儒学的第一经典对待，学习中华文化，学习儒学，首先要读的著作就是《论语》。

因为《论语》如此重要，在中华文化经典中的地位如此高，古今中外关于《论语》的著作非常多，我们在这里按时间先后做一个简单的梳理。汉朝人注释的《论语》基本上全都亡佚了,目前还只有在敦煌和日本发现的一些唐朝的写本残卷保留着汉朝时《论语》的痕迹,这些残卷基本上是用郑玄的注,而郑玄是东汉末年的一个大学者,他以《鲁论语》为底本,参考《齐论语》《古论语》,编辑了一个新的本子《论语注》,同时也加进了他自己的注释。郑玄的注靠敦煌和日本的唐写本残卷而得以留存下来,但是也不全,估计只有百分之六七十。而汉朝其他各家的注释就多半只在何晏的《论语集解》中有所留存,现在通行的《十三经注疏》中的《论语注疏》就用何晏《论语集解》和宋人邢昺的疏。何晏是魏晋时候的学者,他的《论语集解》是汉以来《论语》的集大成之作,也是今天流传下来的、最古的《论语》完整注本。南北朝时南朝梁代的皇侃在《论语集解》基础上作疏,编纂成了一个《论语义疏》。唐朝的《论语》注疏情况,今天见不到现成的版本,只有《旧唐书·经籍志》记载,贾公彦曾做了一部《论语疏》,但是没见到这部著作传世。宋朝时邢昺等人编纂《论语注疏》(又称《论语正义》),前面说过了,现在通行的《十三经注疏》所收的就是这个本子。宋朝朱熹的《论语集注》也是一个非常重要的注本。元朝时,学者们都学习朱熹的《论语集注》,没有什么代表著作。清朝时,随着考据学的兴起,又出了一些《论语》的注疏之作,其中以刘宝楠的《论语正义》对后世影响最大。

而后就到了近现代的一些著作了,这就更不胜枚举了,这里只能挑选一些有代表性的著作简单提一提,以便学有余力的读者参考。其中有程树德的《论语集释》、杨树达的《论语疏证》、杨伯峻的《论语译注》、钱穆的《论语新解》、孙钦善的《论语注译》、南怀瑾的《论语别裁》、李泽厚的《论语今读》、金良年的《论语译注》等等。这些著作各有所长,都有高出其他著作的地方,学有余力的读者可自行选择参考。

《论语》在儒家经典中的地位

儒家的经典非常多,最后汇总了就是十三经,早期儒家的经典是六部,叫"六经",孔夫子就删订"六经",后来"六经"里的《乐经》失传了,到汉武帝的时候就变成"五经",有了"五经博士"。到南宋的时候,朱熹在"五经"之外又归纳出"四书",所以我们一般说儒家的经典就是"四书五经"。"四书"是朱熹把它们汇编在一起,但不是他著的。"四书"里的《论语》《孟子》是独立的,后来的

《大学》《中庸》不是书，而是《礼记》里的两篇文章，朱熹把它们从里面抽出来和《论语》《孟子》汇编，合称"四书"。从此"四书五经"就成了科举的必考科目。在孔子的时代学的是"六经"，"六经"按时间顺序分别是：《易》《书》《诗》《礼》《乐》《春秋》。其中《礼》又分三部：《周礼》《仪礼》《礼记》，其中最重要的是《仪礼》，它主要是讲很多礼仪规范的。后来就是"十三经"了，就是把《春秋》分为三本（《春秋左传》《春秋公羊传》《春秋谷梁传》），《礼》分为三部（《周礼》《仪礼》《礼记》）。"十三经"包括了"四书"，所以真正来说儒家就是"十三经"：《易》《书》《诗》《周礼》《仪礼》《礼记》《春秋左传》《春秋公羊传》《春秋谷梁传》《论语》《孝经》《尔雅》《孟子》。

大家知道"传"是什么？"传"是对"经"的解释，《春秋左传》《春秋公羊传》《春秋谷梁传》这三篇"传"就是对《春秋》这部经的解释，分别是姓"左""公羊""谷梁"的人给《春秋》作的解释，这就是从"五经"里面细分出来的。然后又加上《孝经》《论语》《尔雅》，一共构成"十三经"。

《论语》的核心思想

《论语》中讲"礼"75次（包括"礼乐"一起提的），而讲"仁"却有109次。由此可以看出，《论语》不是以"礼"为核心，而是以"仁"为核心的。《论语》认为：没有"仁"，也就谈不上"礼"，所以说："人而不仁，如礼何？"一部《论语》对"仁"有许多解释，或说"克己复礼为仁"，或说"仁者先难而后获"，或说"能行五者（恭、宽、信、敏、惠）于天下为仁"，或说"仁者爱人"，等等。"仁"的内涵究竟是什么呢？我们还是要在《论语》中找依据。《论语》中记载：孔子对曾参说："吾道一以贯之。"然后曾参又告诉其他的同学说："夫子之道，忠恕而已矣。"所以《论语》的核心思想，分别讲是"忠恕"之道，概括讲就是"仁"。

《论语》与思想史背景

我们今天学习《论语》，学习孔子的学问，非常有必要理解时代背景，也就是去了解那个时代的人们普遍是怎么认识世界，怎么思考问题的，"时尚"的思潮是什么，然后我们才可能理解《论语》的立意和孔子的良苦用心。

前面我们说孔子生平的时候已经介绍过,孔子所处的时代是春秋时代,这个时代的社会基本状态就是礼崩乐坏。所谓"礼崩"就是本来讲"礼"的,现在都不讲"礼"了,而所谓"礼",实际上就是行为准则,相当于现代的"法"以及一般行为规范。当时的礼,名目太繁多,大到祭祀、军事和外交,小到衣食住行,都有具体的规定,是公民必须遵守的。有"礼"就有"乐",尤其是祭祀的时候要演奏音乐,所谓"乐坏",就是使用音乐的规矩也被破坏掉了,和"礼崩"是一件事情的两种表现而已。那么,这些"礼乐"又是怎么制定出来的呢?春秋战国时代的礼乐是典型的封建制的附属物,"封建"就是分邦建国,就是周天子给他儿子们都划出一块地来,让他们自己建立一个诸侯国,然后诸侯国国君的儿子们从诸侯那里再往下分封。在这个分封过程中,礼乐也和土地、人民一样,级别规模依次递减,比如天子的乐舞可以用"八佾",诸侯就不可以,诸侯下面的大夫就更不可了。所以,当孔子看到鲁国的大夫季氏用"八佾"时,痛心疾首地说,"是可忍,孰不可忍"。"礼崩乐坏"的深层意义是整个社会的失范,没有了规矩,处在一种变革当中。这种变革的极端表现就是战争,在春秋时期的290余年的时间里,至少发生了四五百次大大小小的战争,这些战争不仅发生于诸侯与诸侯之间,也发生于诸侯与"天子"之间,也发生在诸侯和其臣属(诸侯所分封出来的大夫等家臣)之间。打来打去都是为了抢地盘、抢资源、抢名声,谈不上正义或不正义,所以俗话说,"春秋无义战"。

春秋时代,不但社会秩序乱糟糟,思想界同样是处于变化纷纭之中。本来先前的官学主要是为了教育贵族子弟而开设的,教学的核心内容也是"礼",也就是说,以祭祀为先导的各种学问被掌控在贵族阶层手中。之后,随着一些贵族的零落,大量典籍流散民间,或者一些原来给天子服务的职官因为这样或那样的原因而"失业"或"辞职",就把官学的内容带到了社会各个阶层中,原本被祝、宗、卜、史等职官所垄断的知识逐渐开始在民间传播,即开始了所谓"官学下替"的过程,所以孔子就有"天子失官,学在四夷"的感叹。我们知道,官学下替不仅仅是掌握学问的阶层发生变化这么简单,更重要的是,这个过程打破了天子和贵族垄断知识的格局,于是就形成了各种各样的不同的学说,也就是后来《庄子·天下》中所说的"道术将为天下裂"。那么,孔子之前或同时期的学术思想,一定会对孔子开创自己的学术理论思路有所影响。比如后世流传甚广,我们在《史记》的"孔子世家"和"老庄申韩列传"中都能见到的记载是孔子曾"适周问礼",问的人就是老子,而老子的学术理论思路显然迥异于孔子开创的儒家学说;再比如在《论语》中孔子点评过的人物有管仲、子产、晏婴等，这些人都是当时很有影响力的思想家。

孔子个人作为贵族传统的代言人，同时也是一个很有文化的人，博学多闻，而且有很好的艺术修养和经典知识，在《论语》中更是屡次谈到与音乐有关的问题，到晚年的时候一门心思整理文献，其学养就更加渊博了。孔子个人的学养和经历可以归纳为三个方面来探讨：第一个要注意的问题是孔子的身份和个人经历，孔子是殷商的苗裔，但早就从贵族下降到一般平民，顶多是一个"士"。这个时候的"士"已经演化成一种"职业"，相当于现在的礼仪服务员、教导员，主要负责帮贵族安排讲习祭祀等活动中的"礼"，虽然孔子批评过这种技术性、形式化的"礼"，但不能不说，孔子最先也是以这个"职业"出场的。孔子自己说："吾少也贱，故多能鄙事。"早年的时候做过委吏（管仓库的小官）、乘田（管畜牧业的小官），会干很多杂活，接触过下层社会生活。第二个需要注意的问题是孔子出生和成长的地域环境是鲁国，鲁国是一个很矛盾的国家，简单地说，就是说一套做一套，社会舆论认为"周礼尽在鲁矣"，认为在这个礼崩乐坏的世界里就只剩下鲁国还继承着周朝的"礼"，其他的诸侯国都快把规矩给忘光了。可是事实上呢，鲁君早就被卿大夫架空了，鲁国的实权掌握在季、孟、仲孙三家的手中，对鲁君也不讲什么"礼"了。比如鲁君祭祀的时候要用到一种叫"万"的舞蹈，结果只有两个人来给鲁君跳，其他的人都跑到季氏家跳"万舞"去了。第三个要注意的问题是孔子这个人很好学，很谦逊，而且他的学习有这么三个特点，一个是"信而好古"，他说自己是"述而不作"，不去创作（"述"的过程中也有创新），而只是整理编辑古典文献，这个思路就是后世中华文化"尊经典"的源头；第二个是孔子在《论语》中反复盛赞上古之时的君王名臣，周文王、周武王、周公就不用说了，如果很久没有梦到周公，孔子就会觉得很郁闷，孔子还盛赞尧、舜、禹、汤，这个思路就是后世"法先王"的源头；第三个是孔子讲道理、教化人心常常援引历史故事，比如他在评论管仲的时候，都是摆事实、讲道理，说"管氏有三归，官事不摄，焉得

问礼老聃图

勤俭",这就是后世中华传统学术总是把目光朝后看的思想源头。

总结来看,在这么"礼崩乐坏"社会失范的时代里,知识界、思想界面临"道术将为天下裂"的状况下出生、成长和生活的孔子有两重身份,第一,孔子是贵族后裔,他是殷商王族的后代,但是孔子自身的身份已经不是贵族,而仅仅是一个"士";第二孔子是一个以精通"礼"而闻名于当时的人。这样一来,对于礼崩乐坏的坏处,孔子不但耳闻目睹,还有切肤之痛,于是,他希望通过"复礼"来整顿社会,并以继承和发扬礼乐文化传统而自任,所以孔子说"不学礼,无以立",不学"礼"就没有办法做人,他呼吁人们遵守一种文明的规则来生活。

面对这样一个礼崩乐坏的大局,这样一个"道术将为天下裂"的学术多样化思潮趋势,结合孔子自己"少也贱,故多能鄙事"又"学而不倦"的人生经历,孔子自然也需要整合自己的思想,形成一个自成体系的学说,然后才能达到推行教化的目的。于是孔子就构建了一个以"仁"为核心的学说体系,把世界观问题、价值取向问题、人生追求问题、道德修养问题、处世智慧问题等等都统一到"仁"这一个思想上来。而"仁"的思想体系又以人的自然本真的性情为根基,围绕"孝悌"渐次展开。这样一来,整个学说的逻辑起点就经得起推敲,经得起检验。"仁"同时又是一条确定不移的正道,走在这条路上,人生的终极关怀问题也会迎刃而解,使得人生的此岸即彼岸,整个文化的精神在慎终追远中延续永生。

然而,孔子的这个带着浓厚理想主义色彩的方案在当时没能实行,孔子终其一生都没有机会实现重建秩序的理想,他只在鲁国短短的两三年时间里做过官,甚至短期当过大司寇这样的官,后来又先后到过卫国、齐国、陈国、曹国、宋国、郑国,始终很难找到机会,他始终不得志。最后,孔子在六十三岁的时候,结束了他十四年的流亡生涯,回到了他的故乡鲁国。鲁哀公十四年的时候,孔子听说鲁国国君狩猎时打到了麒麟,他就很悲哀,同一年,他最喜欢的学生颜渊也死了,他很悲哀地说:"凤鸟不至,河不出图,吾已矣夫。"两年之后,孔子在悲哀中去世了。

《论语》与伦理思想

如果说孔子所创立的儒家强调人伦教化,这种教化所仰赖的根本就在于日常伦理,这之中又可以分出两个层次:一是个人修养,二是社会理想,两个层次都是以"仁"为核心的修己安人之道贯穿始终,而修己安人的逻辑起点则在于自然的人伦之情。

我们先看第二个层面:孔子的社会理想。孔子的社会理想是恢复周朝的"礼乐"之邦,孔子给当时"礼崩乐坏"的社会开出了治疗的"药方",这个"药方"的"主药"就是"爱",而"爱"在不同关系中的运用原则就是要依"礼"而爱。可是这个"药方"并不能自然而然地起效,毕竟有那么多人没有"爱",实际行为中不守"礼",逾越名分地干出格的事情,为了获得权利而不那么孝亲爱人。孔子也意识到了这个问题,他也需要为自己的学说找到一个可靠的说法,让大家都能相信这个"药方"并且自觉地用它。那么,靠什么来保证每个人都有"爱人"之心而且能守"礼"呢?孔子认为:要靠人的本性,孔子发现,我们每一个人肯定都有父母,既然有父母,就天生会有孝敬之心,这是自然而然的血缘亲情,这个"孝"就是仁爱之心的来源。孔子认为,"孝悌"是一切正确的人伦关系的起点,一个孝顺的人,他就不会犯上作乱。如果一个人做到了"入则孝,出则悌,谨而信,泛爱众",这个人就是一个"君子",如果每一个人都能成为"君子",就可以重建一个国家的秩序。

所以,人伦亲情之"爱"是孔子学说的内在根基,这种"爱"随着人们之间关系的不同而有差等地展开,各种人伦关系中"爱"的调整则要依靠"礼"来完成,因此"礼"是外在的表现形式。通过"礼"基本上可以调整全部的人伦关系,正如《礼记·曲礼》中所说:"道德仁义,非礼不成;教训正俗,非礼不备;分争辩讼,非礼不决;君臣上下,父子兄弟,非礼不定;宦学事师,非礼不亲;班朝治军,莅官行法,非礼威严不行;祷祠祭祀,供给鬼神,非礼不诚不庄;是以君子恭敬撙节退让以明礼。"如何保证人伦之爱是有秩序而合"礼"的呢?这就要有具体的方法,归结起来就是孔子所说的第一个层面:个人修养。

孔子伦理思想的第一个层面是个人修养,这个层面可以说是孔子伦理学说的实践起点,孔子学说的这个大厦都搭建在这个地基上,如果没有个人的人格修养和我们后面将要谈到的教化功夫,孔子的儒家学说就只是空中楼阁,只是一种假想。

客观来说,孔子本人就是个人修养的楷模,即使是惯于批评儒家的道家,也只是拒绝儒家的以"礼"为中心的仁义观念,而对于孔子个人的人格,不仅不会攻击,反而会加以利用,在"先秦诸子莫之能先"的《庄子》中,就多次让这个受人尊敬、饱学、谦虚、有爱心而又勇于改错的孔子来宣称他要放弃原本立志践行的社会理想，这种设计比对孔子的个人修养进行赤裸裸的攻击要高明得多。

那么，个人修养从哪里入手？又有哪些方法呢？正如我们前面反复提到的那样，在孔子的视角看来，这个世界上的所有思考和行为根本就只有一条确定正确的路可走，其他的都不用进入作为"君子"的行者的视野。孔子眼中的"君子"的修养起点从"孝亲"开始，经过孔门的德行、政事、言论、文学四个科目的训练，经过学而不厌，诲人不倦的坚持和努力，最后扩大到"臣事君以忠""祭如在，祭神如神在"等等范围，成就一种君子人格。具体怎么修养？《论语》中讲了很多，后世儒家也讲了很多，总结得比较全面的是《礼记·儒行》，在这篇文章里以鲁哀公和孔子对话的形式展开讨论，总共有16条属于儒者的行为，条目太多，这里就不一一引用原文，总结一下大致有以下一些行为原则：第一，儒者要学而不厌，身体力行，是指儒者在没有出仕之前要学习并实践；第二，平时生活中动作容貌要恭敬、慎重；第三，居处修身，言行中正，也就是儒士还没从政时的行为状态；第四，不宝财禄，这是儒者对于富贵利禄的态度，也折射出儒士对出仕的态度；第五，见利思义，行动果敢，表示儒者在压力下仍要坚持操守，不随波逐流；第六，刚毅有节，指儒者立身处世要重视自己的尊严节操；第七，仁义忠信，是说儒士有坚定的道德信念，即使在暴政之下也不会改变；第八安贫守道和第九穷则持志，是指儒者政治上不得意时仍能坚持政治理想和正确的志向；第十，宽裕有礼，是指儒者待人接物时的胸襟；第十一，举贤援能，是儒者对待贤能的态度；第十二，以善为则，这是儒者对于同侪的态度；第十三，独行中庸，指儒者立身行事要能得其中道；第十四，傲毅清廉，强调儒者从政时在政治上的清廉；第十五，交友有义，指儒者的交友之道；第十六，贫贱不移、富贵不屈，这是儒者的风骨气度。

很悲哀的是，孔子在政治领域的努力几乎都无果而终，一直受到挫败，他最后只做了一个伟大的教师。也正因为孔子成为"万世师表"，被后世奉为"大成至圣先师"，中国传统知识分子因为领受孔子的"教义"而具备了独立自强的精神风貌，就是当儒家的社会政治理想（历史上更多地表现为某个儒家人物的政治抱负）不能实现的时候，儒家提倡"穷不失义""富贵不能淫""威武不能屈"，常常要用文化理念来对抗政治权威，这就是后来我们所说的"道统"尊于"政统"。

《论语》与教育思想

　　孔子所处的春秋时代,一方面官学已经衰败得不成样子,学在官府的格局被打破,孔子于是感叹说:"文王既没,文不在兹乎?天之将丧斯文也,后死者不得与于斯文也;天之未丧斯文也,匡人其如予何?"(《论语·子罕》);另一方面又有大量有学养的贤人散落民间,孔子之前有老子等原本掌管官家学问的人散落民间,而孔子本人也是衰败的贵族家的孩子,以懂得上古三代的礼乐文化而闻名于世。这些贤人一方面出于谋生的考虑(学生拜师学习都是收"学费"的,孔子办学也收弟子送来的拜师礼,富有的弟子送的礼重,穷苦学生送的礼轻);另一方面由于有改变现实的抱负,于是开始在民间讲学,孔子在这方面是开风气之先的人物。私人讲学的风气一开,不但带来了思想上"百家争鸣"的局面,也带来了私家著述风气的盛行,诸子纷纷著述表明和传播自己的思想观点。春秋战国时代的诸子"百家争鸣",不但是中国思想史上的黄金时代,也是中国文学史上的黄金时代,先秦诸子的散文,无论是析事论理,还是谋篇布局、遣词造句,都达到了很高的水平。

　　孔子教学的态度是"诲人不倦",而且对学问毫无隐瞒,和那种"鸳鸯绣了从教看,莫把金针度与人",总想留一把"绝活"的师徒关系大不一样。孔子对学生倾囊相授,毫无隐瞒,赢得了学生对他的尊敬。孔子死后,学生们如同死了父母一般,在孔子墓旁结庐而居,三年之后才离开,而子贡还继续在墓旁居住了三年。

　　孔子的收徒原则是"有教无类",不管学生富贵还是贫贱,只要有志于学"仁"、体"仁",都可以到孔子这里来学习。孔子的招生范围很广,相传孔子前后共有学生三千多人,其中有少数是贵族子弟,还有很大部分是平民的子弟。在中国教育史上,孔子收徒教学被认为是私人讲学和平民教育的开端。孔子死后,他的学生子夏、曾参、子游、子张等人也收徒讲学,继续不遗余力地传播孔子的思想,而且接着在"述而不作"中创新发展。

　　孔子教学方法的原则是"因材施教",而且非常强调教学技巧的应用,比如"不愤不启,不悱不发",注意把握教育时机,等到学生有困惑时再适时地启发他们、教育他们。孔子对每个学生都非常了解,在解答学生的疑问时,即使同一个问题,随着提问的学生的不同,他的答复也会变化。比如颜渊、仲弓、司马牛三人同样"问仁",孔子就有三种不同的答案。子路和冉有都问"闻斯行诸",孔子的答复甚至是完全相反的,因此还引起了公西华的疑问。

孔子教学中非常强调学习态度和学习方法,孔子说他自己是"我非生而知之者,好古,敏以求之者也",强调学而知之,学习要勤勉;还说"三人行,必有我师焉:择其善者而从之,其不善者而改之",强调在交往中注意学习,而且一定可以从对方身上学到东西。子贡也说过,孔子没有一定的老师,到哪里都在学习。

《论语》以"仁"为核心的思想体系

从根本上说,孔子思想、《论语》思想的核心概括为一个字就是"仁",这个仁既是人性中最根本的禀性,也是人心内在修养的标准,更是人生为人处世的行为准则。关于《论语》中的"仁",我们这里做一个简要的总结,把最重要的句子归纳整理一下:

"仁者人也,亲亲为大""义者宜也,尊贤为大",这两句是《中庸》里的话。"仁者人也",仁的意思就是做有仁德的人。"亲亲为大",前面的"亲"是动词,后面的"亲"是名词,古汉语中"亲"是父母的意思,"亲亲"就是孝敬父母,仁最重要的表现是孝敬父母,这是仁的根本。"义者宜也",义就是要公正,"宜"就是合适,"尊贤为大",义最主要的表现就是尊重有才能和德行的人。

有子曰:"其为人也孝弟,而好犯上者,鲜矣;不好犯上,而好作乱者,未之有也。君子务本,本立而道生。孝弟也者,其为仁之本与!"这段话说明仁的具体表现有孝、有悌,孝悌是仁的根本。

子曰:"巧言令色,鲜矣仁。"仁反对花言巧语、装出讨好人的伪善面貌。

子曰:"弟子入则孝,出则悌,谨而信,泛爱众,而亲仁。行有余力,则以学文。"这里说到仁包括了孝、悌,讲信实,广泛的爱人。如果你还有余力,仁就要求你去学文,学习知识,学习文献。

子曰:"刚、毅、木、讷,近仁。"读完这句话后,好多人觉得仁的人肯定是软弱的人,这样理解就错了。孔子的坐骑是马,马就是自强不息、刚健坚毅。所以有仁的人，肯定是刚健坚毅，说话不多，言语方面可能显得比较迟钝，但是行为肯定很敏捷。

子曰："仁者必有勇，勇者不必有仁。"一个仁者一定是勇敢的人，一个勇敢的人，不一定是有仁德的人。有的勇敢的人鲁莽，不符合仁的定义。

子夏曰："博学而笃志，切问而近思，仁在其中矣。"一个有仁的人，一定是博学的人，是不懂就问、善于思考的人，而且有坚定的志向。

子贡曰："夫子温良恭俭让以得之。"仁在具体的风度上，就表现为温、良、恭、俭、让，这都是仁的表现。

孔子的核心思想用一个字概括就是仁，仁的内涵和外延又特别的丰富，别说我们今天需要认真学习思考才能有所理解，就是当时跟随在孔子身边的那些弟子也时常有不明白的地方，于是孔门弟子也有一些关于仁的问题要请教，孔子在回答这些问题时，实际上也是在为我们解答什么叫仁。以下就是一些弟子问仁的内容。

有一个叫仲弓的弟子问孔子什么是仁，子曰："出门如见大宾，使民如承大祭。己所不欲，勿施于人。"20世纪和21世纪世纪之交的时候，世界上的一些宗教领袖、伦理学家们聚会，他们评选世界各民族的伦理规则，最后被评选为第一名的就是八个字"己所不欲，勿施于人"。自己都不想做的事情，不要强加给别人，这就是仁的表现。

颜渊问仁。子曰："克己复礼为仁。一日克己复礼，天下归仁焉。为仁由己，而由人乎哉？""克己复礼"就是克制自己，恢复礼仪。为什么孔子回答学生问仁的答案都不一样呢？这就是孔子在因材施教！因为颜渊有恢复礼仪的重大志向，所以他的仁就表现在"克己复礼"上。要是有一日克己复礼了，那么天下人都仁了。"为仁由己，而由人乎哉？"实现仁就是要靠自己，难道还能靠别人吗？

樊迟问仁。子曰："爱人。"爱别人就是仁。

樊迟问仁。子曰："仁者先难而后获，可谓仁矣。"先要艰难，要努力、精进，然后才有收获，这就是仁。

孔子的仁范围很广，最重要的意思就是要"仁爱"，表现为"克己复礼"，就是爱天下所有的人。

我们仔细读《论语》，就能发现，孔子和他的弟子的形象活灵活现、跃然纸上。子路、曾皙、冉有、公西华与孔子一起坐着聊天时，孔子听完子路的话后，在那里嘿嘿笑。子贡有一次问仁，孔子告诉他"己所不欲，勿施于人"。子贡是孔门弟子中非常执着的一位,他是孔子去世后唯一守墓六年的弟子,后来他发财成为富翁。子贡说,老师啊,你这八个字太多了,能不能说一个字,让我终生信奉呢?孔子说,可以给你这一个字——恕。

子贡问曰:"有一言而可以终身行之者乎?"子曰:"其恕乎!己所不欲,勿施于人。""恕"就是宽恕、包容的心,这是"仁"的最大表现,你宽恕了别人,说明你肯定爱别人了。这是从反面来说的,你能做到这件事了,那从正面说,你肯定对上级"忠",对父母"孝",对长辈"悌",对晚辈"慈"了。能做到"恕"了,就对所有的人都能表现出不同的仁爱行为。恕就是爱的最大表现,如果仁用一个字来说,那就是"恕"。

《论语》的人生启示

《论语》的核心是在讲述关于"仁"的学问,倡导"忠恕"之道,主张做人要孝悌忠义、克己复礼,同时也有"半部《论语》治天下"的说法。孔子的人生智慧不仅指引我们独善其身,而且指引我们兼济天下,"达则兼济天下,穷则独善其身",穷通不改其志,面对不同的人生境遇,《论语》教会我们如何始终保持体验生命的情调。

事业从"五伦"做起

我们中国的古圣先贤非常了不起,他们很早就概括出人生在世面对各种关系的行为原则,比如"父慈子孝""亲情""忠义"等等观念,我想即使再过数千年都还会有价值。人生在世要面对的诸多关系,比如君臣、父母、兄弟、夫妇、朋友等等,在这些关系中,作为一个有修养的人,一个君子,应该有怎样的行为呢?以《论语》为开山之作的儒家学说,把做人的基本原则总结成了五条,即忠、孝、悌、忍、善的准则。

我们前面已经说过,儒家学说是家—国—天下同构的学说,治理天下的学问起始于治理家庭的学问,家庭关系是所有社会关系的起点。那么,在家庭中什么是核心原则呢?是"孝",即"孝弟也者,其为仁之本与"。一个人为什么要"孝"?为什么"孝"是子女对待父母最正确的行为方式?《论语》中并不能找到太多直接的论证,这也是我们学习孔子《论语》需要注意到的一个特点,孔子从来不是一个"讲道理"的人,他只是说人之常情和人之正确的行为。孔子所告诉我们的是唯一正确的道路,这条路是毋庸置疑的,不是多种可行的选择之一,而是唯一一条正确的路,是一条需要确信的路。如果非要给"孝"找一点论据,我们可以看看《论语·阳货》中孔子和宰予的对话,孔子主张父母过世后子女要守孝三年才算得上"孝",宰予则认为守孝三年太长了,他就跑去问孔子:守孝一年可不可以呢?按照宰予的理解守一年也是可以的,孔子于是很不高兴,批评了宰予,说:"予之不仁也!子生三年,然后免于父母之怀。夫三年之丧,天下之通丧也。予也有三年之爱于其父母乎?"意思是说你怎么能这么不孝顺啊,父母把你抱到怀里养育,经过三年你才能脱离父母的怀抱,自己在地上走来走去,现在父母过世了,你居然三年都不愿守。从这个逻辑来看,之所以要孝顺父母,是因为父母对子女有养育之恩。所以,后世也认为孔子所阐述的人伦关系都是互相对待的关系,"子孝"一定对应着"父慈",若是有家庭暴力的父母,也许就不要奢望得到子女的孝顺了吧。不过,不管怎么说,孔子在《论语》中描述的是人伦天性,是人性本来的面目,父母疼爱子女、子女孝顺父母是人性本来的面目,自然应当善加呵护,大力提倡。更何况"其为人也孝弟,而好犯上者,鲜矣""慎终追远,民德归厚",即能孝顺父母、尊敬兄长的人里,喜欢犯上作乱的是少之又少了,而且从孝道开始,慎重恭敬地对待终老病死,礼敬祖先,则可以让老百姓的德行都归于淳厚,"孝"有这样的社会教化功能,一心救世的孔子自然会加倍重视"孝"。

至于怎么做才算是"孝",《论语》中提到的有这么几条:

"父在,观其志;父没,观其行;三年无改于父之道,可谓孝矣。"即:当他父亲活着,要观察他的志向;他父亲死了,要考察他的行为;若是他对待他父亲的合理的部分,长期不加改变,就可以说做到孝了。

孟懿子问孝。子曰:"无违。"樊迟御,子告之曰:"孟孙问孝于我,我对曰,无违。"樊迟曰:"何谓也?"子曰:"生,事之以礼;死,葬之以礼,祭之以礼。"即孝就是不要违背礼节。父母活着,依规定的礼节侍奉他们;死了,依规定的礼节埋葬他们,祭祀他们。

孟武伯问孝。子曰:"父母唯其疾之忧。"即做爹娘的只是为孝子的疾病发愁,换言之,子女的其他任何行为都能令父母满意舒畅。

子游问孝。子曰:"今之孝者,是谓能养。至于犬马,皆能有养;不敬,何以别乎?"即孝道是要存心严肃地侍养孝顺父母,而不是像饲养狗马那样,仅仅给父母物质上的供给。

子夏问孝。子曰:"色难。有事,弟子服其劳;有酒食,先生馔,曾是以为孝乎?"即孝顺父母要做到和颜悦色,有事情,要年轻人效劳;有吃有喝,得让年长的人吃喝。

子曰:"三年无改于父之道,可谓孝矣。"即孝顺讲究能继承光大父辈正确的事业。

家庭生活中的第二种重要关系类型是兄弟关系。当然这种重要性是在中国古代社会的情况下出现的,因为那个时候大家都是一个家族在一起生活,是一个大家庭,而不像我们现在的都市生活,单元楼里就住着一家三口,家庭单位变得小了很多。我们知道,中国古代社会是以男性为主导的社会,儒家认可这样一种社会组织形式,所以,儒家一定要把男性之间的关系理清楚,第一层重要的父子关系儒家已经有了规定,接下来自然就是同辈的两个男人——兄弟这一层的关系了。孔子开创的儒家学说认为:兄弟关系的准则是"悌",即弟弟应该尊重哥哥,弟弟得跟随着哥哥,反过来,哥哥要爱护、照顾弟弟。

接下来家庭关系中的重要关系就到了夫妇关系,《中庸》中说,"君子之道,造端乎夫妇",即中国人认为真正的君子,会从夫妇开始做起,从家庭生活的小事做起。具体来说夫妇关系的准则是什么呢?准则是夫妇有别,是忍,所谓夫妇有别还是讲家庭秩序,比如说男主外,女主内,夫妇两个一个为主,另一个就为从,不要起争执,生意见,还要彼此宽容,彼此不忍心伤害对方,这样家庭就会和睦,家和万事兴。

家庭中的各种关系是五伦的起点,然后人还要走出家庭,去面对社会处理各种关系。走出家庭之后,孔子和儒家最关心的人伦关系就是君臣关系,因为君臣关系是当时人伦关系中最大、最重要的一种社会关系。中国传统的社会结构是层层归属的,一个人归属于一个家,一个家归属于一个宗族,一个宗族归属于一个国。国就是家的放大,国下面管着许多家,比如鲁国有最大的三家:孟孙氏、叔孙氏、季孙氏,这三家又和鲁国的国君有亲戚关系,国君就好像一个大家长,管着这几家。这三个大贵族再往下分出来一些士卿之家,再管着这些士卿之家,层层传递这样一种结构,就构成了中国传统社会的基本模型。到秦始皇之后,中央集权更加厉害了,不再往下封建,皇帝直接向下管理,郡县一级的长官都由皇帝任命,地方官直接对皇帝负责,于是整个国家都是皇帝一家的国家了。所以,中国的老百姓过去常说"李家坐天下""赵家坐天下""朱家坐天下",就是这个意思,天下就是一个家。那么,所有的中国老百姓都是皇帝的臣子,都是皇帝家里的,这种关系有别于血缘关系,又是从血缘关系推衍出来的,这种关系的处理原则就是臣对待君要尽忠、君对待臣要依礼。

五伦中的最后一种关系是朋友关系,两个人之间没有血缘亲情,也不是君臣上下的关系,比如同殿称臣的两个人,比如一起向老师学习的两个人,这些关系也需要一定的指导原则来规范,这个指导原则就是"善",就是与人为善。具体怎么做呢?子贡帮我们问了孔子,子贡问孔子说:"有一言而可以终身行之者乎?"有没有一句话来概括人一辈子的处世原则,孔子说:"其恕乎!"也就是"己所不欲,勿施于人",是"己欲立而立人,己欲达而达人",以善意待人,而不以恶意害人,你自己不想干的事,也不要强迫别人去干。有的人讲,"害人之心不可有,防人之心不可无",太善良了会不会总吃亏呢?我们的孔子当然知道这个情况,他还说了一句话叫"以直报怨",以自己的正直去面对别人的怨念。

在我们徽州有这么一副对联:"事业从五伦做起,文章本六经中来。"就是做事业要从人的五种伦理做起,五伦是一个起点,然后要以此为起点渐渐地建立事业。写文章也是这样,要先从六经读起,读完六经,然后渐渐地文章就能写好了。事业、文章其实是一回事,就是为人,处世做人要从六经中学道理,在五伦里实践,以此为起点,然后渐渐做成了善德、贤德,然后改善了整个民风,一个地方的民风都改善了,那么整个国家也就振兴了。

为政以"德行"为先

儒学和《论语》的思想都有非常浓厚的社会关怀,从某种意义上说,这是一种探求"治国安邦""长治久安"的思想,也就是讨论怎么为政的思想。

《论语》中第二篇开篇就是"为政以德",如果政治能以德行为先,则可以垂拱而治,为政的人端坐在那里就够了,不用做什么,而其他的一切都会像众星环拱北辰运行那样有条不紊地开展,达到政治清明的气象。这样一来,人的治理就和天地规律达到和谐,就像孔子对学生阳货所说的那样:"天何言哉,四时行焉,百物生焉,天何言哉!"老天爷一句话也不说就能生成万物,为政者也可以一句话都不说而政治清明。

这种"为政以德"表现的是一种和谐气象,怎么和谐呢?具体来说就是做到宽猛相济,正如孔子在评价郑国子产的治理时所说的那样:"政宽则民慢,慢则纠之以猛。猛则民残,残则施之以宽。宽以济猛,猛以济宽,政是以和。"孔子称赞子产的这种为政之道是"和之至也",和谐到了极点。所以孔子给出的治世良方就是"道之以德,齐之以礼",用"德"来让老百姓有了羞耻心,他们就不会做坏事了,一个道德高尚的人是不会犯法的,因为法律是外在约束的底线,而他自身的道德是内在的约束力,这种约束力的效果要高于法律,那他怎么还会犯法呢?

同时,我们也需注意到,孔子的时代正值周王室丧失权力和威信,"陪臣执国命"是普遍现象,臣弑君、子弑父的现象时有发生。而孔子又想恢复周礼,恢复周天子的权威,他奔走呼吁,却应者寥寥。因此,孔子想推行"为政以德"就必然需要采取一定的措施来纠正当时的社会乱象。

孔子想到的第一个措施就是"正名",名正了就站在"德"的一边,可以无往而不胜,即"其身正,不令而行,其身不正,虽令不从"。正名就是"君君,臣臣,父父,子子",君王像个君王,臣子像个臣子,父亲像父亲,儿子像儿子。孔子五十岁之后短暂的执政期间完成了两件政绩,这两件都是打着"正名"的旗号完成的。一件政绩是夹谷之会,鲁定公十年和齐景公在夹谷相会,在外交上取得重大胜利,孔子打出的就是"正名"牌;一件是子路毁坏季氏的费城,叔孙氏自己毁坏了他们的郈城,其理论依据仍然是"正名"——城郭建制要符合身份。可惜后来孟氏不配合孔子的"正名",不肯毁坏郕城,孔子在鲁国的正名最后还是失败了。

"正名"的核心就是一个"正"字,一切都要正确、正直,孔子认为一旦"正"就能顺理成章地达到治理的效果。他说:"举直错诸枉,则民服。举枉错诸直,则民不服。"以公平、正直置于不公平、不正直之上,老百姓就服,把不公平、不正直置于公平、正直之上,老百姓就不服。还说"举善而教不能则劝","举"就是推举,"举善"就是对那些善的、好的人和事都加以表彰,以教育那些"不能",

所谓"不能"就是指做得还不够好的人,只要做到这一点,老百姓自然就能受到鼓励,自然就会努力向善。

"正名"之后,第二个措施就是要求人们遵守"礼"。孔子认为"不知礼,无以立也",一个人如果不懂得遵循"礼",就没法在世上立身处世。当然孔子知道时代在不断进步,礼要有所"损益"。具体来说,外在表现就是要君待臣以礼,臣事君以忠,因为礼的表现主要就是恭敬,"恭近于礼,远耻辱也"。孔子觉得值得赞赏的人是"贫而乐,富而好礼者也",就是要乐天知命、安贫乐道,虽然贫穷却很快乐,纵然富贵却还能够好礼,用礼来约束自己,所以程子说:"礼三百,一言以蔽之,曰:毋不敬。"礼的外在表现的核心就是尊敬。而礼的内在核心则是"仁",孔子说:"人而不仁,如礼何?"没有内在的"德",再怎么讲"礼"也是空的。

"正名"也好,遵礼也好,都还是行为规范,都是一种要求,既然是要求就会有的人听你的,有的人不听你的。于是孔子为了配合他的"为政以德"思想,为了让全民都各安其所安,都能循名责实,都能和谐共处,还需要完成一个任务——教化百姓,这也是儒家入世的一个基本任务。想要教化百姓首先要有一个前提条件,这个条件满足了,老百姓才愿意接受你的教化。这个前提就是要爱民,就是"节用而爱民""使民以时",就是要节约财政开支,爱护官吏臣僚和老百姓,役使百姓时要遵循天时,不要耽误了农时。这些思想后来就逐渐发展出社稷为重、君为轻的思想。"爱民"之后就是要"富民",孔子认为:如果想要让老百姓生活安定,就非常有必要让他们的生活富足起来,提出要"足食""富而后教"。"富民"的主要措施就是"因民之所利而利之",就是在"节用而爱民"的基础上,实行宽惠的经济政策,允许人民牟利取财。这之后就是教化的任务了,孔子用来教化百姓的工具就是"六经""六艺",这部分内容《论语》通篇都是,就不再细说了。

处世以"中庸"为准

《论语》里的做人智慧很多体现在日用伦常方面,概括来说就是"极高明而道中庸",《论语》里讲到的日用伦常是每个人生活中都会碰到的,非常平常,但是正因为这样平常,所以这些道理才是恒常的,才能经过了几千年的沉淀直至今天仍然有价值。

孔子在《论语》中提到"中庸"这个词仅仅一次,但是中庸的思想确实贯穿始终,而且孔子更是为中庸原则找到了理论渊源。《论语·学而》说:"礼之用,和为贵。先王之道,斯为美;小大由之。有所不行,知和而和,不以礼节之,亦不可行也。"什么叫"和"?《礼记·中庸》这么解释:"喜怒哀乐之未发谓之中,发而皆中节谓之和。""和"就是恰当,就是恰到好处。这种"和"也就是"中庸","增之一分则太长,减之一分则太短,着粉则太白,施朱则太赤",只有恰到好处才能美到顶点,美到极致。所以孔子说:"中庸之为德也,其至矣乎!""中庸"是德行里面最高明、最美的一种德,也是德行修养达到最高明时的一种表现,这种表现就是一种"从心所欲而不逾矩"的从容。

与"中庸"词义相近的另一个词是"中行",就是按照中庸的德行而来的处世行为,也就是施行中庸之德的人。在《论语》中"中行"也只提到一次,《论语·子路》中记载孔子说:"不得中行而与之,必也狂狷乎!狂者进取,狷者有所不为也。"如果没有与言行合乎中庸的人交朋友,就选择狂者或者狷介的人来做朋友吧。狂就是激进,如果用现在的话来说,就是有点"轻躁狂",而且始终精力充沛地去追求崇高的理想,是行动者。狷就是隐逸,就是不肯向污浊的世界妥协,想通过退隐来保守理想,是隐士。而这两种人都不是孔子所赞许的,孔子赞许的是"中行"的人。

具体怎么做才能算是"中庸"呢?才能成为一个"中行"的人呢?如果要用一句话来总结告诫的话,那就是"允执其中",这句话是尧传位给舜的时候告诫舜的话,也是舜传位给禹时告诫禹的话,《尚书·大禹谟》里说:"人心惟危,道心惟微,唯精唯一,允执厥中。"允执厥中和允执其中的意思是一样的。后来《大禹谟》里的这句话就被称为"十六字心法",成为中国古代社会代代相传的最高治国纲领,也成了历代帝王告诫自己和皇权继承者的话。今天我们去参观故宫,在中和殿里就有一个乾隆皇帝御笔写的牌匾,上面写着这句话:"允执厥中。"朱熹注释说:"允,信也。中者,无过不及之名。"允是诚信的意思;执是把持、把握的意思;其是代词,翻译成"那个";中指不偏不倚。允执其中就是真诚地坚持中庸之道,把什么事情都做得恰到好处。

具体怎么做才算是"允执其中"呢?怎么才算是保持住了中和?我对我们传统文化的这个"和"字有一个总结,中和又分四个层面:天与人要和,人与人要和,人与社会要和,人的身心要和。"和"的思想是儒家、道家、医家都着力提倡的。《中庸》对"中和"的解释是:"中也者,天下之大本也;和也者,天下之达道也。致中和,天地位焉,万物育焉。"先秦道家对和谐之道非常推崇,《老子·四十二章》说:"万物负阴而抱阳,冲气以为和。"庄子也说:"古之治道者,以恬养知……知与恬交相养,而和理同其性。"先秦儒家的"中庸"思想讲的其实也是中和,除了《论语》中强调中和外,《周易》的《易传》提出"一阴一阳之谓道",讲的就是"阴阳"对立面的调和,也是讲中和。

在为政来说,中庸就是要做到仁礼相济、宽猛相济,"导之以德"就是仁,"齐之以礼"说的是礼,这两者相和就是孔子所谓的最高治理境界,就能达到"譬如北辰,居其所而众星拱之"的效果。孔子还说:"政宽则民慢,慢则纠之以猛;猛则民残,残则施之以宽。宽以济猛,猛以济宽,政是以和。"这是孔子评论郑国子产的话,说治理国家既要有宽宏的一面,也要有严厉的一面,只有当宽的时候宽,当严的时候严,国家的政治才能达到"和",也就是政治清明。

想问题、做事情,中庸都要做到"执两用中",比如说做学问要学思相结合,因为"学而不思则罔,思而不学则殆"。做人要文质彬彬,因为"质胜于文则野,文胜于质则史"。还有君子要展现"温而厉,威而不猛,恭而安"的人格,处事要讲义利相和,因为"不义而富且贵,于我如浮云",等等,都是中庸的具体表现。

学而第一

1.1 子曰："学而时习之，不亦说乎？有朋自远方来，不亦乐乎？人不知而不愠，不亦君子乎？"

【语译】

孔子说："学了然后及时去实践它，不也喜悦吗？有志同道合的人从远方来，不也快乐吗？别人不了解自己却不怨恨，不也称得上是君子吗？"

【解读】

《论语》第一章开宗明义，一连用了三个反问句，这究竟是讲什么的？我琢磨了几十年，小时候看这三句话觉得很简单，不就是讲学习、交友、待人三件事吗？有一年我在新西兰静静地待了一个多月，反复读这本书，一面读一面思考，突然有一个发现：这三句话讲的正是我们人生的三种处世之道、三重快乐的境界啊！想想我们的一生，首先是要学习，当然学习重要的是自主学习，所以这是讲人在独处时的行为和境界；然后要交友，这是讲人在相处时的行为和境界；最后是处世，这是讲在待人接物、与世人相处交往时不被别人理解甚至误解、冤枉的时候的行为和境界。这三个方面其实是在说一个方面，讲人一生的学问修养要达到的境界。孔子所讲的学问，并不仅仅指学习知识，更重要的是为人处世和智慧层面的学问。

"学而时习之，不亦说乎？"今天讲"学习"是一个词，连在一起来说，而古人的"学"和"习"是两个层面。《说文解字》说："学，觉悟也。"荀子《劝学篇》这样解释："君子博学而日参省乎己，则知明而行无过矣。故不登高山，不知天之高；不临深谷，不知地之厚；不闻先生之遗言，不知学问之大也……其数则始乎诵经，终乎读礼，其义则始乎为士，终乎为圣人。"可见"学"的最终目的是觉悟，成为圣贤，做一个达者。这与我们今天理解的学知识是不一样的。"而"是表示递进的连词，这里是而后、然后的意思，学了然后要"时习之"，按时、及时地去练习、去实践。有人把"时"解释为"时时、常常"，也是可以的。"习"不少人解释为复习、温习，是不全面的。《说文解字》说："习，数飞也。"鸟多次地练习飞翔，所以引申出练习、实践的意思。如果只是理解为对知识的温习，就不全面了。学了之后只有按时、及时地去练习、去实践，才能获得内心的喜悦。孔子当年所教的是"六艺"：礼乐射御书数，这六门功课学了之后必须练习，必须实践。

在孔子看来，第一层"乐"就是学和习，我们人的一生可以分成不同的阶段：婴儿、童年、少年、青年、壮年、中年、老年，从人生阶段的时间进程上来看，好像首先面对的就是学习，现在说学习，想起的就是青少年阶段，这实际上是不对的，学习应该是终生的过程。《论语》十分重视学习，开篇第一个字就是"学"。"学"字在《论语》中出现了65次。《论语》的主题思想用一个字来概括那就是"仁"，而"学"正是实现"仁"的前提和条件。

"有朋自远方来，不亦乐乎？"古人说的朋友和我们今天讲的朋友意思是不一样的。在古代同门为朋，同志为友。所谓"同门"，用今天的话说就是同学。"友"是同志，有同样的志向、同样价值观的人称为"友"。当然这里讲的"朋"也包含了"友"。这句话字面意思是说，我的同学、志同道合的人从远方来，是很快乐的。经过学习之乐以后，随之进入第二层的"乐"，有了共同学习之后成为同学的"朋"，虽然已经天各一方却能从远方而来，相聚坐拥一杯清茶，何等人生快事！同门不一定能成为同志，但能在久远分别后跋山涉水、远道而来的同门一定是同志，先"朋"后"友"。《中庸》云："诚者，非自成己而已也，所以成物也。""学而时习"是成己，即自己学问修养的提高，而"有朋自远方来"是成就别人的，同时又可以切磋琢磨、共同长进的事情，怎么能不快乐呢？

"人不知而不愠（yùn），不亦君子乎？"别人不了解我，甚至误解我，我也

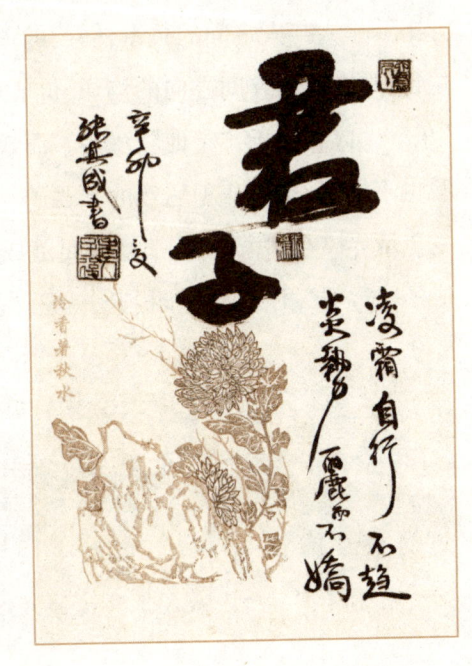

不恼怒,这是君子的境界。君子坦荡荡,不怨天,不尤人。如果用儒家君子的标准衡量我们,可能大部分人都是小人,所以你不要总是说别人是小人了。遇到事情,"君子求诸己",君子是从自己身上找原因的。"愠"意思是怨恨、恼怒。你可能会说,这最后一句没有说"乐"啊。其实"君子"最大的人生态度就是"不忧"。"君子"必须具有三达德,那就是智、仁、勇,也就是说一个君子必须是一个智者、仁者、勇者,"知者不惑,仁者不忧,勇者不惧"。"君子"是儒家里面人人都能达到的理想的人格,儒家里面最高的人格是圣人,作为一个普通人,你不一定非要成为圣人,但你应该成为君子。君子是人人都能够也必须达到的。这个阶段,已处在一种更广泛的社交当中,涉及人与人之间各种错综复杂的关系,处于一个更大的群体之中,这就是天下。

这三句话也代表了三种环境、三种时空,从自我到社会到天下,由己及人、由近及远,这就是儒家为道的阶梯。儒家的意识最终是一种天下的意识,《大学》概括为八个条目:格物、致知、诚意、正心、修身、齐家、治国、平天下。充分体现了这种逐步放大的思维方式和行为方式。

按照佛家的说法,人一生下来就是受苦的,所以,我们这一生应该"离苦得乐"。儒家、道家、佛家都是讲人生哲学的,都讲了这么一种道理。而"乐"是有层次、有境界的。"学而时习之"这种快乐叫"悦","学习"主要是一种自我行为,这种喜悦基本上是自我的,相当于佛家"三觉"中的"自觉"境界。"有朋自远方来"是人与人之间的关系,同门的关系,不单纯是说来了一个朋友用好酒好菜招待,更在于朋友间志向的沟通、价值观的沟通,这种沟通就是同道,一同悟道的"乐",大体相当于"觉他"境界。而最高一层是"人不知而不愠",人家误解我,我也不恼怒,这是一种超然的"君子"之乐,无忧无虑,恬淡虚无,好比到了"圆觉"境界。在佛家看来,三觉具足就成了"佛";在儒家看来,达到这三重境界就成了"君子",君子进一步提升,就是"圣人"了。

1.2　有子曰:"其为人也孝弟,而好犯上者,鲜矣;不好犯上,而好作乱者,未之有也。君子务本,本立而道生。孝弟也者,其为仁之本与!"

【语译】

有子说:"一个人做人孝顺父母、敬爱兄长,却喜欢触犯上级,这种人是很少见的;不喜欢触犯上级,却喜欢造反的,从来没有过。君子专心致力于根本,根本确立了,道也就产生了。孝顺父母、敬爱兄长,这就是仁的根本!"

【解读】

有子即有若,字子有、子若,是孔子的学生,比孔子小了三十三岁。在《论语》里面,一般称"子"的只指孔子,他的学生基本上不再称"子",只有两个学生称"子",一个就是有子,一个是曾子。所以,后人在考证《论语》这本书到底是谁汇编的时候,有学者就提出:肯定和有子、曾子有关,可能就是有子、曾子的弟子,否则一般是不会称他们两位为"子"的,只有孔子作为老师能称"子",这种说法有一定道理。

"其为人也孝弟,而好犯上者,鲜(xiǎn)矣。""孝"是对父母的孝顺。"弟"通"悌",是指对兄长的恭敬、顺从。一个人如果为人孝敬父母、恭敬兄长,却喜欢犯上作乱,这是很少见的。这里的"犯上"的"上"指居于自己上位的人,如国君、上司。"犯上"就是冒犯、顶撞上位的人。一个人在家里孝顺父母,和睦兄长,到了社会上也很少会滋事犯上。"鲜",是少的意思。不是绝对没有,但只是极少数。由一个家推及一个国家,由近推及远,这就是儒家思维方式。儒家的治国特征偏重于家国同治,而道家则偏重于身国同治。

"不好犯上,而好作乱者,未之有也。"进一步说,如果一个人不喜欢顶撞上司,但是好做些捣乱、叛乱的事情,这样的事是从来没有的。"未之有也"是一个古汉语特殊句型,否定句中,代词宾语前置,这里代词宾语"之"提前了,应该是"未有之也","之"指这种事情。

"君子务本,本立而道生。"什么是"本"和"末"?这两个字都是指事字,是在象形字"木"的基础上加上指事符号。篆文的"本"字,在"木"的下面加一横,表明是在树的最下面,就是树根,所以叫根本。"末"是在这棵树上面加一横,表明是树梢,所以叫末梢。所以君子就要追求根本的东西,只有根本的东西立住了,道才能生长。

"孝弟也者,其为仁之本与!"那么为人之道的根本是什么?最根本的就是孝和悌。这句话的意思是说,孝悌大概就是为人的根本吧!我们如果把孔子的学说用一个字来总结,那就是"仁"字。"仁"字是这么写的,左边是个人字,人是侧面站着的,右边是二,表示两个人。《说文解字》说:"仁,亲也。从人从二。"仁"的意思是讲人与人之间的关系。"仁"另有一个意思,"仁者人也",仁的意思就是人,因为人生在世都要为人处世,我们就是在人与人相处的关系当中表现出怎么做人的。按照这一段的说法,做人的根本就是要孝悌。

在我的家乡——安徽徽州西递村(世界文化遗产地)有一个敬爱堂,中堂上悬挂一个大大的"孝"字,是南宋伟大的思想家、徽州人朱熹所书。朱熹写的"孝"字发人深省!这个字不仅笔力遒劲、气势恢宏、苍劲雄厚,而且最重要的是,这个字十分形象地显示了孝则为人、不孝则为畜生的道理。你看这个字的下半部是一个"子"字,上半部从右往左看是一个戴着圆顶帽子的儒生,双手抱拳施行孝礼,表明如果孝敬父母就是人;从左往右看则是一个尖嘴猴头的猢狲,表明背对父母、不行孝道就是畜生。

小时候父母把我们扛在肩上,长大了我们把父母顶在头上——这就是"孝"!

其实"孝"这个字也的确有这样的意思。《说文解字》说:"孝,善事父母者。从老省,从子。子承老也。""孝"就是孩子头顶着老人,表明礼敬父母、奉上父母。所以上面是个"老"字简写,下面是个"子"字。《说文解字》说:"老:考也。七十曰老。从人、毛、匕。言须发变白也。凡老之属皆从老。"

我曾经问过小朋友:"孔子说做人首先要孝悌,对父母要孝,对兄长要悌,孝里面最大的做法就是顺,百孝不如一顺,做儿子的就是要顺从父母,父母怎么说,儿子就要怎么去做,你觉得这有没有道理啊?"小朋友说:"这不公平。"为什么子女要听父母的,父母为什么不能听子女的?所以他觉得这不公平。西方的教育就不是这样,美国号称是儿童的天堂,有什么意见就表达,强调独立思考的精神,这个也没错,但是你不能顶撞父母,同样也要孝顺。孩子听从父母是不是不公平呢?我想这是公平的!因为人是分阶段的,表面上看我对父母孝顺,好像都是我在付出,可是我还要生子女,我的子女将来也要孝顺我,同样也要为我付出,这样一代一代传下去,这是多么的公平啊。实际上,孝顺父母付出的爱与父母对子女的爱相比,实在是太少了,父母为了子女可以奉献一切,连动物也不例外。

还有一点需要说明,"孝"不仅是孝顺父母,还有一个更深层次的意思,《孝经》里讲得很清楚:"身体发肤,受之父母,不敢毁伤,孝之始也。立身行道,扬名于后世,以显父母,孝之终也。夫孝,始于事亲,中于事君,终于立身。"首先要爱惜身体、敬畏生命,然后要敬德修业、忠于职守,最后要安心立身、奉行道义。这才是"孝"完整的意思。

1.3　子曰:"巧言令色,鲜矣仁!"

【语译】

花言巧语、谄媚脸色的人很少有仁德。

【解读】

"巧言令色"后来成为一个成语,"巧言"就是花言巧语,"令色"本来指美好的脸色,这里指装出来的谄媚、伪善的脸色。花言巧语、伪善的人是不真实的,有所图的,这种人是不会有仁德的。一个真正有仁德的人,他不需要巧言令色来粉饰自己,我们后面会讲到,"敏于事而慎于言",即在行为上要敏捷,语言上要木讷,不要花言巧语。这句话朱熹注释得很好:"好其言,善其色,致饰于外,务以说人。"意思是说,让自己的言辞显得美好,脸色显得和善,致力于粉饰外在的表现,务求让别人高兴愉快。一旦满口说着好听的话,装出好看的脸色,务求取悦于人,就往往不是出于自己本心、不是真情善意了,所以孔子说这种人的"仁"心就很少了。

1.4　曾子曰:"吾日三省吾身:为人谋而不忠乎?与朋友交而不信乎?传不习乎?"

【语译】

曾子说:"我每天从三个方面反省自己:替别人办事是否忠心竭力了呢?与朋友交往是否诚实守信了呢?老师传授我的学业是否复习实践了呢?"

【解读】

曾子,名参,字子于,小孔子四十六岁,曾参和他的父亲都是孔子的弟子,他父亲叫曾晳,又叫曾点,我们后面会说到。除了曾参父子外,还有一对很有名的父子也同为孔子的学生，那就是孔子最得意的弟子——颜回（也叫颜渊）和他的父亲颜路。明代大学士解缙做过一首诗，其中有两句，"只望曾参养曾皙，哪知颜路哭颜渊"，说的就是这两对父子。前面说过，在《论语》中称"子"的除了孔子就只有有子和曾子这两个人，所以后人就认为《论语》这部书可能就是有子和曾子的学生整理的。曾子后来带了一个很有名的学生叫子思，子思就是孔伋，他是孔子的孙子，孔鲤的儿子。后来子思又带了一个非常有名的弟子叫孟子，当然有一种说法认为孟子是子思的再传弟子。孔子的学说在他去世后分成了八派，最有代表性的就是曾子这一学派，曾子带子思，子思带孟子，所以这学派又叫"思孟学派"。

"吾日三省吾身"，是曾子做人的准则。"三省"的"三"一般解释为多次，每日多次反省自己的行为。但是从后面看，这个"三"是实指的，从三个方面来反省自己："为人谋""与朋友交""传"，反省的问题分别是"忠""信""习"。

"为人谋而不忠乎？"今天的忠一般是指忠心，但是古人对忠的理解和现代人不太一样。朱熹解释尽己之谓忠，就是对人对事无不尽心尽力的态度。《说文解字》说："忠，敬也，尽心曰忠。"可见忠在古代意义更宽泛一些。受人之托，忠人之事，可以是朋友、上司，甚至也是可以非亲非故的陌生人。要体察为人谋事有没有尽自己最大的力量把事情办好，有没有做到心安。孔子思想的核心用一个字来概括就是仁，仁的内涵有孝、悌、忠、信等等。忠是仁的内涵之一，也是儒家修身功夫的重要方面。

"与朋友交而不信乎？"同门为朋，同志为友。同志是不在一起学习，但是有共同志向的人。《说文解字》说："信，诚也。""信"是一个单人旁和一个言字，叫人言为信，就是人说话一定要讲诚信，不诚信就不是人，就是畜生了。孟子说："人而无信，禽兽也。"信是不可逾越的伦理道德底线。

我们回过头来看，这个忠和信都是仁的具体表现，仁的基本内涵就是爱，对父母的爱叫孝，对孩子的爱叫慈，对上司的爱叫忠，对朋友的爱叫信。

"传不习乎？"最后一个问是老师传授给我们学业了，我们是不是去实践了呢？朱熹解释"习"为熟于己，所以习是通过反复的练习和实践，最后达到熟于己的状态。孔子一生好学，他评价自己说："十室之邑，必有忠信如丘者焉，不如丘之好学也。"意思是说一定有像我一样讲忠信的人，但是未必有像我一样好学的人。孔子弟子三千，其中七十二贤人，各有所长，才华出众，但是他只称赞颜回好学,"有颜回者好学,不迁怒,不贰过,不幸短命死矣"。可见好学很难。所以曾子以此自省。

"君子求诸己",反省是修身的功夫。按中医说法,酉时(17点至19点),是肾经当令,经络与脏腑相通相连,肾最大的作用是藏精,肾还有一个作用是主骨生髓,人身上的髓有:骨髓、脊髓、脑髓。酉时这个时候反思就是养肾、补肾,补肾就能填充髓海,就可以补脑,这个时候反思,人就越来越有智慧。《周易》的乾卦的第三爻:"君子终日乾乾,夕惕若,厉无咎。""夕惕若"就是傍晚的时候(酉时)要警惕、反思,要有忧患意识,不断地追问自己:"为人谋而不忠乎?与朋友交而不信乎?传不习乎?"每一天都这样反思自己,生命就会"苟日新,日日新,又日新"。

1.5 子曰:"道千乘之国,敬事而信,节用而爱人,使民以时。"

【语译】

孔子说:"治理具有一千辆兵车的国家,要恭敬做事、恪守信用,要对己节俭、对人仁爱,要按照农时使用民力。"

【解读】

"道"就是"导",引导、领导,这里有治理的意思。古人说治理,现代人说管理,一字之差说明了中西方管理的区别:西方是"管",是竹字头的字,竹子把你管住、夹住,所以偏于硬性管理;而"治"字是水字旁,偏于柔性管理。"千乘之国",就是有一千辆兵车的国家。乘,音shèng,意为辆。每乘就是由四匹马拉的兵车一辆。能有一千辆兵车的国家在东周初期算比较大的国家,到了春秋的时候已经算是中等诸侯国了。

孔子说:你要去治理一个中等规模的国家,就要奉行三大原则:

第一,"敬事而信"。敬是前提,信是底线。孔子特别

兵车出征图

注重敬,做人做事都要敬,孔子提出"君子之道"有四:"其行己也恭,其事上也敬,其养民也惠,其使民也义。"敬是一种态度,一种修养,对待人和事,要起恭敬之心。对人的敬表现为敬重、尊重、礼貌、谨慎,不怠慢。这里是说对待事情的敬,二程解释为"主一",朱熹解释为"主一无适",就是要专一、专注、专心于一件事,不旁及其他事情,心无杂念,心无旁骛,一点也不向别处分心。做事情要敬业、专心、严肃、认真、不马虎。不但要敬而且要信,要讲信用、重诺言,讲实话,干实事,言必行,行必果。这是治理国家的第一原则。

第二,"节用而爱人"。要节俭,"用"就是费用,"节用"和"爱人"是双向的,"节用"对己,"爱人"对人。对自己要节约、节俭,对别人要仁爱,要施舍,不要自私。

第三,"使民以时"。这是状语后置的句式,就是"以时使民"。"以"就是按照的意思,"使"有驱使、指使的意思,"时"指农时。早在《尚书》里面就讲了,叫"授民以时"。古人在治理国家的时候特别重视天文、农时。北斗星的斗柄,指向东边的时候天下皆春,指向南方的时候天下皆夏,指向西方的时候天下皆秋,指向北方的时候天下皆冬。作为一国之君,你要按照这个时间来指挥老百姓:指向东边春天的时候,你要告诉老百姓该播种了;指西边秋天的时候,你要告诉老百姓该收割了,到冬天就要收藏起来。治国要完全符合节令,如征民服役的时间要选在农闲的时候,可见这个"时"太重要了。

1.6　子曰:"弟子入则孝,出则悌,谨而信,泛爱众,而亲仁。行有余力,则以学文。"

【语译】

孔子说:"弟子在家要孝顺父母,在外要敬爱兄长;要谨慎少语,诚实可信;博爱大众,亲近有仁德的人。修行有余时,再去学习诗书六艺之文。"

【解读】

这段话后世作为弟子的基本准则。清代康熙年间有一个秀才叫李毓秀,他将这几句话作为总序,编撰成《弟子规》。《弟子规》一共三百六十句。《弟子规》总序:"弟子规,圣人训,首孝悌,次谨信,泛爱众,而亲仁,有余力,则学文。"

"弟子规,圣人训",给弟子立的规矩是圣人孔子的训示,子曰:"弟子入则孝,出则悌。"所以说要"首孝悌",首先就是要孝悌,"入则孝"就是说在家里你要孝顺,"出则悌"走出去要尊重你的兄长。有人问兄长也是在家里,怎么要说走出去呢?有一种解释这么认为,入父宫,到了父亲的房间你要孝顺;出己宫,出了自己的房间了,你要尊重你的兄长。我认为这种解释比较片面。其实这句话很好理解,我认为这里的"兄长"应该广义一些,就是尊重比你年长的人。我们中国人特别主张尊重伦理次序,排座位的时候一般都是长辈在前,晚辈在后。

"谨而信",《弟子规》里是"首孝悌,次谨信"。"信"是诚信。"谨"是谨慎,少言为谨慎,要少说话,不要对这个事情还不了解的时候就夸夸其谈了,儒家和道家都反对这一点,道家说:"塞其兑,闭其门,和其光,同其尘,挫其锐,解其纷。""多言数穷,不如守中。"儒家说要"讷于言,敏于行",都是一个道理。这对我们教育小孩子特别有意义,以后走上社会了,不要首先发表意见,有出息的人总是在最后发表意见,要谨慎。但是不能谨慎太过而流于小器,该自己发表意见、提出建议的时候,要大方表达。这里还说到信,信者,言之有实也。跟谨结合起来讲,就是讲信用,要求我们谨慎对待说过的每一句话,不可夸夸其谈,随便许诺于人,这是修养的功夫。

"泛爱众,而亲仁。"这几句《弟子规》里用的完全就是论语的原话。"泛"就是广泛,要广泛地爱护别人。人来到这个世上,和其他生物最大的区别是人有爱人之心,一念之间,有爱则有光辉,无爱则与牲畜无异。"爱"字这么写,爱是用心在爱,上面是一只手,下面也是一只手,上面老人的手拉着下面的手,下面的是小孩子的手,两只手要互相帮助和扶持,这需要你的心,这就叫爱。"而亲仁",就是亲近有仁德的人。多与有德行的人接触请教,你也会受到影响,成为一个仁者。这就是"近朱者赤,近墨者黑"的道理。

"有余力,则学文。"《论语》原文是:"行有余力,则以学文。"上面说的那些你都做到了,还有余力的话,你就学文。这个"文"到底是学什么?大概就是学文字、文学、文化、文献这些。我们现在的学"文",是为了考大学、找工作,这是不对的。其实圣人早就把为人治学的顺序次第给我们讲清楚了,学最重要的是要学孝悌谨信、爱众亲仁,这是智慧、德行层面的,如果这一层次的学问都做好了,才可以学习文化典籍制度,才可以学习文化知识。

1.7 子夏曰:"贤贤易色;事父母,能竭其力;事君,能致其身;与朋友交,言而有信。虽曰未学,吾必谓之学矣。"

【语译】

子夏说:"一个人能有喜好仁德胜过喜好美色之心,对妻子,重品德,不重容貌;侍奉父母,能尽心竭力;服侍君上,能奉身尽职;同朋友交往,说话诚实而守信。这种人,即使他没学习过,我也一定说他已经学习过了。"

【解读】

有一种观点,说现在好多人是有知识而没文化,因为他学了一肚子知识,却不知道怎么做人。什么是学?要学习什么?子夏回答了这个问题,子夏也是孔子的学生,姓卜,名商,字子夏。

子夏像

"贤贤易色",第一个"贤"是动词,意思是遵从、以什么为"贤",后面的"贤"是才能。"贤贤"就是要遵从或看重才能。"易"就是轻视。这句话意思是,重视才能,轻视外貌。这是对男人说的,这段话先是"贤贤易色",后是对父母,再是对国君,最后是对朋友,是这样的次序。所以这个"贤贤"具体而言,就是指男人对待妻子,对待妻子要看重她的才能和贤德,不要过分追求外貌。

"事父母,能竭其力"。对待父母要竭尽能力地去孝顺。

"事君,能致其身"。对待君主,对待你的上司,要致其身,"致"是献出了,要牺牲自己的意思。

"与朋友交,言而有信"。和朋友交往的时候,要言而有信。

这段话分出来了几个层次,表示人与人之间不同的关系,这些都是仁的具体表现。对我们董事长和总经理们来说,选人的时候也要"贤贤易色",看重人的才和德,轻视外表,不以貌取人。你看《非诚勿扰》里的一些人,外貌是挺漂亮的,你要娶上这种人啊,你就完了。其实怎样看外貌也很重要,不是要看"色",而是要看"神",实际上"才"和"德"也能从外貌上看出来一些,一般人娶老婆的时候就看她漂不漂亮,其实漂亮是一个动态的过程。

"虽曰未学,吾必谓之学矣。"用今天的话说就是,即使你没有太高的学历,我也说你是一个有学问的人。用古人的话说是，即使你没有入学（小学、大学），我也一定说你是一个有学问的人。

中国古代的时候最高一级的学叫大学，我们看宋代朱熹编撰的"四书"就发现，它的顺序是《大学》《中庸》《论语》《孟子》，首先是《大学》。《大学》是曾子作的，它是一章经，十章传。经就这几句话，传是解释，一共有十篇。

"大学之道，在明明德，在亲民，在止于至善。知止而后有定，定而后能静，静而后能安，安而后能虑，虑而后能得。物有本末，事有终始。知所先后，则近道矣。"

我们怎么才能有大的学问呢？《大学》实际上就回答了做学问的道，包括三个方面，也就是"三纲领"：第一"明明德"，第二"亲民"，第三"止于至善"。

第一，"明明德"。这句话实际上出自《尚书》："克明俊德，以亲九族。九族既睦，平章百姓，百姓昭明，协和万邦。"这是和谐最早的来源。这就是"明明德"，也就是"克明俊德"。一个人要为学，目的首先就是要"明明德"，第一个"明"是动词，后面的"明"是形容词，人本身就有一种明德，只是这种明德后来被掩盖了，所以学的目的就是让被掩盖的德彰显出来，这就叫"心地光明"，你就开光了，而不是说叫人做法事给你"开光"。我们人心地不光明，所以才要为学啊。这个明德就是光明伟大的品性，孟子讲了："恻隐之心，人皆有之；羞恶之心，人皆有之；恭敬之心，人皆有之；是非之心，人皆有之。""恻隐之心，仁之端也；羞恶之心，义之端也；恭敬之心，礼之端也；是非之心，智之端也。"明德就是仁义礼智，起点就是人的恻隐之心，每一个人的心原本都是善的，只是后来掩盖了，变得贪得无厌了。

说到这里，要给大家讲个例子原国家药监局局长郑筱萸，本来是苦出身，所以懂得珍惜，孝敬父母，一开始官做得非常好，所以领导把他提拔为国家药监局局长，结果他捞得太狠了，最后被枪毙了。这种人有善良的本性，但随着各方面因素的变化而泯灭了、被掩盖了。这个用佛家的话来说，叫"习染"，被污染了，所以《大学》里讲的道理就是要让好的本性"彰明"。要学古圣先贤，第一大目的就是要把所污染、泯灭的心和明德显明出来。"德"就是直心、明心，又叫明德，就是纯净的心灵。

第二，"亲民"。我们一般理解为亲近人民，也没错。但它的本意不是亲民，是"新民"，"苟日新，日日新，又日新"。不断地使人民更新，这就是周易啊。首先要"明明德",自己心地要光明,然后掌握大学之道,地位一般是统治者了,要使你管理下的人创新、更新,更重要的是修心,在工作中得到成就和乐趣,不能让他跟了你那么多年,心灵和物质上都没有什么长进,心灵没有得到成长,所以要让他不断革新。

第三,"止于至善"。"止"就是达到,达到至善、至高、至美的境界。"明明德"是自己,"亲民"是别人,"止于至善"是大家一起达到至高的境界。也就是说,"明明德"是自觉,"亲民"是觉他,"止于至善"是圆觉,这就是《大学》的精神。我们学的就是这些,而不是要你学多少的知识,"有余力,则学文",不是要让大家都去当科学家。比如我,数学极差,但我照样能活在这世上,专业知识是需要,但如果人没做好,那就完了。

《大学》里的这一段采用顶真句式,很好背的。怎么"止于至善"呢?下面就开始了:"知止而后有定,定而后能静,静而后能安,安而后能虑,虑而后能得。"止、定、静、安、虑、得,这就是一个过程,我们要达到至善的境界,就要经过这个过程。人活在世上,就要追求最高的境界:真、善、美。真、善、美全在六经里,《诗》《书》是至善,《礼》《乐》是至美,《易》和《春秋》是至真。"止"字还有一个意思,就是"止观法门",达到最高境界的一个方法,天台宗的智𫖮和尚提出来要"止观",心要静止。知道止以后,就知道了人生的最高目标,要达到至善的境界,然后自己还要有所止,知止才有定,止太重要了。一个人知止了,那就是企业家了,"企"上面一个人,下面一个止,人走了企业就止了,企业家要经常地止、停止、静止,不要什么都自己占有,要适可而止,最重要的是心要止,心如止水,那你就是顶呱呱的企业家了。心止住了,定住了,就能安,之后再来考虑问题,就有所得了。六个字,先止,然后定、静、安、虑、得,这叫心安理得,这是一个过程,用佛家来说很简单,就三个字——戒、定、慧,戒是行为的,定是心灵的,慧是开大智慧,就是最大的得。

"物有本末,事有终始。知所先后,则近道矣。"

事物都有本末,都有根本和枝节,有重要的和不重要的,事物都是有终有始,知道了先后,就达到大学之道,就会做人了。首先抓住本,然后才能把握住末。

"古之欲明明德于天下者,先治其国;欲治其国者,先齐其家;欲齐其家者,先修其身;欲修其身者,先正其心;欲正其心者,先诚其意;欲诚其意者,先致其知。致知在格物。物格而后知致,知致而后意诚,意诚而后心正,心正而后身修,身修而后家齐,家齐而后国治,国治而后天下平。自天子以至于庶人,一是皆以修身为本。其本乱而末治者否矣。其所厚者薄,而其所薄者厚,未之有也。"

这段话首先从大说到小,接下来从小说到大,解释了怎么才能达到至善。"古之欲明明德于天下者,先治其国",要想宣明人性中的明德于天下,首先要治其国,然后到家,然后到身,然后到心,然后到意,然后到知,然后到物。这是从大说到小,接着是从小说到大:格物、致知、诚意、正心、修身、齐家、治国、平天下,这就是《大学》的"八条目"。

1.8　子曰:"君子不重,则不威;学则不固。主忠信。无友不如己者。过,则勿惮改。"

【语译】

孔子说:"君子不庄重,就没有威严;即使学习了,所学也不会牢固。要以忠和信两种道德为主。不要跟德行不如自己的人交朋友。有了过错,就不要怕改正。"

【解读】

"君子不重,则不威;学则不固。"孔子说:"君子如果不庄重,就没有威严。即使读书学习,所学的也不会巩固。"这里强调做一个君子首先要庄重。老子《道德经》里说:"重为轻根","静为躁君"。我们这里的庄重不是外在的,而是内在的庄严、庄重,就是要有坚定的信念,有一颗仁心,而且不为外在的东西所动摇,这就是庄重。如果不庄重,就没有威信,学的东西也不稳固。

"主忠信。无友不如己者。过,则勿惮改。"要以忠、信为主,对上要忠,对友要信。不要和那些才德不如自己的人交友,要和比自己有才德的人交往。有了过错,就不要怕改正。朱熹在《四书集注》里解释,"友所以辅仁,不如己,则无益而又损",亲近有仁德的人,我们才更容易日新己德。这为自己的修行创造一个很好的环境,上面讲"亲仁"的时候也提到过。现在好多人误解了,认为这句话是孔子叫我们不要结交不如自己的人,是不是孔子太功利主义了呢?其实不是,因为后面孔子说"三人行必有吾师""见贤则思齐,不贤则改之",就是说交友的时候,要发现朋友超过自己的地方。好多人说我讲《周易》管理讲得很好,其实我不懂管理,没有系统学过管理学,为什么大家评价我讲得好呢?实际上就是因为我从我的学员们身上,从成功企业家那里学了很多东西。所以不要片面地理解

"无友不如己者"，我的理解是，要发现平辈、晚辈比自己高明的东西，有了过错不要怕改正。所以我们读《论语》不能片面去理解，要前后文对照才能从整体上感知，才不会出差错。《论语》是记载孔子及其门人对话的语录，每个场景都有特定的背景和针对的对象，如果凭借自己的主观去判断对错，那很有可能会曲解句意。《论语》里那些鲜活的生命和坐而论道的生动场景，我们要用心体会，而不是不假思索地批判。后面还有一句，"过，则勿惮改"，有了过错，不害怕改正。其实我们的修行就是一个不断改错的过程，一个人只要敢于承认自己的错误，并且不怕改正，那他就是一个真正的勇者。

1.9 曾子曰："慎终追远，民德归厚矣。"

【语译】

曾子说："谨慎地对待死亡，追念远代祖先，老百姓的品德自然会归于忠厚。"

【解读】

这句话非常有名，后来成为一个成语——慎终追远。要是慎终追远了，民风就淳朴了。"慎终追远"就是对待死亡要慎重，追念先祖们。一般理解这里所谓的慎终，即对待死亡，指的是对待父母的死亡，但我认为还要加上对待自己也要慎终。慎终追远后来成为中国人的民俗，这个和西方不同，西方人不注重祖先，我们中国人却很谨慎。父母的死亡是家里的重大事情，在孔子的时代，父亲、母亲是平等的，父亲、母亲去世，子女要守孝三年。孔子去世，他的弟子也是守孝三年，因为一日为师终身为父，老师和父亲是一辈的。只有一个子贡，在孔子墓旁为他守孝六年。当然现在不是要提倡大家去守墓，这只是形式。中国的老百姓都是慎终追远的，对先祖都非常谨慎，这样一代一代，中华民族才会生生不息，团结奋进。

为什么我们是世界上为数不多的文化传统没有中断的民族？就是因

子贡庐墓图

为我们中华民族慎终追远,中华民族是一个大家庭,有一种认同感。很多人说儒家太低级了,就是注重血缘关系。其实这种评价是不成熟的,因为儒家虽然从血缘关系讲起,但不纯粹是血缘关系,最后归于天下意识。

在我看来,优秀的中华文化重点是易、儒、道、佛、医这五家优秀的传统文化,其中儒家的慎终追远是优秀传统文化的代表之一。

1.10 子禽问于子贡曰:"夫子至于是邦也,必闻其政,求之与?抑与之与?"子贡曰:"夫子温良恭俭让以得之。夫子之求之也,其诸异乎人之求之与?"

【语译】

子禽向子贡问道:"夫子到一个国家,必然听到那个国家的政事,这是夫子求来的呢?还是别人自动告诉他的呢?"子贡说:"夫子是靠温和、善良、恭肃、节俭、谦逊的德行取得的。他老人家获得的方法,和别人获得的方法有不相同的地方吧?"

【解读】

子贡复姓端木,名赐,"贡"是贡献,"赐"是赐予,所以贡就是赐,后面出现"赐曰",就是子贡。

"夫子至于是邦也,必闻其政,求之与?抑与之与?"子禽问子贡说:"孔夫子到这个国家,一定能听到这个国家的政事,清清楚楚,这是求来的,还是别人主动告诉他的呢?""抑与之与?"后面这个"与"是语气助词,相当于"了"。子禽很疑惑,为什么老师到任何一个国家去,都能知道这个国家的政事呢?子贡回答说,夫子是温、良、恭、俭、让,所以能听到各国的政事。温、良、恭、俭、让是仁的五种表现形式,"温"就是温和,儒家一般都很温和,不像严厉的法家,儒家认为做一个人要温和,不要声色俱厉;"良"就是要善良;"恭"就是要恭敬,儒家再三强调人一定要有恭敬之心;"俭"就是要节俭,不要铺张浪费;"让"就是要辞让、谦让。达到这五点,就是一个仁者了。这五个字其实也是孔子的素描,通过子贡之口,展示了孔子的修养和风度。

子贡像

1.11 子曰:"父在,观其志;父没,观其行;三年无改于父之道,可谓孝矣。"

【语译】

孔子说:"当他父亲活着,就要观察他的志向;父亲死了,要考察他的行为;若是他对待他父亲的合理部分,多年都没有改变,可以说做到孝了。"

【解读】

这一章是孔子说什么叫"孝"。看一个人怎么才是孝,要看他父亲在的时候和父亲去世之后,他分别怎么做。

三年不改变父亲在世时候的志向,这就叫孝了。学术界有争论,三年是虚指还是实指,在我看来就是实指,因为孝有一种行为,就是要守墓三年,如果守墓不到三年,那还叫孝吗?父亲在的时候,为了孝敬父母,肯定要非常听话,按父母说的做。父亲去世后的三年你是否实现自己的承诺,仍然依照父亲的志向做事情,没有改变对父亲的承诺,做得到就叫孝了。三年之后呢?有的东西是可以变的,但核心的仁心不能变,其他的可以稍微不同,因为时代是在发展的。这句话历来也有很多争议,如果"父之道"本来就是错误的,还要过三年才改,那岂不是很迂腐?读《论语》要体会其语句背后深刻的含义,这话的核心是对父母要有一颗诚恳的心,对父母许下的承诺,要不遗余力地去完成,对父母要讲信用,言行一致,这才是孝。

1.12 有子曰:"礼之用,和为贵。先王之道,斯为美;小大由之。有所不行,知和而和,不以礼节之,亦不可行也。"

【语译】

有子说:"礼的运用,贵在遇事都做得恰当中和。过去圣明君王治理国家,宝贵的地方就在这一点;小事大事都遵循'和为贵'的原则来做。如有行不通的地方,便为了和而求和,不用一定的礼仪规范来加以节制,也是不可行的。"

【解读】

"礼之用,和为贵。"儒家的思想是以人为本,以和为贵,儒家不是讲仁、义、礼、智、信吗?其中礼最大的作用在哪里?仁和礼的关系是什么?仁的具体表现我们已经说了很多了:对父母要孝,对子女要慈,对朋友要信,对长辈要悌,做人要温良恭俭让,等等。而"礼"就是礼仪规范,行礼、守孝等等。仁和礼的关系是内在和外在的关系,仁是内在,礼是外在,仁是自律,礼是他律,一个人的内心一定要仁,有恻隐之心、羞耻之心、是非之心、慈爱之心,这些都是内在的仁的内容。仁还要表现出来,行为要符合礼仪,礼仪就是行为规范,就是道德伦理。最大的道德就是仁德,孟子讲四种德,到董仲舒的时候就是五种德:仁、义、礼、智、信,第一位的德就是仁德。道德是内在的,但是当这种道德成了规范,那就是外在的行为规范了。仁是自律,自己在要求自己,有的人不能达到仁,怎么办呢?那就要用外在的东西限制,那就是礼。人需要用规矩来约束自己,当一个人什么约束都没有的时候,那是很可怕的。

有人说儒家太苦了,有自律还有他律,什么都约束,而道家是绝对的自由。其实儒家一点都不苦,儒家是乐,"君子不忧",君子没有忧愁,学了儒家、道家,肯定不会郁闷的。儒家到后来有点太极端了,我们讲的主要是原始儒家。有的人不按照行为规范,就要用法来限制他,所以礼再进一步就是法了,用法来管理、惩罚。把外在的礼变成内在的仁,你就快乐了。这个时候仁就不是自律,不是自我的约束,而是人的本性,回归本性,在这一点上儒家和道家说的一样。礼的最大作用就是让人和谐,和谐分三个层面:人与天的和谐、人与自然的和谐叫"天人合一";人与社会的和谐叫"人我合一";人自己心身的和谐叫"形神合一"。这就是礼的最大的作用,不是限制,而是让我们和谐,不要走偏。

"先王之道,斯为美。"过去的帝王治国之道最可贵的就在和,和就是美,是大美。所以做人怎么才能达到善、达到美?其中有一条就是要和谐。

"小大由之。"无论小事还是大事,都做得很恰当,很和谐。

"有所不行,知和而和,不以礼节之,亦不可行也。"如果有行不通的地方,那么就是知道和谐,再求得和谐,不按照礼来节制自己,那也是行不通的。所以我们要经常把礼变成内在的东西,而不是外在的。如果一旦心中想不通的时候,要做违背伦理的事情,这时候就有礼来约束你,不断把里里外外、内在外在的约束合在一起。如果只知道心中的仁,不知道礼,那也是行不通的,人必须把内在、外在都打通。现在还有法来限制,所有人把外在的变成内在的,也是不可能的。如果所有人都能内外打通,社会上就没有违法的人了,就和谐了。

1.13　有子曰:"信近于义,言可复也。恭近于礼,远耻辱也。因不失其亲,亦可宗也。"

【语译】

有子说:"诚信接近于正义、道义,说的话要能兑现。庄矜恭敬接近于礼仪,就能远离耻辱,使人不致遭受侮辱。依靠关系深的人,也就可靠了。"

【解读】

"信近于义,言可复也。"诚信要接近于正义、道义,你说的话要能够兑现。"复"是兑现。

"恭近于礼,远耻辱也。"恭敬要接近礼义,远离耻辱。就是说如果你的恭敬之心能够接近礼义了,你就能远离耻辱的事情。

"因不失其亲,亦可宗也。""因"是依靠。依靠别人,但"不失其亲","亲"就是父母,意思就是依靠关系深的人,所以这里的"亲"就不纯粹是指父母了,而是广义的指亲近的人,"亲"和"疏"是相对的。"亦可宗也",意思是说,这种依靠也就可靠了。你的说话、行为都符合诚信、礼仪了,你再去依靠亲近的人,那也是可靠的。否则就是不可靠的。你依靠你认为亲近的人,但因为你自己不符合诚信、礼仪,你所认为的亲近的人可能也是不符合礼仪的人,结果恰恰就是这样的人坏你的事,这样的人是最不可靠的人。这种情况太多了,有个词叫"杀熟",他往往从你开刀啊。还有的人,你觉得非常可靠,而其实他是不可靠的,这是因为你的内心还不能分别出哪些符合礼义,哪些不符合礼义。如果你能分别,你就不可能把这种人当作可靠的人了。

1.14　子曰:"君子食无求饱,居无求安,敏于事而慎于言,就有道而正焉,可谓好学也已。"

【语译】

孔子说:"君子,吃食不要吃得太饱足,居所不要太安逸舒适,做事情要敏捷,说话要谨慎,接近有道的仁义之人,到那里去匡正自己,这样,可以说是好学了。"

【解读】

"食无求饱,居无求安。"这是非常有名的两句话,"无"就是勿,就是饮食上不要求太饱,要吃得少,居所不要求太安逸。

"敏于事而慎于言。"做事的时候要敏捷,但言语要谨慎。

"就有道而正焉。""就"就是接近,要接近有道的人、仁义之士,然后"而正焉",来改正自己。就是要接近有德行的人,发现自己的不足,来改正自己,这就叫好学。所以学不是要学专业知识,而是要学做人。

朱熹在《四书集注》里的解读是:"不求安饱者,志有在而不暇及也;敏于事者,勉其不足;慎于言者,不敢尽其所有余也;然犹不敢自是,而必就有道之人,以正其是非,则可谓好学也矣。"意思是说,一个人不求安饱,是因为他有志,念兹在兹,无暇顾及安饱,对事情敏锐有判断力的人,是因为他知道自己的不足,所以勤而补不足,谨慎自己的言语,言多必失,行动力才是最好的表达。如此自律之人,还要接近有德行的人,匡正自己。能够达到这四种境界的人,是真正的好学之人。在孔子的弟子里,颜回就是能达到这四种境界的人,颜回"一箪食,一瓢饮,人不堪其忧,回也不改其乐",这种安贫乐道的快乐境界非真正好学之人不能体会。

1.15 子贡曰:"贫而无谄,富而无骄,何如?"子曰:"可也;未若贫而乐,富而好礼者也。"子贡曰:"《诗》云:'如切如磋,如琢如磨。'其斯之谓与?"子曰:"赐也,始可与言诗已矣,告诸往而知来者。"

【语译】

子贡说:"一个人贫穷但不巴结奉承有钱的人,一个人富贵了但不骄傲自大,这样的人怎么样?"孔子说:"这样的人可以了,但是还不如贫穷但很快乐,富贵但符合礼仪并且喜欢仁德的人。"子贡说:"《诗经》上说:'要像对待骨、角、象牙、玉石一样,先开料,再糙锉,细刻,然后磨光。'那就是这样的意思吧?"孔子说:"子贡呀,现在可以和你讨论《诗经》了,告诉你以往的,你能有所发挥,而知道未来的了。"

【解读】

贫而乐,不仅是可爱的画面,也是令人尊敬的表现。物质越贫乏,精神却逆向前进,日益丰富,正是安贫乐道的典型。乐什么道?由内心所选择的人生正途,如行善避恶、艺术陶冶、开阔心胸。人在世间,不可能个个致富,但可以一起贫穷,所以"贫而乐"包含了重要的人生哲理。这一段中我们能感受到孔子与子贡论道的那种生动的场面,子贡是孔子得意的门生之一,在《公冶长第五》这一篇当中还问孔子对其的评价,孔子认为子贡是如瑚琏一样精美的玉器,评价已经非常高了,孔子西去之后,子贡守孝六年,可见情分之深。子贡自认为"贫而无谄,富而无骄"已是非常有修养了,拿来问孔子,一句"何如"则能感受到子贡当时的神态,老师你说我这种理解如何,还不错吧。但是孔子只给了他一个"可也",还不错,算是能及格了。如果能安贫乐道,富而好礼,那就更好了。一句话可见修养的高低。子贡贫不谄媚、富不骄纵的状态是有些刻意在里面的,故意为之;孔子的贫而乐、富而好礼是自然而然的修养所为。在任何环境中,不论贫贱富贵,都能有平和自然的心态,"素贫贱行乎贫贱,素富贵行乎富贵",这才是修养。

1.16 子曰:"不患人之不己知,患不知人也。"

【语译】

孔子说:"别人不了解我,我不担心;我担忧的是自己不了解别人。"

【解读】

"不患人之不己知,患不知人也。""患"就是担心,我不担心别人不了解我,而担心不了解别人。人生只有一个最大的敌人是自己,如果真正了解了自己,别人自然而然就能了解了。

为政第二

2.1　子曰："为政以德，譬如北辰居其所而众星共之。"

【语译】

孔子说："用道德来治理国政，仁德就像北极星一样，会在一定的位置上不动，而别的星辰都环绕着它。"

【解读】

"为政以德"，就是"以德为政"，这是一般的古汉语句式，他把"以"什么放在后面，意思是用道德来治理国家，也可以说是治理一个组织、企业，道理都是相通的。

"譬如北辰居其所而众星共之。""北辰"就是北极星，北极星和北斗星的关系是什么？一般认为北极星是不动的，而北斗星的斗柄是要转的，但是按照现代天文学来说，北极星也会稍微地变化。一般认为"北辰"是永恒不变的，是一个标准，其他的众星是围绕着北极星在动，所以叫"居其所而众星共之"，就是众星都围绕着他，意思就是在治理国家和企业的时候，有一个不动的最高原则就是"德"，这个"德"就像北极星，德就是这么重要。北斗星和北极星的关系就好比我们人身上心和心包的关系，我在讲《黄帝内经》的时候提过，人的心是一个君主，你看皇帝会不会亲自去接收大臣们的奏章啊？肯定不会，都是贴身太监去收，那这个心就是皇帝，心包就是太监，叫"代君受邪"，遇到什么事情来了，首先是他来处理的。北斗星和北极星也是这种关系，北极星就像皇帝，北斗星就像太监。北极星这个皇帝通过北斗星来指挥我们。

朱熹在《四书集注》里解释："言众星四面旋绕而归向之也，为政以德，则无为而天下归之,其象如此。"如果治理国家以德治理,就会达到老子所说的"无为而无不为"的状态了,一切都在其轨道上有序运转,各安其位,安居乐业,一派大同社会的和谐场景。

2.2　子曰:"诗三百,一言以蔽之,曰:'思无邪'。"

【语译】

孔子说:"《诗经》三百篇,用一句话来总结它,就是'思想没有邪念'。"

【解读】

钱穆评此篇曰:"学者必务知要,斯能守约。本章孔子论诗,尤其论学论政,主要归于己心之德。孔门论学,主要在人心,归本于人之性情。学者当深参。"

"诗三百。"《诗经》三百篇,其实是三百零五篇,分为三个部分:风、雅、颂,采用三种表现方式:赋、比、兴,号称"诗经六义"。那这三百篇究竟讲什么呢?

"一言以蔽之,曰:思无邪。""以"就是用,它应该放在前面来,是"以一言蔽之",用一句话来概括、总结它,这句话就是"思无邪",思想没有邪念,也就是思想纯正。所以《诗经》就是思想纯正,读它你不要读出邪念来,如果读出邪念来那就读错了。比如说《诗经》第一篇:"关关雎鸠,在河之洲。窈窕淑女,君子好逑。"见一个窈窕的淑女,君子就去追求她,这叫思无邪吗?见一个爱一个,谁漂亮就去追求谁,这肯定不对啊,所以那个"逑",不是追求,它是配偶的意思,这句话是说窈窕的淑女和有德君子是一对好配偶。这才叫有德,才叫思无邪,否则就是一种邪念了,如果是邪念,能把《诗经》放到"五经"里面,并且把它当作是第一经吗?那不可能。所以我们要按照《诗经》本身的意思来读。《诗经》里面有很多反映男女爱情的篇章,因为它毕竟是中国最早的一本诗歌总集,它最早的时候有三千多篇,孔子把它缩减到三百多篇,孔子是把那些讲男女情欲的诗篇删了,选的都是"思无邪"的篇章。

2.3　子曰:"道之以政,齐之以刑,民免而无耻;道之以德,齐之以礼,有耻且格。"

【语译】

孔子说:"用政令来治理他们,使用刑罚来整顿他们,这样老百姓可以免于犯罪,却没有廉耻之心。如果用道德来引导他们,使用礼教来整顿他们,人民不但有廉耻之心,而且人心归服。"

【解读】

"道之以政。""道"就是指导的"导",是治理的意思,我前面也说过。"道之以政"就是"以政道之","政"是政治命令,用政治命令来治理国家。"道之以德",就是用德来治理(国家)。这是古汉语中最常见的句式,学会了就简单了。

"齐之以刑。"就是"以刑齐之","齐"是整顿,用这个刑法来整顿他。这两句话就是:用政令来治理国家,用刑法来整顿国家。

"民免而无耻。"老百姓免于犯罪,但是他无耻。"无耻"朱熹的解释是"虽不敢为恶,但为恶之心未尝忘也"。这个说得太好了,这两种治国的方法导致不同的后果。第一种方法就是法家的方法,用政治命令和刑法来治理国家,而且刑法特别严格,老百姓肯定不敢犯罪,但是他没有羞耻之心。新加坡法律就很严格,有一种鞭刑,所以老百姓就不敢犯法了。我曾经举过例子,如果吐痰罚款五千,一分不打折,谁还敢吐?但是他无耻,心里恨啊,就会在没人的地方拼命地吐痰,给他补回来。人最怕的是没有羞耻之心,最可怕的是无耻,最可怕的是"我是流氓我怕谁"。这就是说,你的刑法和羞耻是不成正比的,所以我们现在提倡"耻感",因为在所有的动物里面只有人是有羞耻感的。现在太可怕了,很多人做事情没有羞耻之心,那什么跟我们的"耻感"成正比呢?毫无疑问,是道德,而不是法律。接下来,是另外一种治国方法。

"道之以德,齐之以礼,有耻且格。"如果用道德来治理国家,使用礼法来整顿国家,老百姓有这种羞耻感,而且不会去触犯法律。

这里讲了治理国家的两种方法:一种法治,一种德治。但是你光强调德治也不行,我说的不是不要法治了,这个大家一定要搞清楚啊。2001年安然事件以后,美国国会在2002年7月通过一个法案,叫萨班斯—奥克斯利法案,这个法案对公司外部监管做出了一些比较细致的规定,结果有效果吗?当然是有效果的。接着2008年发生了雷曼公司破产事件,美国众议院政府改革监督委员会的主席责问雷曼公司的执行长说:"你们公司破产,给国家带来了危机,可是你却弄了四亿八千万,我问你一个基本问题,你说这算不算公平?"这个事件是非常有名的,我把它引用过来。雷曼公司的执行长无耻啊,自己拿了四亿八千万,却让公司破产,导致世界性金融危机。这场世界性的危机深层次的原因是什么？我曾经说过，前总理温家宝在剑桥大学的回答是四个字"道德缺失"。你看这个道德有多重要。奥巴马在总统就职演说上说："这场世界性金融危机产生的原因就是贪婪和不负责任。"这是他的原话，这就是道德上出了问题，所以你们自己琢磨德治的重要性。法治和德治都是必要的，但是德治是根本。我再举一个例子，亚当·斯密被称为经济学之父，但是你知道吗？他同时还是一个伦理学大师，他写了两本书，一本是《国富论》，这个大家都知道，还有一本《道德情操论》，这是他晚年写的。他在《国富论》里面说了一个非常有名的"看不见的手"的命题，这种看不见的手，就是指自由竞争的市场经济，是人人利己，仅靠个人的冲动和欲望去竞争。可是他发现光有"看不见的手"还不行，仅靠它是会出问题的，所以后来他特别提倡道德。而我们的孔夫子早在两千多年前就意识到这个问题了。

2.4　子曰："吾十有五而志于学，三十而立，四十而不惑，五十而知天命，六十而耳顺，七十而从心所欲，不逾矩。"

【语译】

孔子说："我十五岁，立志于做学问；三十岁，说话做事都有所成就；四十岁，通晓了人世间的各种道理而不至于迷惑；五十岁，知晓天道；六十岁，听别人言语，都能很顺耳；到了七十岁，便随心所欲，任何事情都不会越出规矩。"

【解读】

"吾十有五而志于学"，一般古代在每个整数后面都加一个"有"字，"有"同"又"，"十有五"，就是十个又加五个。一百零三岁怎么说？百又三。这句话的意思是，我十五岁的时候就立志学习。"志于学"一般的理解就是立志学习，这种理解是不对的，十五岁才立志学习，说明之前没有好好学习。孔子学习的书都是古代的文献，按现在的说法都是文科的东西，都是要背诵的。人的记忆力的最佳时期是十三岁前，到十五岁已经错过了，那还能成为孔夫子吗？不可能。所以，不是说十五岁的时候才立志学习，应该是十五岁时立志于做学问，十五岁前把那些古圣先贤的著作基本都读过了，之后就立志做学问。这句话太重要了，这就是说，孔子在十五岁的时候就找到了人生的终极目标，这一辈子就立志为学。我觉得孔子之所以伟大，就在于他十五岁就确立了人生的终极目标，并且按照这个目标去做了。尽管他周游列国四处碰壁，历经很多挫折，但是他不折不挠，"咬定青山不放松"，所以孔子是一个最幸福的人，因为他一辈子都在按照自己的理想做事。人生是短暂的，我们怎么才能过好这短短的一生呢？就是要做一件自己希望去做的事情，成功了当然高兴，即使最后没有成功，只要去做了，也可以享受这个过程。这点是最重要的，所以我们要从孔夫子的人生中获得启发。

入平仲学图

然后就跳到三十岁了。二十岁他没说，按古代礼仪，二十岁加冠，行冠礼，就成年了，因为这是一个自然的生理过程，大家都一样，就不说了。"女子十五而笄，男子二十而冠"。现在我们说十八岁成年礼，古代是二十岁。在北京，十八岁的孩子在天安门会有成年礼，这个是很有必要的。

"三十而立"。他是怎么"立"？一般说就是成家立业了。前边我们讲孔子的一生，说过他三十岁的时候开始办学校、授徒，当然这也算事业上有所成就，所以这样说也不错。但是他招学生，传授学问，说明他自己要悟道，所以这个"三十而立"，首先是精神上的独立，然后才是事业上的成就。"立"还有"有以自立，则守之故而无所事志"的意思，说明人生的方向更加明晰坚定，讲学传道，教化万民。

"四十而不惑"。四十岁就不迷惑了。他是对什么不迷惑了呢？在孔子三十五岁的时候，鲁国发生内乱，当时三桓——季孙氏、孟孙氏、叔孙氏这三个家族的势力非常强大，他们攻打鲁昭公，鲁昭公和孔子就逃到齐国，在齐国，孔子被一些大夫陷害，三十七岁时又回到鲁国，这也是孔子四十岁左右发生的事情。所以这个"四十而不惑"就是指孔夫子在遭受了这些打击后，他对人生、对国事就不迷惑了，但是还没到对天道不迷惑。

"五十而知天命"。只有到五十岁的时候才对天道不迷惑，所以是五十知天命，"天命"就是天道，自然界运行的大规律、大法则。因为孔子在五十岁时读懂了《易经》，《易经》既讲人道又讲天道。一般认为孔子就是一个伦理学家，不是一个哲学家，老子是个哲学家。如果从《论语》来看，孔子他的的确确不怎么讲天道，但是如果说《易传》是孔子作的，那毫无疑问孔子还是一个伟大的哲学家，因为他知道天道。

"六十而耳顺。""耳顺"就是耳朵听什么都顺耳，有人骂你和夸你，听着都很顺耳。六十岁的时候孔子正在周游列国，有一次在郑国的时候，他和弟子们走散了，子贡向一位老者打听孔子的下落，那位老者说："是不是那个四体不勤，五谷不分，惶惶如丧家之犬的人？他蹲在东门外，去找吧。"子贡跑过去一看，孔子果然就蹲在那里。子贡对孔子说："别人说你像找不到家的狗。""然哉！然哉！"孔子哈哈大笑地说，"所有的称呼里，就这个最适合我了。"别人说他是狗，他也觉得挺好的，这就是耳顺。六十八岁时，孔子就回到了鲁国。

"七十而从心所欲，不逾矩。"到了七十岁，可以随心所欲，但是不违背规矩。这个境界太高明了，"从心所欲"指的是外在的行为，外在的行为没有离开自己的心，这种自然而然的流露都没有违背规矩，都符合礼仪。说明孔子已经把外在的礼仪和内在的仁融为一体，也就是说他内外合一以后得到一种真正的快乐。从心所欲地做事，那肯定是最快乐的，这是一种内心的自由，和老子的境界是完全一样的，和庄子《逍遥游》中描述的境界也是完全一样的，都逍遥了还不违背礼仪，把实现礼仪变成了一种自在的境界，这个太了不起了。

2.5　孟懿子问孝。子曰："无违。"

樊迟御，子告之曰："孟孙问孝于我，我对曰，无违。"樊迟曰："何谓也？"子曰："生，事之以礼；死，葬之以礼，祭之以礼。"

【语译】

孟懿子向孔子问孝道。孔子说："不要违背礼节。"

不久，樊迟替孔子赶车子，孔子告诉樊迟说："孟孙向我问孝道，我答复他说：不违背礼节就是孝。"樊迟说："这是什么意思呢？"孔子说："父母活着的时候，依礼节侍奉他们；去世了，依礼节埋葬他们，祭祀他们。"

【解读】

"孟懿子问孝。"孟懿子不是孔子的学生，是鲁国的大夫。他曾经向孔子问孝,孔子回答:"无违。""无"是不要,就是"勿","违"是违背。那究竟是不违背礼仪还是不违背父母呢？其实这两者并不矛盾,不违背父母其实就是不违背礼法,这也就是孝,后来有个词叫"顺从",不违背就是顺从,叫"百孝不如一顺"。

"樊迟御",樊迟是孔子的学生,名须。御就是驾车。樊迟替孔子驾车子。

"子告之曰",这个"子"指孔子,孔子就告诉樊迟:"孟孙问孝于我,我对曰,无违。"孟孙（孟懿子）向我问孝,我告诉他,不要违背礼节。

"何谓也？"樊迟又问孔子说:"这是什么意思呢？"

"生,事之以礼；死,葬之以礼,祭之以礼。"孔子说:"父母活着,就按照礼节来侍奉他们；死了,按照礼节埋葬他们,祭祀他们。"这就叫"慎终追远",一代代不断地传承下去,这就是最大的孝。

2.6 孟武伯问孝。子曰:"父母唯其疾之忧。"

【语译】

孟武伯向孔子请教孝道。孔子回答说:"做爹娘的只为孝子的疾病发愁。"

【解读】

"孟武伯问孝。"孟武伯是孟懿子的儿子,他也向孔子问孝。

"父母唯其疾之忧。"这句话你要是学过古汉语就会知道,是一个特殊的语序,它的意思就是"父母唯忧其疾"。

我从语文的角度来教文言文,你不仅能读懂还能写,找到规律之后文言文就一点不难了。这个"之"的用法很有意思,比如:我讨厌你,可以说成"吾厌之","之"可以指你,也可以指他,都可以,它是个常用的代词,一般是第三人称。正常语序是"吾厌之"和"吾厌汝"都是可以的,我为了强调我讨厌的是你,我就把它提前,"吾汝之厌",用这个"之"字把宾语提前,又如"起来,饥寒交迫的奴隶"就是强调"起来"这个词。还有"唯利是图",用这个"是"字来把宾语提前,"是"就是"之",也可以说是"唯利之图",我只是追求这个利,而不是别的。你一定要按照我的指令来办事,叫"唯余马首是瞻",你只看我的马头行事。学会这种句子你就会日语了,日语完全保留了这种句式。

我们回头看这个句子,"父母"是主语,"唯"就是"只是","唯其疾之忧",

就是"唯忧其疾",字面意思就是只担忧他的疾病。是担心谁的疾病呢?是孝子的疾病,合起来的意思就是父母只担心孝子的疾病,这怎么叫孝?应该是孝子担心父母的疾病才对啊。因为一个真正的孝子是不让父母担忧其品行的,只有在不得已生病的时候让父母担心。

2.7　子游问孝。子曰:"今之孝者,是谓能养。至于犬马,皆能有养;不敬,何以别乎?"

【语译】

子游向孔夫子请教什么是孝道。孔子说:"现在的所谓孝,就是说能够养活爹娘。对于狗马都能够饲养;若不是心存严肃恭敬的话,那养活爹娘和饲养狗马又有什么分别呢?"

【解读】

子游是孔子学生,这个人后面经常出现。他问什么是孝。

"今之孝者,是谓能养。至于犬马,皆能有养;不敬,何以别乎?"大家发现没有,要是我们只是以养活自己的父母为孝,和养活那些狗啊马啊是没有什么区别的。人和动物的最大区别就在于有恭敬心,除了赡养父母,我们还要对父母恭敬。我们这一辈,父母也不用你拿钱去养活了,父母的收入基本也都够吃够穿,所以现在父母最缺的就是恭敬,我们首先要顺从,也要经常和他们在一起。

子游像

2.8　子夏问孝。子曰:"色难。有事,弟子服其劳;有酒食,先生馔,曾是以为孝乎?"

【语译】

子夏问孝道。孔子说:"儿子在父母面前经常有愉悦的脸色,是件难事。有事情,年轻人效劳;有酒有肴,年长的人吃喝,难道这竟可认为是孝么?"

【解读】

"色难。"就是和颜悦色很困难,就是说经常在父母面前和颜悦色很困难。

"有事,弟子服其劳。""弟子"指年轻人。

"有酒食,先生馔,曾是以为孝乎?""先生"是指年长的人,"曾"通"竟",意思是难道。

这是说,子女在父母面前保持和颜悦色很难,总是会横鼻竖眼没有好脸色,这当然不是孝。这个"弟子"本意是年轻人,但是也可以理解为子女,年长者也可以理解为父母。有事情时子女们先去做了,有了酒食,父母先吃,在孔子看来这不是真正的孝,除了这个你还要有恭敬之心,外在的表现要和颜悦色。尤其是现代人,子女和父母大多不住在一起,父母有病了才去看,没病就不去了,或者给父母送些吃喝的东西,这些做法都不应该算是孝,做得都不够。真正的孝是对父母有恭敬心,经常陪伴,和颜悦色。

2.9 子曰:"吾与回言终日,不违,如愚。退而省其私,亦足以发,回也不愚。"

【语译】

孔子说:"我整天和颜回谈论,他从不提反对意见和疑问,好像是个蠢人。等他退回去自己研究,反复反省自己,却也能发挥,可见颜回并不愚蠢。"

【解读】

"回"就是颜回,孔子最得意的学生。孔子这么评论颜回,这是告诉我们师生的相处之道,实际上,不是颜回觉得老师说的一切都对,因而提不出反对的意见。而是当其独处时,能不断反省,将老师讲的义理运用到生活中,再不断补充,有所发挥。这是有大智慧的人的做法。

这告诉我们为人处世的道理,遇到不同意见时,不要急于否定别人的意见,先做到心中有数,然后自己反省一下,你每每都会有新的发现,然后再去转达给别人,这种做法是大智慧,并不愚蠢。

颜回像

2.10　子曰："视其所以，观其所由，察其所安。人焉廋哉？人焉廋哉？"

【语译】

孔子说："考察一个人所结交的朋友；观察他所采用的方式方法；了解他的心情，安于什么，不安于什么。那么，这个人怎样隐藏得住呢？这个人怎样隐藏得住呢？"

【解读】

"视其所以，观其所由，察其所安。""视"、"观"和"察"意思差不多，但是在程度上三者是递进的。要考察一个人的"所以"，"以"就是"与"，就是所结交的人；要观察他所"由"，"由"就是"用"，他所采用的方法；要观察他所安住的地方，也就是他追求的目标。

这个"所"字句，是古汉语里经常用的。所用、所见、所闻等，这个"所用"构成一个名词，就是所用的东西。在这段话里，"所以"、"所由"、"所安"也是这个意思：他所结交的朋友、他用的方法、他安住的目标。考察一个人就可以用这样的方法来考察。现在人的目的大多都比较单纯，就是要钱，都这样的话，这个世界就太没意思了。

"人焉廋哉？人焉廋哉？"这样的人怎么还能隐藏得住呢？藏不了嘛，一看就能看出究竟是个什么样的人。我们曾经讲过"五行识人"，很多名人也说过，你要考察一个人，要从他怎么为人处世、交什么朋友这些方面来考察，如果这个人交的都是狐朋狗友，那他估计也是狐朋狗友这一类。我曾经说过，一个人为什么穷？原因很多，但至少有一点原因，你永远和穷人在一起，你肯定穷。那和富人在一起就富了吗？肯定不对，和富人在一起是一个必要条件，不是充分条件。但你始终和穷人在一起，那肯定是一个充分条件。那么人要怎样才能幸福呢？要和快乐的人在一起，快乐是精神上的，不是物质上的，所以要像孔子说的那样，和那些有德的人在一起，你肯定就高贵，"富而贵"这才是最难的，精神上独立才能高贵。

2.11　子曰："温故而知新，可以为师矣。"

【语译】

孔子说："温习旧知识时，能有新体会、新发现，知道新的知识，就可以做老师了。"

【解读】

"温故"是温习旧的知识,"知新"就是知道新的知识,这两者是并列、递进关系还是因果关系呢?我觉得在这里可能是一个因果关系。温习过去的知识,发现未来的知识,它有因果的意味在里面。用《周易》的话说就是"知往察来",知道了过去你才能观察未来,所以我们中国的文化肯定是斩不断的,因为过去和现在始终联系在一起。知道过去才能预知未来,所以这里有非常浓郁的因果关系在里面。

2.12　子曰:"君子不器。"

【语译】

孔子说:"君子不能像器皿、器物。"

【解读】

"器"就是器物,一个东西。我经常说,张其成算什么东西嘛,这不是骂人的话吗?对的,我就不是个东西,因为我是君子啊,君子不器啊,君子就不是一个东西。什么叫"东西",为什么总说人不是"东西",而不说人不是"南北"?《周易》里按五行来说,东边属木,西边属金,木头和金属是能放到口袋里,能拿得住的,所以他们是东西。而南属火,北属水,都是拿不起来的,所以不是东西。后来总说什么是东西,什么不是东西,好像都是骂人的话。

君子不是一个东西,这句话是什么意思呢?《周易》有句话叫"形而上者谓之道,形而下者谓之器"。这个"器"就是"形而下",字面意思是形体以上的、超越形体的叫作道,而在一个形体以下的,也就是有形体的东西,这叫作器。"器"就是东西,比如笔、纸,有形体的器具。辩证法中说的"形而上学"是用孤立的、片面的、静止的眼光看问题。这个词我不知道谁翻译的,翻译错了,这恰恰不是形而上学,因为形而上学是一种道学,是全面的、运动的、有关联的。那么"君子不器",就是说君子他不是形而下的,而是形而上的。君子追求的是形而上的东西,也就是道啊,而不要去局限于那个有形的东西。说白了就是君子是为了道而活着的,不是为追求功利的、具体的财富,这句话除了这层意思还有什么其他的意思吗?君子的心胸是开阔的,而不像一个具体的东西,因为具体的东西都是有形的,是狭窄的。器具是有形的嘛,也就是心胸狭隘嘛。而君子的心胸是宽阔的,没有一个东西来限量他,胸怀和志向都是无形的,不受器具约束的。

"君子不器"这句话还有很多种解法,但是总的一个意思,就是它不要束缚和限制。我刚才讲了两个意思,它还有个意思就是,君子的用处不是一个,君子的作为也不仅仅是一种,不受局限都叫"君子不器"。还有第四种解法,君子的知识也不局限于一个方面,他的知识是宽广的。总而言之,没有比"君子不器"四个字说得更好的了。我们的解释总不是很到位,不如直接说这句话——君子不器。

2.13 子贡问君子。子曰:"先行其言,而后从之。"

【语译】

子贡问怎样才能做一个君子。孔子说:"对于你要说的话,先实行了,再说出来。"

【解读】

子贡问老师怎样才能做一个君子。"先行其言,而后从之。"孔子说:先要按照他说的来做(就是想说还没说出来的,先要去做),做了之后你才顺从他(就是你再说出来)。简单地说就是先做后说,做比说重要。孔子教育学生是因材施教的,我们都知道子贡口才很好,但是就行动力而言,是比不上颜回、子路的,所以孔子针对子贡的这一特点,特别给他启发。前面也提到过,我们读《论语》,一定要结合历史环境、语境还有人物特点等来理解,否则就会偏离孔子教育的本意。

2.14 子曰:"君子周而不比,小人比而不周。"

【语译】

孔子说:"君子是团结,而不是勾结;小人是勾结,而不是团结。"

【解读】

"比"旧读去声 bì,我们读三声也可以。

孔子说:"君子团结,而不勾结;小人勾结,而不团结。"这是杨伯峻的翻译,我觉得翻译得很好了。君子和别人的结交是很周全的,但是他"不比","比"有勾结、结党营私的意思，因为君子的胸怀是宽广的，是去团结别人的，而小人是勾结。后面有大量对比君子和小人的话：

"君子和而不同，小人同而不和。"

"君子骄而不泰，小人泰而不骄。"

"君子怀德，小人怀土；君子怀刑，小人怀惠。"

"君子喻于义，小人喻于利。"

"君子坦荡荡，小人长戚戚。"

"君子成人之美，不成人之恶。小人反是。"

"君子求诸己，小人求诸人。"

全是对着说的，小人和君子是相反的人，而不是像有的人在解释"唯小人与女人难养也"时说的，"小人"就是小孩子。这是个原则性的问题，"小人"不是小孩。

2.15 子曰："学而不思则罔，思而不学则殆。"

【语译】

孔子说："只是学习却不思考，就会迷茫；只是空想却不读书学习，就会危险。"

【解读】

"而"是转折词，意思是但是。"罔"的意思是迷茫，还可以理解为受骗。"殆"可以理解为危险，也可以理解为没有信心。我觉得这里还是我这样翻译比较好，最简单。翻译得简单，这样一看就明白，把原文读懂了，再去思考。

老北大和老清华的学风很有意思，一个是思而不学，一个是学而不思。其实学和思要结合起来。按佛家的说法，学佛的方法就是三个字：闻、思、修。第一你要听闻，几乎所有的佛教经典开始都是四个字，"如是我闻"，意思是我是这样听到的，释迦牟尼总这么说；听、闻相当于学。学了之后一定要思考，也就是第二个字，"思"；思考了以后就立即去做，就是第三个字，"修"，要去修行、实践，这才是最重要的。有的人对《论语》并不陌生，对一些句子朗朗上口，但是不是照《论语》讲的那样去做了呢？做才是最重要的啊。"学而不思则罔，思而不学则殆。"思和学这两者缺一不可，再加上一个"学而时习之"，"习"就是"修"啊，孔夫子已经给我们说出了为学之道。

2.16 子曰:"攻乎异端,斯害也已。"

【语译】

孔子说:"批判那些歪理邪说,这样,祸害就可以停止了。"

【解读】

"攻乎异端,斯害也已。""攻"字就是"攻击","异端"就是歪理邪说。"已"就是停止。就是说,灾祸之所以会发生,就是因为有歪理邪说的存在。尤其现代社会,很多佛学研究者称现在是一个"末法时代",现在讲一个东西,一下子讲得很邪乎,什么歪理邪说都来了,很奇怪的是还有那么多人都信。现在是各色人等都可以讲国学,有些人自己就行为不端,没有德行,也出来讲课,歪理邪说加上媒体的渲染,对大众的错误导向、对社会的杀伤力最大了。

2.17 子曰:"由!诲女知之乎!知之为知之,不知为不知,是知也。"

【语译】

孔子说:"仲由啊!我教给你什么叫知,什么叫不知吧!知道就是知道,不知道就是不知道,这就是智慧。"

【解读】

"知"通"智"。"由"就是子路,子路字仲由。

"知之为知之,不知为不知,是知也。"什么是知,什么是智?就是知道就说知道,不知道就说不知道,这就叫智慧,这就叫真正知道。这种科学的态度就叫作"阙如",就是存疑,"阙"通"缺",不知道就是不知道,你怎么可能什么都知道呢?所以对于古圣先贤说的东西,究竟有还是没有,古人说伏羲作八卦,这个我经常问的,伏羲是公元前四千多年前的人,伏羲氏到底有还是没有?很多人回答说:"不知道。"那就对了,因为你就是不知道,实事求是,为什么都要装知道呢?

子路像

2.18 子张学干禄。子曰："多闻阙疑，慎言其余，则寡尤；多见阙殆，慎行其余，则寡悔。言寡尤，行寡悔，禄在其中矣。"

【语译】

子张向孔子学求俸禄的方法。孔子说："多听，有怀疑的地方保留；谨慎地说剩下的部分，这样就能少出错。多看，有怀疑的地方保留；谨慎地实行其他确信的部分，这样就能少后悔。言语的错误少，行动的后悔少，官职俸禄就在这里面了。"

【解读】

"子张学干禄。"子张是孔子的学生，"干"就是求，"禄"就是俸禄，是当官拿的薪水，这句话就是学怎么去求官。孔子回答说，"多闻阙疑"，意思就是你要广泛地去听，有怀疑的地方就保留在那里，不要去管它，所以"阙疑"又叫"存疑"。"慎言其余"，其余的部分你要谨慎地说，这样就是寡尤，就能减少错误，"寡"就是少，"尤"就是错误。"多见阙殆"，要多看，"阙殆"就是有怀疑的地方要放在那里，和"阙疑"意思一样。"慎行其余"，其余那些有自信的部分你要谨慎地做，就寡悔，这样就能少后悔。

子张像

"言寡尤，行寡悔。"言语上少出错，行动上少后悔，"禄在其中矣"，那么就可以当官求得俸禄了。

我们人长着两只眼睛，就是要多看；两个耳朵，就是要多听；一张嘴，就是要少说。

2.19 哀公问曰："何为则民服？"孔子对曰："举直错诸枉，则民服；举枉错诸直，则民不服。"

【语译】

鲁哀公问道："要做什么事才能使百姓服从呢？"孔子回答说："把正直的人

放在不正直的人之上,百姓就服从了;若是把不正直的人放在正直的人之上,百姓就会不服从。"

【解读】

哀公是指鲁哀公。鲁哀公问孔子:"何为则民服?"要做什么才能使百姓服从呢?孔子回答说:"举直错诸枉,则民服。""错"就是放置的意思,通"措","诸"就是"之于","枉"是弯曲,我还不愿意翻译成邪恶,因为邪恶的人一般是不用的。这个"枉"呢,没有达到邪恶的程度,但是也不太正,"枉"和"直"是相对的。孔子的意思就是把正直的人放在不太正直的人的上面,这样的话,老百姓就服从你了。反过来的话,老百姓就不会服从你了。

2.20 季康子问:"使民敬、忠以劝,如之何?"子曰:"临之以庄,则敬;孝慈,则忠;举善而教不能,则劝。"

【语译】

季康子问道:"要使老百姓恭敬严肃,做事情能效忠尽心和互相勉励,怎样才能做到呢?"孔子说:"你对待老百姓时庄重严肃,那他们对待你的政令也会严肃认真了;你孝顺父母,慈爱幼小,他们也就会对你尽心竭力了;你提拔好人,教育能力弱的人,他们也就会互相劝勉了。"

【解读】

季康是鲁哀公时期一个非常有势力的人,他问孔子:"使民敬、忠以劝,如之何?"这里我突然想起霸王别姬,楚霸王项羽走投无路、和他最心爱的虞姬分别时,念了一首诗,这首诗是:"力拔山兮气盖世,时不利兮骓不逝,骓不逝兮可奈何,虞兮虞兮奈若何?"楚霸王力气大得能把山拔起来,气派盖世无双,可是命不好啊,乌骓马也不再跑了,乌骓马啊,我现在能把你怎么办呢?虞姬啊,虞姬啊,我现在又能把你怎么办呢?我已经束手无策了。"如之何""奈之何"这种句式在古汉语里经常出现,就是"对这件事要怎么办呢?"我们这里就用这个句式:"使民敬、忠以劝,如之何?"如果我要使人民恭敬,能够效忠,并能互相勉励,要怎么做呢?"以"就是而,"劝",现在的意思一般是劝阻,古汉语里的意思和现代汉语的意思不一样,是指劝你去做这件事,也就是勉励的意思,比如说"劝学"就是让你努力地去学习。

"临之以庄,则敬;孝慈,则忠;举善而教不能,则劝。"要治理国家或者一个企业,这三点很重要:第一"敬",要让你下面的员工恭敬;第二"忠",要让员工忠诚;第三"劝",要互相勉励,要奋进,不能懒惰。"临之以庄,则敬","临"就是面对,面对你的员工时很庄重,这样员工就会有恭敬之心。"孝慈,则忠",你对父母孝顺,对子女慈爱,对你的上司效忠,那你的员工也就能效忠于你了。"举善而教不能,则劝",推举那些有善德的人,教育那些能力差的人,这样做他们就会互相勉励了。那孔子这说的是谁要敬、忠、劝啊?季康子问的是怎样能使老百姓敬、忠、劝,而孔子说的是你自己先要敬、忠、劝,你的老百姓才能敬、忠、劝。你自己都不正,你怎么去正人呢?这是儒家一贯的思维和行为方式,一切从自己开始,然后由己及人。孔子说了,首先你面对下属百姓,你要庄严,这样老百姓自然就恭敬了;你自己对父母孝顺,对子女慈爱,那么人民就会忠诚于你;你能推举那些有才能的人,去教育那些能力差的人,这样老百姓就更加奋进了。

2.21 或谓孔子曰:"子奚不为政?" 子曰:"《书》云:'孝乎惟孝,友于兄弟,施于有政。' 是亦为政,奚其为为政?"

【语译】

有人对孔子说:"夫子你为什么不去从政呢?"孔子说:"《尚书》上说,'孝呀,只有孝顺父母,友爱兄弟,然后把这种风气带到政治上去。'我这也就是参与政治了呀,为什么一定要做官才算参与政治呢?"

【解读】

"或谓孔子曰","或"在古汉语里面只有一个意思,就是有的,可以表示有的时候、有的人、有的地方等等。我们这里表示有的人。有人对孔子说:"子奚不为政?""奚"就是哪里,相当于何,就是说:"你为何不去从政呢?"

"《书》云:'孝乎惟孝,友于兄弟,施于有政。'是亦为政,奚其为为政?""《书》"就是《尚书》,这是儒家五部经典之一,"云"就是说。后面就有一个词"友于",在以后的古书上面"友于"就指代兄弟,我们这里它表示友爱。"施于有政",然后把这种孝顺父母和友爱兄弟的和睦风气推广到政治上,治理国家和企业。"是亦为政",这就是孔子的意思,他是在说:"我这就是在从事政治啊。""是"就是这,这也是参与政治。"奚其为为政?""奚"就是什么、为什么,这句话的意思是,为什么要做官才称得上是为政呢?"其"指那个。这个和那个,"这个"指要在家里孝敬父母,友爱兄弟;"那个"就是指真去当官了。

2.22　子曰:"人而无信,不知其可也。大车无輗,小车无軏,其何以行之哉?"

【语译】

孔子说:"一个人如果不讲信誉,不知道这样怎么可以呢。譬如大车子没有安横木的輗,小车子没有安横木的軏,如何能走呢?"

【解读】

"人而无信,不知其可也。""而"在这里做"如果"讲,人如果没有信用,不知道怎么还能活在这个世上。做人最基本的就是信,儒家后来讲"五德":仁、义、礼、智、信,把仁放在开头,就是说万事万物的各种德行,包括我们人的各种善行里,仁是排第一位的,孝、慈、忠、诚等都是仁的表现。"五德"把信放在最后,这种编排的顺序真是太有才了。国家中药局给我的一个项目叫《中医医德规范》,历时三年,最后的报告有六十多万字,最终归纳出来的核心就只有八个字。后来我觉得这八个字仍然根本比不上仁、义、礼、智、信这五个字,我们现代人不可能超过孔子。

回过头来继续说"五德",是先有了"四端""四德",信是后来加上去的,所以它放在最后面。这种说法也不错,但不是说信是最后才讲的,信也是很早就提倡的。孔子说:"人而无信,不知其可也。"人没有信,不讲信用,他还能活着,孔子觉得很奇怪。信这么重要,把信放最后的原因就是,信是道德的底线啊,是一个人必须要有的,是不能僭越的东西,僭越了,就是下三道的,就是畜生了。一个人的仁、义、礼、智差一点都没关系,但是信不能打折扣,这个"信"字写出来就是一个"人"一个"言",就是一个人说的话,说话算话就是信。"大车无輗,小车无軏,其何以行之哉?"輗音 ní,軏音 yuè。古代用牛力来拉的车叫大车,用马力来拉的车叫小车。驾牲口的车后面有一道横木,大车的这个横木就叫"輗",小车的就叫"軏",它们就相当于关键。如果大车没有这个关键,小车没有这个关键,车子还怎么行走呢?没有最关键的那个横木,车子就动不了。这里的意思是说,信就是这个关键的东西,人最关键的品德就是信。人要是缺少了信,就不能够在社会上行事了。

荀子说:"言无常信,唯利所在,可谓小人。"我不禁想,人类失去诚信,世界将会怎样?

2.23　子张问:"十世可知也?"子曰:"殷因于夏礼,所损益,可知也;周因于殷礼,所损益,可知也。其或继周者,虽百世,可知也。"

【语译】

子张问:"十代以后的事情可以预先知道吗?"孔子说:"殷代沿袭夏代的礼仪,所废除的,所增加的,是可以知道的;周代沿袭殷代的礼仪,所废除的,所增加的,也是可以知道的。那么,假定有继承周代的人,就算是以后一百代,也是可以预先知道的。"

【解读】

"十世可知也?""世"就是代。如果要预知未来就必须知道历史,知道过去。所以孔子他这么回答子张的提问:"殷因于夏礼,所损益,可知也。""殷"就是商代,因为都城设在殷这个地方,所以把商代叫殷。夏、商、周这几个朝代的首都经常变,夏代是公元前2070年建立,商代是公元前1600年建立,周代是公元前1046年建立。其实商代不应该叫殷,只有当商的首都迁到殷之后才可以这么叫,当时的商的一个国君叫盘庚,他在公元前1300年时迁都到殷(今河南安阳西北),所以商代的前300年不应该叫殷,因为迁都到殷后,都城就没有再迁过,影响很大,所以之后就把商代叫殷。"因"做动词,意思是遵循,有个成语叫"因循守旧","因循"就是遵循。殷代是遵循了夏代的礼仪。"损"是减少,"益"是增加,商代的礼仪虽然在夏代礼仪的基础上有所增减,但是也是可以推知的。"周因于殷礼,所损益,可知也。"周代是遵循了商代的礼仪,虽然有所增减,但也是可以推知的。"其或继周者,虽百世,可知也。"孔子是处于东周,后来者(后继者)继承周礼,即使是一百代,也是可以推知的,就是后代遵循着上一代,这样一代代来推知。不要说十代了,千秋百代也可以预知啊。

2.24　子曰:"非其鬼而祭之,谄也。见义不为,无勇也。"

【语译】

孔子说:"不是自己应该祭祀的鬼神却去祭祀他,这是谄媚。看到应该挺身而出的事情,却没有做,这是没有勇气。"

【解读】

"非其鬼而祭之",不是自己应该祭祀的鬼神,你去祭祀他,就叫"谄也",这就是谄媚。比如说,我们应该祭祀的是祖先这个鬼,本来我们后人应该祭奠自己的祖先,现在你不祭祀自己的祖先,而去祭祀别人的祖先,别人的祖先不是自己家的鬼神嘛,你去祭奠别人家的鬼神,那就是去拍马屁、献媚、谄媚,那是有所求啊。

"见义不为,无勇也。"我们现在有个词叫"见义勇为","义"就是正义、道义。见了符合道义的事情却不敢去做,这就是没有勇气,不能称为勇敢。见了符合道义的事情一定要去做,这才叫有勇气。

每个人都要祭祀自己家的祖先,不要越位;见到符合道义的事情,再艰难也要去做,要勇敢。

八佾第三

3.1 孔子谓季氏,"八佾舞于庭,是可忍,孰不可忍也!"

【语译】

孔子谈到季氏,说:"他用六十四人在庭院中奏乐舞蹈,这样都可以忍受的话,还有什么事是不能忍受的呢?"

【解读】

"八佾"是古代的一种舞蹈,八个人排成一行,一共有八行,总共六十四个人一起跳的一种舞,这是天子才能用的舞,大夫是不能用的。大夫用四佾,即三十二个人跳的舞。现在季孙氏是大夫,只能用四佾。所以季孙氏用八佾的这种做法让孔子感到"是可忍,孰不可忍也!"年纪大一点的人都知道,这句话在20世纪六七十年代的时候经常用到。"是"就是"这",如果这样都可以忍受的话,还有什么是不能忍受的呢?也就是忍无可忍了。在孔子眼中,礼仪是最重要的,大夫只能用四佾,如果用八佾,就是僭越,是违背礼法的。

3.2 三家者以《雍》彻。子曰:"'相维辟公,天子穆穆',奚取于三家之

堂？'"

【语译】

仲孙、叔孙、季孙三家，当他们祭祀祖先的时候，唱着《雍》这篇诗来撤除祭品。孔子说:"《雍》诗上有这样的话：'四方诸侯都来助祭，天子严肃静穆地在那儿主祭。'这两句话用在三家祭祖的场合，是取它的哪一点呢？"

【解读】

"三家者以《雍》彻。""三家"就是鲁国的三个贵族——季孙氏、叔孙氏、孟孙氏，他们实力太大了，《雍》是《诗经》里的一篇。这句话的意思是三家祭祀之后，撤馔的时候歌咏了《雍》这首诗，这也是不合礼仪的，因为《雍》这首诗是帝王才可以用的，三家还没达到这个名分，所以在祭祀后不应该歌咏《雍》这首诗。

"'相维辟公，天子穆穆'，奚取于三家之堂？""相"就是辅佐的意思，"辟"这个字是什么意思？大家都知道复辟这个词，复是恢复的意思，辟是什么意思？辟就是君主、君王，所以复辟就是恢复君主，恢复到君主制。"相维辟公"意思是辅佐君主和王公。公的地位也很高，在爵位里是最高等的，公、侯、伯、子、男五等，公的爵位是最高等的。"天子穆穆"，就是天子非常庄严肃穆地主祭。在举行仪式的时候，最后诵读这首诗，本来是诵读给天子听的，结果这三家在祭祀之后也唱这首诗，那不是篡位了吗？所以，"奚取于三家之堂"，这样的诗怎么能够用在三家祭祖的大堂上呢？"彻"就是这个曲调，合辙押韵，就是指这首诗。

3.3　子曰："人而不仁，如礼何？人而不仁，如乐何？"

【语译】

孔子说："作为一个人却不仁义，那怎么来对待礼、实施礼呢？作为一个人，却不仁义，怎样来对待音乐呢？"

【解读】

"如……何"就是怎么样、怎么办的意思。"如礼何"就是怎么来对待礼呢？礼和乐往往是连用的，礼和乐也都是外在的东西，一个人如果没有内在的仁义，那就不可能来实施外在的礼、乐。音乐在古代的作用就是礼仪，所以叫"礼乐"，音乐是有节奏的,音乐的作用特别大,是让人静心、懂礼仪的,礼的作用是他律,音乐的作用也一样,是用节奏、节律来约束自己,所以音乐的选择非常重要。

仁义和礼乐的关系,实际上是内在和外在的关系,人首先要有内在的仁义之心,然后才能去做礼乐之事,否则"人而不仁,如礼何?人而不仁,如乐何?"

3.4　林放问礼之本。子曰:"大哉问！礼,与其奢也,宁俭;丧,与其易也,宁戚。"

【语译】

林放问礼的根本是什么。孔子说:"你的问题意义重大呀,礼,与其奢华、浪费,还不如简朴;葬礼与其办得那么隆重、周全,还不如内心的悲哀、悲戚。"

【解读】

"林放问礼之本。"林放是鲁国人,他问孔子礼的根本是什么。《论语》是在探讨根本的问题、终极的问题。人的本性、事物的本性、礼的根本,这种问题看起来是没有用的,但实际上,考虑这种问题,人就会快乐,清澈。要经常远离世俗一些,思考根本的问题:哲学问题。

"大哉问！"与"大哉乾元,万物资始,乃统天。至哉坤元,万物资生,乃顺承天"句式是完全一样的。孔子说,大哉问！你的发问太伟大了！

"礼,与其奢也,宁俭;丧,与其易也,宁戚。"这就是与其……宁愿(宁可)……的句式,这种句式是一种选择句。"丧"在这里有葬礼的意思,"易"这里是周全、隆重的意思,而不是简易。有的人讲形式,把葬礼办得隆重,可是没有一点悲伤之心,那何必呢？做任何礼仪,都要从心里发出来,不要做表面文章。

3.5　子曰:"夷狄之有君,不如诸夏之亡也。"

【语译】

孔子说:"文化落后的国家虽然有个君主,还不如中国没有君主。"

【解读】

这里面的"亡"(wú)通"无","夷狄"就是蛮夷之地,边远落后的地方,一般指四周,中央就是华夏、中原一带,以河南为核心的中原一带,这叫"中国",

"中国"最早就是指中原,四边的都叫"夷狄"。夷狄这些落后的地方,虽然还有君主,但还不如中原没有君主呢。因为边远地区虽然有君主,但不按照礼仪办事。中原地方人都按照礼仪来办事,知书懂礼,这才叫文明。企业好比国家,最重要的也是文明,也是教化人心,有没有董事长,或者管理是不是严格,这都不是最重要的。这种说法和老子的说法是一样的,老子说第一等企业家是"太上,不知有之;其次,亲而誉之;其次,畏之;其次,侮之"。即使没有君主和董事长,国家和企业还是能够和谐发展,在儒家看来要靠仁义、礼乐,后来就是五个字:仁、义、礼、智、信。

3.6 季氏旅于泰山,子谓冉有曰:"女弗能救与?"对曰:"不能。"子曰:"呜呼!曾谓泰山不如林放乎?"

【语译】

季氏要去祭祀泰山。孔子对冉有说:"你不能阻止吗?"冉有回答说:"不能。"孔子说:"哎呀!难道泰山之神还不如林放吗?"

【解读】

鲁国很有实力的家族季孙氏"旅于泰山",在泰山上祭祀,孔子就问他的学生冉有说:"女弗能救与?"你不能挽救祭祀吗?因为季孙氏的祭祀已经是按照天子的礼仪来做,已经是犯上作乱了,所以孔子希望冉有能挽救这件事情。对曰:"不能。"冉有回答说,不能。

"呜呼!曾谓泰山不如林放乎?""曾"通竟然的"竟",难道泰山之神还不如林放吗?意思就是无论季孙氏的实力有多大,也都要受泰山之神的支配。泰山是东岳,五岳之首,东岳之神

冉求像

是势力最大的,皇帝封禅都要去泰山。意思就是说你怎么不能挽救祭祀呢?你不是不能,而是不为。

3.7 子曰:"君子无所争,必也射乎!揖让而升,下而饮,其争也君子。"

【语译】

孔子说:"君子没有什么可相争的事情。如果要争的话,一定是比射箭吧。相

互作揖然后登堂去比试,走下堂来,然后喝酒。这种竞争是君子之争。"

【解读】

"君子无所争,必也射乎!"这和老子的思想一样,"上善若水,水善利万物而不争"。"揖让而升,下而饮,其争也君子。""揖让而升",我们这里进一步引申,作揖的时候要礼让,"升"就是升堂,就是要作揖谦让,然后才登到堂前。"下而饮",走下厅堂之后,才开始饮酒。这样的相争,"其争也君子",也具有君子的风度。开始比射箭,要在登上大堂的时候互相谦让,走下来之后一起牵着手去饮酒,这种争不是真正的争,也就是比赛,只是一种游戏而已,就是讲君子不争,不要去争夺。如果说这种争也是争的话,那也是君子之争,与小人的名利之争不同。

3.8 子夏问曰:"'巧笑倩兮,美目盼兮,素以为绚兮'。何谓也?"子曰:"绘事后素。"曰:"礼后乎?"子曰:"起予者商也,始可与言诗已矣。"

【语译】

子夏问孔子说:"'笑脸笑得灿烂美丽呀,她美丽的大眼睛楚楚动人呀,天生丽质还装扮得这样动人、绚烂。'这几句诗是什么意思?"孔子道:"先有白色底子,然后画。"又问:"礼也是后来才有的吗?"孔子说:"子夏能启发我啊,现在可以开始跟你讨论《诗》了。"

【解读】

"巧笑倩兮,美目盼兮,素以为绚兮。"这是《诗经》上的诗句,子夏问这是什么意思。"巧笑倩兮",我也不知道是描写男的还是女的,就是描写笑脸灿烂,"倩"就是美丽。"美目盼兮",她美丽的大眼睛楚楚动人,或者是很妩媚啊,"盼兮"左顾右盼。"素以为绚兮","素"就是素质,本意是天生丽质。

"巧笑"这个词用得太好了,怎么翻译都觉得苍白。巧笑真的是很美丽啊,美丽的大眼睛楚楚动人,或者是很妩媚啊,天生丽质啊,又装扮得楚楚动人啊。

"子曰:'绘事后素。'""绘"就是绘画,"素"在这里就是指一张白纸,意思就是"绘事后于素",绘画的事情要在铺开白纸后进行。

"曰:'礼后乎?'子曰:'起予者商也,始可与言诗已矣。'"子夏很聪明,孔

八佾第三

子实际上是打了一个比方,没有直接回答,子夏于是就想到礼也是在后来才开始。孔子说:"起予者商也,始可与言诗已矣。""起"就是启发,"予"就是我,"商"就是子夏。孔子说,子夏你真是启发我的人啊,从现在开始我可以和你谈论《诗经》了,因为你先问我"巧笑倩兮,美目盼兮,素以为绚兮",然后你马上联想到礼乐。

这一章实际上说了三件事情:第一件是一个楚楚动人的美妙女子,怎么能打扮得这么好看呀?很简单,她"素",天生丽质,再一装扮就更漂亮了,如果很丑,再怎么打扮也不好看;第二件是绘画要在白纸上完成,如果画纸本来已经被涂得乱七八糟了,那就画不出好画了;第三件是礼仪,首先要挑选素质好的人教化,慢慢再推广到素质不太好但可以教化的人。如果这一代不好,那就慢慢地教化下一代。这实际上是在强调素质。为什么说现在小孩子要学《论语》?因为素质很重要,是打基础,等二三十岁价值观念、性格已经形成了,那时候再教他就很困难了。如果小时候没培养好,就等于纸上已经被画得乱七八糟,再想教化好就很困难了,所以儿童一定要读四书,培养温柔敦厚的性情。

罗敷梦景图

3.9　子曰:"夏礼吾能言之,杞不足征也;殷礼吾能言之,宋不足征也。文献不足故也。足,则吾能征之矣。"

【语译】

孔子说:"夏代的礼,我能说出来,夏的后代杞国则不足以做证明;殷代的礼,我能说出来,殷的后代宋国则不足以做证明。这是因为他们的文献保留不足,若有足够的文献资料,我就可以引来做证明了。"

【解读】

孔子说，夏礼我能够谈论它，"杞不足征也"，杞这个国家是夏的后代，夏朝的礼仪我可以谈论它，但是夏朝的后代——杞国不足以做证明，"征"就是证明。因为杞国没有按照夏的礼仪，所以不足以证明。"殷礼吾能言之，宋不足征也。"商代的礼仪我也可以说它，但是商的后代——宋国也不足以做证明。"文献"这个词很重要，现在的意思是文献、档案、典籍，这是一个意思，还有一个意思，文献主要是记载礼仪、历史的，所以"文献不足"还指后人的礼仪教化不够，文明程度不够。

在孔子看来，尊重礼仪是一代不如一代，所以孔子要"复礼"，要回到过去。中国人有一个传统——经学传统，什么样的书才能称作经典？那就是过去的书，中国历代有"厚古薄今"的倾向，现代人的书很难成为经典，经典都是在公元前五百年左右产生的。这个时候中国处于战国时代，这个时期产生的一批书才是经典。西方人认为过去不如现在，这是受了达尔文的进化论影响，所谓进化，就是越来越进步，以前都是落后的。

3.10　子曰："禘自既灌而往者，吾不欲观之矣。"

【语译】

孔子说："禘礼，从第一次献酒后，我就不想再看了。"

【解读】

"禘"是禘礼，是一种祭祀礼仪，是古代一种非常隆重的大礼。"禘"是示字旁，示字旁的字都与祭祀相关。示的篆体字（示）上面两横代表天，下面三竖代表太阳、月亮、星星，"天垂象，日月星"，这是说文解字的说法。祭是古人对神秘事物的崇拜，祭下面也有个"示"，上面的部分左边的一半是肉，右边的是手，就是用手拿着肉来祭拜祖先、神灵，祭祀用的牛肉、羊肉、猪肉，叫三牲，又叫牺牲，都是牛字旁，牺牲后来才引申为献身，最早的牺牲就是杀了动物来祭祀。禘祭就是天子的礼仪。"既"和"即"这两个字（既即）怎么区分？"既"是已经，"即"是立即。"灌"是斟酒浇地，是古代禘祭开始时第一次献酒的一种仪式，先祭天，再祭地，再祭自己。"禘自既灌而往者"，已经祭酒了，然后还有其他的礼仪。"吾不欲观之矣"，我就不再想看了，就不再继续看下去了。就是只要看他灌了酒，之后再做什么礼仪,我就不用再看了。这说明知道它的开始,马上就知道后面会发生什么事情,一开始的灌礼是否正确,就能推测以后的动作了。总而言之,就是从开头的情况就可以推测以后的情况。这就叫"闻一知十""举一反三"。

孔子多次批评季氏,认为他们专权、违制、僭礼。

第一次批评他们不合"舞乐之礼","八佾舞于庭"。

第二次批评他们不合"宗庙之礼",即"祭祖之礼","相维辟公,天子穆穆"。

第三次批评不合"郊社之礼",即"祀天的郊礼和祭地的社礼"。礼制规定,只有天子和诸侯才有祭祀天地的资格,季氏仅仅是鲁国的大夫,竟去祭祀泰山。

第四次批评是"禘祭之礼",这一种祭祀分四季举行,系天子之祭,是一种极为隆重的大祭之礼。

鲁国在以季氏为首的三家撺掇下也沿用此例,由舞乐、祭祖、祭山到"禘祭",他们的违礼行为一次比一次升级,一次比一次放肆。

孔子第一次批评,使用了一个非此即彼的选择兼反问的语句:"是可忍也,孰不可忍也?"可以遥想当年老夫子气得吹胡子瞪眼睛、怒不可遏、愤懑之极的情景。

第二次祭祖违礼时则用了一个反问句:"奚取于三家之堂?"语气比第一次缓和多了。

第三次使用的是一个感叹句:"呜呼!"一个反问句:"曾谓泰山不如林放乎?"林放尚知问"礼之本",感叹其无可奈何。第二次的反问句用"奚",指责语气明显。第三次用"曾……乎",则是一般性的反问,问问而已,似是仰天长叹,与第二次相同,均是反问,但语气轻重有别。

第四次批评,孔子既不感叹,也不指责了,只是说从"禘祭"的"灌"礼之后,由于向受祭者献酒时,一再违礼,所以他就不想看了,持沉默的态度。违礼程度愈重,批评愈轻,叹息越重,直至沉默,沉默则是最高的轻蔑了。从怒斥到反问,由反问到感叹,由感叹到沉默,感叹其僭礼,沉默于无力救其既颓,可以想见,当年孔子的痛心疾首之状,也可见孔子无时无刻不在关注、维护礼制以及为此所做的努力。"知其不可为而为之",这是孔子的一贯风范。

3.11 或问禘之说,子曰:"不知也。知其说者之于天下也,其如示诸斯乎!"指其掌。

【语译】

有人向孔子请教关于禘祭的事情。孔子说:"我不知道。知道的人,他对于天下万物的道理,就好像这只手掌上显示的掌纹一样清楚吧!"一边说一边指着他的手掌。

【解读】

我们看自己的掌纹,有三条清楚的线,有的说法认为中间横的那一条掌纹线如果断了的话,就表示要离婚。你们看我的掌纹,中间那一条线两边都是断开的,可是我也没离婚啊。所以看掌纹,还有什么算命之类的东西,千万不能陷进去啊。所以,命是由心变的,不是固定僵化的。我们这里孔子"指其掌",意思是治理国家的道理其实很清楚,就像你手掌上的掌纹线一样清楚,就那么几条,这个道理在孔子看来很简单,就是仁、义、礼、智、信这么几条。有的人看手相看得很细,算命算得很细,但是命还是不好,这就是没有掌握它的根本,而只是看到了它的枝叶。在孔子看来,具体怎么祭祀,他不知道,但那些知道的人,对于天下万物的道理,就像手掌上的纹路一样清楚明白。实际上,孔子说的是他自己,他知道天下万物的道理。

3.12 祭如在,祭神如神在。子曰:"吾不与祭,如不祭。"

【语译】

祭祀的时候,就好像祭祀的对象真在那里一样;祭神的时候,便好像神真在那里一样。孔子说:"我若是不能亲自参加祭祀,就像没有举行祭祀。"

【解读】

"祭如在,祭神如神在。"好多人问孔子有没有鬼神,孔子回答说:祭如在,祭神如神在。你祭祀的时候,祭鬼鬼就在了,祭神神就在了,祭先祖先祖就在了。好多人把这个理解为"心诚则灵"。孔子的回答太妙了,他没有回答有没有鬼神,后面还会有人问到,他说"敬鬼神而远之",敬畏鬼神但不迷信鬼神。《论语》中还说"子不语怪力乱神",这都是《论语》中讨论鬼神问题的话。好多人到寺庙里,是看不到佛、看不到神的,于是寺庙里才造了佛像、神像。实际上那是不是真的佛、真的神仙呢?在禅宗看来,这是泥菩萨,要把它捣毁,要"呵佛骂祖"。

我最近悟出了精、气、神这三个字的含义。突然有一天,在早晨吃饭的时候,

思考出怎么养精、养气、养神，精是生命的物质，气是生命的能量，神是生命的主宰。养生就是养精气神，养精是养生的基础，养神是养生的关键。养生里面的神是内在的精神、意识、思维、活动，而不是外在的神，是最关键的生命的主宰。养精是基础，精分先天之精和后天之精，尤其是先天之精中的肾精，人老是肾精先老，后天之精就是水谷精微，就是吃的粮食。养神是关键，再怎么吃得好，但是愁眉苦脸，那还有什么用？养气是什么？这请大家慢慢自己琢磨。

"吾不与祭，如不祭。"意思是说祭神灵一定要亲自去祭，要从心灵深处去祭祀。如果不能亲自去祭祀的话，就像没有举行祭祀一样，还不如不要祭祀，只要祭祀，就要亲身参与，亲自去体验。

3.13 王孙贾问曰："'与其媚于奥，宁媚于灶'，何谓也？"子曰："不然。获罪于天，无所祷也。"

【语译】

王孙贾问道："'与其献媚、巴结于奥，还不如巴结灶神'，这两句话是什么意思？"孔子道："不是这样的啊；若是得罪了上天，祈祷也没用。"

【解读】

王孙贾的"贾"在古音读 gǔ，代表商人的意思，在这里是一个名字，读 jiǎ。王孙贾是卫国的大臣，他问孔子说："与其媚于奥，宁媚于灶，何谓也？"与其献媚、巴结奥，还不如巴结灶神，"奥"是房屋西南角的神，可以简单理解为角落里的神。

孔子回答说："不然。获罪于天，无所祷也。"

不对,如果你得罪上天,再怎么祈祷也没用了。天是不是神?中国人实际上世世代代都有信仰——信仰天,这个天不一定就是神,可以是天理、天道,违背了天理、天道,必遭天谴,一定会遭到惩罚。孔子这里是讲献媚、巴结各种所谓的神以求免灾,那是没有用的,因为你违背了天理、天道,那一定会遭受灾祸的,祈祷又有什么用呢?所以做任何事都要循理而行才行。

3.14 子曰:"周监于二代,郁郁乎文哉,吾从周。"

【语译】

孔子说:"周代借鉴了夏、商两代的礼仪,多么丰富多彩呀,我选择遵从周代的礼仪。"

【解读】

"监"的本义是镜子,是看的意思,也就是周代的礼仪是看了夏、商两代的礼仪而成的,即周代礼仪借鉴了夏、商两代的礼仪。孔子对夏商周的礼仪制度有深入研究,历史是不能割断的,后一个王朝对前一个王朝必然有承继,有沿袭。遵从周礼是孔子的基本态度,但这不是绝对地否定其他朝代的制度礼仪。在前面的篇章里,孔子就提出对夏、商、周的礼仪制度都对前代应有所损益,只有这样代有损益,然后才能知道后世百代的情况。"郁郁"本来是形容草木繁盛的样子,这里用来形容周代的礼仪文化很丰富、很美。所以,孔子选择遵从周代的礼仪。

3.15 子入太庙,每事问。或曰:"孰谓鄹人之子知礼乎?入太庙,每事问。"子闻之,曰:"是礼也。"

【语译】

孔子到太庙里祭祀,每件事情都提问。有人就说:"谁说叔梁纥的这个儿子懂得礼呢?他到太庙来,每件事都要问别人。"孔子听到这话,便说:"每件事都请教,这正是礼呀。"

【解读】

"子入太庙,每事问。""庙"是祭祖的地方,君主的祖庙叫太庙,鲁国最初受封是周公旦的封地,但他为辅佐成王,没有就国,让儿子伯禽成了鲁国实际上的开国之君。鲁国的"太庙"就是祭祀周公的庙。

"孰谓鄹人之子知礼乎？入太庙，每事问。"因为孔子在太庙里祭祀时碰到一件事情就会问，所以有的人就说了：谁说鄹人之子懂得礼啊？他到太庙里来，每件事都要发问。"鄹人"，其中鄹是指一个地方，这个地方的名字叫鄹，而孔子的父亲叔梁纥当过鄹这个地方的地方官，所以叔梁纥就被称为鄹人，孔子就是鄹人之子。

太庙问礼图

"子闻之，曰：'是礼也。'"孔子听说了这件事，他说，这就是礼啊！这段话还有另外一种理解，孔子入太庙大概是在他三十岁左右的时候，这个时候礼崩乐坏，为什么孔子"每事问"呢？是孔子真的不懂吗？孔子之所以三十岁左右就能进入太庙里从事祭祀的工作，正是因为他以懂得礼而闻名。所以，说孔子因为不懂才"每事问"是说不通的。结合这个时候礼崩乐坏的背景来考虑，应该是原来那些太庙里的工作人员不懂礼或者不遵循礼，所以孔子就会问他们：按照礼真的是这么做吗？这是孔子面对礼崩的一种反应，而不是孔子不懂礼。

3.16　子曰："射不主皮，为力不同科，古之道也。"

【语译】

孔子说："比箭，不一定要穿破靶子，因为每人的力气大小不一样，古时候就是这个道理。"

【解读】

"射不主皮"，"皮"是指箭靶，孔子这里说的是"礼射"，也就是演习礼乐时的射箭，而不是军中的武射，礼射以射中射不中为主，而不考察射出的箭有多大的力量，所以箭有没有穿破皮做的箭靶不是最主要的。

"为力不同科，古之道也。""为"是因为的意思，"同科"就是同等、同样的意思，因为射箭的人力量不是同等的，有大有小，"古之道也"，古时候就是这个道理。

3.17 子贡欲去告朔之饩羊。子曰："赐也！尔爱其羊，我爱其礼。"

【语译】

子贡想要把每月初一告祭祖庙时用的那只活羊去掉不用了。孔子说："子贡啊，你可怜那只羊，我可惜的却是那种礼。"

【解读】

"子贡欲去告朔之饩羊。""朔"在《说文解字》里这么解释："朔，月一日始苏也。""朔"的意思就是每个月的初一，月亮开始向着满月的方向复苏。"告朔"是一种祭祀礼仪。古代没有现在这么发达的计时工具，老百姓不容易搞清楚今天是初几了，不容易搞清楚日期和季节，所以古人会有一些祭祀活动，来告知天下人现在是什么节令，"告朔"就是这些祭祀活动之一。告朔的祭祀时要用到一头活羊，子贡现在要把这头活羊给去掉，不要用活羊了。

"赐也！尔爱其羊，我爱其礼。"按照礼仪，每个月祭祀的时候，应该杀一只活羊，子贡同情这只羊，说不要用这种礼仪，去除它。孔子说："你是可怜这只羊，我是可怜这种礼。"按照礼仪应该用的，还是得用。

《孟子》里面有这么一个故事，说有一个大王不忍心看到祭祀的时候准备杀掉的那头牛，他说"吾不忍其觳觫"，我不忍心看到那头牛恐惧颤抖的样子，因为这头牛啊，当你要杀它的时候，它是知道的，所以把牛牵出去过堂的时候，牛是发抖的。大王说"以羊易之"，用羊来替换它吧。孟子就问这位大王是不是有这么回事，大王说是有这么回事，我不忍心看到那头牛。孟子说，老百姓可不会说你有可怜之心、恻隐之心，老百姓只会说你是吝啬，舍不得杀一头牛，只舍得杀一只羊，因为牛大羊小。"百姓之谓我爱也"，老百姓说你太"爱"了，"爱"在这里是"吝啬"的意思，爱到极点就是吝啬了。孟子劝导大王说，在我看来，你是有恻隐之心的，所以你肯定能治理好国家，因为你把恻隐之心放大了，不仅爱这头牛，而且爱这只羊，爱百姓，这就叫"仁政"。所以孟子和孔子最大的不同，就在于孟子把孔子的"仁""仁心"发展成"仁政"。

3.18 子曰："事君尽礼，人以为谄也。"

【语译】

孔子说:"服侍君主,应按照做臣子的礼节去做,别人却以为他在谄媚。"

【解读】

作为一个大臣、臣子,就应该全力以赴、全心全意地侍奉君主,别人虽然会说你讨好、巴结君主,但这是符合礼仪的,就不要管别人的话。做学问和修行是自己的事情,为人处世只需要关照自己的内心真诚不真诚,如果内心明朗坦荡,那就等待时间来证明,自己心安理得即可。

3.19 定公问:"君使臣,臣事君,如之何?" 孔子对曰:"君使臣以礼,臣事君以忠。"

【语译】

鲁定公问:"君主使唤臣子,臣子服侍君主,各自应该如何做呢?"孔子回答说:"君主应该依礼来对待臣子,臣子应该忠心地服侍君主。"

【解读】

定公是鲁国国君,孔子说自己国家的时候不提国名。君主应该按照礼仪来对待臣子,大臣要用忠心来服侍君主,这里看起来是并列关系,君主应该怎么做,大臣应该怎么做。实际上这里是因果关系,你只有对待你的大臣是符合礼仪的,那么你的大臣才能忠心耿耿,孔子特别主张从君主做起。所以儒家讲人与人之间的关系都是相互的,而且注重的或者说更有教化意义的,是君、父、夫这一方面。

3.20 子曰:"《关雎》,乐而不淫,哀而不伤。"

【语译】

孔子说:"《关雎》这首诗,欢乐而不放荡,悲哀而不伤痛。"

【解读】

《关雎》这首诗是《诗经》里面第一篇:"关关雎鸠,在河之洲,窈窕淑女,君子好逑。"孔子说它"乐而不淫,哀而不伤",欢乐但不放荡,悲哀但不伤痛,感情的表达符合中道,《中庸》里说"喜怒哀乐之未发谓之中,发而皆中节,谓之和",

就是讲感情的表达要守中。因为《关雎》是《诗经》的第一篇,所以这里也指整个《诗经》三百零五首诗,意思是说《诗经》是守中道的,是符合礼仪的。它虽然讲快乐,但不是过分的快乐,里面有哀伤,但不至于伤痛,感情的表达有度有节,所以学《诗经》要学出其中的味道,你就能感受到那种快乐且不放荡的中和之美。《诗经》里还有一首诗:"昔我往矣,杨柳依依;今我来思,雨雪霏霏。"我认为这是《诗经》里最美的一篇。这里"雨"不是"下雨"的意思,而是动词"下"。杨柳依依、雨雪霏霏实际是心情的写照,是借景抒情。我走的时候是春天,回来的时候是冬天,春天杨柳依依,冬天雨雪霏霏。你说"依依"怎么翻译?它的发音特别美,一般描写细腻的东西的词,要用齐齿呼。其实这也是表达了他的心情,哀而不伤、乐而不淫,刚好把握了度。

3.21 哀公问社于宰我,宰我对曰:"夏后氏以松,殷人以柏,周人以栗,曰,使民战栗。"子闻之,曰:"成事不说,遂事不谏,既往不咎。"

【语译】

鲁哀公向宰我问社用什么木材。宰我回答说:"夏代用松木,殷代用柏木,周代用栗木,意思是使人民战战栗栗。"孔子听到了这话,说:"已经成为事实的事就不再解释了,已经完成了的事就不再挽救了,已经过去的事不再追究了。"

【解读】

"哀公问社于宰我。"哀公是鲁哀公,宰我又叫宰予,是孔子的一个学生。"社稷"指国家,"社"是个土,"稷"是庄稼,土里面长庄稼,那就是国家。"社"和"稷"都是神,社神和稷神,社神是掌管土地,稷神是掌管庄稼的。一个国家最重要的不就是土地和粮食吗?所以北京的故宫两边的宫殿是"左祖右社",其中有一个建筑就是社稷坛,现在是中山公园,在故宫的西面右边,故宫的东面左边是太庙,这就叫"左祖右社"。后来这就成为每一个村、乡的布局,左边祭祖,右边祭社稷,社稷坛里面就分东、南、西、北、中五色土。这里鲁哀公问宰我有关社神的事情,要祭祀社神,除了祭祀的礼仪外,还要怎么建造社庙,前面应该栽什么树,这是一种说

宰予像

法，还有一种说法是建这个庙的时候要用什么木材。

"使民战栗。"周代的人为什么要用栗木呢？就是要让老百姓战栗，要害怕，要有敬畏之心。还有一种解释说，每个朝代只是用适合当地生长的树木，宰我没有弄清楚，只得靠自己猜测回答。

"成事不说，遂事不谏，既往不咎。""遂"就是完成，"遂事不谏"，完成的事情就不必要再挽救了。"既往不咎"这个成语就是从这里来的，就是说已经成了的事情就不要再解释了，夏代、殷代、周代用什么都是过去的事情，不用再解释了。"既往不咎"，已经过去的事情就不要再追究了，让老百姓战战栗栗，生敬畏之心，这些事情都不必要再说了，我们只要关注未来就行了。对于人与人之间的交往，要有一种宽容的精神，既然已经成了事实，就不该耿耿于怀。

3.22 子曰："管仲之器小哉！"或曰："管仲俭乎？"曰："管氏有三归，官事不摄，焉得俭？""然则管仲知礼乎？"曰："邦君树塞门，管氏亦树塞门；邦君为两君之好有反坫，管氏亦有反坫。管氏而知礼，孰不知礼？"

【语译】

孔子说："管仲的器量狭小啊！"有人问："管仲节俭吗？"孔子说："他收取了老百姓大量的赋税，他手下的官员也没管理好，如何能说是节俭呢？"那人又问："管仲是否懂礼？"孔子又说："国君树塞门，管仲也立一个塞门；国君招待外国的君主，在堂上有放置酒杯的设备，管仲家也有这样的设备。假若说他懂得礼，那谁不懂得礼呢？"

【解读】

管仲大家都很熟悉，齐桓公之所以成为"春秋五霸"之首，就是因为有了管仲辅佐他。我还是挺喜欢管仲的，但是孔子不喜欢管仲。管仲后来成了哪一"家"呢？这个很难说，因为在管仲那个时代，诸子各家还没有分得那么细，但后来的人都把他当成法家，实际上也不尽然。管仲治国很有一套，被称为"天下第一相"。但是管仲只辅佐齐桓公成就了霸业，并未能带领国家走入王道，所以孔子评价：管仲的格局还是太小。

"或曰：'管仲俭乎？'曰：'管氏有三归，官事不摄，焉得俭？'"又有人问管仲是否有俭德。孔子从两个方面做出了否定的回答，第一是"有三归"，第二是

"官事不摄"。"三归"解释很多,有人说管仲娶了三房太太,还有的说是管仲有三个封邑,还有说法是收很多的税,"三"就是多的意思,收取大量的赋税。"官事"就是指管仲手下的官员,"摄"就是管的意思,"官事不摄",他下面的官员也没有管教好,仗势而行,收取大量的赋税。

"然则管仲知礼乎？"中国文化以"礼"为核心,管仲作为一个政治人物,担负着领导历史文化的重任。孔子认为,管仲并不懂礼。

"邦君树塞门,管氏亦树塞门；邦君为两君之好有反坫,管氏亦有反坫。""树塞门"就是国君在首都前面树一道门或者城墙,起到抵御外敌的作用,这本来是国君做的事情,结果管仲也树了这么一个塞门。国君与国君之间交好的时候,比如倒茶,茶杯下面要用垫子。"坫"在这里不念"zhān",念"diàn","反坫"就是一个垫子。国君放东西下面要铺垫子,就是反坫。这个垫子非常精美,用高等材料如兽皮、木料、竹子编制。这个垫子只有国君能用,但是管仲也用这个垫子。看这两点就知道管仲并不懂礼。所以在孔子看来,管仲虽然有治理国家的才能,把齐国治理成"春秋五霸"之首,最富强的国家,但是他没有俭德也不知礼仪,仍然不是孔子崇尚的人。

3.23　子语鲁大师乐,曰："乐其可知也：始作,翕如也；从之,纯如也,皦如也,绎如也,以成。"

【语译】

孔子把演奏音乐的道理告给鲁国的太师,他说："音乐,那是可以知晓的：开始演奏,很热烈；继续下去,和谐纯正,清晰明了,连续不绝,这样音乐就完成了。"

【解读】

上面讲到"礼",这一章讲与"礼"并列的"乐"。中国文化就是礼乐文化。"子语鲁大师乐","语"在这里念第四声"yù",而不是第三声"yǔ",就是告诉的意思,"大师"也可以读作"太师",是古代专门掌管礼乐的官名。

这里用了一些形容词,开始奏乐的时候是"翕如也","翕"字上面一个合,音乐开始奏乐的时候是慢慢的,哪一种音乐一开始都不会很激烈,除了《命运交响曲》,这个是比较特殊的。接下来"纯如也",纯纯的,纯正和谐的意思。"皦如也",皦是白字旁,是清晰,接下来开始清晰,节奏开始强烈。"绎如也",绎是绞丝旁,持续不断,就到了尾声,开始慢慢地收尾了。整个音乐的过程,是慢慢地开始,然后非常的激昂,然后又慢慢地进入尾声,又舒缓下来。古人对音乐的修养是很重视的,因为音乐具有移风易俗和教化的作用。

这一章一方面是在说礼仪、礼乐,另一方面又是在说人生的过程,人生好比一首乐曲,开始的时候是比较缓慢、微弱的,然后要去建功立业、走向社会,比较激昂,最后到五十、六十、七十岁,又要舒缓下来,所以我认为这说的是生命的阶段,其实最后的阶段,就是开始的阶段。

3.24 仪封人请见,曰:"君子之至于斯也,吾未尝不得见也。"从者见之。出曰:"二三子何患于丧乎?天下之无道也久矣,天将以夫子为木铎。"

【语译】

仪这个地方的官员请求见孔子,他说:"所有到这个地方来的有道德、有学问的人,我从没有不见的。"孔子的学生请求孔子见了他。他辞别孔子出来以后对孔子的学生们说:"你们这些人还担心什么没有官位呢?天下的黑暗日子也很长久了,上天会要他老人家做人民的导师啊。"

【解读】

这一章是从仪封人的角度来评价孔子的历史价值。"仪"是一个封邑,仪这个地方的地方官请求见孔子一面。

"从者见之。出曰:二三子何患于丧乎?天下之无道也久矣,天将以夫子为木铎。"这个"从者"就是孔子的随从、学生,请求孔子见这个地方官。孔子接见了这个地方官,出来之后,这个官员说:"二三子何患于丧乎?天下之无道也久矣,天将以夫子为木铎。""二三子"就是两三个人,在《论语》里面都是指你们这些学生,只要说"二三子"就是指孔子的学生。你们这些学生还担心什么"丧"

封人请见图

呢？"丧"就是失去的意思，指没有官位。天下黑暗无道的时间已经很久了，但是老天将要把孔夫子当作"木铎"。"铎"就是铃铛，木铎就是木头做的铎。铎是起到召唤作用的，不管木铎还是金铎，都能起到召唤、指导的作用。这句话就是说，老天会把孔夫子当作我们的导师。南宋儒学家朱熹曾说过："天不生仲尼，万古如长夜。"孔夫子就是黑暗中的一盏明灯，也是黑暗中的铃声。

3.25 子谓韶："尽美矣，又尽善也。"谓武："尽美矣，未尽善也。"

【语译】

孔子谈论到韶乐的时候，说："韶乐啊，美极了，而且好极了。"谈到武乐的时候，孔子说："美极了，却还不够好。"

【解读】

"韶"是一种乐曲的名称，是舜时的乐曲。"武"是周武王时期的一种乐曲。孔子说韶乐尽善尽美，达到极致的美和极致的善。孔子后面提到"闻韶乐三月不知肉味"，听了这个音乐，他三个月不知道肉是什么味道，只知道韶乐太美了。"武"乐曲虽然也非常美，但是还没达到尽善的地步。音乐是历史的产物，反映了特定历史时期的人文风貌，在孔子看来，上古时期是尽善尽美的，到了周武王时期，人文精神就在退化了。

3.26 子曰："居上不宽，为礼不敬，临丧不哀，吾何以观之哉？"

【语译】

孔子说："居上位的为政者不宽宏大量，行礼的时候不恭敬，参加丧礼的时候不悲哀，那我怎么看得下去呢？"

【解读】

这句话是对八佾篇的总结，这一篇是以"礼乐"为核心的，知礼懂乐的程度是衡量一个社会是否和谐的标准。统治者即"居上"之人，为政以宽为原则，"礼"以敬为核心，参加丧礼内心哀痛，是内心真正的哀痛。如果连这些都没有做到，那这个社会、这个国家还有什么可值得期待的呢？还有什么前途呢？这也是孔子对当时那个礼崩乐坏时代的感慨。

里仁第四

4.1　子曰:"里仁为美。择不处仁,焉得知?"

【语译】

孔子说:"居住在有仁德的地方,就是美好的。选择住处,没有仁德,怎么能称得上是聪明呢?"

【解读】

这一章可以有两种理解。第一种是环境对人的影响很重大,所以选择住处要去有仁德的地方,与有德之人居住在一起。就如荀子在《劝学篇》中说的:"故君子居必择乡,游必有士,所以防邪僻而近中正也。"第二种是,"里仁"就是自处,修身之人时时刻刻都要提醒自己处于仁的境界。儒家讲"慎独",也就是要求儒者随时随地都要关照自己是否处于仁。里仁这一篇主要是在讲仁,后面的章节从不同的侧面,详细地告诉了我们仁的内涵。

4.2　子曰:"不仁者不可以久处约,不可以长处乐。仁者安仁,知者利仁。"

【语译】

孔子说:"不仁的人不可以长久地居于穷困中,也不可以长久地居于安乐中。有仁德的人安于仁,有智慧的人利于仁。"

【解读】

"不仁者不可以久处约,不可以长处乐。""约"在这里是"简约"的意思,引申为"穷困"。一个没有仁德的人,是不可能在贫穷的环境中与你长久相处的。

"穷"和"贫"的意思不一样,"贫"就是没钱,"贫"上面是个"分",下面是个"贝",就是分钱,没钱了。"穷"这个字我曾经写过（图），它的下面是一个身体,上面是一个洞穴,弯腰弓着身体在洞穴里面,这就叫走投无路,就是指穷困。这里是讲,和一个没有仁德的人,处在贫困的环境之中,他是没有办法和你长久相处的。同样,没有仁德的人,也不能够和你长久处在安乐的境地里。有人说了,安乐的日子不是谁都可以在一起的吗？其实不然,比如夫妻,贫穷和创业的时期,两个人同心同德,等到有钱了,环境安逸了,反而妻离子散,究其原因就在于有没有仁。仁是精神上的,不是有钱没钱能解决的问题。我们说中华文化是中华民族生生不息的纽带,就是精神的纽带。这里我们思考一下是精神力量大还是物质力量大？有人认为物质的力量大,比如有个人要饿死了,这个时候给他一个馒头就能救他一条命,在这个时候是物质的力量大。很多人说要看环境才能分辨精神的力量大还是物质的力量大。我说不然,还是精神的力量大。精神的力量可以超越现实层面,也就是物质的层面。如果一个人精神层面是富足的,你可以从他的精气神上感受到,这是用物质换不来的精神面貌。

"仁者安仁,知者利仁。"一个有仁德的人,内心安于仁的境界,念兹在兹,外在条件如何他是不关心的。前面我们提到过,安贫乐道、富而知礼都是不容易做到的修养。和一个有仁德的人相处,不管环境逆顺、物质条件丰盈与否,他都会与你甘苦与共,不离不弃。一个有智慧的人是"利仁"的,会利用仁来对己、对人,来修己安人。也有一种解释是"利于人",有智慧的人所做的事情对仁德是有益处的,己欲立而立人,己欲达而达人,利益众生,在自己安身立命的同时,也让别人安身立命,这就是儒家内圣外王的思想。

4.3 子曰:"唯仁者能好人,能恶人。"

【语译】

孔子说:"只有有仁德的人才能够喜爱某人,才能厌恶某人。"

【解读】

对这一章的解释,清人刘宝楠《论语正义》解释得非常好:"凡人用情,多由己爱憎之私,于人之善不善有所不计,故不能好人恶人。若夫仁者,情得其正,于人之善者好之,人不善者恶之。好恶咸当于理,斯唯仁者能之也。"意思是说,大多数人都是凭着自己的好恶去评判别人,失去了客观性。但是仁者内心的情感是中正的,所以对人的评价也是客观的,有"仁"的修养的人真的能喜爱别人,也真的会厌恶别人。

4.4 子曰:"苟志于仁矣,无恶也。"

【语译】

孔子说:"诚心立志于实行仁德,总没有坏处的。"

【解读】

"苟"在这里是"诚"的意思,发自内心立志于仁德的人,会时时反省自己的学问修养是否在仁的境界上,所以他们在行为上就不会作恶。一个人如果想要做坏事,肯定是先从思想上就已经有了为恶的念头,发自内心志于仁的人是会反省、关照自己内心的人,一旦有恶的念头,他们会立刻从思想的源头上制止,所以也不用担心会延续到行动上。这就是儒家修身的功夫,为仁、慎独与反省。

4.5 子曰:"富与贵,是人之所欲也;不以其道得之,不处也。贫与贱,是人之所恶也;不以其道得之,不去也。君子去仁,恶乎成名?君子无终食之间违仁,造次必于是,颠沛必于是。"

【语译】

孔子说:"富裕和高贵,这是人人都想要的;如果不是按照道义得来的富贵,君子不接受。穷困和低贱,这是人人都厌恶的;如果不是按照道义抛掉它们,君子也是不会去摆脱它们的。君子抛弃了仁德,怎样去成就他的声名呢?君子在吃一顿饭的时间内都不会离开仁德,在仓促匆忙的时候一定和仁德同在,在颠沛流离的时候一定也和仁德同在。"

【解读】

"富与贵,是人之所欲也"。富和贵有什么区别呢?富是物质上的富裕,贵是精神上的高贵。富不等于贵,一个人富了以后还要贵,很多人说孔子是不讲富的,这错了,孔子也是讲富的,但是他更讲贵,更讲精神上的高贵。新加坡有一点做得很好,所有小学生、中学生都要宣誓,第一句话:"我是一个新加坡公民。"虽然好像是走形式,实际上已经融化在血液里。中国人怎样才能贵?就是要有精神的要素在里面。别看宣誓这是外在的形式,慢慢就会变成内在的东西了。

"不以其道得之,不处也。"但是如果不按照道义得来富和贵,这样的事情我是不做的。我们知道有一个词叫"为人处世","处"就是做的意思。君子爱财取之有道,就是这么来的。儒家的道是仁之道,他的根本是仁。仁和义什么关系?"义"上面是一个"羊",下面是"我",在甲骨文中是兵器——戈。羊在《周易》八卦中是兑卦,兑为羊,兑者悦也,兑卦的意思就是喜悦,就是美好。在中国的汉字中,只要是羊字旁的字,都和喜悦、美好有关。比如"羞"最早的意思是进贡,上面一只羊,下面一只手,它的本意是美好的食品,后来这个字才演变为害羞的意思。"义"上面代表美好,下面是兵器,就是出兵打仗,这种战争,肯定就是正义之战。"义"最基本的意思就是"正义",就是今天我们所说的"公平""公正""公道"。仁和义什么关系?我们说以人为本,实际上是以"仁"为本,仁的基本意思是人与人之间的关系,仁就是爱。仁是内在的,表现出来的行为就是义,有了仁爱之心,表现出来肯定是公平正义。没有仁爱之心,比如雷曼的执行长、CEO,他自己捞了四亿八千万,这公平吗?不公平就是没有义,内在没有仁心,光想着自己不想着别人,怎么能有一颗爱人之心呢?如果仁偏向于内心的德行,那么义就是外在的行为。所以一切都以仁为起点,有了仁,行为肯定符合义。

因膰去鲁图

"贫与贱,是人之所恶也。"这是相对来说的,富与贵、贫与贱,富相对的是贫,是物质上的贫穷。与贱相对的是贵,贱就是指精神上的低下、卑贱,而不是指出身的卑贱,是指精神上没达到那个高度。贫困和低贱当然是人人所讨厌的,大家都不喜欢贫穷、卑贱。

"不以其道得之,不去也。""得"实际上是"去"。但如果不按照道义来得到的话,是"不去"的,我们现在说"去"是越来越近,比如说"去包头"就是离包头越来越近,而古代说的"去"是离开,所以"不去也"是不抛开的意思。物质上的贫困、精神上的卑贱，是人人讨厌的，但如果不按照道义去抛弃，我也是不抛弃的。怎么来评定一个人的贫贱？要按照道义的标准。道义的"义"还有一个意思，义者宜也，就是合适、适当、适宜的意思，义有公平、正当、适宜的意思。这里也可以理解为：如果不按照合适、正当的方式来抛弃它，那是抛不掉的。要摆脱贫困、卑贱，就要按照符合道义的方法才能做得到。

"君子去仁，恶乎成名？"君子如果抛弃了仁，那还怎么成就名声呢？"恶"就是何、哪里、怎么的意思。孔子和老子在这里又不同，老子是无名、无极、无功、无利、无为，而孔子说过"君子疾没世而名不称焉"，他担忧的是自己死了以后没有名声。孔子主张成名，老子要无名，矛盾吗？有句俗话说"雁过留声，人过留名"，很多人说孔子是积极的，老子是消极的，这种观点不对，仔细看来，两个人说的是一回事的两个阶段。"名"实际上是一种约束力，孔子说"成名"是"必也正名乎"，不像现在的人为了出名什么事都敢做。孔子是要正名、正名分，求的是一种正名，具有一种约束力，君子出名了，就必须按照君子的标准来做，传道就要知道、行道、践道，儒家的意思是自己要做到，一定要身体力行，这是儒家最基本的原则。所以求名有其积极的意义，因为求的是正名。老子又说无名，其实无名就是最大的名，道家认为人最渺小，要跟天地融为一体才能天长地久，"天地所以能长且久者，以其不自生，故能长生"。追求"无名"就是要与道融为一体。"正名"与"无名"讲的都是修道的事。有人打了一个比方，儒家、道家、佛家好比公共汽车，儒家第一站下车，道家第二站下车，佛家在终点站下车，这个比喻有道理，但也不太确切，其实儒家下车的第一站，也是人生的终点站了。

"君子无终食之间违仁，造次必于是，颠沛必于是。""无"通"勿"。做一个君子，千万不要在"终食之间"违背了仁。"终食之间"就是匆忙之间，忙乱中就违背了仁。"终食"的本意就是一顿饭，吃完一顿饭的时间。君子千万不要在一顿饭的时间离开仁德，片刻之间都不能违背仁德。"造次"就是匆忙之间，在匆忙之间也一定要"于是"，"是"就是"这"，在这里就是指"仁"，在匆忙之间也要守住仁，在颠沛流离中也要守住仁，片刻都不能离开。

顺便翻看一下第十三篇《子路》篇，有一句话非常有名，《子路》篇的第九章也讲到了富贵："子适卫，冉有仆。子曰：'庶矣哉！'冉有曰：'既庶矣，又何加焉？'曰：'富之。'曰：'既富矣，又何加焉？'曰：'教之。'"这里也讲了富的问题，孔子不是不讲富。"子适卫"，孔子到卫这个地方。"冉有仆"，冉有跟从他。孔子说:"庶矣哉!"人口很多啊!冉有说:"既庶矣,又何加焉?"人口已经能够很多了,进一步该怎么做呢?孔子说:"富之。"使之富裕。战国时判断一个国家有没有实力的标准,首先就是看人口多不多,先要求数量,然后求质量。人口已经很多了,还要做什么事呢?孔子告诉他,你要让他们富裕。然后冉有又问:"既富矣,又何加焉?"如果已经富裕了,那下一步又该怎么做呢?孔子说:"教之。"就是要教化老百姓。

治理一个企业常常也是一样,第一步的发展要员工多,员工多了之后,下一步要"富之",让员工收入提高,那样员工肯定很喜欢这个企业。但是,接下来你会发现,人的欲望是很难满足的,这样就很容易产生不端的事情,所以再下一步最重要的就是"教之",要教育员工。一个企业要可持续地发展,比使员工富裕还重要的就是要教育他们。如何教育呢?就是用儒家的精神来教育,教育员工精神上要贵。如果一个人没有道义,那么富与贵就像浮云,是不值得去追求的。

《大学》中有几句话:"有德此有人,有人此有土,有土此有财,有财此有用。德者本也,财者末也。外本内末,争民施夺。是故财聚则民散,财散则民聚。""仁者以财发身,不仁者以身发财。"仁者的财是用来使身体发达的,现代人却是"年轻的时候用身体换钱,年老的时候用钱换身体",结果换不回来了。

"仁者以财发身",身不仅仅是指身体,还指精神。世界卫生组织WHO给健康下了个定义,这个定义修改了四次:第一次的时候,说生理健康,生理上没病叫健康;第二次的时候加上了心理健康,后来发现只是身心健康还不够;第三次的时候加上了"适应社会的能力良好",简单地说就是社会健康;第四次的时候,发现还不够,一个人虽然能适应社会,但是他"缺德"也不行,所以又加上了"道德健康"。WHO对健康下的定义包括:身体健康、心理健康、社会健康、道德健康。所以"身"至少包括了形体、精神两大方面。

"不仁者以身发财。"不仁的人是为了发财耗散自己的身体。"有德此有人,有人此有土,有土此有财,有财此有用。"有了德,才有人,有了人之后才有土地,有了土地、疆域,就有了财富,有了财富,那当然就可以发挥它的作用。要符合大义的用,才叫"大用"。德和财究竟是什么关系呢?"德者本也,财者末也。"德是树根,财是树梢,根本应该是放在里面,枝叶要放在外面,应该是"内本外末",但它本末倒置了。如果"外本内末",就是内心全想着发财,而把德放在外面,没有守在内心,这样就"争民施夺",老百姓就互相争夺了。你这么看重财,那老百姓就更看重财了。"是故财聚则民散，财散则民聚。""民"就是人，这句话大家太熟悉了，有很深的体会。牛根生听我的课，我当时问他："老牛，为什么你从伊利出来的时候，杨文俊和另一个副总都跟着你出来？"牛根生听了笑了，说他们哪是跟我啊，我有一个分钱的习惯，我的钱是越分越多。我不好意思问牛根生在伊利的时候年薪多少，据说是七十万，他把第一年拿的钱，全分给哥们了，所以这些人死活跟着他。世界钢铁大王卡耐基说："当一个人临终之时还拥有巨额财富，这叫耻辱。"

4.6 子曰："我未见好仁者，恶不仁者。好仁者，无以尚之；恶不仁者，其为仁矣，不使不仁者加乎其身。有能一日用其力于仁矣乎？我未见力不足者。盖有之矣，我未之见也。"

【语译】

孔子说："我不曾见到过爱好仁德的人和厌恶不仁德的人。爱好仁德的人，没有再超过他们的人了；厌恶不仁德的人，他行仁德是不使不仁德的东西加在自己身上。有谁能一整天使用他的力量于仁德呢？我没见过力量不够的。大概这样的人还是有的，我不曾见到过罢了。"

【解读】

奥巴马曾说过，世界金融危机的根本原因，就是贪婪和不负责任，就是道德出了问题。康德说过："我一辈子就敬畏两个东西，第一是夜空中的群星，第二是心中的道德律。"他的意思是，道德伦理就好比天空中的星星，无形之中在支配、约束人的行为规范。制定法规容易，但法越严的地方，犯法的人可能越多，很多人知法犯法，原因是道德出了问题。儒家最大的意义就在道德教化上，儒家的道德里面第一位的就是仁德。

"好仁者，无以尚之。""尚"通"上"，《尚书》就是上古时代的文献记载，上古时代主要是指夏商周，其实《尚书》最早的一篇是《尧典》。"尚"也可以理解成"高尚"，那些喜好仁德的人，是最高尚的。"好仁"和"为仁"有什么区别？"好仁"是不仅按照仁来做，而且内心特别喜欢这样做，在做的过程中得到了极大的乐趣，很快乐，这种人很了不起，没有比他再高的了，孔子就是这种人。"为仁"是按照仁的要求去做事情，有一点刻意为之的感觉在里面，不自然，但是"为仁"

成了一种习惯，就慢慢能"好仁"了。

"恶不仁者，其为仁矣，不使不仁者加乎其身。"讨厌那些不仁的行为的人，他们怎么来实践仁呢？做仁义的事情时，要让那些不仁的东西不要加在我身上，污染了我，这才是"恶不仁者"的做法。

"有能一日用其力于仁矣乎？我未见力不足者。"这两句话连在一起，就是有没有人能一天当中，用尽他的力量来实现仁的呢？我还没见过力量不够的。意思就是很少发现整天都在努力做仁义之事的人。是不是因为力量不足呢？不是力量不足，而是"非不能也，是不为也"，这是《孟子》里的话，不是不能够做到，而是不愿意去做。孔子后来有一句话："吾欲仁，斯仁至矣。"我想要仁，仁就到我身上了。我们为仁要"造次必于是，颠沛必于是"。

4.7　子曰："人之过也，各于其党。观过，斯知仁矣。"

【语译】

孔子说："人的过错因为人各自不同的类别而不同，什么样的人犯什么样的过错。仔细考察某人所犯的错误，就可以知道他有没有仁德了。"

【解读】

"人之过也，各于其党。"孔子说，人的过错各有不同的类别。"党"就是"类"，同党就是同类人，结党营私就是有共同目的的人聚集在一起。

"观过，斯知仁矣。"观察是哪一类过错，就知道这个人有没有仁德了。"仁"也能理解成"人"，"斯知仁矣"，就能考察这个人了。朱熹在《四书集注》里的解释是，人之过也，各于其类，君子常失于厚，小人常失于薄，君子过于爱，小人过于忍。人非圣贤，孰能无过，但是君子和小人由于出发点不同，所以犯的错误也是不一样。

4.8　子曰："朝闻道，夕死可矣。"

【语译】

孔子说："早晨听到真理，当晚死去，都没有遗憾了。"

【解读】

闻、思、修，先要闻道。一般人都是这样，如果早晨在精神上能够觉悟，那么哪怕晚上就死了也是可以的，因为觉悟就是最大的幸福，死了也感到幸福。所以临终关怀非常重要。我们现代人，父母在临终的时候有的人不在身边，还有人就算在他们身边，却不能告慰他们，这是最大的不孝。因为他们就要离开这个世界了，他们要走更长的路了，这时候你要让他们觉悟，要让他们闻道。有的父母死的时候很开心，那就意味着子女尽孝了。"慎终追远,民德归厚"，要特别重视父母亲去世这件事。

4.9 子曰："士志于道,而耻恶衣恶食者,未足与议也。"

【语译】

孔子说："读书人有志于真理，但以穿破衣服、吃粗茶淡饭为耻，这种人，不值得同他讨论道义了。"

【解读】

士在古代是指读书人，加个单人旁就是"仕"，就成了做官的人。如果一个人立志于修道、传道，但他讨厌破衣服、粗茶淡饭，讨厌这样的生活，这种人是不值得和他谈论道的。所谓"君子固穷"，君子本身就是"安贫乐道"的。我们有德之士，也就是君子，应该安贫乐道，比如颜渊是最贫穷的："一箪食，一瓢饮，居陋巷，人不堪其忧，回也不改其乐。"孔子都夸奖颜回："贤哉回也。"颜回吃的是粗茶淡饭，生活很贫寒，但他非常快乐，活了四十岁，乐于道，安于贫。如果一个人说他自己是能人志士，却不喜欢恶衣恶食、破衣烂衫，不喜欢贫困，那这种人不值得和他谈论道。

4.10 子曰："君子之于天下也,无适也,无莫也,义之与比。"

【语译】

孔子说："君子对于天下的事情，没规定要怎样干，也没规定不要怎样干，只要怎样干合理恰当，就怎样干。"

【解读】

君子能通权达变，知道灵活变通，不死板，比如孟子说的："可以仕则仕，可以止则止，可以久则久，可以速则速。"但是有一个标准，就是"唯义是从"，一定要遵从道义的要求。

4.11 子曰:"君子怀德,小人怀土;君子怀刑,小人怀惠。"

【语译】

孔子说:"君子怀念道德,小人怀念故土;君子关心法度,小人关心利益。"

【解读】

"君子怀德,小人怀土。""怀德",意味着心底还存有人性固有的善念;"怀土",意味着沉溺于其所安处的地方。在德和土的关系上,德是第一位的,有德了才有人,有人了才有土,总想着土地、资源,但没有德,不能称为君子。这句话表明君子和小人趣向的不同。

"君子怀刑,小人怀惠。"《四书集注》中说:"怀刑,谓畏法。怀惠,谓贪利。"把"君子怀刑"理解为君子有敬畏之心,懂得敬畏法度,而"小人怀惠"则是指小人心怀贪欲,只关心利益,不顾法纪。君子与小人对举,可以看出小人是为了产业而忽略德行,并且为了利润而不惜破坏规范。而君子以德行与规范为重。德行与产业,规范和利润在一定程度上还是存在冲突的,如何取舍就是君子和小人之间的差别了。是见利忘义还是恪守规范,是合法经营还是投机倒把,不仅在古代,在当今的社会主义市场经济中也是十分敏感的问题。众多资本家、企业家在创业初期进行资本原始积累的时候有违法经营的现象,这会使财富迅速膨胀和积累,但却有违社会公德,更是违背自己的良心。

4.12 子曰:"放于利而行,多怨。"

【语译】

孔子说:"依据个人利益而行动,会招致很多的怨恨。"

【解读】

"放"读 fǎng,是依据的意思,只是依据利益去做事,那大多会招来怨恨。也可以理解为放任自己,按照利益而行事,那肯定会招来怨恨。企业选择项目,当然要从利益考虑,但不能完全地放任自己,唯利是图,这样做必然会招来怨恨。

4.13 子曰:"能以礼让为国乎?何有?不能以礼让为国,如礼何?"

107

【语译】

孔子说:"能够用礼让来治理国家吗?哪里还有什么困难呢?如果不能用礼让来治理国家,对礼仪而言又能如何呢?"

【解读】

"半部《论语》治天下",实际上还有"半部《论语》得天下"的说法,北宋宰相赵普先是辅佐宋太祖赵匡胤,然后辅佐宋太宗赵匡义,赵匡胤和赵匡义是兄弟俩。其实赵普没有多少学问,但他行囊中有一个书箱,行军打仗、治理国家时都不允许任何人动,他去世后,别人打开书箱一看,里面只有一本《论语》。《论语》里讲的东西不外乎仁和礼,是拿来治国的,也就是说,所谓的"治理"最关键的是治人,而《论语》就是用来治人治国的经典。

4.14　子曰:"不患无位,患所以立。不患莫己知,求为可知也。"

【语译】

孔子说:"不担忧没有职位,只发愁没有处世为人的本领;不担忧没有人知道自己,而应该去追求足以使别人知道自己的本领。"

【解读】

"不患无位,患所以立。"人怎么才能立足于这个世上?就是要有本领。所以说不要去担心有没有这个位置,而应当更多地关心自己有没有处世、立世的本领。

"不患莫己知,求为可知也。""不患莫己知"就是"不患莫知己",不担心没有人了解我自己。"求为可知也",而是要去追求具有那些值得别人了解的东西。不要总说别人不了解我,那你有没有别人值得了解的东西呢?所以要丰富自己,多考虑自己的德跟才是不是有值得别人了解的地方。

4.15　子曰:"参乎!吾道一以贯之。"曾子曰:"唯。"子出,门人问曰:"何谓也?"曾子曰:"夫子之道,忠恕而已矣。"

【语译】

孔子说:"曾参呀!我的学说由一个基本思想贯穿终始。"曾子说:"是。"曾子出来后,别的学生便问曾子道:"夫子说了什么?"曾子说:"夫子他老人家的学说,贯穿始终的思想就是忠和恕罢了。"

【解读】

"参乎！吾道一以贯之。""参"就是曾参,就是曾子。孔子说,曾参啊,我的道是一以贯之的,是用"一"来贯穿它的,这"一"就是"仁"。老子的道也是"一以贯之",老子的"一"就是"道",《老子》里说:"天得一以清,地得一以宁,神得一以灵,谷得一以盈,万物得一以生,侯王得一以为天下贞。"

"子出,门人问曰:'何谓也？'曾子曰:'夫子之道,忠恕而已矣'。"忠和恕都是仁的表现,忠一般是下面对上面的表现,而恕就是宽恕、包容、原谅。好像恕说的是上面对下面的表现,实际上不是,它是广义的,既可以是上对下,也可以是下对上,也可以是平辈之间。忠是从正面来说,恕是从反面来说,就是别人有了过错,宽容他,别人有和你不同的东西,要接受他。

4.16　子曰:"君子喻于义,小人喻于利。"

【语译】

孔子说:"君子知晓的是义,小人知晓的是利。"

【解读】

这句话好像看起来是把"义"和"利"对立了,其实不然,孔子认为"义"和"利"可以并存,但是要有轻重之分,要以"义"为基点去获得"利"。否则,唯利是图、只看重利的,肯定是小人。后面我们还会讲到一句话是:"君子义而后取,人不厌其取。"遵循道义的取得,大家是不会厌恶的。所以我们读《论语》切记不可片面理解,而要整篇连贯起来,语句与语句之间相互照应,才能有整体的了解。

我们经商的都知道,中国的财神有四个,两个文财神、两个武财神。文财神是比干、范蠡,比干是被侄儿殷纣王挖心,之后他没有死,并且做任何事情都没有私心,都很公道,所以他是财神,教我们行商要公正。范蠡夫妻和谐,和为贵啊,所以成为财神,教我们和为贵,和气生财。两个武财神是赵公明、关羽,赵公明威严、威武,告诫我们要精进人生、不能懈怠,要自强不息。关羽使青龙偃月刀,但关羽的财神像没有刀,都是手抚《春秋》,意思就是要弃武从文,关羽他讲"义",所以是财神,教我们君子爱财,取之有道,守义的人必能发财。

《周易》里面说,"元亨利贞",孔夫子的解释是"利者,义之和也",这样一解释,它的意义一下就升华了。利和义不是对立的,追求利益是对的,孔子是说,不要只顾着追求利益,不要唯利是图。企业怎么才能取得大的利润?很简单,按照义来做,做到正义、道义、公平、公正,有义举、讲义气,这些都集合起来,就有利了。

4.17 子曰:"见贤思齐焉,见不贤而内自省也。"

【语译】

孔子说:"看见贤德的人就想着向他看齐;看见不贤的人应该反省,使自己不犯同样的错误。"

【解读】

"贤"的本意是才能,这里不光是指才能,还有德。见到有才德的人,你就要想到怎么向他看齐。看到那些没有贤德的人,那内心就要自我反省,我是不是也像他那样。很简单的一句话,但是要真正用到自己的生活当中,作为修身之用,就会收益无穷。这就是儒家学问的力量。

4.18 子曰:"事父母几谏,见志不从,又敬不违,劳而不怨。"

【语译】

孔子说:"侍奉父母,看到父母亲有不对的时候,要很委婉地劝阻他,看到自己的心意没有被听从,要恭敬地不触犯他们,为父母操劳,但不怨恨。"

【解读】

"事父母几谏。"侍奉父母亲要"几谏","几"就是微弱,要微弱地劝谏他们,即看到父母亲有不对的时候,要很委婉地劝阻他们。

"见志不从,又敬不违,劳而不怨。"看到自己的志向父母亲不顺从、不同意,还是应该保持恭敬之心,而不能违背。"劳而不怨",为父母操劳但不要有怨恨。

4.19 子曰:"父母在,不远游,游必有方。"

【语译】

孔子说:"父母在世的时候,不要去远方游玩,如果要出远门,也一定要有方向、有去处。"

【解读】

"父母在,不远游。"当然,这是孔子那个时代的远游,和现在不同。

"游必有方。"如果要远游了,也要有方向、去处。比如现在很多人出国,去的是哪个国家不是最重要的,最重要的是去干什么,要找准自己人生的方向和目标,去是为了读书,为了实现自己的志向,这就可以。

侍奉父母是子女义不容辞的责任。因此,孔子教育人们,父母在世时,子女轻易不要出门远行,以便守在父母身边,尽孝子之道。如果非要远行,首先要安顿好父母,也一定要告诉父母确切的行踪。因为"儿行千里母担忧"。子女只有对父母孝敬有加,才能报答父母的养育之恩。不要让年事已高的父母无人照顾,还要牵挂远在他乡的子女。

4.20　子曰:"三年无改于父之道,可谓孝矣。"

【语译】

孔子说:"多年不更改父亲正确的那部分,这也就称得上孝顺了。"

【解读】

这一章前面讲过了,即"父在,观其志;父没,观其行;三年无改于父之道,可谓孝矣。"

4.21　子曰:"父母之年,不可不知也。一则以喜,一则以惧。"

【语译】

孔子说:"父母的年纪不能不时刻记在心里:一方面是为他们的长寿而高兴、欢喜,另一方面也为他们年龄越来越大而有所担心。"

【解读】

"父母之年,不可不知也。一则以喜,一则以惧。"父母亲的年龄,不能不知道。这实际是判断你孝不孝的一个方面,每个父母都会记得自己孩子的年龄、生日,但是孩子们记得父母年龄、生日的却不多。我们做父母的知道,你们的第二代还能说出你们的名字,第三代可能就说不清楚了,第四代基本上都说不清楚了,对不对?过去还不错,有家谱,叫认祖归宗。我们为什么要读书?首先要荣归故里，要给祖上添荫，然后才是为国家和天下，这是儒家推广次第："齐家、治国、平天下。"

4.22　子曰："古者言之不出,耻躬之不逮也。"

【语译】

孔子说："古时候的人不轻易出口说大话，以自己的行动赶不上为耻。"

【解读】

"古者言之不出,耻躬之不逮也。"古代的人，言语是不轻易说出口的。为什么言语不轻易说出口呢？因为古代贤德之人以"躬之不逮"为羞耻，"躬"就是亲身、亲自去做的行为，"不逮"就是不及，如果自己的行为赶不上自己的语言，这种事是很羞耻的。对于说出来的语言，行动一定要跟上，否则就要以言行不一为羞耻了。所以"古之学者为己"，古人做学问就是为了修养自身，以夸夸其谈为耻。

4.23　子曰："以约失之者鲜矣。"

【语译】

孔子说："因为节约、节制、约束而犯过失，这种事情很少见。"

【解读】

"以约失之者鲜矣。""约"就是节制，因为自我约束而导致失败的人，很少。很多人觉得太约束自己就不会有发展，这种观点是不正确的，每个人最大的敌人其实是自己，能战胜自己、自律极强的人，他将来肯定有出息。

4.24　子曰："君子欲讷于言而敏于行。"

【语译】

孔子说："君子在言语上木讷迟钝，在行动上要敏捷。"

铭金人图

【解读】

"君子欲讷于言而敏于行。"这句话的意思和《学而篇》的"敏于事而慎于言"意思一样,即君子的言语要木讷、迟钝,但是行动要敏捷。毛泽东给自己的女儿取名李敏、李讷,就是来源于这句话。

4.25　子曰:"德不孤,必有邻。"

【语译】

孔子说:"有道德的人不会孤单,一定会有邻居、伙伴。"

【解读】

"德不孤,必有邻。"这句话讲的是《周易》里的坤卦。道德是不会孤单的,一个有德的人是不会孤独的,一定会有邻居,会有和你亲近的人。同声相应,同气相求,有德之人必定感召善良之人。

4.26　子游曰:"事君数,斯辱矣;朋友数,斯疏矣。"

【语译】

子游说:"对待君主太密切了,就会招来羞辱;对待朋友太亲密了,就会招致疏远。"

【解读】

"事君数,斯辱矣;朋友数,斯疏矣。""数"念 shuò,就是多、密的意思。"斯"是"这"的意思。对待君主太密切了,就会招来羞辱;对待朋友太亲密了,就会招致疏远。这句话说得太好了,对上司要保持一定的距离,要掌握"度",要是太亲密了,他是不会尊重你的,反而会招来侮辱;对待朋友太亲密了,反而会让朋友厌烦而疏远你。所谓君子之交淡如水,说的就是这个道理。

公冶长第五

5.1 子谓公冶长："可妻也。虽在缧绁之中,非其罪也。"以其子妻之。

【语译】

孔子评论公冶长,说:"可以把女儿嫁给他。虽然在囚禁之中,但不是他的罪过。"孔子把女儿嫁给了他。

【解读】

这一段里孔子评价了他的女婿公冶长,认为公冶长是个好同志,为什么这么说呢？我们今天没法找到更多的事实依据去判断,只知道孔子对他很满意。

"子谓公冶长"这种句式在前面用到过,子谓某某,就是孔子谈论、评论谁,谈到谁时这样评价的意思。孔子谈到公冶长这个人的时候这样评价他。公冶是姓,长是名,公冶长是齐国人,也是孔子的学生之一。"可妻也。虽在缧绁之中,非其罪也。""缧绁"就是捆绑犯人用的绳索,这里借指牢狱。"可妻也。""妻"是动词,就是把女儿给他做妻子的意思。孔子认为公冶长虽然身陷囹圄,但是不是他的罪过,这个人信得过,可以把女儿嫁给他做妻子。"以其子妻之。""子"在古代汉语中是对子女的统称,不管是儿子还是女儿都可以称"子",这里指的是女儿,孔子把女儿嫁给了公冶长。

这一段话向我们展示了孔子选择女婿的原则。他能跳出我们普通人对人对事的评价标准。对于一个有犯罪前科的人,我们采取的方法一般是排斥,选来当女婿更是不可能了。但是孔子却能真正懂得一个人,能看清事情的本质,超越世俗的评价标准。

5.2 子谓南容："邦有道,不废;邦无道,免于刑戮。"以其兄之子妻之。

【语译】

孔子评论南容,说:"国家政治清明,他不会被埋没;国家政治混乱,他也能够免于刑罚和被杀戮。"孔子把自己兄弟的女儿嫁给了他。

【解读】

这一段里孔子评价了南容。南容是孔子的一个学生,姓南宫,名括,字子容,是孟僖子的后代。南宫括是孔子兄弟的女婿,对这个人的评价显然要比前面对公冶长的评价更丰满一些,至少有一些处境可以让人去构想。

"邦有道,不废;邦无道,免于刑戮。""邦"就是国,"有道"是指国家的政治清明,治国遵照了仁义之道。当国家遵照仁义之道时,南宫括能够被当局发现和任用,不会浪费了他的才华;如果国家没有遵照仁义之道,南宫括也能够独善其身,不会被惩罚、杀戮、侮辱。

"以其兄之子妻之。"南宫括是这样一个贤德之人,孔子很看好他,就把他哥哥的女儿嫁给了南宫括。

《四书集注》里提到:"以其谨于言行,故能见用于治朝,免祸于乱世也。"意思是说南容在言行上小心谨慎,所以不管处在乱世还是治世,都能保全自己,可见在为人处世方面,南容有着很高的才能。

《论语·先进第十一》也提到南容这个人,"南容三复白圭,孔子以其兄之子妻之",南容吟诵了多遍《白圭》这篇诗,孔子就把自己的侄女嫁给了他。《白圭》诗篇的原意是来歌颂白玉无瑕。南容吟诵《白圭》是表达自己的志向,希望自己的品格如玉一般无瑕。前后两句话一起来理解,我们可以知道,南容是一个才能和品德都很好的人,所以孔子才会把自己的亲侄女嫁给他。

5.3 子谓子贱:"君子哉若人!鲁无君子者,斯焉取斯?"

【语译】

孔子评论宓子贱,说:"这个人是君子啊!如果鲁国没有君子,他是从哪里学来这些君子的品德呢?"

【解读】

子贱是孔子的一个学生,姓宓,名不齐,字子贱。根据《孔子家语》的记载,子贱曾经当过单父这个地方的地方官,有才华有智慧,仁爱老百姓,不忍心蒙骗老

放鲫知德图

百姓,所以孔夫子很欣赏他。

"君子哉若人!鲁无君子者,斯焉取斯?"这段是孔子评论子贱的话,"君子哉若人","若人"就是这个人,宓子贱这个人真是位君子啊!"鲁无君子者",意思是说,假使鲁国没有君子的话。"斯焉取斯?""斯"的意思是"此",第一个"斯"指此人,即宓子贱,第二个"斯"指此君子,整句连起来就是,宓子贱从哪里学得这样的君子之风呢?这段话潜在的含义至少有两种,第一种是刘宝楠等人的解释,认为背后的意思是鲁国多君子,这是孔子在赞美鲁国的君子很多;另一种解释认为,这句话的意思是,虽然鲁国现在的君子不多了,但是还是有一个两个的,孔子自己就是以君子标准自律的,宓子贱是孔子的学生,他能被孔子称赞有君子之风,其原因就在于孔子教得好。

5.4 子贡问曰:"赐也何如?"子曰:"女,器也。"曰:"何器也?"曰:"瑚琏也。"

【语译】

子贡问孔子说:"老师,您觉得我怎么样呢?"孔子说:"你呢,就好比是一个器物。"子贡说:"什么器物?"孔子说:"瑚琏。"

【解读】

"赐也何如?"子贡就是端木赐,卫国人,是孔子的学生,孔子也很喜欢这个子贡,被孔子推为言语科的代表,是孔门十哲之一。有的人解释这段师徒对话时认为这是端木赐听完孔子评论了好几个弟子,还没说到自己,于是忍不住问老师:"您看我怎么样啊?"这样解释也可以,或许这个意思是《论语》编辑者的意思。但是这段对话原本发生的时间却未必是在孔子评论公冶长、南宫括之后,具体什么时候、什么情形触发了这场师徒对话,我们现在还没有办法考证。

"女,器也。""女"通"汝",就是你的意思。孔子说:"你啊,是一个器用之人。"这个评价是好还是坏呢？我猜测孔子是心里认可子贡，但是又忍不住还想敲打敲打自己这个聪明伶俐的弟子。子贡这个人本身是很有才华的，口才很好，特别擅长外交。有一次齐国的田常来攻打鲁国，齐国的军事势力比鲁国强大，鲁国于是就很危险了，这个时候子贡奉命出使，游说诸侯，最后的结果是：存鲁、乱齐、破吴、强晋而霸越，一举而动五国之政，非常有本事。而且子贡是儒商的祖师爷，他善于理财，家里很有钱，出使的时候"结驷连乘，车仆之盛，拟于王侯"，用现在的话来翻译就是开着很多名贵车，仆从跟班很多，那种气派可以比得上王侯了。子贡有本事，也有钱，而且他特别尊敬老师，他说："譬诸宫墙，赐之墙也及肩，窥见家室之好。夫子之墙数仞，不得其门而入，不见宗庙之美，百官之富，得其门者或寡矣。"他说自己和老师比较起来，可以拿宫墙来打比方，子贡我的墙就到肩这么高，人可以看见墙里面的家室很美好，而我的老师的墙有好几仞那么高，如果没找到进去的门，从外面是看不见的，得其门而入就能发现那里面才真是美妙宏大啊，只是找着夫子的门的人少而已。孔子去世后，子贡守孝六年。孔子说子贡"器也"，也有他的道理，他这个弟子太有用，成大器了。

子贡对这个点评还觉得不是很清楚，器也有大有小，有好有坏，于是子贡接着问"何器也"？那我是个什么器物呢？孔子说你呀是个瑚琏之器，瑚琏是一种礼器，瑚是玉字边的，瑚的材质应该是玉，而且是宗庙里祭祀时用的，总之是一种贵重的器。

5.5 或曰："雍也仁而不佞。"子曰："焉用佞？御人以口给，屡憎于人。不知其仁，焉用佞？"

【语译】

有人说："冉雍在仁德上是没有问题了，但是没有口才。"孔子说："要口才有什么用？逞口舌之能只会屡屡招来别人的厌恶。不知道仁德，光有口才有什么用呢？"

【解读】

"雍"就是冉雍，也就是后面还会提到的仲弓，冉雍也是孔子很满意的学生之一。孔门十哲里把冉雍放在德行科的第四名，第一名颜回，第二名闵子骞，第三名冉伯牛，第四名就是这个冉雍了。孔子评价冉雍说："雍也，可使南面。""南面"

一般被理解为做君王，坐北朝南，垂拱而治，孔子是说冉雍很宽宏，很大气，有君王的气质。还有一次孔子这么评价冉雍："犁牛之子骍且角，虽欲勿用，山川其舍诸。"耕牛的儿子长成了，有赤红的皮毛、周正的犄角，即使想不用它来祭祀，山川之神会舍得吗？事实也确实如此，冉雍曾经当过季氏的宰，后来发现季氏也不怎么听他的政见，干了几个月就辞职不干了。"雍也仁而不佞"，"佞"在这里就是好口才的意思，有人说冉雍有仁德而没有好口才。

冉雍像

"焉用佞？御人以口给，屡憎于人。不知其仁，焉用佞？"孔子说哪里用得着好口才呢？好口才的人言辞敏捷，会屡屡招人憎恶。既然好口才的人屡屡招人憎恶，那不知道有仁德的人还要好口才干什么用呢？

5.6　子使漆雕开仕。对曰："吾斯之未能信。"子说。

【语译】

孔子让漆雕开去做官。他回答说："我对这个还没有自信。"孔子听了很高兴。

【解读】

"子使漆雕开仕。"漆雕开也是孔子的一个学生，"漆雕"是姓，"开"是名。"仕"就是出仕做官，

"吾斯之未能信。"这句是"吾未能信斯"的倒装形式，"之"是用来倒装的词。古代汉语中碰到否定词，常常用这样的倒装句式，这里就是碰到否定词"未"，所以用了倒装。翻译过来意思就是，我不能自信于这个，即对出仕做官没有自信。然后"子说"，孔子高兴了。为什么学生不想出去做官孔子反而会高兴呢？按理说应当是学生出去做官，越有出息老师越高兴啊。这里涉及孔子一贯的主张，在孔子那个年代，"士"阶层的地位已经下降得很厉害了，所以导致一些人学礼就是为了帮着大家族管理组织祭祀仪式，混口饭吃。孔子自己非常精通礼，但是他耻于这么干，也同样要求自己的学生，要他们做"君子儒"，不要做"小人儒"，不要为了利益而放弃道。

5.7 子曰:"道不行,乘桴浮于海。从我者,其由与?"子路闻之喜。子曰:"由也好勇过我,无所取材。"

【语译】

孔子说:"如果道行不通,我想坐小木筏出海去。跟随我的恐怕只有子路了吧!"子路听到非常高兴。孔子说:"仲由比我更好勇,没有什么可取。"

【解读】

"道不行,乘桴浮于海。从我者,其由与?""桴"就是小木筏子,把竹子或木头绑在一起成一排,可以漂在水上当作船用,大的叫"筏",小的就叫"桴"。"浮于海"就是在海上漂,意思是出海去,出海在古人眼中多半和归隐、离世联系在一起,这里是孔子慨叹自己的道得不到实行时的一种假设。"由"指仲由,就是子路,又叫季路。因为子路这个学生直爽而且讲义气,很勇敢,做了孔子的学生后不离左右,孔子周游列国期间,他就相当于孔子的贴身保镖。孔子自己说:"自吾得由,恶言不闻于耳。"自从子路跟随了孔子,孔子就再也听不到恶语相向了,看来这个学生是孔子的坚定支持者,所以孔子假想:如果有一天,我的道实在是走不下去了,我要出海去了,要归隐了,恐怕那个时候追随我的也就只有子路这个痴儿了吧!

"子路闻之喜。"子路听了孔子这个说法,非常高兴。子路很直爽,一听老师这么看重自己,当然很高兴了。

"由也好勇过我,无所取材。"孔子一听,我这做老师的不得志,不得已假想了一下归隐,你这做学生的却还很高兴,真是感觉又好笑又无奈。所以孔子说,子路啊很勇敢,这一点比我要强,但我那"乘桴浮于海"的想法只是一个假设,子路却以为我真要这么干,他虽然勇气可嘉,同时也"无所取材",没搞清楚状况,没有通达道理。

5.8 孟武伯问子路仁乎?子曰:"不知也。"又问。子曰:"由也,千乘之国,可使治其赋也,不知其仁也。""求也何如?"子曰:"求也,千室之邑,百乘之家,可使为之宰也,不知其仁也。""赤也何如?"子曰:"赤也,束带立于朝,可使与宾客言也,不知其仁也。"

【语译】

　　孟武伯问孔子,子路有没有仁德？孔子说:"不知道。"又问。孔子说:"仲由,如果有一千辆兵车的国家,可以让他负责兵役和军政工作。不知道他有没有仁德。""冉求怎么样？"孔子说:"冉求,可以管理有一千户人口、一百辆兵车的封地,可以让他当总管。不知道他有没有仁德。""公西赤怎么样呢？"孔子说:"公西赤有仪容,穿着礼服站在朝廷上,可以让他接待外宾。不知道他有没有仁德。"

【解读】

　　"孟武伯问子路仁乎？子曰:'不知也。'又问。子曰:'由也,千乘之国,可使治其赋也,不知其仁也。'"孟武伯问子路有没有仁德,孔子说,不知道呢。接着又问了一次,孔子才回答。这里"不知也",是孔子真的不知道吗？似乎不是,孔子说不知道,他潜在的意思就是子路还没有达到仁的境界。但是,千乘之国可以让子路来管理兵赋,这说明子路还是很有才能的。

　　"求也何如？子曰:'求也,千室之邑,百乘之家,可使为之宰也,不知其仁也。'"冉有有没有仁德呢？孔子说冉有可以做一个卿大夫的家臣,管理有一千户人家、一百辆兵车的一块封地。冉有真的还是孔子的弟子中做官做得比较好的一位,做过季氏的宰,孔子晚年的时候之所以能回归鲁国,就是仰仗冉有向季氏进言说:我这些本事都是从我老师那里学来的,季康子才把孔子接回鲁国去了。

　　"赤也何如？子曰:'赤也,束带立于朝,可使与宾客言也,不知其仁也。'"公西赤怎么样呢？他有没有仁德呢？孔子说公西赤的仪容很好,懂得礼仪,所以可以让他穿着礼服站在那里接待来往的各国宾客。

　　从这一章里我们可以看出,孔子对于"仁"的境界要求特别高,一个才能很高的人,不一定就能达到仁的境界。孔子三千弟子当中,只有颜回"其心三月不违仁,其余则日月至焉而已矣",可惜颜回不幸英年早逝,在晚年的时候孔子又传道于曾子,"一以贯之"这一段我们在前面讲过。孟子说过,"得天下英才而教之"是人生一大乐事。当老师的能够遇到贤德且可栽培的学生,也不是一件容易的事情,所以非常值得高兴。

　　5.9　子谓子贡曰:"女与回也孰愈？"对曰:"赐也何敢望回？回也闻一以知十,赐也闻一以知二。"子曰:"弗如也;吾与女弗如也。"

【语译】

孔子对子贡说:"你和颜回谁强一些呢?"子贡回答说:"我怎么敢和颜回相比啊。颜回听到一件事可以推知十件事,我听到一件事只能推知两件事。"孔子说:"不如啊。我和你都不如他啊。"

【解读】

"女与回也孰愈?。"孔子对子贡说:"你和颜回谁强呢?"孔子这个问话很有意思,让子贡自己去和颜回做一个比较,子贡毕竟是言语科的得意门生,这种问题也难不倒他,他是怎么回答的呢?

"赐也何敢望回?回也闻一以知十,赐也闻一以知二。"子贡说:我哪里比得上颜回啊。颜回从一件事上可以推知十件事,我只能从一件事上推知两件事。颜回是孔子最喜欢的弟子,德行科排名第一,肯定是没有一个弟子比得过颜回的,子贡当然自愧弗如了,这里也表明子贡的谦逊有礼。

"弗如也;吾与女弗如也。"子贡说自己只能比得上颜回的五分之一,孔子说,不如颜回啊,你和我都不如颜回啊!后世对这句话的分析认为,孔子之所以这么说,主要是为了宽慰子贡,让子贡不要那么惭愧。

我们大家都知道,在众多弟子当中,孔子最得意的弟子就是颜回。其实颜回并没有留下任何的著作和学术思想,为什么会这么出名?来自《论语》里孔子对他的高度赞扬,和他不幸早逝之后,孔子发出的"才难"的慨叹。

5.10 宰予昼寝。子曰:"朽木不可雕也;粪土之墙不可圬也;于予与何诛?"子曰:"始吾于人也,听其言而信其行;今吾于人也,听其言而观其行。于予与改是。"

【语译】

宰予白天睡觉。孔子说:"腐烂的木头无法雕刻;肮脏的土墙无法粉刷;我能对宰予怎么样呢?"又说:"开始的时候我看人,听到他说的话就相信他的行为;现在我看人,听到他的话还要观察他的行为。宰予的事让我改变了。"

【解读】

宰予也是孔子的一个优秀弟子,孔门十哲之一,和子贡并列为言语科的代表。宰予这个学生比孔子小很多,个性很鲜明,按照《论语》的记载来看,他似乎是唯一一个敢质疑老师的学生。这个宰予白天睡觉，孔子觉得非常恶劣，说了两句话来评价宰予："朽木不可雕也，粪土之墙不可圬也。"这两句话非常有名，至今有的老师还用来评价学生，如果这个学生实在让老师很失望的话。孔子这是实在拿宰予没有办法了，这也看出一个老师的可爱来，不管怎么样，宰予还是被孔子推为言语科的代表，虽然他在孔子那里留下印象最深的是两件不太光鲜的事：白天睡觉，跟老师顶嘴。

"始吾于人也，听其言而信其行；今吾于人也，听其言而观其行。于予与改是。"这段话孔子自己说了他关于如何考察一个人的立场变化，看得出来，宰予确实让孔子费心了，孔子现在考察一个人不仅仅是听他的言辞，而且还要看他的行动，这个原则至今适用。

5.11　子曰："吾未见刚者。"或对曰："申枨。"子曰："枨也欲，焉得刚？"

【语译】

孔子说："我没见到刚强的人。"有人说："申枨啊，他是刚强的人。"孔子说："申枨欲望很多，怎么能说是刚强？"

【解读】

"吾未见刚者。"孔子说他没见到过刚强的人，什么叫刚强的人呢？为什么孔子说自己没见到过呢？刘宝楠先生在《论语正义》中这么理解"刚"："质直而理者"，大概是禀性直爽、正直，而且通达情理。因为孔子觉得他身处的那个时代的人们都"柔佞"，都委曲求全，阿谀谄媚，所以孔子说自己没见到刚强的人。子路的性格和刚比较接近了，奈何有勇无谋。性情刚烈、脾气火暴也不能算作是刚。

有的人就举出一个申枨，说这个人是刚强的人。"枨也欲，焉得刚？"孔子说申枨这个人欲望多，哪里能算是刚强呢？因为欲望一多，为了私情私欲，就容易妥协，容易变得谄媚，所以也不能算刚强。真正的刚强叫"无欲则刚"，只有没有欲望才能刚强。程子曰："人有欲则无刚，刚则不屈于欲。"后来周恩来总理一句名言"无欲则刚"，出处原典就是《论语》。所以要了解中国的文化，最直接、最有效的方法就是读原典。

5.12　子贡曰："我不欲人之加诸我也，吾亦欲无加诸人。"子曰："赐也，非尔所及也。"

【语译】

子贡说:"我不喜欢别人强加给我的事情,我也不想把它强加给别人。"孔子说:"赐啊,这不是你能做到的。"

【解读】

"我不欲人之加诸我也,吾亦欲无加诸人。"这句话是不是很熟悉呢?有一句类似的话也是《论语》里的,叫"己所不欲,勿施于人"。这里用"无",为什么不用"勿"呢?朱熹就发现了这细微的差别,他认为"无"是自然而然,"勿"是禁止,还有刻意的成分在里面,所以仔细分辨来说,"无加诸人"是仁,"勿施于人"是恕。

"赐也,非尔所及也。"所以孔子说,"无加诸人"的境界不是你子贡所能达到的,子贡能做到恕,但是还达不到仁。

5.13 子贡曰:"夫子之文章,可得而闻也;夫子之言性与天道,不可得而闻也。"

【语译】

子贡说:"老师的学问文章,我们可以听到看到;老师关于性和天道的言论,我们听不到。"

【解读】

"夫子之文章,可得而闻也。""文章",杨伯峻先生的解释认为,文章就是指孔子关于古代文献的学问,比如《论语》中提到的诗、书、礼等文献的学问。而《论语注疏》的观点则是把文和章分开来解释,文是指文采等外在可以看见的东西,章是彰明,就是显著的意思。总之,子贡这里说的东西也一定是孔子可以被观察到的学问、文采、威仪等等内容,这些内容是"可得而闻也",是可以明确知道的。

"夫子之言性与天道,不可得而闻也。"而孔子关于"性"和"天道"的言论则是没法知道的。性,古人的理解是天性,人之所以有生命,就是因为从上天那里得到了这个性。天道,宋明理学认为:天道是天地自然万物的本源。这两个东西都是非常微妙,非常玄秘,孔子基本上没有谈过,他只说过"性相近也,习相远也",天道更是没有谈过,自然子贡他们也"不可得而闻也"。

5.14 子路有闻,未之能行,唯恐有闻。

【语译】

子路有所闻,还没有做好的时候,担心又有所闻。

【解读】

"子路有闻,未之能行,唯恐有闻。"第一个"有"和今天意思差不多,第二个"有"通"又",指又有所闻。"未之能行"是我们前面多次碰到过的倒装句式,按照今天的正常语序就是:未能行之。可以看出,子路是一个懂得道理就一定会落实到行为的人,非常踏实严谨。前面我们已经多次讲到了子路,在孔门当中,子路个性鲜明,虽然孔子评价他为有勇无谋,但还是很喜欢他,原因在于他品行很好,敢于担当。我们都知道子路死于战乱之中,重伤之时,整理衣冠,死得端端正正。这就是子路,把儒者大义刚强的一面展现得淋漓尽致。

5.15 子贡问曰:"孔文子何以谓之'文'也?"子曰:"敏而好学,不耻下问,是以谓之'文'也。"

【语译】

子贡请教孔子:"为什么孔文子谥号为'文'?"孔子说:"聪敏而好学,不以下问为羞耻,所以称作'文'。"

【解读】

孔文子,名圉(yǔ),是卫国的大夫,他聪明好学,又非常谦虚,因而死后,被授予"文"的谥号,后人就尊称他为孔文子。古人对谥号非常看重,它是人一生品德的总结,能够授予"文"谥号的人都是品德、为人很好的。这里孔子也解释道,授予"文"的谥号,原因在于这个人聪敏好学,不以向不如自己的人请教问题为耻辱。《论语》第一篇第一个字就是"学",可见孔子十分重视"学"。孔子弟子三千人,他只赞叹过颜回好学,可见真正做到好学也是非常不容易的。孔文子好学谦虚,这是孔子最为赞赏的品质。

5.16 子谓子产,"有君子之道四焉:其行己也恭,其事上也敬,其养民也惠,其使民也义。"

【语译】

孔子评论子产,说:"他有四种君子之道:自己行事很恭谨,侍奉君上很恭敬,教养人民有恩惠,役使人民合道义。"

【解读】

"子谓子产。"子产也是我们谈中国古代思想史常常要提到的一个人物,是郑国的大夫公孙侨,主管过郑国的行政,是当时有名的贤哲。

"有君子之道四焉:其行己也恭,其事上也敬,其养民也惠,其使民也义。"这段话是分而叙述子产的四种君子行为,分别从待己、事君、养民、使民四个方面来说。一个人想要真正做到恭敬其实是很难的,我常说现代人缺乏恭敬之心,所以就无所忌惮。"恭",谦逊的意思。"行己也恭",指对自己的管理要严肃、不马虎,严于律己,达到这个境界是不太容易的。我们总是很喜欢给自己的错误找借口,有问题总觉得是别人对不起自己,如果能首先反省自己,从自己身上找原因,那问题就解决了大半。"敬",谨恪的意思。子产做首相,对待自己的上级是非常敬重的,对待事情态度也非常严谨。子产这种对己、对人、对事的态度,由内而外自然而然地流露出的君子之风,让人敬佩。

5.17 子曰:"晏平仲善与人交,久而敬之。"

【语译】

孔子说:"晏平仲和人交朋友,相处越久,越令人敬佩。"

【解读】

这里孔子提到另一位春秋时的名人——晏平仲,也就是晏婴,是齐国的大夫,以其远大的政治远见、卓越的外交才能和朴素的作风而闻名,历史上有他的专门著作《晏子春秋》。在普通人的交往中,人与人交往久了,往往很容易失去恭敬之心,变得随便起来,所以一个人如果与人交往越久,了解越深入,就越发令人佩服、尊敬,那么这个人多半是一个贤达之人。"久而敬之"是朋友相处的最好状态,交情越深,越能发现他的魅力,也越来越恭敬,如此才能成为真正的朋友。

5.18 子曰:"臧文仲居蔡,山节藻棁,何如其知也?"

【语译】

孔子说:"臧文仲守护大龟,把藏龟的房子的斗拱装饰成像山一样,短柱画着藻草,他怎么能算是智慧的呢?"

【解读】

"臧文仲居蔡。"臧文仲是鲁国的大夫,一般人都认为臧文仲很有智慧,这里孔子通过一件事情,表达了自己不同的看法。首先需要普及一个文化常识,"蔡"在这里指一只龟的名字,根据古人的注释,认为这个龟有一尺二寸这么长,是一只大龟,一般龟的长度超过一尺就是宝贝,只有国君才能收藏这样的龟,所以家里养这么大一只龟也是一种僭越,是违背礼仪的行为。

"山节藻棁,何如其知也?""山节藻棁(zhuō)"是形容屋子很气派、很宏大美观,臧文仲为什么要给大龟盖这么漂亮堂皇的房子呢?因为古人认为龟有灵,用龟甲占卜能知道未来,这是建立在龟长寿而有灵这个基本信仰基础上的。孔子批评这种做法,说这是"作虚器",做没有用的事情,所以他怎么能算是智慧的呢?

5.19 子张问曰:"令尹子文三仕为令尹,无喜色;三已之,无愠色。旧令尹之政,必以告新令尹。何如?"子曰:"忠矣。"曰:"仁矣乎?"曰:"未知,焉得仁?""崔子弑齐君,陈文子有马十乘,弃而违之。至于他邦,则曰,'犹吾大夫崔子也。'违之。之一邦,则又曰:'犹吾大夫崔子也。'违之。何如?"子曰:"清矣。"曰:"仁矣乎?"曰:"未知,焉得仁?"

【语译】

子张问:"令尹子文三次被任命为令尹,没有一点喜色;三次被罢免,没有一点怨恨。旧令尹的政务必定要告诉新令尹。这个人怎么样?"孔子说:"忠诚吧!"又问:"有仁德吗?"孔子说:"不知道。怎么能说是仁呢?"子张又说:"崔杼叛变杀掉齐国国君,陈文子有四十匹马,舍弃不要,离开了齐国。到了另一个国家,说:'这里同我国大夫崔杼差不多。'又离开那里。到了另一个国家,又说:'这里同我国大夫崔杼差不多。'又离开了。这个人怎么样?"孔子说:"清高吧!"子张问:"有仁德吗?"孔子说:"不知道。怎么能说是仁呢?"

【解读】

令尹子文是楚国的宰相,朱熹对这个人的评价是"其为人也,喜怒不形,物我无间,知有其国而不知有其身,其忠盛矣。"很内敛,喜怒不会挂在脸上,只知道忠于国家而忘掉自身,忠做得非常好。子文在楚国执政的时候多次起落,都如常对待,"不以物喜,不以己悲",被贬斥的时候也一定把政务很好地移交。

孔子认为子文"忠矣",是忠,"焉得仁",但是还没有达到仁的境界。

"崔子弑齐君,陈文子有马十乘,弃而违之。至于他邦,则曰:'犹吾大夫崔子也。'违之。之一邦,则又曰:'犹吾大夫崔子也。'违之。何如?"崔子是指齐国的大夫崔杼,这一段的意思是说"乱邦不入,危邦不居"。能做到这样的人可以用一个"清"字来描述。在孔子看来,"天下有道则见,无道则隐。邦有道,贫且贱焉,耻也;邦无道,富且贵焉,耻也"。如果一个国家很混乱,道德仁义沦丧,在这样的国家得到富贵将是一件可耻的事情。

《论语》里面有很多对话都是问当时的一些从政的人物或者孔子的弟子有没有达到仁的境界,孔子的回答都是不知道。"仁"是儒家思想的核心,对于什么是仁,怎样才能达到仁的境界,《论语》里面没有给出详细的描述,只是体现在某些方面,比如"克己复礼为仁""孝悌也者,其为仁之本与",等等。儒家的仁是修养的最高境界,无法用语言去描述,就如"道可道,非常道",只能用生命去体验,生活当中处处有仁。

5.20　季文子三思而后行。子闻之,曰:"再,斯可矣。"

【语译】

季文子每件事思考三次才行动。孔子听到了,说:"思考两次,就可以了。"

【解读】

"三思而后行"就是从这里来的,一般来说古代汉语里出现"三"多不是实指,是多次的意思。从我们自己的体验来说也是这样,不太可能随时统计自己对一个问题具体思考了几次。反正"三思"就是多次思量,反复思量,很慎重的样子。

"再,斯可矣。""再"就是第二次。我们的孔子特别有智慧,他知道"过犹不及",行动之前考虑清楚是一个优点,但是如果考虑过多,则会成为行动的障碍,所以他说:"思考两次,就可以了。"

5.21 子曰:"宁武子,邦有道,则知;邦无道,则愚。其知可及也,其愚不可及也。"

【语译】

孔子说:"宁武子在国家政治清明时,便聪明;在国家政治混乱时,便糊涂。他的聪明别人赶得上,他的糊涂别人就赶不上了。"

【解读】

"邦有道,则知;邦无道,则愚。"这句话的意思和"天下有道则见,无道则隐"的意思很相似,国家政治清明的情况下,就表现得很聪明,国家政治不清明的情况下,就表现出愚蠢的样子。具体怎么做呢?孔子举了一个例子,卫国的大夫宁武子,他经历了文公、成公两朝,文公是一个明君,宁武子"无事可见",没有什么事情值得称道,所以说他的聪明是别人也可以达到的;而成公是一个不怎么样的国君,搞得国家都要完蛋了,宁武子这个时候周旋其间,尽心竭力,他所做的那些事情都是聪明乖巧的人不肯做的,最后宁武子保全了自身也帮助成公保全了国家,所以,孔子说这是他的"愚不可及",没有人比他更蠢的了。其实不是说宁武子真的很愚蠢,而是说他大智若愚。

5.22 子在陈,曰:"归与!归与!吾党之小子狂简,斐然成章,不知所以裁之。"

【语译】

孔子在陈国时说:"回去吧!回去吧!我们那里的年轻人志大而才疏,虽然文采不错,但不知道如何裁决。"

【解读】

朱熹说这几句话是孔子"周游四方,道不行而思归之叹也"。《庄子·山木》里孔子自己说,"吾再逐于鲁,伐树于宋,削迹于卫,穷于商周,围于陈蔡之间",总结了他周游四方的日子是怎么过来的。似乎过得不怎么样,两次被鲁国驱逐,在宋国的时候他在大树下讲学,结果别人把树给砍掉了,到卫国呢,连脚印也被铲平,困于商周旧礼,被围困在陈国和蔡国之间,师徒一群人七天开不了火,吃不上饭。遇到这么多挫折,孔子思念故土,想回去也正常,所以才有这样的慨叹:"归与！归与！"

"吾党之小子狂简,斐然成章,不知所以裁之。""吾党小子"是指还在鲁国的那些弟子门生了。"狂简"是志气大而实际做事太粗略。"斐然"是指文采美好、漂亮、出色的样子。"成章"是指文理流畅有可取之处。"不知所以裁也"是孔子担心那些"狂简"的弟子"过中失正",失去了正道,所以要去裁正他们,去传布正道。

这一段发生在孔子晚年,经历过颠沛流离、各国漂流的生活,最后认为想要安定国家,还是必须要从礼乐文化教育开始,于是他决定回到自己的国家讲学传道。

5.23　子曰:"伯夷、叔齐不念旧恶,怨是用希。"

【语译】

孔子说:"伯夷和叔齐,不记旧恶,怨恨也就很少。"

【解读】

"伯夷、叔齐不念旧恶,怨是用希。"孔子说伯夷、叔齐这两个贤达之人不记仇、不怨恨。孔子对伯夷、叔齐两个人非常佩服,他们都是不愿做帝王的人。伯夷、叔齐这哥俩在历史上也非常有名气,宁可饿死在首阳山也不吃周朝的粮食。因为他们曾经劝谏过周武王,说武王伐纣是"以臣弑君,可谓仁乎"。结果没人听他们的,周还是取代了商。这哥俩觉得吃周朝的粮食是耻辱,"义不食周粟,隐居首阳山"。在这一段当中孔子又提到他们两个"怨是用希",就是不记仇,能够宽恕别人,宽恕别人是对自己的仁慈,这种修养,说起来很简单,如果真的经历过是是非非,想要真正做到宽恕,也不容易。

采薇图

5.24　子曰:"孰谓微生高直？或乞醯焉,乞诸其邻而与之。"

【语译】

孔子说:"谁说微生高直爽？有人向他讨点醋,他却到邻居那里讨一点来给人。"

【解读】

"孰谓微生高直？"微生高是鲁国的一个人,很多人都认为他"直",什么是"直"呢？"直"就是"是曰是,非曰非,有谓有,无谓无,曰直",是非黑白分明,干什么都真真实实,不掺假,这才叫直。

"或乞醯焉,乞诸其邻而与之。"那么这微子高是怎么做的呢？有人来向他乞讨醋,他自己没有,就向左邻右舍乞讨来,然后再施舍给向他乞讨的这个人。这叫"曲意徇物,掠美市恩",不能算是直。

5.25　子曰:"巧言、令色、足恭,左丘明耻之,丘亦耻之。匿怨而友其人,左丘明耻之,丘亦耻之。"

【语译】

孔子说:"花言巧语,伪善容貌,过度谦恭,左丘明认为可耻,我也认为可耻。内心藏着怨恨而表面上与他交朋友,左丘明认为可耻,我也认为可耻。"

【解读】

"巧言、令色、足恭,左丘明耻之,丘亦耻之。"巧言令色前面已经讲过了,"足恭"是什么意思呢？"足恭,便佞貌。"便,善辩。佞,巧言谄媚。便佞就是过于恭维别人,阿谀奉承别人。左丘明是鲁国的太史,他写了一部史书叫《左传》,叫左丘明的人为《春秋》作的传就叫《左传》,左丘明的眼睛失明了。左丘明以阿谀奉承别人为耻,孔子也以此为耻。

"匿怨而友其人,左丘明耻之,丘亦耻之。""匿"就是隐藏的意思,把怨恨隐藏起来而跟这个人交好,左丘明耻于这么干,我孔丘也耻于这么做。

5.26　颜渊季路侍。子曰:"盍各言尔志？"子路曰:"愿车马衣轻裘与朋友共,敝之而无憾。"颜渊曰:"愿无伐善,无施劳。"子路曰:"愿闻子之志。"子曰:"老者安之,朋友信之,少者怀之。"

【语译】

颜渊、子路站在孔子身边,孔子说:"你们怎么不说说自己的志向呢?"子路说:"希望我有车马皮衣,同朋友共同享用,就是毁坏了也不遗憾。"颜渊说:"希望不夸耀自己的善行,不推辞劳苦的事情。"子路说:"希望听听老师您的志向。"孔子说:"让老年人安顿快乐,让朋友间互相信任,让年轻人得到关怀。"

【解读】

"颜渊季路侍。""侍"就是卑下的在尊贵的旁边,比如中医的学生跟着老师抄处方学习,叫"侍诊",因为学生是卑下的一方,老师是尊贵的一方。"盍各言尔志?""盍"就是"何不"的意思,孔子跟身边的两个弟子颜回、子路说:"何不谈谈你们各自的理想?"

子路很讲道义,为人重朋友之义,重义轻财,所以他说:"愿车马衣轻裘与朋友共,敝之而无憾。"他的志向是把美好的东西和朋友分享。"憾"这个词古今有点差别,古代汉语是"恨"的意思,现代汉语常常作"遗憾"理解。

颜回是德行科的第一名,注重个人品德修养,所以他说:"愿无伐善,无施劳。"不夸耀自己的善行,不夸大自己的功劳,或者不把劳苦的差事推给别人。"伐"就是夸功,"劳"这里可以理解为功劳,也可以理解为劳苦,"施"可以理解为夸大,也可以理解为给予、施加给。

最后孔子自己也说了他的志向:"老者安之,朋友信之,少者怀之。"就是使老的人"安"、朋友"信"、年少的"怀","怀"就是"归",和"安"的意思相近,这就是民生幸福,老少亲疏都享有幸福。孔子的志向,就是建立一个大同和乐、各安其位的和谐世界。

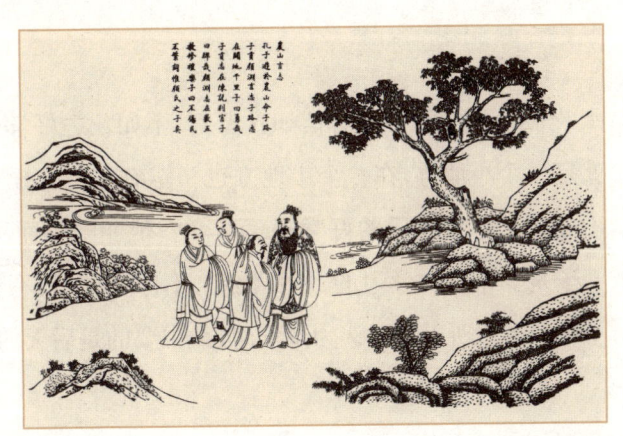

农山言志图

5.27 子曰:"已矣乎,吾未见能见其过而内自讼者也。"

【语译】

孔子说:"算了吧,我还没有见过看到自己犯了错误而内心自我检讨的人。"

【解读】

"已矣乎,吾未见能见其过而内自讼者也。""讼"是争讼,《周易》六十四卦里乾、坤、屯、蒙、需、讼、师……第六卦是讼卦,它的前面是需卦。需卦讲万物经过屯卦,发芽生长了,又经过了蒙卦,刚开始的时候是蒙昧的,所以蒙卦讲了童蒙的教育问题,接着进入需卦,需卦讲万物需要喂养它,它有需求。然后就到了讼卦,因为有需求,当东西还有限的时候,万物就会竞争,你也要,我也要,大家就会争,先是打嘴仗,用嘴讲道理来争,所以讼是言字旁的。孔子这句话里的"讼"也是争讼,不过不是和别人争讼,而是在内心里自己跟自己争讼,人最大的敌人就是你自己,所以能把自己摆平的人很了不起,争讼之后人才能心安理得啊,犯了过失就要内心悔恨、悔改,这就是"内自讼"。

5.28 子曰:"十室之邑,必有忠信如丘者焉,不如丘之好学也。"

【语译】

孔子说:"就是在十户人家的地方,也一定有像我这样忠实诚信的人,只是不如我喜欢学习罢了。"

【解读】

"十室之邑,必有忠信如丘者焉,不如丘之好学也。""十室之邑"是小邑,也就是一个小地方,在一个小地方也一定有和我孔丘一样忠实诚信的人,但是他们不如我好学。孔子的好学是怎么学?他叫"学而不厌","厌"是满足的意思。孔子是非常喜欢学习的,从不满足,不停地学习,不断地学习,在这一点上太多人不如他了。所以孔子认为做学问,最主要的是后天的努力,天道酬勤。

雍也第六

6.1　子曰："雍也可使南面。"

【语译】

孔子说："冉雍可以做一方长官。"

【解读】

"子曰：雍也可使南面。""雍"就是指冉雍，就是仲弓，前面已经讲过他的事迹，这里不再解释。

6.2　仲弓问子桑伯子。子曰："可也简。"仲弓曰："居敬而行简，以临其民，不亦可乎？居简而行简，无乃大简乎？"子曰："雍之言然。"

【语译】

仲弓问到子桑伯子。孔子说："他很简单。"仲弓说："若存心敬重，行事简化，用来治理百姓，不也是可以吗？若存心简化，行事简化，不是太简化了吗？"孔子说："冉雍的话是对的。"

【解读】

这里出现了三个人物，仲弓就是冉雍，子桑伯子是谁呢？杨伯峻先生认为这个人是谁已经没法考证出来了。朱熹在《四书集注》里说，"《家语》记伯子不衣冠而处"，意思是这子桑伯子简朴到不穿衣服、不戴帽子的地步，但是孔子还是觉得他不错，说这叫"质美而无文"，品质、本质是美的，而不加纹饰，不加修饰。

"居敬而行简，以临其民，不亦可乎？居简而行简，无乃大简乎？"这段话是冉雍对子桑伯子的评价，主要是从"临民"的角度来讨论像子桑伯子这样以"简"的方式管理老百姓可不可以。冉雍认为，只有简朴是不可以的。作为一个管理者要心存敬重，如果处事待人都有敬重之心，事情自然会简化。如果内心没有敬业的心，对什么都满不在乎，那简化只不过是一句标榜的口号，不会落实到实际行动当中。

6.3 哀公问："弟子孰为好学？"孔子对曰："有颜回者好学，不迁怒，不贰过。不幸短命死矣，今也则亡，未闻好学者也。"

【语译】

鲁哀公问："你的弟子中谁最好学？"孔子回答："有个叫颜回的好学，不把怒气转移给别人，不第二次犯同样的错误，不幸短命死了！现在没有这样的人，没听说过有好学的人。"

【解读】

这里有两句很有名的话："不迁怒，不贰过。""不迁怒"就是不把怒气转移到别人身上，比如有的人在外面碰到不顺心的事，或者受挫，回到家里就对家里人撒气，有时候是不自觉的。比如这个时候刚好你的小孩子犯了一个什么错误，如果不是碰到你心情不好，估计也就一笑而过了，可是碰到你心情不好，那他就倒霉了，被揪住错误训斥一顿。然后小孩子也很不爽，这时候小猫咪过来想和他亲热一下，喵喵喵冲他叫，小孩子现在哪有心情招猫逗狗啊，于是说："滚开滚开！"伸脚就把猫咪拨开了。这就是一个典型的迁怒的例子，所以要做到"不迁怒"真的很不容易。然后颜回还有另外一个好的品质，叫"不贰过"，不重复犯同样的错误，这个也很不容易。"不迁怒，不贰过"这六个字说起来容易，可在生活当中很难做到。做学问不是文字上的简单解释，而是在自己的身上下功夫。能够随时随地守中道，保持内心坦然安宁明朗的状态，这样才会不迁怒、不贰过。

6.4 子华使于齐，冉子为其母请粟。子曰："与之釜。"请益。曰："与之庾。"冉子与之粟五秉。子曰："赤之适齐也，乘肥马，衣轻裘。吾闻之也：君子周急不继富。"

【语译】

公西赤出使到齐国,冉有替他的母亲申请要小米。孔子说:"给他六斗四升。"冉有请求再加点。孔子说:"再给二斗四升。"冉有却给了他八百斗。孔子说:"公西赤到齐国去,坐着壮马拉的车,穿着轻暖的皮袍。我听说过,君子救济急需的穷困人,而不使富人更加富有。"

【解读】

"子华使于齐,冉子为其母请粟。""子华"就是公西赤,前面说过了公西赤的仪容和语言很好,可以让他"束带立于朝",做一些迎来送往的外交、礼仪方面的工作。现在公西赤作为使者出使齐国,"冉子"是指冉有,孔子有名的弟子当中有三个姓冉的,我们都提到过了,冉有、冉伯牛、冉雍,其中冉有是"冉子"。公西赤出国在外,家里的母亲需要奉养,冉有就帮他申请一些小米。

"子曰:'与之釜。'请益。曰:'与之庾。'冉子与之粟五秉。"这段话是冉有为公西赤的母亲多争取小米的讨论,最后肯定是给的量不少了。关于古代的"釜""庾""秉"具体分别是多少,大家可以自己看语译部分,不多作解释,因为我们主要是学习这其中的思想。

"赤之适齐也,乘肥马,衣轻裘。吾闻之也:君子周急不继富。"这里孔子提到了他的一种伦理观点,叫"周急不继富"。"急"是"穷迫也";"周"是"补不足";"继"是"续有余"。合起来的意思就是,君子帮助那些穷迫的人,给不足的人一些补助,而不是给富有的人"续有余",他本来就有余、富余了,就不用再帮助他,让他更有富余了。

6.5 原思为之宰,与之粟九百,辞。子曰:"毋!以与尔邻里乡党乎!"

【语译】

原思任孔子家的总管,孔子给他小米九百,他推辞了。孔子说:"不用推辞,给你家乡的人吧!"

【解读】

"原思为之宰,与之粟九百,辞。""原思"是孔子弟子原宪,字子思,小孔子三十六岁。这里说的这个事情,应该是发生在孔子在鲁国做司寇的时候,这时孔子让子思做自己的家宰,给子思的工资很高,子思推辞。

雍也第六

135

"毋！以与尔邻里乡党乎！"孔子跟子思说，你就别推辞了，以此帮助你的乡里乡亲吧。朱熹认为这是孔子在教育子思："常禄不当辞，有余，自可推之以周贫乏，盖邻里乡党，有相周之义。"正常的俸禄薪水，你就不用推辞，有富余，你自己可以周济贫乏的人，邻里乡党之间应该互相帮助的。

四章、五章我们合起来理解，就可以看到孔子教育的智慧和对待贫富的态度。冉子用自己的职权为同门争取更多的安家费，这在法律的层面肯定是说不通的，但是孔子随时把自己处在人文教化的角色上，没有从正面直接说冉子如何如何不对，而是告诉他周急不济富的道理，让他自己去体悟。

6.6 子谓仲弓，曰："犁牛之子骍且角；虽欲勿用，山川其舍诸？"

【语译】

孔子评论仲弓，说："耕牛的儿子长着纯赤色的毛、整齐的角，虽然不想用它祭祀，山川之神难道会舍弃它吗？"

【解读】

"犁牛"就是耕牛，古代祭祀的牛和耕地的牛是不在一起饲养的，耕牛不能用来祭祀。这里孔子是说冉雍虽然出身不好，但是他德行高，也有君王之才，所以不会得不到重用。所以在孔子看来，人格的修养上，并没有所谓高贵与低贱之分。而且人通过自己的努力，也可以突破自己出身的局限。唯有德行见高下，才是人生真正的意义。

6.7 子曰："回也，其心三月不违仁，其余则日月至焉而已矣。"

【语译】

孔子说："颜回的心可以长久地不违背仁德，其他学生只是偶尔会想到仁德罢了。"

【解读】

"回也，其心三月不违仁。"孔子说颜回的心可以长久地不违背仁德，为什么这很难得呢？刘宝楠先生在《论语正义》中这么解释："三月为一时，天气一变，人心行善，亦多随时移变。"一年四季（也就是"四时"），三个月为一个季度，天地万物的阴阳都会随着时令的变化而变化，人心也会回应这种天地自然的变化节律,所以能长久地维持在仁心仁德的状态特别不容易。

"其余则日月至焉而已矣。""至"就是到达,这里是说其余的学生也可以到达仁德的状态,到达仁德和安住在仁德的差别,就是颜回和其他学生之间的差别。我们普通人,能够做到三月保持心情舒畅都已经很不容易了,更何况是安于仁的境界。这样一对比,我们就更能理解为什么孔子这么赞叹颜回了。

6.8 季康子问:"仲由可使从政也与?" 子曰:"由也果,于从政乎何有?" 曰:"赐也可使从政也与?" 曰:"赐也达,于从政乎何有?" 曰:"求也可使从政也与?" 曰:"求也艺,于从政乎何有?"

【语译】

季康子问:"仲由可以让他做官吗?"孔子说:"仲由果敢决断,让他做官有什么困难呢?"又问:"端木赐可以让他做官吗?"孔子说:"端木赐通达,让他做官有什么困难呢?"又问:"冉求可以让他做官吗?"孔子说:"冉求多才多艺,让他做官有什么困难呢?"

【解读】

"季康子"就是季氏,是鲁国的卿大夫,也是鲁国的实权人物。"仲由可使从政也与?"季康子这是在问孔子,你的学生中有没有可以出来做官管理国家的人,他问了三个人。第一个是子路,孔子回答说:"由也果,于从政乎何有?"子路很果敢,管理国家对他来说有什么困难的呢?子路后来确实做过一段时间季氏的宰,据《左传》记载应该是在鲁定公十二年,子路做了季氏的家宰。

第二个被问到的是子贡,孔子说:"赐也达,于从政乎何有?"子贡很聪明、通达,也足以从政。子贡的事迹在前面已经讲过了,不再重复,事实证明子贡从政确实干得不错。

第三个被问到的是冉有:"求也艺,于从政乎何有?"冉有多才多艺,从政也没有问题,冉有后来做过季康子的宰,而且率领军队击退了齐国的进攻,季康子问他说:"你这领兵打仗的本事从哪里学来的啊?"冉有说:"从我老师那里学来的。"当时孔子还在周游四方呢,由于冉有的积极推动,季康子才把孔子迎回了鲁国,这个我们在前面已经提到过了。

6.9 季氏使闵子骞为费宰。闵子骞曰："善为我辞焉！如有复我者，则吾必在汶上矣。"

【语译】

季氏请闵子骞做费地的长官。闵子骞说："你好好替我辞掉吧！若再来找我，我一定在汶水以北了。"

【解读】

这段故事也是孔门弟子中的一段佳话，季氏想要闵子骞做费的宰，费是一个地方，宰就是这个地方的行政长官。闵子骞我们前面简单提到过，也是孔门十哲之一，排德行科的第二名，是有名的孝子。闵子骞是不愿意做官，推辞了季氏的任命，而且说得很坚决，再找我的话，我就到"汶上矣"，"汶上"暗指齐国之地，意思是你季氏再拿做费地的行政长官这事情来烦我的话，我就申请政治避难，到齐国去。前面《八佾第三》我们讲过，季氏当时在政治上有越礼行为，孔门很多弟子都不愿意去那里做事，只有冉有一个人在季氏那里当差，很多有关季氏这个家族的事情，孔子都找冉有来解决，这个我们到后面慢慢都会讲到。

闵子骞像

6.10 伯牛有疾，子问之，自牖执其手，曰："亡之，命矣夫！斯人也而有斯疾也！斯人也而有斯疾也！"

【语译】

伯牛生病了，孔子去探望他，从窗户握着他的手，说："快要死了，是命吗？这样的人为什么会得这样的病！这样的人为什么会得这样的病！"

【解读】

这里又是我们前面简单提到过的孔门十哲之一，德行科第三名——冉伯牛，姓冉，名耕，关于这个弟子的事迹比较少。我们知道现在的人们去探病，都会见到病人，当面说上几句话来宽慰病人，但为什么孔子这里要"自牖执其手"呢？有人解释说，这是因为冉伯牛得的是很凶险的传染病，出于防止传染的需要，孔子不能和他见面,孔子还摸他的手,说明孔子特别喜欢这个学生。《淮南子》说冉伯牛得的是"癞",有的人翻译成麻风病,如果真是麻风病的话,这病还是很凶险的。朱熹的解释是这样的,按照礼仪,"病者居北牖下",患者应该在北边的窗户下,而如果"君视之,则迁于南牖下,使君得以南面视己",如果君王之类地位高贵的人来探视病情,就要把患者移到南边的窗户下,让君王在北边,患者在南边,这才符合礼仪。冉伯牛家以这样的礼来表示对孔子的尊敬,孔子不敢当,所以就不入其室,没有进屋,而是"自牖执其手"。

冉伯牛像

这段话记载的事情看起来很平淡,就是一个弟子生病了,孔子过去看望他而已。但是这么平淡的事情,门人却把它仔细地记载下来。我们读《论语》就是要从平淡中读出味道来。孔子感叹:"亡之,命矣夫!斯人也而有斯疾也!斯人也而有斯疾也!"冉伯牛是孔子德行科的高足,这样的人也会有不幸,孔子感叹这是命运,《论语》里还有一句话是"生死由命,富贵在天",人来一世啊,很多事情,都不是自己能左右的,我们唯一能做的是时时调整自己的内心,处处行善乐施,让自己随时处在恬淡安宁的状态,这就是修行。若是让呼天抢地、怨天尤人来应对所遇到的不幸,不仅于事无补,对身心来说也不是一种好的状态。

6.11 子曰:"贤哉,回也!一箪食,一瓢饮,在陋巷,人不堪其忧,回也不改其乐。贤哉,回也!"

【语译】

孔子说:"颜回多么贤德呀!一竹筐饭,一瓢清水,住在陋巷里,一般人都忍受不了那种忧愁,颜回却不改变他的快乐。颜回多么贤德呀!"

【解读】

"贤哉,回也!一箪食,一瓢饮,在陋巷,人不堪其忧,回也不改其乐。贤哉,回也!"这段话和上面冉伯牛这一章在义理上是有联系的,《论语》的前后编排顺序是很有深意的,不能割裂地理解。后世寒门学子用这句话作为座右铭,来

雍也第六

勉励自己,所以这句话家喻户晓,大致给我们的一幅图景是:贤明的颜回,居住在简陋的巷子里,家里只有一竹筐饭和一瓢清水。但是颜回仍能自得其乐,居陋室而不忧。这幅画面有一种清淡的美,很和谐。

陋巷图

但是这种美,朱熹朱夫子没有做过多的解释,不但朱夫子不解释,朱夫子还说他崇拜的程子也没有多解释,不光程子没有解释,程子说他的老师周敦颐当年教他们的时候也没有解释。我们顺下来一看,周子、程子、朱子都不解释,为什么?因为这种"乐",非得你自己体味,别人怎么讲都讲不清楚的,非得你自己按照儒家的仁德去做了,才会清楚颜回为什么还在那里"乐"。这段开始我们说在义理上和冉伯牛有疾一段是有联系的,人不管处于何种状态,最主要的是内心的安宁,孔子感叹"命矣夫",其实是告诉我们乐天知命才能坦然接受而心无挂碍。颜子为何乐,很多人都不懂,只是站在旁观者的角度评价颜回真厉害,殊不知我们每个人都可以这样,拿儒家的仁德来修行,念兹在兹,就能体会到颜子之乐了。

6.12　冉求曰:"非不说子之道,力不足也。"子曰:"力不足者,中道而废。今女画。"

【语译】

冉求说:"不是不喜欢您的学说,是我力量不够。"孔子说:"力量不够的,走到半道才会停止。现在你却设定上限不再想前进。"

【解读】

"非不说子之道,力不足也。"什么叫"力不足",朱熹的解释是"欲进而不能",本意是想精进进取的,可是不能做到,这叫"力不足"。

"力不足者,中道而废。今女画。"什么叫"画",朱熹的解释是"能进而不欲",本来还可以往前进的,却不想前进了,这叫"画",画地自限,自己给自己设了一个界限。

6.13　子谓子夏曰:"女为君子儒! 无为小人儒!"

【语译】

孔子对子夏说:"你要做君子式的儒者,不要做小人式的儒者!"

【解读】

这里提到了孔门十哲里文学科的代表——子夏,也就是前面已经出现过的卜商,是孔子身后传承儒家思想最得力的弟子之一,子夏的学生更是开创了法家传统。

那么什么是"君子儒",什么是"小人儒"呢?这一点钱穆先生做过一个解释,我觉得是比较合理的。所谓"君子儒"就是主张"道",有独立的精神气质,所谓"小人儒"就是把这个事情当作一种谋生的职业。论语里还有一句话是"古之学者为己,今之学者为人",这也是君子儒和小人儒的区别,为什么呢?二程曾解释这句话说:"君子儒为己,小人儒为人。"真正的儒者最重视的是自己的内在修养,做为己之学,不用别人的眼光去衡量自己,内心有个定处,不会左右摇摆不定。小人内心是没有定处的,《大学》里告诉我们说,有定而后能静,小人不定就更没有静了,为了迎合别人的眼光处事,立刻就变了味道。

6.14　子游为武城宰。子曰:"女得人焉耳乎?"曰:"有澹台灭明者,行不由径,非公事,未尝至于偃之室也。"

【语译】

子游担任武城的长官。孔子说:"你得到人才没有?"他说:"有个叫澹台灭明的,走路不抄小道,不是公事,从不到我屋里来。"

【解读】

子游在孔门弟子中文学科排名第一,孔门十哲之一,孔子曾称赞他:"吾门有偃,吾道其南。"说有了子游,孔子的学说才得以在南方传播。

"有澹台灭明者,行不由径,非公事,未尝至于偃之室也。""径"是"路之小而捷者",就是便捷的小路,这个澹台灭明不走便捷的小路,那就是从来都走正道、大道,这反映出他为人方正;不是公事,不去上级的屋里,说明这个人公正严谨,既方又公,所以子游认为他得到了一个有仁德的下属。

6.15 子曰:"孟之反不伐,奔而殿,将入门,策其马,曰:'非敢后也,马不进也。'"

【语译】

孔子说:"孟之反不自我夸耀。打仗败退时,他走在最后;快进城门时,鞭打着马匹,说:'不是我敢于殿后,而是马不肯快走呀。'"

【解读】

"孟之反不伐,奔而殿,将入门,策其马。""伐",就是夸耀功劳。"奔",就是打了败仗,败走了。"殿","军后曰殿",军队行进中最后面就叫殿。"策",就是鞭打,鞭策。

"非敢后也,马不进也。"孟之反说不是因为他敢于殿后抵挡追兵,而是他的马不肯前进,不肯走得快一些。这是一种不争功的表现。

孟之反是鲁哀公当政时期的大夫,当时鲁国有难,他作为统帅之一参加战斗。历史上能够做到在功劳面前不伐不矜的人不多,孟之反却能以自己的谦让之心把功劳让给别人,此等修养值得大加赞叹。

6.16 子曰:"不有祝鮀之佞,而有宋朝之美,难乎免于今之世矣。"

【语译】

孔子说:"没有像祝鮀的口才,有像宋朝的美貌,在当今的社会里恐怕也难免祸害。"

【解读】

"不有祝鮀之佞。""不有"表示一种假设的语气,翻译过来是,假如没有。"佞",前面已经讲过了,就是指好口才。"祝",是说这个人的职业,"祝"就是在宗庙里管祭祀的事情,干这个事情的人叫祝人,祝鮀是太祝,祭祀的主官。"鮀"是这个人的名字,是卫国的大夫,字子鱼,他很有口才。

"而有宋朝之美。""宋朝",指宋国的公子,名字叫朝,是一个相貌英俊的美男子。他是卫国的大夫,既受到卫灵公的宠幸,又与卫灵公的嫡母襄夫人宣姜和卫灵公的夫人南子有染。

"难乎免于今之世矣。"在当今这个世道是很难免于灾难的,因为孔子那个时代是礼崩乐坏,真正的君子都得不到任用,各国的国君们都喜欢美色,喜欢听臣子们说好听的话。

6.17　子曰:"谁能出不由户？何莫由斯道也？"

【语译】

孔子说:"谁能出门不经过门户呢？为什么不从这条道上走呢？"

【解读】

"谁能出不由户？""户"字原来这么写, ,就是一个门的一半,就是小门。人从屋子里出去,必定要经过门。

"何莫由斯道也？"为什么不走这条路呢？孔子这里所说的路应该是仁德之路。

6.18　子曰:"质胜文则野,文胜质则史。文质彬彬,然后君子。"

【语译】

孔子说:"质朴超过文采就会显得朴野,文采超过质朴就会显得虚浮,文采和质朴配合适当,才是君子。"

【解读】

"质胜文则野,文胜质则史。""质"的本义是绑架一个人,然后找人要赎金,被绑架的这个人就是"质"。后来这个本义慢慢消失了,不过在春秋时代"质"还保留了"人质"的意思,比如那个时候各国国君交换儿子,叫"交质"。在孔子这里"质"的意思是质朴。"野"是野人的意思,用来说明一个人没有受过文化教育而所处的状态。"文",《说文解字》里说"错画也",就是交叉错互的笔画,刻画在岩壁、甲骨上的这些"文"是用来表示一定含义的,于是引申出文字的含义,后来又引申出修饰、纹饰的意思。这里的"文"指文饰、修饰,也就是文采。

"文质彬彬,然后君子。""彬彬"是形容配合适当的样子,文质彬彬这个词现在也还经常被用到,意思就是内在的质朴和外在的文饰配合适当,这样才算是君子。朱熹说:"学者当损有余补不足,至于成德,则不期然而然矣。"意思是说,做学问的人,应当在质和文之间取其平衡,如果两者关系能处理好,成德之事就是自然而然的了。人类后天文化的教养要与人性本有的质朴气质相结合,均衡发展,才是真正的君子之道。后面《先进第十一》篇第一句话也讲到了这一点,到后面我们再讲。

6.19　子曰:"人之生也直,罔之生也幸而免。"

【语译】

孔子说:"人的生存是由于正直,不正直而能生存,是侥幸免于祸害。"

【解读】

"直"是指正直,"罔"是指不正直,也就是诬罔的人。这里孔子告诉我们,人生处世的根本就是要正直。上面也提到说,"谁能出不由户?何莫由斯道也?"这两句话都是给我们指出了一条明明白白的道路。

6.20　子曰:"知之者不如好之者,好之者不如乐之者。"

【语译】

孔子说:"知道它的人不如喜欢它的人,喜欢它的人不如以之为乐的人。"

【解读】

"知之者不如好之者,好之者不如乐之者。"孔子这句话太有道理了,"之"是代词,指代那个东西,这里没有具体说什么东西,我想孔子可能说的是"仁德"。知道仁德的人不如喜好仁德的人,喜欢仁德的人又比不上以仁德为乐的人。不仅对待仁德是这样,对待很多事情都是如此。比如学问,如果做学问是为了修身养性,念兹在兹,一日不可无它,那做起来每天的心情都是愉悦的,生命是饱满的。做事业也是一个道理,知道它不如喜欢它,喜欢它不如以此为乐,这就是为什么现在说"兴趣是最好的老师"。

6.21　子曰:"中人以上,可以语上也;中人以下,不可以语上也。"

【语译】

孔子说:"资质中等以上的人,可以告诉他高深的学问;资质中等以下的人,不能够告诉他高深的学问。"

【解读】

朱熹对这段话解释说："言教人者,当随其高下而告语之,则其言易入而无躐等之弊。"意思是说,对不同程度的人说话要用不同层次的语言。人的领悟能力不是完全一样的,这个我们必须承认,可以把它分为上、中、下三等。"中人以上,可以语上也",这句话是说,上等领悟能力的人,我们可以跟他说高深的学问。"中人以下,不可以语上也",资质在中人以下的人,不能要求过高,只要他凭借自己原有的基础一点点进步就可以了。这里也告诉我们:做教育者不能急躁,对待资质相对较差的学生,更需要耐心。

6.22　樊迟问知。子曰:"务民之义,敬鬼神而远之,可谓知矣。"问仁。曰:"仁者先难而后获,可谓仁矣。"

【语译】

樊迟问什么是明智。孔子说:"用道义来管理百姓,恭敬地对待鬼神且远离鬼神,可以说是明智。"问什么是仁德。孔子说:"仁就是先有艰辛的付出然后才有收获,可以说是仁德。"

【解读】

"樊迟问知。"古代汉语中"知"和"智"通用,意思是明智、智慧。

"务民之义,敬鬼神而远之,可谓知矣。"这就是孔子对"知"的解释,其中"敬鬼神而远之"很有名。为什么对鬼神敬而远之就是"知"呢？因为"人多信鬼神,惑也。而不信者,又不能敬。能敬能远,可谓知矣"。信鬼神的人,容易流于迷信而被迷惑,而不信鬼神的呢,又容易失去敬畏之心。所以,正确的做法是敬而远之,对鬼神,对冥冥中的天道有所敬畏,但是也不会指望老天爷真帮你什么,还是要自强不息。其实敬畏之心敬的是自己,敬的是自己内心的仁德。

"仁者先难而后获,可谓仁矣。"这句话也经常被后世引用,因为修习儒家的学问,确实不那么容易,于是老师们就常常用这句话来勉励大家继续修习。为什么学"仁"起先会困难呢？"先难,克己也。"因为仁就是要克己复礼,克己就是要约束自己,管住自己,比如慎初、慎独等等,都是自己跟自己较劲,不是那么容易的事情。后来,你的内心真正理解了仁德,身体力行之后对仁德有了切身的感受,内外和谐了,不用自己跟自己较劲了,于是你就获得了仁德。

6.23 子曰:"知者乐水,仁者乐山。知者动,仁者静。知者乐,仁者寿。"

【语译】

孔子说:"智慧的人喜欢水,仁德的人喜欢山。智慧的人活动,仁德的人安静。智慧的人快乐,仁德的人长寿。"

【解读】

"知者乐水,仁者乐山。知者动,仁者静。知者乐,仁者寿。"这几句话也非常有名,讲的是智者和仁者各自的特征。"知者达于事理而周游无滞,有似于水,故乐水,仁者安于义理而厚重不迁,有似于山,故乐山。动静以体言,乐寿以效言也。动而不括故乐,静而有常故寿。"有智慧的明哲之人通达事理,对万事万物的理解都很通透而没有障碍,这就像水一样,所以说"知者乐水"。仁德之人安住在仁德道义的境界而显得非常厚重,坚守仁德而不会改变,这就好像山,所以"仁者乐山"。从动态上来看,智者常常表现为动态,常常很灵活,变动不居;而仁者常常表现为静态,常常安详淡定,静谧不动。因为智者变动灵活,随性洒脱,所以他很快乐,而仁者安静,遵循节律而有所节制,所以他长寿。其实智者和仁者是可以一体的,这里是为了说明而分开来讲而已。

6.24 子曰:"齐一变,至于鲁;鲁一变,至于道。"

【语译】

孔子说:"齐国一改革,可以达到鲁国的样子;鲁国一改革,可以达到道的境界。"

【解读】

这段话的字面意思不难理解,字词也不难。这里简单做一点背景说明,孔子所处的时代,齐国的民风特点是"急功利,喜夸诈,乃霸政之余习",而鲁国则"重礼教,崇信义,犹有先王之遗风焉"。但鲁国也没有很多真正有君子之风的人,国家政治清明的景象也在逐渐衰退乃至消失了,对于先王之道"不能无废坠尔",还是有做得不是很到位的地方。这里看似简单的一句话,其实包含了孔子对时局的一种感慨。

6.25 子曰:"觚不觚,觚哉!觚哉!"

【语译】

孔子说:"觚不像个觚了,这是觚吗?这是觚吗?"

【解读】

"觚不觚,觚哉!觚哉!""觚"是什么呢?有的人说是喝酒用的器皿,有的说是木简,不管它是什么,在朱熹看来,它们"皆器之有棱者也",都是有棱有角的器物,结果现在这个东西没有按照规矩制造,失去了本来该有的棱角,那还能算是觚吗?孔子这里是举一个事物来说明全体,现在君不像个君,臣不像个臣,国家不像个国家,那还是国君、臣子、国家吗?

6.26 宰我问曰:"仁者,虽告之曰,'井有仁焉',其从之也?"子曰:"何为其然也?君子可逝也,不可陷也;可欺也,不可罔也。"

【语译】

宰我问:"有仁德的人,假使告诉他,'井里有仁德',他会不会跟着下去呢?"孔子说:"为什么要这样做呢?君子可以让他过去,却不可以陷害他;可以欺骗他,却不可以愚弄他。"

【解读】

"仁者,虽告之曰,'井有仁焉',其从之也?"宰我就是我们前面讲过的那位白天睡觉的学生,后世学者解释说:"宰我信道不笃,而忧为仁之陷害。"宰我不是太坚定地相信仁道,担忧被仁德给忽悠陷害了,所以才会用这样的比喻来发问。宰我是一个很有趣的学生,我想宰我独立思考想到的问题,其他人估计也能想到,即使在今天,我们仍然会碰到这样的问题:井里面有仁德,你会跟着下去吗?估计还是有很多人会担忧。

"何为其然也?君子可逝也,不可陷也;可欺也,不可罔也。"这段话朱熹这么解释:"逝,谓使之往救。陷,谓陷之于井。欺,谓诳之以理之所有。罔,谓昧之以理之所无。"首先得自己在井上才能救人,如果自己也掉进井里去了,怎么还能救人呢?所以最重要的是自己要有仁德。但是如果为了表明自己有仁德而跟着别人掉进井里去,这是傻子干的事情。

6.27 子曰:"君子博学于文,约之以礼,亦可以弗畔矣夫!"

【语译】

孔子说:"君子广博地学习各种典籍,用礼仪来约束自己,可以不至于离经叛道了。"

【解读】

君子的学问要渊博,所以要"博学于文",多多地学习古代文献。君子在操守方面则要把握住最紧要的东西,所以要"约之以礼",都按照礼来做就没有问题了。"畔"就是"背",这样做就可以"弗畔",不违背仁德。

6.28 子见南子,子路不说。夫子矢之曰:"予所否者,天厌之!天厌之!"

【语译】

孔子与南子相见,子路不高兴。孔子发誓,说:"我如果不对的话,天都会厌弃我!天都会厌弃我!"

【解读】

"子见南子,子路不说。""南子"是卫灵公的夫人,有淫行,孔子在卫国的时候南子想见孔子,孔子不得已而去见南子,子路就不高兴了。

"夫子矢之曰:'予所否者,天厌之!天厌之!'""矢"就是誓,意思就是孔子一看子路都误解他,他就赌咒发誓。"否,谓不合于礼,不由其道也。"行为不合礼法,不遵循仁德之道,这就叫否。简单地说,就是孔子赌咒发誓说自己去见南子也一定会遵守礼法,如果自己没有做到,就让老天爷放弃我吧。

子见南子图

6.29 子曰:"中庸之为德也,其至矣乎!民鲜久矣。"

【语译】

孔子说:"中庸这种德,是最高的了!百姓很少能懂得中庸之道了。"

【解读】

"不偏之谓中,不易之谓庸。中者天下之正道,庸者天下之定理。"中庸也就是中和,就是要守中道。我们人都有喜怒哀乐、七情六欲,我们应该怎样处理它们的关系呢?也要中和。《中庸》说:"喜怒哀乐之未发,谓之中;发而皆中节,谓之和。"我们要把喜怒哀乐、七情六欲保持在一个中庸的状态,不要过激也不要不及,那就达到了中和。还有,更重要的是要保"和",要保持住这个"和"。一个人一天两天做到中和,并不困难,难的是始终保持中和。如果说今天按照"中和"去做了,而明天没有这么做,或者三天打鱼两天晒网,那同样达不到中和的境界,达不到养生的效果。我们要把"中和"变成一种习惯,养生实际上就是一种生活的习惯,按照这个"和"来做,我们都可以达到"顺应自然,调和阴阳"的目的。

6.30 子贡曰:"如有博施于民而能济众,何如?可谓仁乎?"子曰:"何事于仁!必也圣乎!尧舜其犹病诸!夫仁者,己欲立而立人,己欲达而达人。能近取譬,可谓仁之方也已。"

【语译】

子贡问:"假若有人能广泛地给百姓好处又能周济众人,怎么样?可以说是仁吗?"孔子说:"哪里只是仁,那一定是圣人!尧舜尚且难以做到!所谓仁就是自己想要树立也要让别人树立,自己想要通达也要让别人通达。能就近取自身做比喻,可以说是行仁的方法了。"

【解读】

"如有博施于民而能济众,何如?可谓仁乎?"广泛地把好处施加给民众,能周济帮助他们,这样能不能算是有仁德的人呢?"何事于仁!必也圣乎!尧舜其犹病诸!"孔子认为能做到这样的肯定是圣人了,孔子最佩服的就是尧舜禹汤文王武王周公这些人,现在孔子说尧舜也做不到这一点,说明这件事情非常难以做到。

"夫仁者,己欲立而立人,己欲达而达人。能近取譬,可谓仁之方也已。"所谓

"仁"就是自己立,也让别人立,自己达,也让别人达。不是要把现成的好处给别人,而是让别人自己立,自己达,这就是授人以渔。我们从这一段话可以看出,儒家的仁是推己及人的,先要自己挺立,然后挺立别人,自己得到利益,也要让别人得到利益,这样以己推人慢慢扩充,天下人的利益就都在其中了。

述而第七

7.1 子曰:"述而不作,信而好古,窃比于我老彭。"

【语译】

子说:"阐述而不创作,以相信的态度喜爱古代文化,我私下把自己比作老彭。"

【解读】

"述而不作"。朱熹说:"述,传旧而已。作,则创始也。""作"就是创作,"述"的意思是传播、传承旧的东西。

"信而好古"。这里的"而"是一个连词,意思是,相信并且喜好古代的东西,这个古代的东西就应该是周代的礼仪文化。

"窃比于我老彭。""老彭"是一个人名,有人说老是指老子,彭是指彭祖,所以老彭是这两人;有人说老彭是一个人,就是商代的彭祖;还有人说孔子说"我老彭",那么这个人一定和孔子的关系很亲近,未必是古人。不管怎么说,这个"老彭"一定是孔子所赞赏的人,而且也是"述而不作,信而好古"的人。

孔子删诗书、定礼乐、系易辞、修春秋,进行文化的整理,他评价自己

删述六经图

说"述而不作",但是有个基本的态度就是"信而好古",自比老彭。朱熹对此的评价是:"其言如此,盖不惟不敢当作者之圣,而亦不敢显然自附于古之贤人,盖其德日盛而心愈下,不自知其辞之谦也。"意思是说,孔子对自己的评价是不自知的谦虚,没有故意要谦虚,却给人一种温暖自然的谦虚态度。

7.2 子曰:"默而识之,学而不厌,诲人不倦,何有于我哉?"

【语译】

孔子说:"默默地记住所学的学问,努力学习而不满足,不厌弃,教导别人而不疲倦,对我来说有什么呢?"

【解读】

"默而识之"。"识"这里读音为 zhì,就是记住的意思。"默"就是沉默,不说话。这句话的意思就是,多用耳朵,多听,多记,不要多说话。

"学而不厌,诲人不倦"。这两句话被钱穆先生称为孔子终身最大的成就,第一条是说孔子的学问,第二条是说孔子的教育事业。这两句话看似平淡,要真正做起来实在是不容易。我们很多人学习都是凭着自己一时的兴趣,过了两天的热情,或者遇到麻烦,就找个借口不愿意学了,学习一样东西能够善始善终,甚至一生坚持不断学习的人,一定能学有所长,成就一番事业。孔子之所以被后世敬仰,除了他有学而不厌的精神外,还有诲人不倦的耐力,做到这点更不容易。孟子说:"得天下英才而教之,一乐也。"但如果遇到笨木头呢?这一点做过老师的人都深有体会。我们前面也讲过,读《论语》要在平淡的一句话中体会其中的深意,光说不练假把式啊!

"何有于我哉?""何有"在古代是一个很常用的词语,在不同场合表示不同意义。《论语》中的"何有"大多是"不难之辞",意思就是没有什么困难,所以,杨伯峻先生把这句话翻译成:"这些事情对我有什么困难呢?"我们这里把它解释成"于我有何"也有道理,就是对我来说有什么呢?

7.3 子曰:"德之不修,学之不讲,闻义不能徙,不善不能改,是吾忧也。"

【语译】

孔子说:"品德不培养;学问不讲习;听到义在那里,却不能亲身赴之;有缺点不能改正,这些都是我的忧虑啊!"

【解读】

"德之不修,学之不讲,闻义不能徙,不善不能改,是吾忧也。"这里说了四个事情:不修习道德、不讲习学问、不能遵循道义、不能改正错误,朱熹认为这四件事情都是君子要担忧的,因为他认为修习道德、讲习学问、遵循道义、改正错误是"日新之要","日新"就是《大学》里面的"苟日新,日日新,又日新"。

7.4 子之燕居,申申如也,夭夭如也。

【语译】

孔子在家闲居,神态舒展,神情愉悦。

【解读】

"燕居",是指闲暇无事的时候。"申申"是"其容舒也",形容体态容貌舒畅和缓的样子。"夭夭"是"其色愉也",形容脸色表情愉悦的样子。朱熹认为普通人在闲暇无事的时候,要么怠惰,要么严厉,都没法"申申如""夭夭如",只有孔子能做到这一点,因为孔子有中和之气。所以,这里是以外揣内,外面表现的"申申如""夭夭如",则内心就是一派中和气象,也只有内心里中和了,才能在家闲居时"申申如""夭夭如"。

7.5 子曰:"甚矣吾衰也!久矣吾不复梦见周公!"

【语译】

孔子说:"我衰老得太厉害了啊!我很久没有梦见到周公了!"

【解读】

这一段孔子说自己梦见周公的事情,今天我们还用"见周公"来指代睡觉做梦,出处就是这里。为什么孔子这里要说梦见周公的事情呢?关于这一点,朱熹的解释很可取。朱熹认为心有所想,才会梦有所见。孔子年轻的时候立志于恢复周公之道,有心做这件事,所以常常梦到周公。现在夫子老了,没有能力再来推行周公之道了,心里想这件事的情况就少了,所以自然梦不见周公了。从夫子这番感叹中,我们也体会到另一层道理:要立志做一件事情,就要达到做梦都在想的地步,那么自然离做好这个事就不远了。

7.6 子曰:"志于道,据于德,依于仁,游于艺。"

【语译】

孔子说:"立志于道,依据于德,凭借于仁,活动于六艺。"

【解读】

"志于道,据于德,依于仁,游于艺。"这句话也很出名,被引用的频率极高,基本也是君子的标准,或者说是"士"的标准,换成今天的话来说,是真正知识分子、学者的标准。这个标准就是:内心向着道,而没有其他的迷惑;执守于仁德,终始如一而有日新之功;不违背仁道,去除私欲而德行周全;怡情于礼、乐、射、御、书、数等六艺,以便博通义理旨趣。

7.7 子曰:"自行束修以上,吾未尝无诲焉。"

【语译】

孔子说:"主动送十条干肉的人,我从没有不教诲的。"

【解读】

"自行束修以上,吾未尝无诲焉。""修","脯也",就是干肉,我们今天说果脯,也就是干的果子。"束修",就是十条干肉。古人去拜见别人都是要带礼物的,这叫"必执贽以为礼",而十条干肉就是最薄的礼物了。送这么薄的见面礼,孔子还是会教诲他。同时,"不知来学,则无往教之礼",如果自己不去拜见老师,请求学习,就没有老师自己跑过去硬要教你的道理(礼仪、规矩)。

7.8 子曰:"不愤不启,不悱不发。举一隅不以三隅反,则不复也。"

【语译】

孔子说:"不到想懂而懂不了的时候,不去开导他;不到想说而说不出来的时候,不去启发他。教给他一个方面却不能联想到另外三个方面的人,便不再教他。"

【解读】

"不愤不启,不悱不发。"这几句话也非常有名,尤其是在教育学中经常用到。

朱熹说："愤者，心求通而未得之意；悱者，口欲言而未能之貌。""愤"的意思是内心想要弄明白、想通一个道理，但是还没有达到时的这个状态；"悱"是嘴上想说一个意思，但是还没有办法表达出来的状态。这两种状态都是自己有求知欲，自己在努力思考，只差一个点拨。这个时候如果学生来请求帮助，你稍微点拨，收获就会很大。《易经》里也说"非我求童蒙，童蒙求我"，这是最好的教育方法。

"举一隅不以三隅反，则不复也。""物之有四隅者，举一可知其三"，朱熹说物体都有四个角，举出来一个角，就自然知道了其他三个角，因为他们都是一体的，相互关联的。现在举一隅，而不能知道三隅，则不能再告诉他了，因为他学到的是死的知识，没有迁移能力，这样死板的知识是没有意义的，就像刻舟求剑那样，不能解决实际问题。

7.9　子食于有丧者之侧，未尝饱也。

【语译】

孔子在丧家吃饭，从来没有吃饱过。

【解读】

"子食于有丧者之侧，未尝饱也。"孔子在办丧事的人家吃饭，从来没有吃饱过。为什么呢？朱熹的解释是："临丧哀，不能甘也。"面对丧事时，内心悲哀，吃东西就觉不出香甜，所以就吃不饱了。从这句话当中我们可以感受到孔子对于生死之事的重视。

7.10　子于是日哭，则不歌。

【语译】

孔子在这一天哭过，就不再唱歌。

【解读】

"子于是日哭，则不歌。"《四书集注》把这一句和上面一句合在一起，为一章，所以解释说："哭，谓吊哭。一日之内，余哀未忘，自不能歌也。"孔子为什么在这一天哭呢？因为他是去吊丧，所以要哭。一天之内，因为吊丧而哭过，余留下来的悲戚之情不能被忘怀，所以自然就不会歌唱了。

7.11 子谓颜渊曰:"用之则行,舍之则藏,惟我与尔有是夫!"子路曰:"子行三军,则谁与?"子曰:"暴虎冯河,死而无悔者,吾不与也。必也临事而惧,好谋而成者也。"

【语译】

孔子对颜渊说:"有人任用就施展才华,没人任用就隐藏才华,只有我和你才能做到吧。"子路说:"老师若率领三军,找谁共事?"孔子说:"赤手空拳和老虎搏斗,徒步渡河,死了都不后悔的人,我是不和他共事的。一定是面临事情谨慎恐惧,善于谋划而能成功的人。"

【解读】

"用之则行,舍之则藏"这句话换一个表达的话,大家一定很熟悉:"达则兼济天下,穷则独善其身。"总体的意思都是一样的,就是不论穷达都不离仁德之道。

"子行三军,则谁与?"子路一听夫子穷达之间都只和颜回一块儿,没他什么事儿,他也很想追随夫子的啊。所以他就问夫子:"如果夫子您要带领三军作战,那让谁追随您呢?"子路是一个很勇敢的人,在领军作战方面有才华,所以他想夫子会选择他来追随。

"暴虎冯河,死而无悔者,吾不与也。必也临事而惧,好谋而成者也。""暴虎"就是徒手和老虎搏斗;"冯"这里读 píng,"冯河"就是徒步过河。"惧"是"谓敬其事",对所做的事有敬畏之心,怀着敬畏之心去做,就不会出现恶果,尤其是打仗这种事,更要有敬畏之心。这里孔子是在批评子路只有勇气,而不重视敬畏之心和谋略,而后两者对于打仗行军都是非常重要的。

7.12 子曰:"富而可求也,虽执鞭之士,吾亦为之。如不可求,从吾所好。"

【语译】

孔子说:"财富若是可以求得,即使是做拿鞭子的下等差役,我也愿意。如果求不到,还是顺从我的喜好。"

【解读】

"富而可求也,虽执鞭之士,吾亦为之。"这里孔子提出了一个假设,假设富有是可以求得来的,即使让他去做很卑贱的事情,他也愿意去做。孔子少年时候"多能鄙事"，一些卑贱的工作也从事过，但是他没有因此而富贵起来。反过来说，孔子认为富贵不是可以求得来的。

"如不可求，从吾所好。"富贵不能求而得，就顺从于自己的喜好。孔子的喜好是什么呢？很显然，孔子喜好的是仁德，是安于义理。在《四书集注》中我们可以看到朱熹的注释都主张"富贵在天"，今天我们老百姓的口语当中还说"小富由勤，大富由命"，靠勤劳可以达到小有积蓄，而要大富大贵则要看"命"怎么样了。这种观点对不对呢？有一定的道理，因为这个"命"是天命，是天地万物变化的大规律，人违背天地万物运行的规律，显然是自找苦吃，但是你可以利用、顺应天地运行的规律，这样就可以达到改变命运的效果了。

为乘田吏图

7.13　子之所慎：齐，战，疾。

【语译】

孔子所慎重的事有：斋戒，战争，疾病。

【解读】

"子之所慎：齐，战，疾。"这里说，有三件事是孔子慎重对待的，第一个是斋，斋就是斋戒。古人在祭祀之前都要沐浴更衣，不吃荤、不饮酒、不与妻妾同寝，整洁身心，以表示虔诚之心，这叫斋戒。朱熹的注释认为，斋戒的目的是让人的思虑洁净，这样才可以与神明交感，祭祀时才能有效地和神明沟通。第二个是战争，战争关系到很多人的生死，关系到国家的存亡，所以这件事也必须要慎重。第三个是疾病，疾病关系到人的生死存亡，也要慎重。

7.14　子在齐闻韶，三月不知肉味，曰："不图为乐之至于斯也。"

【语译】

孔子在齐国听到韶乐，三个月吃不出肉味，说："想不到欣赏音乐可以达到这种境界。"

【解读】

"子在齐闻韶,三月不知肉味。""韶"为舜时古乐曲名,这个乐曲尽善尽美。孔子"三月不知肉味",这句话很耐人寻味,为什么会三月不知肉味呢?一种解释是这个韶乐太美了,让人听过之后沉浸其中,音乐效果持续"三月",这段时间全被美妙的音乐所感染,所以"不知肉味"。另一种解释说这是因为孔子在学习韶乐,沉浸在学习之中,所以"三月不知肉味"。

孔子赞叹说:"不图为乐之至于斯也。"没想到韶乐美到这种地步啊!韶乐就是上古的音乐。《孝经》中说:"移风易俗,莫善于乐。"这告诉我们美妙的音乐在教化方面的重要作用。

在齐闻韶图

7.15 冉有曰:"夫子为卫君乎?"子贡曰:"诺;吾将问之。"入,曰:"伯夷、叔齐何人也?"曰:"古之贤人也。"曰:"怨乎?"曰:"求仁而得仁,又何怨?"出,曰:"夫子不为也。"

【语译】

冉有说:"老师会辅佐卫国的国君吗?"子贡说:"好,我去问老师。"子贡进屋后说:"伯夷、叔齐是什么样的人?"孔子说:"古代的贤人。"子贡:"他们怨恨吗?"孔子说:"他们求仁德而得到了仁德,又怨恨什么呢?"子贡出来后说:"老师不会这样做的。"

【解读】

"夫子为卫君乎?子贡曰:诺,吾将问之。"这里是冉有和子贡讨论孔子的动向,"为"是帮助的意思。冉有问子贡,老师是不是打算帮助卫国的国君呢?这里的卫君指的是卫出公辄,是卫灵公的孙子。他的父亲因谋杀南子而被卫灵公驱逐出国。卫灵公死后,辄被卫国人立为国君,而他的父亲回国来与他争夺国君的位子。

"入,曰:'伯夷、叔齐何人也?'曰:'古之贤人也。'曰:'怨乎?'曰:'求仁而得仁,又何怨?'"这一段对话是子贡问孔子的情景,子贡是一个很有智慧的人,他没有直接问:"老师,您是不是打算帮助卫出公呢?"而是问了一个类似的情况:伯夷、叔齐是什么样的人?伯夷、叔齐是孤竹君的两个儿子,伯夷是大儿子,叔齐是老三。孤竹君临死前,遗命说要立老三叔齐为国君。等他们的父亲逝世后,叔齐要把国君的位子让给伯夷,伯夷说:"让老三继位是父亲的命令。"所以伯夷就跑掉了,不愿继位做国君。叔齐也不做国君跑掉了。子贡问孔子怎么看伯夷、叔齐这兄弟俩,孔子对这两人评价很高,说他们是贤人。子贡得到老师的这个答案其实是不太满意的,接着又问伯夷、叔齐二兄弟做这样的选择心里有没有怨言。这句话问得很巧妙,也能看出师生之间心照不宣的默契。孔子后面的回答很具有启发性,也表达了自己立身处世的原则。人如果没有对仁的追求,没有念兹在兹的志向,想真正做到不怨天不尤人是不容易的。

"夫子不为也。"子贡和孔子谈完这些就出来了,他跟冉有说:"老师不会帮助卫君的。"为什么呢?因为现在卫出公父子争夺国君的位子,和伯夷、叔齐兄弟推让国君的位子,刚好形成鲜明的对比,孔子认为伯夷、叔齐是贤德之人,称赞这兄弟俩,反过来就肯定不会称赞卫出公这父子俩,也就不会帮助他们了。

7.16 子曰:"饭疏食饮水,曲肱而枕之,乐亦在其中矣。不义而富且贵,于我如浮云。"

【语译】

孔子说:"吃粗粮,喝白水,弯着胳膊当枕头,乐趣就在其中啊!做不义的事而得来的富贵,对我来说就如浮云。"

【解读】

"饭疏食饮水,曲肱而枕之,乐亦在其中矣。""饭"在这里是动词,是"吃"的意思。"疏食"就是粗糙的食物,不精致的食物。"肱"就是胳膊。"曲肱而枕之"的意思是弯着胳膊当枕头。这句话说的是生活条件很差,吃得不好,住得也不好,连枕头都没有,只有自己弯着胳膊当枕头,但是孔子乐在其中。朱熹注释说:"圣人之心,浑然天理,虽处困极,而乐亦无不在焉。"孔子的心到了和天地至理一样的境界了，所以即使处在穷困之极的境地，也能感到快乐无处不在。这里说的是第一个层面，就是后世所谓的"安贫乐道"。我们都知道在孔子的弟子中能"安贫乐道"的就是颜回。颜回"一箪食，一瓢饮，在陋巷，人不堪其忧，回也不改其乐"。

"不义而富且贵，于我如浮云。"用不符合道义的手段得来富贵，这对我来说就像天上的浮云一样，是我所不看中的。这里说的是第二个层面，也就是后世孟子所说的"富贵不能淫"。

7.17 子曰："加我数年，五十以学《易》，可以无大过矣。"

【语译】

孔子说："假如让我多活几年，五十岁时学习《易经》，就可以没有大的过错了。"

【解读】

"加我数年，五十以学《易》，可以无大过矣。"这段话非常有名，也是我讲《周易》时总是要讲的一个故事。"加"作"假"，假如的意思。孔子自己说他"五十而知天命"，五十岁时他明白了上天交给他的使命，可见他把学《易》和"知天命"联系在一起。只有认真学习、研究了《易》，才知道天命并且言行才能符合于天命。朱熹说："学《易》，则明乎吉凶消长之理，进退存亡之道，故可以无大过。"我们现在很多人一说到《易经》就把它理解为算命用的书，这是很大的问题，也能感受到文化衰落的荒凉感。我一直提倡人的一生当中要读五本国学经典著作，即《易经》《论语》《道德经》《六祖坛经》《黄帝内经》。少年和青年必读《论语》，中年必读《道德经》，老年必读《六祖坛经》，至于《易经》和《黄帝内经》则要用一辈子来读。为什么这样说呢？因为《论语》告诉你来到这个世界上要做什么，《道德经》告诉你来到这个世界上不要做什么，

韦编三绝图

《六祖坛经》告诉你来到这个世界上要往哪里走,至于《易经》和《黄帝内经》,一个让你知命,一个告诉你怎样养生。这样你的一生才是完满的。《史记·孔子世家》中说孔子"读《易》,韦编三绝",可见他非常喜欢读《周易》,曾把穿竹简的皮条翻断了很多次。孔子这种活到老、学到老的刻苦钻研精神,值得我们学习。

7.18 子所雅言,《诗》《书》、执礼,皆雅言也。

【语译】

孔子讲官话,读《诗》《书》,执行礼仪时都说官话。

【解读】

"子所雅言"。"雅言"就相当于今天的普通话,也就是官话,《诗经》里有风、雅、颂,其中雅就是以京畿之地的官话为语言、以官用为主的一类诗歌。

"《诗》《书》、执礼,皆雅言也。"朱熹注释说:"诗,以理情性;书,以道政事;礼,以谨节文。"《诗经》是用来梳理情绪、陶冶性情的;《尚书》是用来说明、引导政治的;礼是用来规范约束行为的,这几样都和日常生活息息相关,所以要用最平常的话来说,而最平常、最普及的话就是官话、普通话。

7.19 叶公问孔子于子路,子路不对。子曰:"女奚不曰,其为人也,发愤忘食,乐以忘忧,不知老之将至云尔。"

【语译】

叶公向子路问孔子的为人,子路没有回答。孔子说:"你为什么不说,这个人用功时便忘了吃饭,快乐时就忘记了忧愁,连自己快老了都不知道。"

【解读】

"叶公问孔子于子路,子路不对。"叶公姓沈名诸梁,是楚国的大夫,封地在叶城(今河南叶县南),所以叫叶公。这个叶公向子路打听孔子是一个什么样的人,子路没有回答。为什么子路没有回答呢?朱熹分析可能有两个原因,一个原因是因为叶公不了解孔子,问的问题不知所以,所以子路不回答。另一个原因是孔子的仁德仁行实在不是一两句话能说清楚的,所以子路也没法回答。

"女奚不曰,其为人也,发愤忘食,乐以忘忧,不知老之将至云尔。"这里是孔子教子路怎么回答叶公的问题,其实也是孔子对自己的评价。为什么会用功到"发愤忘食"呢?朱熹说这是在学习还没有所得的情况下。为什么会"乐以忘忧"呢?就是因为学有所得,并能守得住,于是就快乐了,这就是仁者无忧。

7.20 子曰:"我非生而知之者,好古,敏以求之者也。"

【语译】

孔子说:"我并非生来就能够知道的人,而是爱好古代文化,勤敏学习、不断探求的人。"

【解读】

"我非生而知之者,好古,敏以求之者也。"孔子认为有的人天生就明白天地大道,这种人"气质清明,义理昭著,不待学而知也"。而孔子说他自己不是这类人,他属于要刻苦学习修炼才能明白大道的人。"礼乐名物,古今事变,亦必待学而后有以验其实也",礼仪规范、事物的名称,古今的各种事件等等知识性的内容,必须要先学习才能真正有所得,就好像游泳,一定要下水扑腾过了才真的会游泳,所以,学者要做到的是:"好古,敏以求之。"这句是孔子自我评价的一句话,很平淡朴实。

7.21 子不语怪、力、乱、神。

【语译】

孔子不谈论怪异、暴力、动乱和鬼神。

【解读】

"子不语怪、力、乱、神。"因为"怪异、勇力、悖乱之事,非理之正",这些东西都不是正道、正派的"理",所以孔子就不谈论这些。在这一点上庄子可以说是孔子的知音,《庄子》中说:"六合之外,圣人存而不论;六合之内,圣人论而不议;春秋经世先王之志,圣人议而不辩。"天地之外的事情,圣人知道其存在但不说它,天地之内的事物,圣人描述了但不议论、评价它,这就是圣哲的心态,包容开放。

7.22 子曰:"三人行,必有我师焉:择其善者而从之,其不善者而改之。"

【语译】

孔子说:"三个人走在一起,其中必定有可以做我老师的人:选取好的来学习,不好的就加以改正。"

【解读】

"三人行,必有我师焉:择其善者而从之,其不善者而改之。"这段话被选进了中学语文课本,很多人都能背诵,大意是人总是可以找到向周围人学习的地方。换句话说,这就是"见贤思齐,见不贤而内自省"。读《论语》一个最大的感受就是孔子谦虚平实,一派儒雅的作风。所以多读《论语》可以让人变成谦谦君子,这是真的。在这一句话当中,我们可以感受到孔子做学问的认真和谦卑的态度。学问做得好的人都很谦虚,朴实平淡,这不是装出来给人看到,而是学问修养真的到了这种程度。

7.23 子曰:"天生德于予,桓魋其如予何?"

【语译】

孔子说:"上天给予我这样的品德,桓魋能把我怎么样呢?"

【解读】

"天生德于予,桓魋其如予何?""桓魋"就是宋国的司马向魋,他曾经要陷害孔子,所以孔子就说自己的德行是上天给的,小人想害也是害不了的。《周易》里面有一句话:"积善之家,必有余庆,积不善之家,必有余殃。"我们中国人讲现在的幸福安康和祖先做了很多善事有关,或者和自己上几辈子做了很多善事有关,看起来是把目光朝向以前,实际上还是落在当下,是告诉我们现在做事情就要想着千秋万代之后是能给子孙后代带来幸福呢,还是会被后代所唾弃。这是一种敬畏之心,是对天地规律和道德伦理的敬畏,形象化一点说就是"举头三尺有神明",让人任何时候做任何事情都心有所敬畏,而不敢胡作非为。

习礼树下图

述而第七

7.24 子曰:"二三子以我为隐乎?吾无隐乎尔。吾无行而不与二三子者,是丘也。"

【语译】

孔子说:"你们以为我有所隐瞒吗?我对你们没有隐瞒。我没有一点不教给你们的,这就是我孔丘。"

【解读】

"二三子以我为隐乎?""二三子"在《论语》里通常都是指孔子的弟子,为什么学生们会认为老师对他们有所隐瞒呢?朱熹说这是因为"夫子之道高深不可几及,故疑其有隐",孔夫子的"道"太高深了,几乎没有什么机会达到,所以学生们才会误以为老师对他们有所隐瞒。

"吾无隐乎尔。吾无行而不与二三子者,是丘也。"孔子说自己对学生们一点隐瞒都没有,后世朱熹解释说孔子的"作、止、语、默"都是在传播儒学之道,似乎举手投足都是"道",能不能学到就看学生的悟性了。

7.25 子以四教:文,行,忠,信。

【语译】

孔子采用四种教学内容:文献,践行,忠心,诚信。

【解读】

"子以四教:文,行,忠,信。"孔子的教育主要就是"文行忠信"这四种。"文"就是学文献,孔子删定"六经",做的就是整理文献的工作,后世说孔子作《春秋》而乱臣贼子惧,说的就是历史文献的威慑作用。学习文献之后,懂得道理之后,就要在行为中实践。然后最根本的是忠信,忠信是学习文献、实践儒道的过程中都要坚持的。

7.26 子曰:"圣人,吾不得而见之矣;得见君子者,斯可矣。"子曰:"善人,吾不得而见之矣;得见有恒者,斯可矣。亡而为有,虚而为盈,约而为泰,难乎有恒矣。"

【语译】

孔子说:"圣人,我不能见到了;能见到君子也就可以了。"孔子说:"善人,我不能见到了;能见到有恒心的人,也就可以了。本来没有却假装有,本来空虚却假装充实,本应节俭却要豪奢,是很难有恒心的。"

【解读】

"圣人,吾不得而见之矣;得见君子者,斯可矣。"朱熹说"圣人,神明不测之号",所以圣人不是那么容易当的,孔子称道的圣人是尧、舜、禹、汤、文王、武王、周公,到后来也就孔子自己能被推为圣人,没有其他人敢用圣人这个称号。孔子所处的年代礼崩乐坏,圣人肯定是没有了的,所以孔子说他见不到圣人了。而君子是"才德出众之名",有仁德仁行,比普通人要出色一些,就可以是君子了,所以孔子还是能见到君子的,前面孔子也表达过鲁国多君子的意思。

"善人,吾不得而见之矣;得见有恒者,斯可矣。亡而为有,虚而为盈,约而为泰,难乎有恒矣。"这句话当中孔子用了两个"恒"字,持之以恒,善始善终,这是中国传统文化中推崇的精神。人有善念,很容易做到,但是"守死善道"却不大容易做到。世人多爱追求表面浮华的东西,喜欢把文化拿来附庸风雅,而能担当传承文化的重任、有恒心、不辞艰难的人确实很难得。

7.27 子钓而不纲,弋不射宿。

【语译】

孔子钓鱼不用渔网,射箭不射归巢的鸟。

【解读】

"子钓而不纲,弋不射宿。""钓"就是钓鱼,什么是"纲"呢?朱熹说,"以大绳属网绝流而渔者也",就是用粗大的绳索牵着大网拦住河流去打鱼。显然,钓鱼只是一条一条地钓上来,再怎么厉害的钓鱼人也不可能把鱼全钓上来,而拦河网则不同,是一网打尽的架势。"弋"是"以生丝系矢而射也",就是射箭的时候箭上还拴一条绳子。"弋不射宿",孔子不射归宿的鸟。后人说这是孔子考虑到不能把所有的东西都取尽、取光,归宿的鸟儿就让它们好好休息,不要出其不意地射杀它们,对待动物尚且如此仁爱,何况对待人呢?

7.28 子曰："盖有不知而作之者，我无是也。多闻，择其善者而从之；多见而识之。知之次也。"

【语译】

孔子说："大概有不懂装懂的人，我不这样。多听，选择其中好的加以接受；多看然后记在心里。这样仅次于知者。"

【解读】

"盖有不知而作之者，我无是也。"孔子说他不是不懂装懂的人，看起来孔子也没什么了不起啊，不就是"知之为知之，不知为不知"吗？我们换一个场景来设想一下，一个企业的领导下厂子视察了，工人给领导介绍新工艺，领导听得很认真，不断地点头，鼓励工人好好干。领导真的懂这个吗？也许懂，也许不懂。中国人讲领导力，常常是承认自己不懂的领导更有领导力，比如说刘邦，他懂什么呢？带兵他不行，运筹帷幄也不行，可是他的领导力好。领导一旦不懂装懂就麻烦了，要么出乱子，要么自己累得要死，下面人没有积极性。自己即使懂了，却宁可说不懂。诸葛亮本来什么事都懂的，他为了集思广益，仍然请教别人。以能问于不能，这是最聪明的办法。

"多闻，择其善者而从之；多见而识之。知之次也。"孔子告诫我们要"多闻"，我们做学问、做人、做事情都可以用三个字来概括："闻、思、修"。多闻就是要多听老师、朋友或其他人讲话，多听文献怎么讲，这是第一步。听来的东西不一定对，就要有第二个字"思"，要思考，然后还要有所选择，这就是"择其善者而从之"。听闻之后，思考之后，知道择其善者，这还不够，还有第三个字"修"，就是要加上实践，比如说谈论如何做领导人的理论很容易，不过你一定要在一个单位，哪怕是一个很小的单位里做过真正的领导人，才能真有体会。

7.29 互乡难与言，童子见，门人惑。子曰："与其进也，不与其退也，唯何甚？人洁己以进，与其洁也，不保其往也。"

【语译】

互乡这地方的人难于交谈，一个互乡的童子得到孔子的接见，弟子们大惑不解。孔子说："我们赞成他的进步，不赞成他的退步，何必这么过分？别人使自己洁净以求进步,我赞许他的洁净,不要追究他过去的事情。"

【解读】

"互乡难与言,童子见,门人惑。"朱熹的注释认为"难与言"是"难与言善",就是这里的人听不懂好话,他们习惯了不善良,跟他们讲良心、讲仁德是没有什么意义的。童子见孔子,学生们很困惑,为什么困惑呢?因为在学生们想来,这个地方的人都不是良民,所以夫子不应该见他们。中国人地域观念很强,喜欢总结不同地方人的特点,作为平时聊天的话题。这也很容易导致对某一个地方的人的偏见,认为只要是这个地方出来的人,一定会有这样的特点。这一段当中,孔子的弟子们就犯了此类错误。

互乡与洁图

"与其进也,不与其退也,唯何甚?人洁己以进,与其洁也,不保其往也。"这段话表明了孔子一个很重要的待人原则,朱熹总结为"盖不追其既往,不逆其将来,以是心至,斯受之耳","不追其既往"就是既往不咎,"不逆其将来"就是不计较他将来的事情,只看重当下,现在他是诚心诚意来见夫子,夫子就会接见他,就会鼓励他、接受他。孔夫子把做事和教育融为一体,给他的学生们上了一课。

7.30 子曰:"仁远乎哉?我欲仁,斯仁至矣。"

【语译】

孔子道:"仁离我很远吗?我想要仁,仁就来了。"

【解读】

"仁远乎哉?我欲仁,斯仁至矣。"这段话也是很有名的,经常被引用。至少有两种解释,第一种解释说,"我欲仁,斯仁至矣"说的是一种修炼的神秘体验,是一种与宗教修炼后的体验类似的感受,就像神明附体似的,想仁德的感觉来仁德的感觉就会来,在这样的体验中人会更加纯洁,更加仁德。第二种解释认为,这是一种明确的、唯一选择的路,是一种确信的语气,没什么可讨论的啊,就好像太阳从东边升起来一样，天经地义，仁就是人本性，想要仁自然就仁了，没有什么好奇怪的。孔子的所有论述都不是给出很多选择项，然后比较哪个好哪个差，没有这样的，孔子只告诉我们一条确定的路，那就是仁德之路。

7.31 陈司败问昭公知礼乎,孔子曰:"知礼。"孔子退,揖巫马期而进之,曰:"吾闻君子不党,君子亦党乎？君取于吴,为同姓,谓之吴孟子。君而知礼,孰不知礼？"巫马期以告。子曰:"丘也幸,苟有过,人必知之。"

【语译】

陈司败向孔子问鲁昭公是否懂礼，孔子说："懂礼。"孔子出来后，陈司败便向巫马期作了揖，走近他，说："我听说君子没有偏私，难道像孔子这样的君子也会偏私吗？鲁君从吴国娶了位同姓的夫人，叫吴孟子。鲁君若是懂礼，谁不懂礼呢？"巫马期把这些告诉给孔子。孔子说："我很幸运，如果有错误，别人一定会知道。"

【解读】

"陈司败问昭公知礼乎。""陈"是指陈国，"司败"是一个官名，就是司寇。"昭公"就是鲁昭公，鲁昭公是不是懂得礼仪规范呢？孔子在这里的回答是"知礼"，昭公懂得礼仪。鲁昭公后来被鲁国的贵族赶跑了，孔子也跟着他流亡。有的解释认为昭公懂得的是礼仪的表面，规矩仪式搞得很明白，但是还没有懂得礼的实质，因为礼的实质是治理国家，昭公不能保有其国家，所以他还没有懂得礼的精髓。

"孔子退,揖巫马期而进之,曰:'吾闻君子不党,君子亦党乎？君取于吴,为同姓,谓之吴孟子。君而知礼,孰不知礼？'"这段对话是陈司败和孔子的学生巫马期之间的对话，陈司败觉得孔子是在帮昭公遮掩，于是他跟巫马期说了他的看法，他说："据我所了解，真正的君子，是没有偏私的，不会存有私心。你老师孔子是了不起的君子，可是他也免不了有私心。鲁昭公娶了吴国的一个女子，吴国与鲁国同为周公之后，都是姓姬的，按照礼仪规范同姓是不可以结婚的。鲁昭公这样做，是不知礼，而你老师说他知礼，这不是说明你老师还是有私心吗？"

"巫马期以告。"巫马期就把陈司败的说法告诉了孔子，孔子怎么回答呢？应该说这个问题还是挺不好回答的，鲁国和吴国都是姓姬，鲁国的国君确实娶了吴孟子，孔子说破天去也不能说这种做法是符合"礼"的。同时，孔子说过了鲁昭公知礼，但他又不能承认自己是个小人，承认自己在为君王掩饰其过失。于是孔子"故受以为过而不辞"，不狡辩，"丘也幸，苟有过，人必知之"，承认自己犯了错误。

7.32 子与人歌而善，必使反之，而后和之。

【语译】

孔子听别人唱歌唱得好，一定会请他再唱一遍，然后自己又与他唱和。

【解读】

"子与人歌而善，必使反之，而后和之。"这里再次提到孔子和音乐的联系，但是这不是最主要的，最主要的是这里反映出"圣人气象从容，诚意恳至，而其谦逊审密，不掩人善又如此"，孔子为人处世从容不迫，又非常诚恳，还很谦逊、很缜密，别人好的地方他就欣赏、承认而不是否认、掩盖。一件很小的事情，孔子都能这样处理，表达出善意，那很多事情都这样善意地对待，不就是"积善"了吗？

7.33 子曰："文，莫吾犹人也。躬行君子，则吾未之有得。"

【语译】

孔子说："文献，大概我跟别人差不多。身体力行做一个君子，我还没有做到。"

【解读】

"文，莫吾犹人也。""犹人"的意思是"不能过人，而尚可以及人"，不能超过别人，尚且可以和别人差不多。"文"就是指文献。

"躬行君子，则吾未之有得。""躬"就是自己、亲身、亲自的意思，"躬行君子"就是亲身实践君子的行为。"未之有得"是"全未有得"，大概意思是完全没摸到门路。这句话和前面一句话都是孔子谦虚的说法，孔子在文献研究方面的成就很高，几千年来也没有一个人敢说自己在这方面超过了孔子，孔子的行为处事也是很有君子风范的，除了在特殊的政治环境下，很少有人从这个角度怀疑过孔子的品德。

7.34 子曰："若圣与仁，则吾岂敢？抑为之不厌，诲人不倦，则可谓云尔已矣。"公西华曰："正唯弟子不能学也。"

【语译】

孔子说:"如果说圣人和仁人,我怎么敢当?不过向这个境界努力从不厌倦,教导别人从不倦息,这些可以说是做到了。"公西华说:"这正是弟子学不到的地方。"

【解读】

"若圣与仁,则吾岂敢?"这里孔子说自己不敢当"圣"与"仁"的称号,什么是"圣",什么是"仁"呢?"圣者,大而化之。仁,则心德之全而人道之备也",所谓圣人就是可以"化"人,可以教化天下人,而所谓"仁"就是仁德完备了,为人处世之道也完备了。

"抑为之不厌,诲人不倦,则可谓云尔已矣。则可谓云尔已矣。""为之"的"之"在这里指的是圣仁之道,"为之不厌"就是实践圣仁之道而不满足、不厌倦。"诲人不倦"就是教化万民而不感到疲倦。"云尔已矣"字面意思不好翻译,表达的意思就是,除了这两点,再也没有其他的东西可说了。孔子一生都在做这两件事,看似平淡无奇的两句话,真要落实到生活中,实在是不容易。一个道理,如果说个一两遍还有新鲜感,如果要说一辈子,面对不同的人还要耐心地解答,这修养不是一般人能达到的。《易经》讲大道至简,就是这个道理,一生能把这至简的东西做好是不容易的。

"正唯弟子不能学也。"公西华说这正是学生们学不来的地方啊,为什么学不来呢?因为"不厌",不满足,说明心是虚空的,无限大,这一点不容易,因为人学习之后,容易形成成见,实践之后又容易形成习惯,这样一来心都不能空,容易被成见、习惯装满。"为之不厌"还说明能量很充足,能不断地实践,不停地实施仁德的行为,如果自己的能量不充足,是不可能这样做下去的。"诲人不倦"是教化,诲人不是很困难,不倦却不容易,如果不是自己学问很大,是不可能做到不倦的。所以,不厌、不倦这两点是"非己有之则不能,所以弟子不能学也",是学生们学不来的,非得要自己的修养到了孔子那个程度才能达到。

7.35 子疾病,子路请祷。子曰:"有诸?"子路对曰:"有之。《诔》曰:'祷尔于上下神祇。'"子曰:"丘之祷久矣。"

【语译】

孔子得了重病,子路请求祈祷。孔子说:"有这回事吗?"子路回答:"有的,

《诔》文上说:'向天地神祇祈祷。'"孔子说:"我祈祷很久了。"

【解读】

"子疾病,子路请祷。"孔子生病了,子路很着急,就请求"祷",什么是"祷"？朱熹说,"祷者,悔过迁善,以祈神之佑也",就是向神明忏悔过错,表达准备改过向善的决心,以此来祈求神明保佑。

孔子问子路:"有诸?"有这回事吗？子路就引用《诔》上面的话来回答老师的问话。什么是"《诔》"？朱熹说,"《诔》者,哀死而述其行之辞也",相当于悼文,是为死去的人感到哀伤而叙述他的事迹的文辞。天上的神明是"神",地下的神明是"祇"。孔子说:"丘之祷久矣。"他自己"祷"很久了,这句话很有意思,我们说了,祷就是忏悔过错,表达改善的意愿,至于说有没有神明的保佑呢,谁也不知道。孔子说自己祷了很久了,却没有说神明有没有保佑他。他的疾病到底有没有好转,我们今天也没法猜测。这只能说孔子很聪明,因为那个年代的人都是信鬼神的,生病了去祷于神祇也是正常的做法,孔夫子对这种做法不置可否。

7.36 子曰:"奢则不孙,俭则固。与其不孙也,宁固。"

【语译】

孔子说:"奢侈会显得桀骜不驯,节俭会显得保守。与其桀骜不驯,宁可保守。"

【解读】

子曰:"奢则不孙,俭则固。与其不孙也,宁固。"朱熹说,"孙,顺也","固,陋也","奢"和"俭"都不符合中道,但是奢侈的危害更大,所以宁可选择节俭,而不选择奢侈。一个人想要一生守住一个"俭"字也是很值得敬佩的,历史上也有很多因"俭"而称道的人,如包公、曾国藩等。

7.37 子曰:"君子坦荡荡,小人长戚戚。"

【语译】

孔子说:"君子坦坦荡荡,小人多忧愁戚惨。"

【解读】

"君子坦荡荡,小人长戚戚。"这句话非常有名,老百姓耳熟能详。程颐解释说:"君子循理,故常舒泰;小人役于物,故多忧戚。"君子能够遵循天地自然的道理,循理而动,顺着规律行动,所以就过得很舒泰,而小人被外物所奴役,被外在的东西所拖累,所以就常常忧虑。程子还说:"君子坦荡荡,心广体胖。"君子过得很舒泰,所以就心广体胖。看了这句话,从中医的角度来讲,我们还是选择做个君子吧,坦荡荡的胸怀更能使人长寿。

7.38 子温而厉,威而不猛,恭而安。

【语译】

孔子温和而严厉,威仪而不刚猛,恭敬而安详。

【解读】

"子温而厉,威而不猛,恭而安。""厉",就是严肃,"威"就是威严,"恭"就是恭敬。为什么孔子这种中和气象值得称赞呢?朱熹的注释这样说:"人之德性本无不备,而气质所赋,鲜有不偏,惟圣人全体浑然,阴阳合德,故其中和之气见于容貌之间者如此。"人天生的德性本来是全面的,各种禀性特质都包含在人的天生的德性之中,但是每个人的气质禀赋又都有偏向,一个人在某一点上可能会偏多一点,另一点上可能会偏少一点。只有圣人才能各个方面都平和,阴阳和谐,所以中和的气象就在容貌上表现出来了。当然,这种中和气象仅凭天生还是不够的,还要靠后天不断地修养,不断地展现出天性中本已完备的仁德。

泰伯第八

8.1 子曰："泰伯,其可谓至德也已矣。三以天下让,民无得而称焉。"

【语译】

孔子说:"泰伯,可以说是有最高德行的人了。三次把天下让给别人,百姓简直找不出恰当的词语来称赞他。"

【解读】

"泰伯,其可谓至德也已矣。"泰伯是什么人呢？泰伯就是周文王的大伯。朱熹注释说,"泰伯,周大王之长子",周大王又是谁呢？周大王就是周文王的祖父。周大王有三个儿子,大儿子为泰伯,次子名虞仲,第三子名季历。季历的长子就是周文王,名姬昌。所谓至德就是德行最高了,再也没有比这个更高的德了。为什么说泰伯的德行已经高到头了,没有人能比得过他呢？

"三以天下让,民无得而称焉。"这句话是说明孔子认为泰伯的德行高到极致的原因,因为泰伯"三让天下",就是多次推辞而不当国君。泰伯是周大王的长子,按照规矩应当继承王位。周大王看到商的天子治理天下治理得不好,认为应该推翻他,自己来做天子,选继承人的时候就需要考虑这个问题。泰伯认为商天子治理不善是商天子的事情,周是商的诸侯国,就要尽诸侯国的本分,而不是起义造反。周大王一看大儿子不想推翻商天子,就把王位传给了三儿子季历,因为季历的长子姬昌很有想法,这个姬昌能推翻商天子。泰伯为了推辞掉王位,就自己逃跑到荆楚之地去了。这段话讲的就是泰伯让天下的事迹。他这种"薄帝王而不做"的精神是孔子推崇的。

8.2 子曰:"恭而无礼则劳,慎而无礼则葸,勇而无礼则乱,直而无礼则绞。君子笃于亲,则民兴于仁;故旧不遗,则民不偷。"

【语译】

孔子说:"恭敬却没有礼就会劳倦,谨慎却没有礼就会畏缩,勇敢却没有礼就会闯祸,直率而没有礼就会尖刻。君子能深爱父母,那么人人都会走向仁德;不遗弃传统,百姓也就不会薄情。"

【解读】

"恭而无礼则劳,慎而无礼则葸,勇而无礼则乱,直而无礼则绞。""葸,畏惧貌。绞,急切也。"这里孔子再次重申了儒学注重内外合一的精神,恭敬是好的,但是如果只做了表面工夫,内心并没有和"礼"的精神融合到一起,碰到人一味地礼貌,则很辛苦、很不安祥。谨慎小心是好的,但是如果小心过头,就会畏畏缩缩,遇事犹疑。勇敢也是好的,但是如果内在没有好的修养,没有把"礼"的精神融入勇敢之中,就会变成鲁莽冲动。个性直率、坦白是好的,但是如果只管率直,而没有讲"礼",就会显得急切,做事失去了回旋的分寸。

"君子笃于亲,则民兴于仁;故旧不遗,则民不偷。""笃于亲"就是亲情浓厚,重亲情,亲情中最重要的就是孝,这也就是说,老百姓都坚守孝道,然后由近处逐渐向外扩充,整个风气都是讲仁爱,所以人人都会互相仁爱。"故旧不遗"就是传统不要放弃,孔子提倡的传统就是周礼,就是仁,这个传统没有被遗忘,那么老百姓就会不投机取巧,社会风气就稳了。

8.3 曾子有疾,召门弟子曰:"启予足!启予手!诗云,'战战兢兢,如临深渊,如履薄冰。'而今而后,吾知免夫!小子!"

【语译】

曾参病了,把学生召集起来,说:"看看我的脚!看看我的手!《诗经》上说:'战战兢兢啊,好像走在深渊旁,好像踩在薄冰上。'从今以后,我知道我不会犯错误了!弟子们!"

【解读】

"曾子有疾。"曾子生病,这里应该是病得不轻,把学生弟子都召集起来,有点临终遗言交代后事的意味。为什么"启予足,启予手"呢?为什么把手和脚给学生们展示呢？按照朱熹的解释，这是因为古人认为身体发肤受之父母，不敢毁伤，平时都保护得很好，哪里能看得到呢？所以在临终的时候让学生们看看，让大家知道这个身体是完好的，是没有毁伤的，是对得起父母的。

曾子接着解释他为什么能保全得这么好，是因为他"战战兢兢，如临深渊，如履薄冰"一辈子，直到临终才知道可以免于损毁。这是提示学生们，学儒家之道，要小心谨慎地实践它，而且要一辈子都小心谨慎，只有这样，到最后才能保全这个"道"。

"而今而后，吾知免夫！小子！"这里"小子"指的是门人。程颐说："君子曰终，小人曰死。君子保其身以没，为终其事也，故曾子以全归为免矣。"君子去世叫"终"，小人死亡叫"死"，君子可以保全身体而终，所以曾子把自己能保全身体而终称为"免"。曾子身体都不毁伤，保全得很好，那就更不会干出格的事情，而让父母蒙羞了。

曾参啮指心痛图

8.4　曾子有疾，孟敬子问之。曾子言曰："鸟之将死，其鸣也哀；人之将死，其言也善。君子所贵乎道者三：动容貌，斯远暴慢矣；正颜色，斯近信矣；出辞气，斯远鄙倍矣。笾豆之事，则有司存。"

【语译】

曾参病了，孟敬子探望他。曾子说："鸟要死的时候，叫声会悲哀；人要死的时候，说的话也是好话。君子以这三点为贵：神态威严，可以避免粗暴和怠慢；脸色端庄，可以接近诚信；善于言谈，可以避免语言鄙陋和错误。至于礼仪之事，自有主管的人员去做。"

【解读】

"曾子有疾，孟敬子问之。"孟敬子是鲁国的一个大夫，仲孙氏，名捷。问之就是问曾子的病，也就是去探病。

"鸟之将死，其鸣也哀；人之将死，其言也善。"朱熹注释说："鸟畏死，故鸣哀，人穷反本,故言善。"鸟害怕死,所以鸣叫得很悲哀,人到临终什么都结束的时候会返回到本性上来,所以临终的话往往都是善意的。这句话老百姓也非常熟悉,人到最后的时候都是撒手而归,什么都抓不住,很多人到最后的时候明白了这一点,开悟了,回归了本性。人的天性是善的,所以这个时候说的话都是善的。

"君子所贵乎道者三:动容貌,斯远暴慢矣;正颜色,斯近信矣;出辞气,斯远鄙倍矣。笾豆之事,则有司存。"人之将死,其言也善,曾子这里是临终遗言,他的这些善言说的都是什么呢?说了三件重要的事,做到这三件事就把握住了做一个君子的主要方面了。第一个是使自己的内心感情表现于面容,这样做就能远离粗暴和怠慢。这个说法是有道理的,因为感情和情绪要适当地表现出来,如果老压抑住,放在心里不表现出来,越积累越容易生出粗暴或者傲慢偏激来。第二个是使自己的脸色庄重严肃,要正直,这样才能生出信实来。第三个是注意说话的言辞和口气,这样就能避免粗俗和鄙陋。这里强调的是"内求",程颐说:"三者正身而不外求,求曰笾豆之事则有司存",这三件事做到位,就用不着外求什么东西了,要有所求,也自有专门的工作人员去做这些事情。笾、豆都是祭祀用的礼器,在这里代指外在的礼节。这句话总体是说,一个人要注重内在的修养,内为本外为末,抓住本末,才是正确的方法。

8.5 曾子曰:"以能问于不能,以多问于寡;有若无,实若虚,犯而不校。昔者吾友尝从事于斯矣。"

【语译】

曾子说:"有才能却向没有才能的人请教,知识渊博的人却向知识少的人请教;有学问好似没有一样,内涵深厚却好像很普通,对于别人的不敬从不计较。从前我的一位朋友就是这样做的。"

【解读】

"以能问于不能,以多问于寡;有若无,实若虚,犯而不校。昔者吾友尝从事于斯矣。"这段话有点道家的意味了,这就更进一步证明,人类最高明的智慧大多殊途同归,大道至简,最后最高的那个道理和智慧总是很相似。这里说"有若无,实若虚",老子在《道德经》里说:"明道若昧,进道若退",还说"大成若缺""大巧若拙",都是一个意思。真正有修养、有见识的人往往是最谦逊的人,最普通平和的人,也就是返璞归真的人。

8.6 曾子曰:"可以托六尺之孤,可以寄百里之命,临大节而不可夺也,君子人与?君子人也。"

【语译】

曾子说:"可以把幼小的孤儿托付给他,可以把国家政权托付给他,面临大节而不动摇,这样的人是君子吗?应该是君子。"

【解读】

"六尺之孤",我们俗话说"七尺之躯",意思是一个堂堂正正的大人,成年人高有七尺,那么这里的"孤"只有"六尺",说明他还没有成年,还是幼小的。"孤"就是父母丧亡的孩子,"六尺之孤"是失去父母庇护的幼小的孩子,可以把这样的孩子托付给君子。朱熹和刘宝楠都认为"六尺之孤"是指幼君,是继承王权的幼小的孩子,这样的幼君可以托付给君子,比如说周公姬旦就是辅佐幼君的典范,周公是君子,所以可以托付。也有不是君子的例子,比如说鳌拜,是康熙皇帝年幼时的辅佐大臣,可是他不可以托付,他不是君子,狼子野心,想着谋权篡位呢。

"可以寄百里之命",把幼君托付给他,他除了有辅佐幼君的愿望外,还要有辅佐幼君的才能。因为幼君还小,很多国家大事处理不了,所以这个君子还要有管理国家、把持政权、颁行政令的本事,不能忠心耿耿却平庸无能,不几天就被其他人给挤走了,使幼君陷入孤立无援的危险境地。这就是"可以寄百里之命"。

"临大节而不可夺也","夺"是倾夺的意思,引申为动摇,辅佐幼君肯定是一件不容易的事情,君子的节操很高尚,哪怕是在生死存亡之际,志气节操也不会动摇,表示君子一直坚守自己的高洁品质。

8.7 曾子曰:"士不可以不弘毅,任重而道远。仁以为己任,不亦重乎?死而后已,不亦远乎?"

【语译】

曾子说:"读书人不可不宽容、坚毅,因为责任重大而路途遥远。以实现仁德为己任,不也很重大吗?至死方休,不也很遥远吗?"

【解读】

"士不可以不弘毅,任重而道远。"这句话也非常有名,经常被引用来说明儒家的精神实质。"不可以不"的意思就是必须要,士必须要弘毅,朱熹注释说:"弘,宽广也。毅,强忍也。"弘就是宽广的意思,毅就是有毅力,坚毅,能忍耐。为什么要宽广呢?因为"非弘不能胜其重",责任太重大了,不宽广的话承受不住。为什么要强忍坚毅呢?因为"非毅无以致其远","仁心仁行"不是三天打鱼,两天晒网的事,这条路很远,没有坚韧刚毅的劲头就走不下去。

"仁以为己任,不亦重乎?死而后已,不亦远乎?"这里是接着解释什么是"任重而道远",以身体力行来担当"仁"是很重的,责任重大,一生坚持"仁",至死不渝,这就是致远。很多人把这句话作为自己的座右铭,以激励自己成为有担当、有为的人才。曾子是孔子思想的传承者,我们前面讲过曾子的"一日三省吾身",也讲到孔子的"一以贯之",和这几段连起来,我们可以感受到:曾子做学问的态度是踏实诚恳的,在生活当中处处用功,但是并不受形式的拘泥。很多人认为儒家的思想是沉重呆板的,这是一种误解,读懂了你就可以理解这其中鲜活又充满正气的生命。

8.8 子曰:"兴于诗,立于礼,成于乐。"

【语译】

孔子说:"用诗激励志气,用礼立足社会,用乐完善人格。"

【解读】

"兴于诗",朱熹注释说:"兴,起也。"兴就是激起、激发。因为《诗经》是发自性情的,思无邪,语言也不难读,在吟咏之间,抑扬反复,又非常容易打动人,所以读《诗经》可以不由自主地唤起自身喜欢善良美好而厌恶丑恶的本心。所以,修身要先学习《诗经》。

"立于礼",礼是人的立身之道,朱熹说:"礼以恭敬辞逊为本,而有节文度数之详,可以固人肌肤之会,筋骸之束。"礼的根本是恭敬、辞让、谦逊,又有礼节规范、文采美好、衡量标准等等细致的方面,能够深入到人的肌肤、筋骨以及四肢百骸,也就是通身上下、一举一动、一想一念都有"礼"的存在。所以说,礼是人的立身之道,人能够卓然自立,不被外在所动摇,全都是仰仗着一个"礼"。

"成于乐",为什么最后完备、完成的时候表现为"乐"呢?朱熹是这么解释的,他说:"乐有五声十二律,更唱迭和,以为歌舞八音之节,可以养人之性情,而荡涤其邪秽，消融其查滓。"这段话还是比较好理解的，音乐有音调高低和旋律节奏等等的变化，可以作为歌唱舞蹈的配合，这就可以陶冶人的性情，荡涤邪恶、污秽的东西，消融掉那些渣滓。一个人学习儒家的礼乐文化，最后达到"义精仁熟""和顺于道德"的程度时，必须也必然要对乐有心得。

8.9　子曰："民可使由之，不可使知之。"

【语译】

孔子说："老百姓可以让他们遵循做事，不必让他们知道为什么。"

【解读】

"民可使由之，不可使知之。"这句话也非常有名。有的学者认为，这是愚民政策，只让老百姓去做事情，而不让老百姓知道得太多。也有学者说这不是愚民政策，而是管理老百姓的两种手段，把这句话断句断成"民可，使由之；不可，使知之"，意思就变成了老百姓能做的、允许做的、可以做的，让他们"由之"，自己照着这么办就好了，对于那些不能做的、不允许的，也要"使知之"，要让他们知道、了解。以上两种解释，一种为了反对而反对，一种为了支持而支持，都解释得过于牵强。我们理解孔子说这句话的意思时，完全不用自己发挥得那么多，知道孔子描述了这样一个事情，告诉我们这样一个道理就可以了。这里涉及我们传统造成的一个民族心态，在《史记·滑稽列传》里说"民可以乐成，不可与虑始"，《史记·商君列传》里也说"民不可与虑始，而可与乐成"，老百姓可以在成功之后欢乐，事情最初开始的时候不用他们多思虑。就好比一个企业，刚开始定战略的时候，不可能企业的每一个员工都在考虑战略层面的事情，他们的岗位也不用他们来考虑这样的问题，等到战略被执行实现了，取得成果了，这个时候每个员工都能分享到成果，因为他们在执行过程中都有贡献。老百姓也一样的，让他们"乐成"就可以了，每个老百姓都有"天下兴亡，匹夫有责"的责任感，但是不用每个人都来思考国家方略怎么定这样的事情。这是儒家治理的思路，这和我们今天征求民意，在广泛的科学调查研究之后再定方略，完全没有冲突。政策是公开透明的，但是老百姓没有责任去制定政策，要是要求每个老百姓都成为科学家、政治家、社会活动家，那他们多累得慌啊。老百姓理解、评议、执行为政者的工作思路就可以了，很多问题都由专职人员来解决，不用老百姓自己费劲。

8.10 子曰:"好勇疾贫,乱也。人而不仁,疾之已甚,乱也。"

【语译】

孔子说:"好勇斗狠,讨厌贫穷,国家就会混乱。人没有仁爱之心,社会对这种人非常痛恨,这样也会导致国家混乱。"

【解读】

"好勇疾贫,乱也。"好勇而不安分,讨厌贫穷,就会作乱,作乱不是好事,是孔子一贯批判的。儒家提倡的是"贫而乐"和"富而好礼",这样一种生活态度才是"仁"的表现。比如说孔子最喜欢的学生颜回,物质生活条件很清苦,但是内心很充实快乐,颜回这样的人是不会作乱的,孔子很喜欢他。

"人而不仁,疾之已甚,乱也。"这里的"疾"跟上文一样,也是讨厌、恨的意思。对不仁的人非常厌恶,如果太过了,到了"恶不仁之人而使之无所容"的程度,让这些人无地自容了,这些人也会起来作乱。前面一种乱是作乱的人自己心态不好,没有达到"仁"。后面一种乱是好心办坏事,本来讨厌不仁之人是正常的,是正确的,但是把这类人逼得没地方去了,客观上造成了混乱。所以朱熹说"二者之心,善恶虽殊,然其生乱则一也",二者的起心和动机虽有善恶的分别,但是产生作乱的结果却是一样的。

8.11 子曰:"如有周公之才之美,使骄且吝,其余不足观也已。"

【语译】

孔子说:"即使有周公那般卓越的才华,但是骄傲而吝啬,也就不值得欣赏了。"

【解读】

"如有周公之才之美,使骄且吝,其余不足观也已。"朱熹说,"才美,谓智能技艺之美",周公姬旦的智能、才艺都很好,是孔子所推崇的大圣人,假使有人和周公一样有才华但是为人骄傲且吝啬,这只是有周公之才,而没有周公之德,所以也是不值得推崇欣赏的。今天也有类似的话来说明才和德的关系,有才有德是良品,有德无才是次品,无才无德是废品,有才无德是毒品。最后一种是最要不得的,有很好的才华,很聪明,掌握的知识技能也多,但是他要是危害社会的话,所起的坏作用会更大,所以在儒家的观念里,德始终是第一重要的。

8.12 子曰:"三年学,不至于谷,不易得也。"

【语译】

孔子说:"读书三年,而不是为了功名利禄,实在是难得。"

【解读】

"三年学,不至于谷,不易得也。"朱熹注释说,"至,疑当作志",多年学习,而不是为了"谷",谷也就是俸禄,"志于谷"就是为了当官拿俸禄而读书。古人说"学成文武艺,货于帝王家",读书习武长本领的目标都是为了能给帝王家做事情,也就是出仕为官。但是孔子这是在感叹,当时他的弟子中很多都是为了求取功名来学习的,真正有立志求学修身进而治理国家的人却很少。前面我们讲过漆雕开这个人,孔子想让他出去做官,但是他认为自己的才能还没达到治理国家的程度,不愿出仕。孔子看到这样的学生很开心。所以说一个人应该真正为了学问而去求学,出仕为官不是必然的选择。

8.13 子曰:"笃信好学,守死善道。危邦不入,乱邦不居。天下有道则见,无道则隐。邦有道,贫且贱焉,耻也;邦无道,富且贵焉,耻也。"

【语译】

孔子说:"笃信道而且好学,坚守善道。危险的国家不前往,混乱的国家不居住。天下有道就出来做事,天下无道就隐居。国家政治清明,自己却贫穷且卑贱,是可耻的。国家政治混乱,自己却富裕而尊贵,也是可耻的。"

【解读】

"笃信好学,守死善道。""笃信"就是坚实有力的信奉,只有很坚定地相信学习有用处、有乐趣,才能做到好学,才能喜欢学习。守死的意味也是坚定了相信,到死都不更改,那守什么呢?笃信什么呢?这个守死笃信的东西就是道,如果光是笃信守死,还是不够,要守善道,才是值得称赞的。

"危邦不入,乱邦不居。天下有道则见,无道则隐。"这两句话说的是一件事情的两个层面,一个层面是邦,一个层面是天下;一个层面是将要发生的,一个层面是正在发生的。所谓"危邦"就是快要乱的国家,所谓"乱邦"就是臣弑君、子弑父的国家。"不入"说的是将要发生的,本来可能要去危邦的,看到苗头就及时警醒,不要去了。"不居"是现在正在发生的,现在所在的国家发生了乱象,就要离开这里,不要继续停留。所有的邦国加起来、合到一起就是天下,天下有道,就不会出现危邦、乱邦,这个时候可以出来做一些事情;天下无道,就会有危邦、乱邦,就要隐蔽起来,不要给当权者出谋划策,因为危邦、乱邦的当权者都是不符合"仁"和"礼"的,给他们出谋划策是助纣为虐,也是不仁的行为。

"邦有道,贫且贱焉,耻也;邦无道,富且贵焉,耻也。"邦有道的时候,还很贫穷,地位很低贱,这是耻辱的事情,为什么呢?这是"耻其不得明君之禄也",既然君王是明君,自己却没有得到认可,那就是自己的问题,是一件可耻的事情。邦无道的时候,却富且贵,这也是可耻的,为什么呢?这是"耻食污君之禄,以致富贵也",碰到一个昏君暗主,然后还能发财升官,是同流合污,也是可耻的。

8.14 子曰:"不在其位,不谋其政。"

【语译】

孔子说:"不在那个位置,就不考虑那个位置所管的事。"

【解读】

"不在其位,不谋其政。"这句话很值得品味,按理说古代中国社会的管理传统是一个官什么都得管,比如皇帝既管军事,又管民事,又管刑狱,又管行政,大权集于一身。再比如到地方上去,一个县令,一个郡守,也是什么都管的,既管抓贼,也管审案,碰到天灾人祸还管慈善援助。而孔子这句话说,你没在那个位置,就不要考虑那些事情。后人注释说这是"欲各专于其职",想要每个人都专注于他自己的职业和岗位,不要管别的岗位的事情。这就有一个矛盾了,在一个行政位置上就得什么都管,而孔子又希望你只管自己该管的那一部分。职能分工不清晰,岗位职责不明确,就没法做到孔子所说的"不在其位,不谋其政",只能是胡子眉毛一把瞎抓。所以,孔子的这个思想对现代企业管理很有借鉴意义,一定要把岗位职责梳理清楚了,然后要求员工"不在其位,不谋其政",反过来就是"在其位,谋其政",每个人都把自己的事情做好了,团队就可以有效配合,最后达到好的效果。一个人什么"政"都"谋",那是手工小作坊,做艺术品是可以的,工业化大生产肯定是不适合的。

8.15 子曰："师挚之始,关雎之乱,洋洋乎盈耳哉！"

【语译】

孔子说："从太师挚开始演奏到结尾演奏《关雎》的时候,满耳朵都是美妙的音乐呀！"

【解读】

"师挚之始,关雎之乱,洋洋乎盈耳哉！""乱"是什么意思呢？朱熹说是"乐之卒章也",乐结束时的那一部分称为"乱"。《关雎》是《诗经·周南》的第一篇,而《周南》是"国风"的第一篇,《关雎》的"乱"代表了"国风"的风格。"洋洋乎"是"美盛意",《关雎》这个音乐非常美。那为什么孔子在这里如此盛赞《关雎》呢？因为当时礼崩乐坏,周代的正统音乐已经衰微了,是一种"郑卫之音作,正乐废而失节"的状况,很正很美的音乐没有市场了,充斥市场的都是一些淫邪之音,是靡靡之音。所以在这个时候鲁国的大师演奏《关雎》这种很正很美的音乐,孔子很欣赏,很推崇。

8.16 子曰："狂而不直,侗而不愿,悾悾而不信,吾不知之矣。"

【语译】

孔子说："狂妄而不正直,幼稚而不老实,表面忠厚的样子而不讲信用,我无法理解这种人。"

【解读】

"狂而不直,侗而不愿,悾悾而不信,吾不知之矣。"狂者进取,进取的人应当正直,现在有的人很狂很激进,但是不正直。"侗"是"无知貌","愿"是谨厚,人不可能什么都知道,总是会有不懂的学问,不知道、不懂的情况下应当谨慎厚道,现在有的人无知还不谨慎。"悾悾"是诚恳貌,人也不可能什么都能,总有能力不及的地方,能力不及的时候应当讲信实,现在有的人没有什么能力还不讲信实。以上说的这几种人都是孔子所摈弃的,不愿意与他们为伍,也不愿意教导他们。一般来说,本事大的人多少都有点特殊的嗜好,有点小毛病,就好比爱踢人、咬人的马,性子很烈,桀骜不驯,但是常常能跑得很快,现在如果这个马既踢人、咬人,又跑不快,那就一无是处了。

8.17 子曰:"学如不及,犹恐失之。"

【语译】

孔子说:"学习好像生怕赶不上的样子,生怕忘记了。"

【解读】

"学如不及,犹恐失之。"我们都有学习的经验,学习一种技能,一定要到非常娴熟的地步才能维持得比较长久,如果过很长一段时间也没有接触这个东西,又会开始变得生疏了。孔子在这里讲的主要是学习的态度,学习要总觉得还没有达到目标,不断地追求,学了的东西要担心失去它,担心忘掉它,就能学而不厌,温故而知新了。

8.18 子曰:"巍巍乎,舜禹之有天下也,而不与焉!"

【语译】

孔子说:"崇高啊!舜和禹拥有天下,却不谋求私利。"

【解读】

"巍巍乎,舜禹之有天下也,而不与焉!"这里是孔子赞美舜和禹,这两个帝都是因为功德很高而受禅,他们的位子不是求来的,也不是生下来就有的。所以,这里本质上孔子称赞的还是舜帝和禹帝的功德。

虞舜孝感动天图

8.19 子曰:"大哉尧之为君也!巍巍乎!唯天为大,唯尧则之。荡荡乎,民无能名焉。巍巍乎其有成功也,焕乎其有文章!"

【语译】

孔子说:"伟大啊!尧作为君王!崇高啊!只有天是最大,只有尧效法天。他的恩德广大呀！百姓无法用言辞来形容他。他的功绩崇高啊,他的文化光辉啊！"

【解读】

"大哉尧之为君也！巍巍乎！"前面解释过了,"唯天为大,唯尧则之",唯就是唯独,唯独以天为大,唯独以尧为"则",以尧作为榜样,作为准则。

"荡荡乎,民无能名焉。巍巍乎其有成功也,焕乎其有文章！"朱熹说,"荡荡,广远之称也",很广很远,人们没法找到合适的言语来形容这种广大深远。朱熹注释说:"成功,事业也""文章,礼乐法度也"。"巍巍"来形容尧的事业非常大,功绩非常大,"焕"是光辉的样子,尧的礼乐法度非常光辉。

8.20 舜有臣五人而天下治。武王曰:"予有乱臣十人。"孔子曰:"才难,不其然乎！唐虞之际,于斯为盛。有妇人焉,九人而已。三分天下有其二,以服事殷。周之德,其可谓至德也已矣。"

【语译】

舜有五位贤臣,天下便太平。周武王说:"我有十位贤臣。"孔子说:"人才难得,不正是这样吗？唐尧和虞舜之际,这时的人才最兴盛。周武王十位贤臣之中还有一位妇女,实际上男的只有九位而已。周文王得了天下的三分之二,仍然以诸侯之礼侍奉殷商,周朝的道德,可以说是最高的德了！"

【解读】

"舜有臣五人而天下治。"舜有五个能臣就达到了天下太平了,朱熹的注释说这五个能臣分别是禹、稷、契、皋陶、伯益。

"予有乱臣十人。"周武王说他有"乱臣"十人,这里的"乱臣"就是贤臣,治和乱是一对关联的反义词。这里的"乱"本作"𤔔",也就是古代的"治"字。因为武王是贤明之君,下面也是贤臣辈出,依据文意,应该是"治臣"的意思,分别有周公旦、召公奭、太公望、毕公、荣公、太颠、闳夭、散宜生、南宫适等,还有一个是邑姜,邑姜就是周武王的王后。

这里不说"子曰"而说"孔子曰",是因为前面提到的都是尧舜禹汤周文王周武王,比孔子的辈分还高,所以这里谨慎地用了"孔子曰"的说法。"才难,不其然乎！"就是人才难得,孔子很同意这个说法,他说不是如此吗？"唐虞之际","唐"是指唐尧,"虞"是指虞舜,唐尧和虞舜治理天下的时候,"于斯为盛",这时候的人才最兴盛,唐尧、虞舜的年代人才最多。"有妇人焉,九人而已",到周武王时有贤臣十人,其中有一个是武王的老婆,是女性,实际上朝堂上的贤臣只有九个,也是说明周代的贤臣很多,可以与唐尧、虞舜那个时候相媲美了。"三分天下有其二,以服事殷。周之德,其可谓至德也已矣。"是说的周文王时候的事,周文王的仁德使得天下的人都归向他,商王朝下属的一些州都是自己归向周文王的,但是周文王还是以礼待商纣王,可见这种仁德是到了极致。

8.21 子曰:"禹,吾无间然矣。菲饮食而致孝乎鬼神,恶衣服而致美乎黻冕,卑宫室而尽力乎沟洫。禹,吾无间然矣。"

【语译】

孔子说:"禹,我对他没有任何挑剔了。自己饮食菲薄,祭祀鬼神的祭品却非常丰盛;自己衣服简朴,却把祭服做得极其华美;自己宫殿简陋低矮,却竭力办好水利。禹,我对他没有任何挑剔了!"

【解读】

"禹,吾无间然矣。""间"就是罅隙的意思,就是有缝隙,有缺陷,这里是孔子说自己对禹帝没有什么可非议的。

"菲饮食而致孝乎鬼神,恶衣服而致美乎黻冕,卑宫室而尽力乎沟洫。禹,吾无间然矣。""菲"就是薄的意思,我们今天说价值不菲,也就是价值不薄。"致孝乎鬼神",就是祭祀鬼神,禹帝自己的饮食很菲薄,但是祭祀鬼神的时候不马虎。"黻","蔽膝也,以韦为之",这是一种遮盖膝盖的服饰,用皮革做成。"冕,冠也",加冕就是加个帽子,加一个皇冠,就象征着权力。禹帝的衣服穿得很差,但是黻、冕却很美,为什么呢?因为黻、冕都是祭祀时的着装,是礼服,就像现在出席正式场合时着装整齐是表示对宾客的尊重一样,祭祀时着装庄重同样也是表达对鬼神、祖先的崇敬。"沟洫,田间水道",禹帝的寝宫很简陋,但是他致力于治水,把庄稼地里的排水工程做得很到位,这是干实事。所以孔子说:我对禹帝挑不出什么毛病。

子罕第九

9.1 子罕言利与命与仁。

【语译】

孔子很少谈利益、命运和仁德。

【解读】

"子罕言利与命与仁。""罕"就是少的意思,孔子很少言及"利""命""仁"。这句不好理解,因为在《论语》中提到"仁"有109次,"天"单独出现过18次,"命"出现过24次。那为什么这里说孔子很少谈及这三项内容呢?宋儒程颐说这是因为"计利则害义,命之理微,仁之道大,皆夫子所罕言也",算计利就会伤害道义,天命的道理很微妙,仁德的道理很大很深,所以孔子很少说这些东西。孔子的学问是一门实实在在的实践学问,孔子跟学生的答对基本上不太着眼于概念的澄清,上来都是讨论具体的问题、具体的人、具体怎么做。正因为如此,孔子在回答学生问"仁"时才会有那么多样的答案,每一个答案都是特定而确定的,但是要从中概括出一个清晰的概念却比较困难。这种传统也是我们学习中国传统文化需要特别注意的现象,可能我们会碰到同样的词,同样的概念,在不同的场合,意思大相径庭,学习传统文化靠体悟,靠我们把自身沉浸到说话者当时的状况中去,切身感受当时的情形,然后再去理解,这就是陈寅恪所谓的"同情之理解"。

9.2 达巷党人曰:"大哉孔子!博学而无所成名。"子闻之,谓门弟子曰:"吾何执?执御乎?执射乎?吾执御矣。"

【语译】

达巷的一个人说:"伟大啊孔子!学问渊博,却没有可以成名的专长。"孔子听到了,对弟子们说:"让我做什么呢?驾车吗?射箭吗?我愿意驾车。"

【解读】

古代五百家为"党",这在后面的《乡党》篇还会说到。"达巷"是一个"党"的名称。达巷这个地方的一个人称赞孔子,"大哉孔子",就是孔子大哉,是孔子真伟大的意思。"博学"就是学问大,懂得东西多。"无所成名"就是没有成名之"所",所就是一个地方、一个东西,这里是惋惜孔子没有成名的一技之长,不是一个专业技术人才,放到今天来说就是惋惜孔子没有一门特定的手艺,比如当医生、当律师等等。

"吾何执?执御乎?执射乎?吾执御矣。"这段是讲孔子听到有人替他惋惜之后的反应,射和御都是六艺中的一种,射就是射箭,御就是驾车,孔子说如果一定要选一个专门的技能的话,我就选替人驾车吧。驾车是仆人干的事情,是六艺当中比较卑下的一种,这里是孔子表示谦逊,甘愿做卑下的事情。还有人对"执御"有另外一种解释,孔子借执御来表达自己对文化传承的保驾护航,做一个时代文化的先驱。

9.3 子曰:"麻冕,礼也;今也纯,俭,吾从众。拜下,礼也;今拜乎上,泰也。虽违众,吾从下。"

【语译】

孔子说:"麻布做的礼帽,符合礼仪;今天用丝料,是为了节俭,我同意众人的做法。臣见君,先在堂下跪拜行礼,然后升堂再跪拜行礼,符合礼仪;现在仅升堂时跪拜行礼,这是倨傲的表现。虽然不同于众人,我还是主张先在堂下跪拜行礼。"

【解读】

"麻冕,礼也"。"冕"是一种帽子,"麻冕"就是用麻做成的冕。"今也纯,俭"。"纯"是指丝,用麻做冕是符合礼的,现在用丝做冕可以节俭,比较简约而容易操作。孔子说"吾从众",我同意大众的做法。这里再次看出孔子在"复礼"问题上的原则性和灵活性,"礼"的灵魂是"仁",是内心的敬,所有的规矩、设置都是为了表达内心的敬畏之情。如果搞得很复杂、劳民伤财,就违背了礼的初衷,而且太复杂的话,大众实现不了,就会废弃,更加没法"复礼"了,这就好像鲁迅先生举的例子,说有的中医开方子要找药引子,要找成对的经冬的蟋蟀,这怎么容易找到呢?所以这些神神叨叨的东西也就逐渐失去了生命力。

"拜下,礼也;今拜乎上,泰也。虽违众,吾从下。"这句话就表现出孔子的原则性,进见君王的时候在哪里行礼跪拜符合礼呢?是在堂下和堂上。现在只有堂上才行跪拜礼,减少了一个。这里减少礼节是自己想要偷懒,内心也就没了恭敬,没有恭敬之心的礼节只是形式,对于人文教化是没有益处的,所以孔子反对这种不守规矩的做法。现代很多人批判儒家,主要的原因在于儒家繁文缛节太多。如果认真读过《论语》后,才能真正明白孔子提倡的礼究竟是什么样子。礼是内心诚挚的一种外在表现,并非徒有外表的一种形式。

9.4 子绝四:毋意,毋必,毋固,毋我。

【语译】

孔子杜绝四种缺点,不凭空揣测,不绝对肯定,不固执己见,不自以为是。

【解读】

"子绝四:毋意,毋必,毋固,毋我。""毋意",这个毋就通这个勿,就是不要的意思,不要意,就是不要主观臆断。"毋必"就是不必,这个必是什么?必就是指那些僵化了的东西,如果想着"必定是什么",人心就不会变通,"毋必"就是不要僵化。"毋固"就是不要执着。"毋我"就是不要有私我,不要只想着一己之私。儒家这么说,道家也这么说,庄子说的要无绩、无功、无名。我们还有佛家说的"三法印",所谓"法印"就是一种大印,是一种最高的原则,是必须都要去遵守的。佛家的"三法印"是"诸法无我,诸行无常,寂静涅槃"。"诸法无我",各种法里面不要守一个"我"。这个"我"是什么意思,除了这个我自己的意思之外,还指一种有形的实体。"诸法无我"就是说各种各样的法都是无形的,不是有形的。"诸行无常"是什么意思?指各种行为、各种现象都没有常规,没有常定。这其实也就是《周易》的"三易"中的"变易",万事万物都在变。其实西方的、早期的哲学家也有类似的论述,西方有一个哲学家说了一句话:人不能同时踏进同一条河流,也就是这个"诸行无常"的意思,我这只脚踏入这条河流之后,另一只脚再踩进去,那已经不是第一只脚踩进去的那个河流了,这个水已经变了。万事万物都在变易,没有不变的。"寂静涅槃"又相当于什么呢?它就相当于《周易》"三易"中的那个"不易",意思是不变、不易,寂静涅槃就是最后回归到无极了,就大圆满了。我们中国人有句老话:静坐常思己过,闲谈莫论人非。"常思己过,莫论人非"就属于一种具体的做法了,是无私无欲的具体做法。"莫论人非"就是不要去谈论别人的是是非非。还有一些老话:能吃苦乃为志士,肯吃亏方为贤人……都是从反面去做,都是具体怎么做到"正心"的方法,都是养神的法门。

9.5 子畏于匡,曰:"文王既没,文不在兹乎? 天之将丧斯文也,后死者不得与于斯文也;天之未丧斯文也,匡人其如予何?"

【语译】

孔子被围困在匡地,说:"周文王已经死了,文化遗产不都在我这里吗? 天若是要消灭这种文化,那我也不会掌握这些文化了;老天爷不让这种文化丧失的话,这些野蛮的叛党又能拿我怎么样呢?"

【解读】

"子畏于匡","畏"字的甲骨文写成🀆,画的是一个巫师头戴鬼面具,这是巫师驱逐恶鬼的一种装饰。畏字很早就有让人畏惧、害怕的意思,比如《论语》中说"君子有三畏",这个畏字就是畏惧的意思。但是在这里,畏字不是畏惧的意思,而是拘留、扣留的意思。《史记·孔子世家》说孔子在匡这个地方被"拘焉五日",在那里被扣留了五天。"匡"是宋国的地名,在这个地方有个长得很像孔子的人,名字叫阳虎,但是这个人很坏,宋国的人想要杀掉他,当孔子带领学生经过匡时,这里的人把孔子和学生们包围了起来,想要杀掉他们。"文王既没,文不

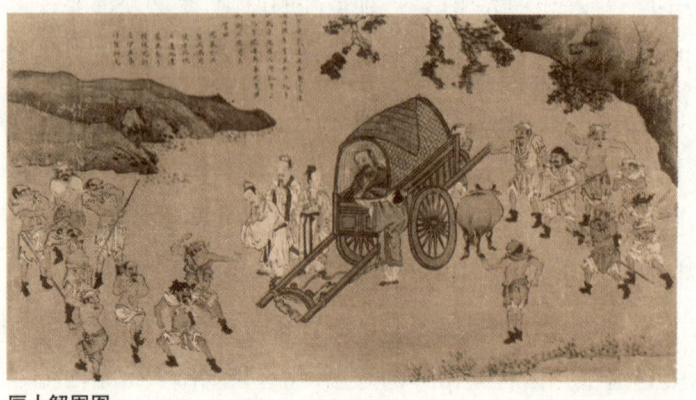

匡人解围图

在兹乎？天之将丧斯文也，后死者不得与于斯文也"。孔子在这次事故中反思说，文化没落了啊，周文王亡故之后，文化就没落了啊。"斯文"不是今天说某个人斯斯文文的那个意思，今天的斯文有秀气、文雅的意思，当然也含有有文化的意思。在这句话当中"斯"是"这"的意思，"斯文"就是周文王的这个文化，"后死者"就是指孔子自己，也包含了要继承周文王文化的这些人，这种文化丧失了，那孔子和那些继承者就没法得到这种文化了，所以孔子很失落。

"天之未丧斯文也，匡人其如予何？"孔子心中有一个坚定的信念，所以才会这么说，大有"杀了夏明翰，还有后来人"的气概，而这种精神正是后世很多人所缺乏的。

9.6　太宰问于子贡曰："夫子圣者与？何其多能也？"子贡曰："固天纵之将圣，又多能也。"子闻之，曰："太宰知我乎！吾少也贱，故多能鄙事。君子多乎哉？不多也。"

【语译】

太宰问子贡："孔夫子是圣人吗？为什么这样多才多艺呢？"子贡说："本来是上天使他成为圣人，又多才多艺。"孔子听到了，说："太宰了解我吗？我少年时穷困，所以学会了不少卑贱的技艺。君子有这些技艺，不多啊。"

【解读】

"太宰问于子贡曰：'夫子圣者与？何其多能也？'""太宰"就是君王的总管，大约相当于现在政府的总理，太宰惊诧于孔子的多才多艺，所以就问孔子的学生子贡：你老师是不是圣人啊？

"固天纵之将圣，又多能也。子闻之，曰：'太宰知我乎！吾少也贱，故多能鄙事。君子多乎哉？不多也。'"子贡回答了太宰的提问，这种回答也是孔门弟子的通常回答，子贡更是如此，内心真非常崇敬老师，老师的德行确实应该得到崇敬，所以子贡说孔子是老天爷派来当圣人的。孔子听说了这件事后，解释了一下自己为什么懂得这么多的技能，原因是因为他小时候地位低下，生活困顿，所以才锻炼出了多种技能。作为一个君子，掌握了这些技能算多吗？孔子说，这些技能不算多。

9.7　牢曰："子云：'吾不试，故艺。'"

【语译】

牢说:"老师说过:'我不曾被任用,所以学得一些技艺。'"

【解读】

"牢"是一个人的名字,也是孔子的学生,这个学生说他听到他的老师孔子曾经说过这样的话:"吾不试,故艺。""试"在《说文解字》的解释是:"试,用也。"这里的意思是孔子不被用,也就是没有做官,没有出仕。"艺"是多才多艺的意思。这里和"吾少也贱,故多能鄙事"相呼应,年少的孔子地位低下,没有官位、爵位在身,很多地位低下人所做的手艺他也得做,比如他做过"委吏",相当于仓库管理员,做过"乘田",相当于劳工头目,孔子把这些事情都做得很好,他会多种技能。

为委吏图

9.8 子曰:"吾有知乎哉?无知也。有鄙夫问于我,空空如也。我叩其两端而竭焉。"

【语译】

孔子说:"我有知识吗?没有。有乡下人向我请教,我本来一点都不知道,我只是从问题的两个极端去询问了,这样就彻底找到答案了。"

【解读】

"吾有知乎哉?无知也。"孔子一直说他自己是学而知之,知识和技能都是靠学习得来的。在知识问题上孔子主张"知之为知之",孔子觉得自己有知识、有学问吗?他说自己"无知也",说自己无知。这么说应该说是比较客观的,因为无知是绝对的,有知是相对的,庄子说:"吾生也有涯,而知也无涯,以有涯随无涯,殆矣。"学问修养到了最高境界的人,是很谦逊的,这种谦虚卑下的态度不是装出来的,因为见到了天地的广大、智慧的无穷,所以才知道自己的渺小。

"鄙夫"就是指乡下人,乡下人去请教孔子,孔子"空空如也",心中空空,一点也不知道。然后孔子就"叩其两端而竭焉",叩其两端就是从两个对立的方面去叩问,比如从正面问和从反面问,问事情的开始和结局,问下面的人对事情的看法和上面的人对事情的看法,等等,这样就能"竭焉",达到尽力探求知识真相的目标了。"叩其两端而竭焉"的方法是我们学习知识时一个比较可靠的方法。

9.9　子曰:"凤鸟不至,河不出图,吾已矣夫!"

【语译】

孔子说:"凤凰不再飞来,黄河不再出现图像,我这一生完了吧!"

【解读】

"凤鸟不至,河不出图。""凤鸟"是吉祥的象征,"至"就是达到、来到,凤鸟来了是吉祥,凤鸟不来了预示着衰败的开始,直到今天民间还有这样的信仰。比如喜鹊在堂前叽叽喳喳叫,这家主人心里就高兴,想着这肯定是有喜事,究竟有什么喜事他自己都不清楚,不过总是能给他带来一个好心情。再比如家里屋檐下有小燕子做的窝,年年春天燕子都会回来,如果某一年这小燕子不回来了,这家主人心里就会犯嘀咕:是不是这个家要衰败了啊?"河出图、洛出书"的象征意义是一样的,河是黄河,洛是洛水,黄河这个地方曾经有龙马背着河图出来,洛水这个地方曾经有神龟背着洛书出来,这两个吉兆在古代一直被当成圣人将要出世的象征。现在这些吉兆都没有出现,孔子心情很低落,说"吾已矣夫",我估计也快要去世了。这是孔子对这个时代的感叹,他虽然想挽救这个文化没落的时代,但是自己年纪大了,时间不够,有些力不从心了。

9.10　子见齐衰者、冕衣裳者与瞽者,见之,虽少,必作;过之,必趋。

【语译】

孔子看见穿丧服的人、穿戴礼帽礼服的人以及盲人,即使年轻,也一定站起来;走过他们面前的时候,一定快步走过。

【解读】

"子见齐衰者、冕衣裳者与瞽者。""齐衰者"指穿着丧服的人,中国的古人很重视丧礼,齐衰就是丧礼上一种的服装。根据与死者的亲疏,参加丧礼的人的服装也有不同,最亲的人,比如死者的儿子、媳妇,要穿斩衰,这个斩衰是用生的粗麻布做成,衣服的边角像用刀子斩断一样,很粗糙。齐衰也是用粗麻布做成的,不过把衣边儿给缝制好了。然后接下来是大功、小功、缌麻,总共加起来有五种服饰规格,这就是丧礼的"五服"。冕是帽子,古人戴帽子代表着一种身份,也是礼的一种表现,"冕衣裳者"就是指穿戴着礼服礼帽的人。"瞽者"是眼睛看不见的人。

"见之,虽少,必作;过之,必趋。""虽"字在古代汉语里的意思是即使。"作"字在古代汉语中的意思是起,"一鼓作气"的意思就是第一遍击鼓可以让士气"作",让士气起来,也就是鼓舞士气。"趋"在古代汉语中的意思是快走。前面说的这三种人,孔子见到他们,即使他们很年少,也必定要起身,经过他们时,必定要快走。这段话蕴含了三种孔子所重视的礼文化,第一个是慎终追远,孔子很重视丧礼,重视文化的传承,所以见到穿齐衰者,孔子一定以礼相待,就像今天我们见到戴着黑袖章的人,都会注意一下,不会那么嘻嘻哈哈地对待他。第二个是孔子重视礼,见到穿着礼服礼帽的人,孔子也以礼相待,就像今天我们在大街上见到戴着红袖章的人,我们都会自觉不自觉地听从他的调度。第三个是孔子同样以礼对待眼睛看不见的人,眼睛看不见自然就不知道孔子有没有"作",有没有"趋",可是孔子照样会这么做,这是一种诚实。孔子重视礼,一定是表里如一,不管对方的地位、身份如何,都以礼相待。

9.11 颜渊喟然叹曰:"仰之弥高,钻之弥坚。瞻之在前,忽焉在后。夫子循循然善诱人,博我以文,约我以礼,欲罢不能。既竭吾才,如有所立卓尔。虽欲从之,末由也已。"

【语译】

颜渊感叹地说:"老师的道,抬头仰望,越望越觉得崇高;努力钻研,越钻研越觉得深邃。看看似乎在前面,忽然又像是在后面。老师善于有步骤地诱导我们,用典籍来丰富我们的知识,用礼来约束我们,使我们想停下来都不可能。竭尽我的才智,似乎能够独立。想要再向前,却没有途径。"

【解读】

"仰之弥高"说的是高度,是向上的度量。"钻之弥坚"说的是深度,是向下的度量。"瞻之在前"说的是前瞻性,是时间上向前的度量。"忽焉在后"说的是普适性,是实践中检验的度量。这里描述的孔子之道颇有放之四海而皆准、置诸万世而皆准的味道了。

"循循善诱"这个词就是从这里来的,在教学中善于引导人一步一步去获取知识就叫循循善诱,这里颜回说自己的老师正是这样的人。"博我以文,约我以礼",孔子用文献来让学生们博学,用礼来约束学生们的行为和净化学生的心灵。然后这些学生们就"欲罢不能",这句话用在这里非常耐人寻味,"欲罢不能"是描述一种上瘾的感觉,想停都停不下来,孔子教学能让学生们对学习上瘾,这可以说是教学的很高境界了。"既"字左边画的是一个人,头朝左,是要走了,离开了,右边画的是吃的东西。这个人要离开吃的东西,说明他已经吃过了,他已经吃完了。所以既字的意思就是完了、结束了,"既竭吾才"就是已经让我的才能全部被发掘出来了。"如有所立卓尔",卓然自立是孔子的形象,这里颜回说自己竭尽全力,然后好像能有卓然自立的感觉。"虽欲从之,末由也已",这里是颜回表达自己不会懈怠,会坚持追随夫子的教导,不停止,直到能像夫子那样卓然自立。

9.12 子疾病,子路使门人为臣。病闲,曰:"久矣哉,由之行诈也!无臣而为有臣。吾谁欺?欺天乎!且予与其死于臣之手也,无宁死于二三子之手乎!且予纵不得大葬,予死于道路乎?"

【语译】

孔子病重,子路便派学生做孔子的家臣准备负责治丧。后来孔子的病好转了,说:"仲由干这种欺诈的事太久了!我本没有家臣治丧,却要人以家臣的名义治丧,我欺骗谁?欺骗天吗!而且我与其在家臣的料理下死去,不如在你们这些学生的料理下死去!即使我不会被厚葬,难道我就会死在道路上吗?"

【解读】

"子疾病,子路使门人为臣。""疾"字在古代汉语中有两个基本的意思,一个是小病,一个是快。疾字是病字旁下面一个"矢"字,矢就是箭,射到人身上可以让人受伤,这是第一个意思的来源,从弓上飞出去的箭矢飞得很快,于是疾又有了快的意思。孔子生病了,学生子路派了他的一个学生去服侍孔子,去孔子家为"臣"。臣字画的是一个竖着的眼睛,本来眼睛是平着的,一低头眼睛就竖立起来了,所以竖着的眼睛代表低头,而低头象征着臣服。这里子路把自己的学生派到孔子家里去做"臣",就是做下人,臣服于孔子,服侍孔子。

"病闲"。"闲"的本义是木头造的栅栏,木栅栏是圈定范围的,在栅栏里就显得很安全,很舒适,在栅栏外就要面对风险。"病"指大的病,疾指小病,现在病被"闲"住了,就是被控制住了,缓解了。"久矣哉,由之行诈也!无臣而为有臣。吾谁欺?欺天乎!"孔子病情好转后发现子路把徒孙派到自己家里来管事,心里不高兴。孔子生这场大病差点一命呜呼,子路派个徒孙过来显然是帮忙。孔子批评子路,说子路不诚实,我孔夫子没有家臣就没有家臣吧,你何苦给我派来家臣呢?你这个子路啊,你是陷我于不诚实的境地啊,我能骗得了谁呢?我骗得了老天爷吗?看来子路好心办事反而挨骂,为什么呢?因为子路没有守礼,不诚实,所以他的老师孔子责备他。

"且予与其死于臣之手也,无宁死于二三子之手乎!且予纵不得大葬,予死于道路乎?"光责备子路做得不对,还是不够的,孔子接着也给子路提出建议,告诉他怎么做才对。孔子说他宁愿学生们给他送终治丧,也不愿意请一个外人来给他治丧。为什么会这样呢?因为在孔子看来,如何就死,这件事很重大,死了不要紧,但是要保住道的传承,一般来说都是后代子孙在旁边送终,然后治丧,因为后代子孙显然是要传承这个家的财产、爵位、学问等等内容的。后代子孙没有或者不能在旁边的,孔子说学生们也可以,因为学生们肯定是要传承老师的学问的,文脉道统的传承主要就是靠父子相传、师徒相传,所以重视丧葬之礼的根本意义在于内在的道的传承,而不在于外面的形式。

9.13 子贡曰:"有美玉于斯,韫椟而藏诸?求善贾而沽诸?" 子曰:"沽之哉!沽之哉!我待贾者也。"

【语译】

子贡说:"这里有一块美玉,把它放在柜子里藏起来呢,还是找一个识货的商人卖掉呢?"孔子说:"卖吧!卖吧!我等待识货的商人。"

【解读】

"有美玉于斯,韫椟而藏诸?求善贾而沽诸?"子贡这里说的美玉是一个比喻,古人经常用玉来比人的美德,或者用玉来比有美德的人,这里的美玉就是孔子。

"韫"的本义是用皮袋子裹起来、藏起来的意思,"椟"是装东西的木匣子,有一个成语叫买椟还珠,意思是买了木匣子而把里头装的宝珠还给别人。"贾"最早的意思是买卖,也用来指做买卖的人,即商人。"沽"本来主要指买酒,这里是卖的意思。

"沽之哉!沽之哉!我待贾者也。"这句话说明了孔子对于出世的态度,孔子希望自己能卖个好价钱,这么做叫"待价而沽",等到好价钱就卖出去。这也是道家和儒家最大的不同之处,道家说:"持而盈之,不如其已;揣而锐之,不可常保。金玉满堂,莫之能守。富贵而骄,自遗其咎。功成身退,天之道也。"道家主张要退、要藏,第一是不要有什么了不得的东西,第二是即使有什么了不得的东西也要藏着,因为越有才华,越被人惦记,越短命,庄子就说"虎豹之文来田,猨狙之便执嫠之狗来藉",虎豹因为皮毛纹理好看而且暖和,所以才被田猎的人追杀,猿猴、猎犬因为敏捷而被绳子拴住,所以人也一样,要低调,要藏拙。而儒家却不一样,孔子说自己"待贾者也",等着有好价钱就出手,儒家是讲究出世的,遇到明主就要出世做事情,比如诸葛亮碰到刘备就出山了。

9.14 子欲居九夷。或曰:"陋,如之何?" 子曰:"君子居之,何陋之有?"

【语译】

孔子想搬到九夷去住。有人说:"那地方非常简陋,怎么能住呢?"孔子说:"君子住在那里,还有什么简陋呢?"

【解读】

这一章主要讲的是君子之德和居处的关系,看得出来我们中国人注重居所是自古以来的传统,今天我们仍然都想把自己的居所安置得舒适满意。但是在孔子看来,物质条件、环境条件的好坏并不是一处居所好坏的决定性因素,主人的德行才是最根本的决定性因素。

"子欲居九夷。"这提"九夷","夷"(秉)字在金文里是画成一个被绳索绑住的人,是中原地方的人用绳子绑着从中原的四周俘虏来的人。古时候中原地区的文化相对较发达,而周边地区的文化相对简陋一些,孔子想去这些简陋的地方定居,有的人当然会问他:"陋,如之何?"那些地方这么简陋,您老人家住得惯吗?

"君子居之,何陋之有?"孔子认为居住条件没什么关系,只有他是君子,住哪里都一样。后世有一个大儒刘禹锡写了一篇文章叫《陋室铭》,铭就是刻在金石上让自己记住文字或其他的内容。这篇文章中就说："山不在高,有仙则名;水不在深,有龙则灵。"这座山是因为山里居住的神仙而闻名,这里的水是因为居住着龙王而有灵性,那么人所居住的屋子也是一样,因为有德行的人居住就不会显得简陋了。

9.15 子曰:"吾自卫反鲁,然后乐正,《雅》《颂》各得其所。"

【语译】

孔子说:"我从卫国返回到鲁国,然后才把音乐修正,使《雅》和《颂》各有适当的位置。"

【解读】

这里表面上是讲鲁国音乐风尚的变化,实际上是讲文化风气的改观。春秋时礼崩乐坏,一方面是高雅音乐慢慢没有市场了,低俗的流行音乐大行其道;另一方面是音乐的使用规范出了问题,就好像本来该奏国歌的场合,却用着靡靡之音了,这都是不合适的。孔子他老人家从卫国回国后,因为他周游了很多国家,学习了一些正统的高雅音乐,于是他回去后就修订了鲁国的音乐,使得鲁国的音乐"正"了。音乐代表着一个社会的文化风尚,音乐正了,社会风气也就跟着会正起来,

退修琴书图

文化也会被引向高雅。

"吾自卫反鲁,然后乐正,《雅》《颂》各得其所。"孔子从卫国回到鲁国的时间应当在鲁哀公十一年,这个时候孔子六十八岁了,在外面周游了十四年,深感即便有权力也不能匡正文化,复兴礼乐,只有培养文化人才是关键。回到鲁国之后,孔子主要是整理文献和教育学生,而正乐的工作也正是在这一段时间里做的。

9.16 子曰:"出则事公卿,入则事父兄,丧事不敢不勉,不为酒困,何有于

我哉？"

【语译】

孔子说："在外则侍奉公卿，在家则侍奉父亲和兄长，办理丧事不敢不尽力，不因为喝酒而造成困扰，这些我做到了哪些呢？"

【解读】

这一章里孔子主要是讲如何要求自己的标准问题，这里主要说了四条，在外怎么要求，在家怎么要求，丧事怎么做，还有就是不要醉酒。前面三件事是从处理人生大事上看一个人的德行，后面一件事是从生活行为中看一个人的品行修养。

"出则事公卿，入则事父兄。"在外为君王公卿服务，这是建功立业，是士的事业追求。在内礼敬父亲和兄长，当然还包括了友善对待家里的其他成员，这是家和万事兴，以仁德治家，是君子的人伦礼仪。这一内一外，概括了一个人需要面对的最重要的事情。

"丧事不敢不勉，不为酒困"。丧事是孔子一贯重视的事情，因为这个事情含有慎终追远的意思，喝醉酒会使人迷失本性，会变得失去仁德的约束，所以要避免醉酒，本质上是要避免丧德，要让仁德始终保持在身上。

"何有于我哉？"这个反问是孔子的自我反省。孔子这样人格伟大、"无终食之间违仁"的圣人都需要按照前面提到的四条对照来反省自己，我们更加有必要时时以这四条来对照反省自己了。

9.17 子在川上，曰："逝者如斯夫！不舍昼夜。"

【语译】

孔子站在河边说："消逝的一切就好像这流水，白天黑夜都不停息。"

【解读】

"逝者如斯夫！不舍昼夜。"这句话非常有名，也有很多种引申的解释，这些我们都可以不去理会，因为这种慨叹之词一定与孔子当时的心情有关，更与孔子个人的修养有关。就好像在大草原上我们每个人都能看到蓝天白云，但是一个经验丰富的老牧民却能从云彩的样子读出天气来，一个画家能从中读出美丽的画面，一个诗人又能从中读出美好的诗篇来……所以要读到有孔子那样的感觉，主要是要有孔子那样的修养。

"川"就是河流,三个笔画就是水流的样子,孔子观水在儒家传统中也常常被提到,后世王阳明、顾炎武都有过论述。王阳明的大致意思是要时刻不间断地致良知,不断学习正确的知识并能正确地行动,才能变得像流水一样有活泼的生命力。顾炎武的大致意思是自然界时间的转变微妙得很,只有明白了这种微妙的阴阳变化,才能自然而然地体悟到《易经》"终日乾乾"的感觉,就能时时精进进取。两人都有一个核心思想,就是修养不是朝夕之功,必须要不舍昼夜地坚持才能有成效。

9.18 子曰:"吾未见好德如好色者也。"

【语译】

孔子说:"我还没见过爱慕德行就像爱慕美色一样的人。"

【解读】

这一段是讲人的喜好问题,人都喜好美好的事物,这是人最基本的追求,是天生的。而对美德的喜好则是后天学习来的,必须要经过学习锻炼才能形成。孔子自己就深深体会过"好德不如好色者"的威力,当时孔子还在鲁国当官,刚刚开始取得一些进展,齐国一看鲁国这么折腾,国力蒸蒸日上,那不是威胁到自己的大国地位吗?所以齐国就来了一招:给鲁国送美女。鲁国当政的季氏这时候正听孔子的课呢,不好意思直接跑去看美女,也没接受美女,但心里却是痒痒的,最后还是化了妆跑到城楼上去看驻扎在城外的齐国美女的歌舞了,于是孔子被美女打败了,孔子的道得不到施行了,孔子也就无奈地流亡国外去了。

"吾未见好德如好色者也。"孔子也许很早就认识到了好色的人比好德的人多,但是季氏"受齐女乐,三日不朝",更加深了孔子的这个认识,也让他下定决心离开鲁国。

同车次乘图

9.19　子曰："譬如为山,未成一篑,止,吾止也。譬如平地,虽覆一篑,进,吾往也。"

【语译】

孔子说:"比如堆土成山,只差一筐土便成山了,如果停下来,那是自己停止的。比如把地填平,即使是倒一筐土,如果前进,那是自己前进的!"

【解读】

这里孔子解说了自己对自己的行为负责的道理,不管成败,都是自己的行为导致的。只有有了这种理解,人才会对自己的行为真正负起责任来,不再找理由、找借口,才能在仁德的道路上坚持走下去。

"譬如为山,未成一篑,止,吾止也。譬如平地,虽覆一篑,进,吾往也。"有一个成语叫"功亏一篑"。古人认为山是用土堆出来的,北京城里的景山就是土堆出来的,为了挖出一个北海来,挖出的土就堆成了景山（当然还有石头）。孔子说要堆出来一个山,还差一筐土的时候你停下来,这事就没干成功,这是你咎由自取。为什么非得功亏一篑呢?难道就不能坚持一下,把最后一筐土堆上去吗?如果要填平地上的沟壑,即使只填了一筐土,但是如果我继续努力,最终一定会成功的。我们现在很多时候讲,看准了正确的方向,掌握了正确的方法,剩下的就是坚持,坚持到最后就能取得成绩。

9.20　子曰："语之而不惰者,其回也与!"

【语译】

孔子说:"教导后始终不懈怠的,大概只有颜回吧!"

【解读】

"语之而不惰者,其回也与!"这里孔子再一次表扬了他最喜欢的弟子颜回,因为颜回很听他的教导,而且不仅仅是听话,听完了之后还会坚持不懈地落实到行动上。老师教学生的时候要把道理讲清楚,学生听进去后,关键是要落实到行为中。

古希腊的时候,有一个著名哲学家叫苏格拉底,有一次他讲课的时候,学生们问了一个问题,说:"老师,怎样才能成为像您那样的学者呢?"苏格拉底回答说:

"很简单,每天甩手300次。"过了一个月,苏格拉底问他的弟子们,谁还在坚持甩手,结果百分之九十九的学生都在坚持着。过了一年,苏格拉底又问他的弟子们,谁还在坚持甩手,结果只有一个人坚持了,这个人就是柏拉图。颜回和孔子的关系就像苏格拉底和柏拉图的关系,都是听老师的话而且坚持着做的好学生,因此也是老师最喜欢的学生,最后也都继承了老师的衣钵。

9.21 子谓颜渊,曰:"惜乎!吾见其进也,未见其止也。"

【语译】

孔子谈到颜渊,说:"可惜呀!我看见他不断地进步,从没看见他停止过。"

【解读】

"惜乎!吾见其进也,未见其止也。"这段话孔子又表扬了颜回,说颜回只是在不断地精进,从来没有停止过。这种持续不断地精进是一种难得的品质,并不是每一个人都能做得到的,所以孔子才会这么看重这种品质。

这里孔子谈到颜回说"惜乎",惜字的本义是怀旧、珍视旧有的东西,为什么孔子要用这个词呢?因为孔子很喜欢这个学生,可是这个颜回短命死掉了,所以太可惜了。当然孔子说这个话的时候颜回也许还没有死,因为颜回死了后孔子仰天长叹说:"天丧予!天丧予!"显得非常悲痛,用一个"惜"字似乎力度还不够。所以,孔子说的"惜乎"应该是疼惜的意思,心疼颜回这个孩子太用功了,不断地学习精进,不知休息,不知停止,让人感到疼惜。

9.22 子曰:"苗而不秀者有矣夫!秀而不实者有矣夫!"

【语译】

孔子说:"庄稼长苗但不开花的有吧!开花却不结果的有吧!"

【解读】

这里孔子讲的意思是有因就有果,想要好的果,就必须要种下好的因。

"苗而不秀者有矣夫!秀而不实者有矣夫!""苗"字画的是田里面作物开瓣萌发的样子,《说文解字》说:"苗,草生于田者,从草从田。"田里长的作物就是苗。"秀"在这里用的是本义,是谷物扬花抽穗的意思。孔子是用了一个比喻来说明道理,庄稼苗长出来了,难道随后不会开花吗?庄稼扬花抽穗了,难道随后不能结果吗？按照一般规律来看，长苗了就会开花，开花了就会结果。孔子在这里说了这个一般规律，人要按照这个一般规律去行动，其结果是确定的，内心也是安然坦荡的。这是孔子讲学的一个主要特点，他讲的道理从来都是确定不移的一般规律，他觉得有了仁德就会没有忧愁，就会长寿，这同样是一般的规律，不需要讨论怀疑，照着做就好了。

9.23 子曰："后生可畏，焉知来者之不如今也？四十、五十而无闻焉，斯亦不足畏也已。"

【语译】

孔子说："年轻人是值得敬畏的，怎么知道将来的人不如现在的人呢？如果四五十岁了还是默默无闻，这也就不值得畏惧了。"

【解读】

"后生可畏，焉知来者之不如今也？"这里孔子总结了人生发展的规律，认为青年时代是最容易出成果的时候，如果年过半百还一事无成，也就失去了做事情的机会。至于"后生可畏"，则表明孔子认识到"青出于蓝而胜于蓝"的发展规律。

这里孔子用反问句式表明他认为后生是会比前辈更强的观点，就如朱熹解释说："孔子言后生年富力强，足以积学而有待，其势可畏，安知其将来不如我之今日乎？"虽然在孔子身上我们并不能很明确地看到这一论断的证据，因为孔子本人两千多年来就出了一个，孔子后面的"后生"很多很多，似乎没有一个"后生"敢站出来说："我比孔子厉害！"孔子自己也从来不说他比尧、舜、禹、汤、周文王、周武王、周公更高明，这是一个传统，崇古的传统。但是孔子在崇古的同时，认识到时代社会必然不断进步，后世一定会比现在更发达，这种认识是难能可贵的。

"四十、五十而无闻焉，斯亦不足畏也已。"从社会发展规律回到个人身上，孔子认为人要抓紧时间发展自己，错过了最好的时机就不好了，按照一般规律，如果一个人四五十岁了还没有做出什么成绩，估计也很难做出什么成绩来了。今天社会人才更是年轻化了，三十岁出头就要崭露头角，不然很多机会就会错过了。当然也有大器晚成的人，这就需要在正确的方向上用正确的方法坚持下去，迟早会取得成绩。

9.24 子曰:"法语之言,能无从乎?改之为贵。巽与之言,能无说乎?绎之为贵。说而不绎,从而不改,吾末如之何也已矣。"

【语译】

孔子说:"符合礼法的正言规劝,谁能够不遵从呢?改正错误才可贵。顺从己意的话,听了能不高兴吗?但只有认真分析它才可贵。高兴而不加分析,表面接受而不改正,这种人我也拿他没有办法。"

【解读】

"法语之言,能无从乎?改之为贵。"这里孔子主要讨论了人如何面对规劝的问题,我们都知道忠言逆耳,真正能听得进去不同意见的人是了不起的,听进去正确的意见而且能实施的人更了不起的。

"法"就是法则、法度,符合法度的规劝就是法语之言,这种规劝难道能不遵从吗?当然应当遵从,能按照法语之言改正是可贵的。这里再次表明孔子的学问是实实在在的行为学,最后的判断标准一定是集中在行为上,有了实际行动就是可贵的。

"巽与之言,能无说乎?绎之为贵。""巽"是八卦中的一卦,在八卦中巽为风、为顺,顺从耳朵的话能不让人高兴吗?肯定是让人高兴的,谁都喜欢听好听的话,听赞赏的话,所以我总是在告诫大家,要诚心诚意地赞赏他人,因为确实每个人身上都有优点,都有值得称赞的地方。但是,对于赞赏的话我们就要多一些分析,能分析清楚别人为什么赞赏你,而且不能因赞赏沾沾自喜,你才能更好地指导自己的行为,能做到这一点的人是了不起的人。

"说而不绎,从而不改,吾末如之何也已矣。""说"这里是通"悦",是高兴的意思。听了顺耳的话,光顾着高兴,表现出顺从的样子,却阳奉阴违,这样的人连孔子也拿他没什么办法。可是人性也都有懒惰的一面,听到好听的话很高兴,不愿意去分析缘由,听批评意见时赔着笑脸,口口声声说马上就改,过后还是被惯性所支配,这样的人不在少数。所以孔子才专门提出来,以警示世人为学的重要性,提高修养不能有半点放松。

9.25 子曰:"主忠信,毋友不如己者,过则勿惮改。"

【语译】

孔子说:"坚持忠实诚信,不要跟不如自己的人交朋友,错了就不要怕改正。"

【解读】

"主忠信,毋友不如己者,过则勿惮改。"这里孔子谈到了个人修养的三点要义,第一是忠实诚信,第二是交友慎重,第三是闻过能改。

人要忠实诚信,这个道理大家都是认同的,可是做起来不是很容易。很多人说老实人吃亏,忠实诚信也有代价,于是人们都愿意去讲诚信。比如前几年上海有一个老人摔倒了,他马上自己喊:"我是自己摔倒的!"为什么这么喊,因为如果不是他自己摔倒的,没有人敢帮助他。所以这个老人讲诚信,自己先喊出来事实真相,和那些"碰瓷儿"的人相比,高下立判。不要和坏分子交朋友,这主要是对青少年而言,但其实在人生的任何阶段都有意义,做生意也一样。比如牛根生曾在和我的交流中提到,蒙牛刚起家的时候他就总是跟比自己强的企业一起玩儿。那个时候蒙牛还很不起眼,往往是前面写了一大串企业的名字,最后尾巴上有一个蒙牛,牛根生说这没什么关系,因为别人看到蒙牛跟这些优质品牌的企业在一起,心里也一定会认为蒙牛差不到哪里去。还有一点就是,有过错就一定不要害怕改过。很多人犯了错误,会习惯性地为自己找借口,推卸责任。如果一个人意识到自己的错误,就立刻反省改正,那他必定是个勇者,敢于面对自己,无畏无惧,能成大事。

9.26 子曰:"三军可夺帅也,匹夫不可夺志也。"

【语译】

孔子说:"三军可以丧失主帅,一个人却不可以丧失他的志向。"

【解读】

这里孔子强调了精神的重要性,一个人一定要有点精神,这样人生才能有一个主心骨,才能有一个真正挺立自己生命的东西。

"三军可夺帅也,匹夫不可夺志也。"军队中哪怕是最重要的统帅也可以换人,但是一个普通老百姓却不能没有志气。这句话我们常常在困难时鼓励自己,提醒自己,人活着是为了志向。一个精气神饱满的人,必定是有不同于常人的志向。听我讲课的人很多都是成功的企业家,我经常跟他们讲,现在社会是人才密集的社会,要找一个人太容易了,很多人都很能干。但是管理成本却在节节攀升,为什么呢?因为有才华的人很多,这样的人可以为"器",可以执行具体的任务,但是天下熙熙皆为利来,管理这些聪明有才干的人,却要付出更大的成本。从古至今,有"志"的人未必很多,这些人轻薄名利,为心中志向而活,对企业而言这样的员工是可以培养的,他们会对工作有兴趣,有自发的激情,如果有这样一个团队,企业定会是另一番面貌。

9.27 子曰:"衣敝缊袍,与衣狐貉者立,而不耻者,其由也与?'不忮不求,何用不臧?'"子路终身诵之。子曰:"是道也,何足以臧?"

【语译】

孔子说:"穿着破旧的袍子,与穿着狐貉裘皮大衣的人站在一起,而不觉得自卑的,恐怕只有仲由吧!《诗经》上说:'不嫉妒,不贪求,哪里有不好的呢?'"子路便经常吟诵这两句诗。孔子说:"这只是做人的基本道理,怎么算得上最好的呢?"

【解读】

"衣敝缊袍,与衣狐貉者立,而不耻者,其由也与?"这里孔子再次强调了物质财富与精神修养之间的关系,孔子重视仁德多于重视物质条件的一贯风格在这里再一次体现。"由"是指仲由,也就是子路,由和路是一样的,我们今天说路由器,路和由都是一个意思,古人的名和字常常采用这样意义相同或相近的词。子路是孔子喜欢的一个学生,这个学生性格很直率,很勇敢。孔子说子路穿着破烂衣服和穿着名牌衣服的人站在一起,他也没有感到不舒服不自在,这说明子路内心很强大,很淡定,不被外在的物质因素影响。

"'不忮不求,何用不臧?'子路终身诵之。子曰:'是道也,何足以臧?'""不忮"就是不嫉恨,"不求"就是没有贪欲,这两点也不是那么容易做到的。社会心理学关于人的幸福感,有一个社会比较理论,简单来说,这个理论认为:人的幸福感跟比较有关。比如说看到别人都比自己成功,就会生出自己处处不如人的感觉,就会让人的幸福感下降。如果这个人往下比,总找那些比自己差一些的人来比较,就会生出自己比人高一点点的感觉,幸福感就会随之上升。人都是会比较的,比较之后就会生出各种心情,其中一种叫嫉恨,另一种叫贪求,这两种情感都是让人理智迷失的毒药。子路觉得这两句话说得太有道理了,总是以此来提醒自己,孔子发现这个情况后,批评子路,说这两个要求是最基本的,还不足够好,还应该有更高的标准。具体更高的标准是什么,孔子没有说,我们也没法讨论。不过孔子对子路这个学生总是鼓励他追求新的高度,这一点在《论语》中有比较多的体现,大概是因为子路太率真了,孔子总忍不住敲打敲打他吧。

9.28　子曰:"岁寒,然后知松柏之后彫也。"

【语译】

孔子说:"天气寒冷了,才知道松柏是不会凋零的。"

【解读】

"岁寒,然后知松柏之后彫也。"这里孔子谈到仁德需要更严峻的检验才能看得出来。平时没有什么大风大浪的时候,人都差不多,恻隐之心人皆有之,羞恶之心人皆有之,是非之心人皆有之,辞让之心人皆有之,人的本性都是不差的。而且因为环境的压力,很多惰性的东西、习气的内容也都大同小异,每个人也差不多,都会生出贪欲,都会有好恶之心。但是,一旦到了大的冲突中,人和人的不同就表现出来了,就好像松柏和普通树木的差别一样,一眼就能分别出来。这里是孔子发出的感叹,我们平时常说"路遥知马力,日久见人心",时间久了,经历了风雨困苦,才能真正看出一个人的品格。

9.29　子曰:"知者不惑,仁者不忧,勇者不惧。"

【语译】

孔子说:"智慧的人不会迷惑,仁德的人不会忧愁,勇敢的人不会恐惧。"

【解读】

"知者不惑,仁者不忧,勇者不惧。"这段话是非常有名的话,孔子概括了智者、仁者和勇者的特点。关于这段话的解释,海外汉学家的研究可以借鉴,他们当中有的学者刚开始的时候很疑惑,特别不能理解为什么有仁德的人就不会有忧愁。在西方的理性传统中,理智和情感是分开的,聪明的人也有各种各样的情绪、情感,各种各样的情绪、情感反过来又要影响到理智,比如愤怒的时候理智就会弱一些。但是在孔子这里我们发现，理智和情感无缝连接了，仁德的人无疑就是理性的，举手投足都符合大道；仁德的人同时又是无忧无虑的，是怡然自乐的。为什么会这样呢？因为孔子的学问是一种行为学，这种行为学的指引不是给我们选择，而是给我们指明了一条确定不移的道路，在这条路上不会有疑惑，自然就不用产生忧愁了，而所谓的智慧则是行动过程的一种判别，是对行动的一个判断，而不是对心智能力高下的判断。同样的，疑惑与否也是针对行为而言的，不是针对内心感受来说的，在仁德上坚持行动就是没有疑惑，在仁德方面左右摇摆就是有疑惑、忧愁。畏惧也是用于行为判断，而不是仅仅指内心感受，勇往直前的行为就是没有畏惧，没有精进向前就是还有畏惧。孔子设立这样的标准非常高明，这样就不用纠结于内心怎么想了，一切都要求外显的行为和内在的仁德追求合而为一。

9.30　子曰："可与共学，未可与适道；可与适道，未可与立；可与立，未可与权。"

【语译】

孔子说："可以一起学习的人，未必可以一起学道；可以一起学道的人，未必可以一起立身处世；可以一起立身处世的人，未必可以一起通权达变。"

【解读】

"可与共学，未可与适道；可与适道，未可与立；可与立，未可与权。"这一段话里孔子阐述了交友的几个层次，现实生活中我们会碰到形形色色的人，有的人交情深，有的人交情浅，怎么把握呢？孔子在这里告诉了我们总的原则，即要先弄明白自己立身处世要做哪些事情，然后挑选可以共事的人。

有的人可以一块讨论学问，一块学习文献，但是旨趣可能各有差异，比如有的人喜欢道家，有的人喜欢儒家，可以一起交流思想和知识，一道学习，但是不要强求别人和自己的追求一样。有的人旨趣和自己相同，但是立身的基点有所不同，比如同样喜欢儒家，有的着力在为政上，走学而优则仕的路子；有的侧重于文献研究，走学术的路子；有的侧重于具体的技能，比如醉心音乐、寄情医道等等，不能强求每个志同道合的人都和自己从事一样的行业。有的人旨趣相投，从事的行业也相同，但是在灵活变动方面还是会有差异，儒家的学问是讲权变的，不是死的条条框框，而是因时而变的，总目标是相同的，达到目标的方法可以多种多样。

9.31 "唐棣之华,偏其反而。岂不尔思?室是远而。"子曰:"未之思也,夫何远之有?"

【语译】

"唐棣树的花,翩翩地摇摆。难道我不思念你?因为住得太遥远。"孔子说:"他是没有思念。真的思念,有什么遥远的呢?"

【解读】

这里孔子再次表达了道不远人的观念,孔子认为:那些觉得儒家的道太难了或者离自己的生活太远了的想法都是没有道理的,都是在给自己找借口,其实儒家的道只有你真心愿意去做,他才会来到你的身上,进入你的生活中。

"唐棣之华,偏其反而。岂不尔思?室是远而。"这四句朱熹称为"逸诗",也就是《诗经》里逃逸出来的诗歌,因为《诗经》也不可能把所有的诗歌都收进去。这首诗的风格和《诗经》倒是很合拍的,讲什么内容的呢?后人也有很多种解释,我们知道《诗经》里说一种植物,往往都不是在说植物本身,而是在表达一种心情,这里说的植物叫唐棣,诗人看到唐棣的花,感觉到它们在那里摇晃,朦胧,捉摸不透,这种心情是不是和思念情人的感觉很相似呢?思念情人,然后觉得有情人怎么离得这么远啊,这种感受相信古人的体会比今天的人要深得多,但是孔夫子否定了这个观点,"未之思也,夫何远之有"?孔子估计是同意"两情若是久长时,又岂在朝朝暮暮",只要心里有这个人,精神上融通相知了,距离远一点又有什么关系呢?仁德之道也是如此,只要心中有仁,行为按照仁德的要求去做,又怎么会觉得远呢?真可谓"我欲仁,斯仁至矣"。

乡党第十

10.1 孔子于乡党,恂恂如也,似不能言者。其在宗庙朝廷,便便言,唯谨尔。

【语译】

孔子在乡里,谦卑恭顺,似乎不善于说话的样子。他在宗庙、朝廷,言语流畅,富有辩才,只是很谨慎。

【解读】

"乡党篇"是《论语》上半部的结束,也是下半部的开始。"乡党篇"通篇所说的都是各种各样的礼仪规范,在这里以这样一种形式结束,就让人多了一些思考,让人知道:不管是上半部提到的"仁"也好,"孝"也好,还是为学之道、为政之道也好,都会像这一篇阐述的"礼"一样,有很多很多具体可行的方式来展现它、实践它。

"孔子于乡党,恂恂如也,似不能言者。"在古代"乡"表示一万二千五百家,"党"表示五百家。说"孔子于乡党"就类似今天说某人在县里,或者在省里,或者在乡里,因为古人区分人群多少、地方大小就是用"乡党"这类的词。朱熹注释说"恂恂"是"信实之貌",就是为人信实的样貌。然后"似不能言者",好像不会说话的样子,为什么呢?因为孔子他谦逊恭敬,所以表现得好像不会说话似的。为什么孔子在乡党会有这种表现呢?朱熹的注释说,这是因为乡党是父兄宗族居住的地方,孔子在这种环境中就不会表现出自己的贤明、智慧而显得比父兄宗族里的其他人更高明,他会很谦顺。

"其在宗庙朝廷,便便言,唯谨尔。""宗庙"是祭祀祖先的地方,"朝廷"是国君聚集群臣开会讨论国家大事的地方,孔子在这两个地方就"便便言"。"便便",朱熹注释说"便便,辩也",就是口才好的意思。为什么在两个不同的地方孔子的表现有这么大的差别呢？因为宗庙和朝廷一个是礼法之所在，一个是政事之所出，讲话表达必须要清晰明白。这和孔子到太庙"每事问"是相呼应的，"便便言"同样是详细的询问、阐述，都是慎重、重视的表现。

10.2 朝，与下大夫言，侃侃如也；与上大夫言，誾誾如也。君在，踧踖如也，与与如也。

【语译】

上朝的时候，和下大夫说话，刚直而从容的样子；同上大夫说话，正直而和悦的样子。君主来了，恭敬不安的样子，威严的样子。

【解读】

这一段里孔子主要从在朝堂之上做官为政的角度阐释了儒家的"礼"文化。"朝，与下大夫言，侃侃如也；与上大夫言，誾誾如也。"朱熹注释说："侃侃，刚直也。誾誾，和悦而诤也。""诤"是直言规劝的意思。这两句话是互文，就是与下大夫交谈，与上大夫交谈都是侃侃如，都是誾誾如，都是刚直、和悦的样子。

"君在，踧踖如也，与与如也。"朱熹注释说："踧踖，恭敬不宁之貌。与与，威仪中适之貌。""踧踖"是恭敬、小心谨慎、战战兢兢的样子，"与与"是庄重威严的样子。国君在朝堂上的时候，孔子表现得很恭敬，很庄重，这也是孔子守"礼"的一个表现。

10.3 君召使摈，色勃如也，足躩如也。揖所与立，左右手，衣前后，襜如也。趋进，翼如也。宾退，必复命曰："宾不顾矣。"

【语译】

鲁君召孔子去接待外宾，孔子神态庄严，脚步轻快。他向同朝官员作揖，向左边、右边拱手，衣裳前后摇摆，却很整齐。快步行走，仿佛鸟儿舒展翅膀。贵宾回去以后，他一定向君主回报："客人已经走远了。"

【解读】

这一段还是在讲孔子如何懂礼、行礼，这里设计的场景是接待外宾。

"君召使摈，色勃如也，足躩如也。"这是描述孔子形态方面的庄重感，接待外宾代表国家形象，肯定不能随随便便。

"揖所与立，左右手，衣前后，襜如也。趋进，翼如也。"这是描述孔子接待外宾时动作举止方面的彬彬有礼，虽然对于今天我们的待人接物没有太多意义，但是总原则是一样的，就是举手投足之间要表达对对方的尊重。

"宾退，必复命曰：'宾不顾矣。'"这里是说外部接待任务完成后的汇报工作，中国人对这些规矩特别看重，早请示、晚汇报的干部才是好干部，这样做有他的好处，就是集权的好处，一个领导能得到来自各方面的信息，很全面，也很容易把控。当然，程式化的管理模式也不是不好，一个环节的任务完成了交给下一个环节，验收不合格你就交不下去，还得修正好了才能交下去，至于领导只需要关注这个流程就可以，不必在意过多的细节。

10.4 入公门，鞠躬如也，如不容。立不中门，行不履阈。过位，色勃如也，足躩如也，其言似不足者。摄齐升堂，鞠躬如也，屏气似不息者。出，降一等，逞颜色，怡怡如也。没阶，趋进，翼如也。复其位，踧踖如也。

【语译】

孔子走进朝廷的大门，弯腰躬身，仿佛不能容身。站立不在大门中间，出入不踩门槛。经过国君的座位，神态庄重，脚步轻快，说话好像气力不足的样子。提起衣摆走上朝堂，弯腰躬身，憋住气息仿佛不能呼吸。出来，走下一级台阶，神态放松，怡然自得的样子。走完了台阶，快步行走，仿佛鸟儿舒展翅膀。回到自己的位置上，恭敬不安的样子。

【解读】

这里还是在讲孔子在朝堂上守礼的表现，从进门开始，就谨慎守礼。在今天看来，很多礼仪规范已经变化了，但总的思路大致相同，不过是约定俗成的问题。

比如去公家办事情进门的时候，就要仪态端正，

敬入公门图

现在很多地方竖一个牌子上面写"衣冠不整不得入内",这是人家的基本要求,是礼仪的基本规范,没什么好说的。曾经听说过一个官场故事,说某一个头头去上级主管部门办事情,开着奥迪 A8 过去,而上级主管部门领导的"座驾"只是奥迪 A6,这显然就不合时宜了。再比如,现在走路的时候你不能走在道路中间,在中国都是靠右行进,这样就有秩序,反而节省时间,如果大家一窝蜂似的堵着,一个人也走不动。再比如,开会、听讲的时候,不能自己在那里高谈阔论,这对正在发言、演讲的人是很不尊重的。那么公共场合的事情、办公的事情都处理完了,回到自己的居所是不是就可以邋遢随便了呢?虽然这里孔子没有讲,却可以推测,像孔子这样一个一丝不苟的人,回了家也一定不会邋遢随便的。

10.5 执圭,鞠躬如也,如不胜。上如揖,下如授。勃如战色,足蹜蹜如有循。享礼,有容色。私觌,愉愉如也。

【语译】
孔子出使到外国,举着圭,躬着身,好像难以胜任。向上举仿佛作揖,向下放仿佛要传授。神态庄重而警觉。脚步小而快,好像径直往前走。献礼物的时候,神态和气。私下和外国君臣见面,轻松和愉。

【解读】
这里讲孔子出国访问时守礼的表现,我们还是讨论孔子这段表现里蕴含的总原则,而不是看重他具体怎么做,具体怎么做,会随着时代的变化而变化,我们现在肯定不可能像孔子那样举一个名牌给人鞠躬行礼,而是握手或者挥手致意。总原则就是搞清楚关系类型,搞清楚场合,比如跟级别比自己高的人见面,一定要庄重恭敬,跟级别比自己低的人见面,一定要温和亲切。如果是参加正式的仪式,面色颜容就要庄重肃穆,如果是私人性质的约会,就可以随意一些。

10.6 君子不以绀緅饰,红紫不以为亵服。当暑,袗絺绤,必表而出之。缁衣,羔裘;素衣,麑裘;黄衣,狐裘。亵裘长,短右袂。必有寝衣,长一身有半。狐貉之厚以居。去丧,无所不佩。非帷裳,必杀之。羔裘玄冠不以吊。吉月,必朝服而朝。

【语译】

君子不用天青色和绛色做镶边,平常居家的衣服不用红色和紫色。暑天的时候,穿或细或粗的葛布单衣,一定使单衣露在外面。黑色的衣服配黑羊皮裘衣,白色的衣服配鹿裘皮衣,黄色的衣配狐裘皮衣。在家穿的皮衣可以长一点,右边的袖子做得短些。睡觉一定有被盖,长度是身长的一又二分之一。用狐貉皮毛做坐垫。丧服满了以后,什么东西都可以做佩饰。不是用整幅布做的下裳,一定要缝边。不穿黑羊皮裘衣和戴黑色礼帽去吊丧。每月初一,必定穿着上朝的礼服去朝贺。

【解读】

这里讲的是孔子的服饰礼仪,这项内容在今天还是有用的。比如有的公司要求员工上班的时候必须穿制服,尤其是窗口行业,着装往往要求整齐划一,这样显得很专业,是对来办事的人的尊重。而如果回到家中,与老婆孩子吃晚饭的时候你还西装革履,显然就是不合时宜了。还有就是随着节气、节日的变化,着装也要相应调整,比如有喜庆的事情,你就可以打扮得喜庆一些;办丧事的时候,你就可以穿得庄重一点。

10.7 齐,必有明衣,布。齐必变食,居必迁坐。

【语译】

斋戒的时候,一定要有干净衣服,用布做成。斋戒的时候,必定改变平常的饮食;居住也必定搬移地方。

【解读】

这里也是描述孔子守礼的一个方面,前面我们已经讨论过孔子重视三件事情:斋、战、疾。而这里主要从斋来说,斋本身就是礼的一个部分,斋在古人看来是洁净身心的工作,斋的目的是为了跟神灵、祖先沟通,更是大得不能再大的事情。至于说斋具体怎么做,我想并不是最重要的,可以肯定的是,孔子那个时代的斋一定比我们今天的斋要严格得多。这些严格斋戒的要求有其道理,当然也有不符合今天情况的地方,但是这里透露出一个原则,就是斋这种活动一定是行为、思想、心灵全部都有规范的一个活动,不能身到心不到。当然了,后世所谓的"酒肉穿肠过,佛祖心中留"则是另一个事情了。

10.8 食不厌精，脍不厌细。食饐而餲，鱼馁而肉败，不食。色恶，不食。臭恶，不食。失饪，不食。不时，不食。割不正，不食。不得其酱，不食。肉虽多，不使胜食气。唯酒无量，不及乱。沽酒市脯不食。不撤姜食，不多食。

【语译】

饮食不嫌做得精，肉块不嫌切得细。粮食陈旧变味，鱼肉腐烂，不吃。食物颜色变坏，不吃。气味不好闻，不吃。烹饪不适当，不吃。不到该吃的时候，不吃。切割不得法的东西，不吃。没有相配的调味酱醋，不吃。肉虽然多，但不能超过主食的量。只有酒不限量，却不至于喝醉。买来的酒和肉干不吃。饮食不撤除生姜，不多吃。

【解读】

这段话讲的是孔子在饮食方面的守礼。孔子说"食色，性也"，饮食也是孔子非常重视的一个方面，老子说"五味令人口爽"，饮食是会引发人的贪欲的一种感官刺激，所以要注意饮食方面的礼。这里总计有13种情况，孔子都是反对、否定的。

有的人心里很是怀疑，认为孔子周游列国游说诸侯时条件很艰苦，用他自己的话讲是"惶惶然，如丧家之犬"，这个情况下他还对吃什么有这么多讲究吗？这其实是对孔子的误解，也是对传统文化的误解，因为孔子所处的那个年代，吃的问题很多时候和祭祀有关，孔子不吃或者有选择地吃，都与敬天法祖的儒家礼仪有关，而客观来说，这种选择又是有益健康的。这样来看，饮食的问题绝对不仅仅是满足口舌之欲这么简单，还包含了气质的培养，精神的调适。

总结一下孔子的"不食"，我们可以归纳出这么几个方面的内容：一是食物变质不食，如前三句都是讲这个内容的。鱼、肉腐败或食物颜色异常、发出怪味，都不能吃。二是街边小摊上卖的小吃不能食，孔子说"沽酒市脯不食"，意思是说从外面市集上买来的酒和食物他是不吃的，这条原则现在仍然适用，街边小摊的卫生条件不太好，所以不要吃。三是食物放太久了不能吃，孔子说的是祭肉（指祭品）放了超过三天，就不能吃了，我们今天虽然有冰箱，食物仍然不能放太久，一般我们主张每次做的菜都最好吃完，不要吃剩菜。四是不多食，即节制饮食，与现代主张"只吃七分饱"的养生原则是一致的。五是肉类等副食不要多吃，吃副食的量不能超过吃米、面等主食的量。六是饮酒应当有所节制，孔子虽说"唯酒无量"，因为每个人的酒量不一样，但是孔子也说了"不及乱"，就是要求在不致乱性或引发中毒等副作用的情况下量力饮酒。七是不吃烹制不当的食物，即"失饪，不食"，烹调方法不对，这样做出来的食物也不能吃。八是没有合适调味的食物不能吃，孔子说"不得其酱""不撒姜"都不能吃，因为调味不仅关系到食物是否好吃，还会影响到营养物质的吸收，所以没有合理调味的食物不能吃。九是不吃不当令的食物，孔子主张"不时，不食"，食物不当令就不要去吃它，因为当令的食物不仅数量多，味道好，营养成分也处于最佳状态。

10.9 祭于公，不宿肉。祭肉不出三日。出三日，不食之矣。

【语译】

参与国家祭祀，不把祭肉留到第二天。一般的祭肉留存不超过三天。若是超过三天，不能吃。

【解读】

这是接续上一章，接着说孔子在饮食方面的守礼，当然这种饮食原则有卫生保健的意义，今天我们知道不但是肉食不能过夜，何况放了三天的肉，肯定是不能吃了的，一定要吃的话也要重新煮过，把微生物都重新消灭一遍，即使如此，食物腐败带来的安全风险还是存在。我们今天提倡低碳经济，吃多少做多少，最好不要剩下。

10.10 食不语，寝不言。

【语译】

吃饭的时候不说话，睡觉的时候不说话。

【解读】

这里讲了孔子饮食和睡觉时的行为原则，吃饭的时候不要说话，这个看似简单，做起来可不容易。现在的人们吃饭哪里是在吃饭，累得很，还要说好多话，还要交流好多事情，还要动好多心思，一顿饭的目的变得很复杂了。孔子告诉我们：吃饭的时候你就吃饭，认认真真地吃饭，要吃得慢，吃得仔细，这样才是养生啊，也才符合礼仪规范啊。可是，现在完全弄反了，吃饭不说话反而觉得你没有礼貌，这是没有道理的，我们要自觉抵制这种风尚。睡觉的时候不说话相对比较容易，睡着了自然没法说话了，一个值得注意的情况是现代人失眠的太多了，想好好睡个觉也不容易。

10.11 虽疏食菜羹,瓜祭,必齐如也。

【语译】

虽然是粗粮菜汤,也得先分出一些瓜果食物来祭祖,仿佛斋戒一样严肃恭敬。

【解读】

这里还是在讲祭祀祖先方面的礼仪。我们今天城市人对这一传统逐渐淡忘了,其实我觉得这是不应该的。中国人应当慎终追远,应当祭祀祖先,这是一种仪式,传递一种继往开来的志气,这个东西是最重要的,只有不断地继往开来,人的有限的生命才有意义,才不会被纷繁复杂又节奏越来越快的生活所拖累、迷惑。

受鱼致祭图

10.12 席不正,不坐。

【语译】

席子摆放不端正,不坐。

【解读】

这段讲的是坐姿的礼仪。行、立、坐、卧,到这里就讲全了,坐怎么坐才符合礼仪呢?就是要端正,座位要端正,坐姿要端正。这既是礼仪的规范,同样也关系到身体健康。原来我们小的时候家庭教育中就有关于坐、怎么坐的这一环,坐得不对了,老人还会纠正你,比如你把脚放到椅子上来,老人就会说你没个正经样子,要你端正坐着。端正坐着有两个好处,第一个是端正坐姿可以防止腰背颈肩的劳损,第二个是端正坐姿可以及时发现身体的劳累,然后提示你放松休息一下再来工作。我们可以注意到很多传统养生功法里对姿势的研究很到位,比如说头正颈松,含胸拔背等等,用在坐姿保健上非常好。

10.13 乡人饮酒，杖者出，斯出矣。

【语译】

乡人饮酒后，等老年人出去了，自己才出去。

【解读】

这里讲孔子在与人交往上的守礼。就像现在我们说女士优先一样，进出的时候给女士拉开门也是一种礼貌，出门的时候把老人让在前面也是一种礼貌。我们中国文化是一种尊重老人的文化，西方文化认为孩子成年之后就应该独立了，儿子是儿子，老子是老子，各顾各的，等老人老了的时候还是老人是老人，小的是小的，各顾各的，当然儿子们会雇佣一些人来照顾老人，但是这就够了吗？现在中国社会也即将进入老龄化社会，出现了很多空巢老人，他们有退休金，也有房子有车子，可是就是不开心，为什么？因为内心得到的关爱少了。而我们传统文化中讲要孝敬老人，本身就含有一定要让老人高兴开心的意思在里面。

10.14 乡人傩，朝服而立于阼阶。

【语译】

乡人迎神驱鬼，穿着朝服立在东边的台阶上。

【解读】

这里说孔子对待傩戏的态度，朱熹说"傩虽古礼，而近于戏，亦必朝服而临之者，无所不用其诚敬也"，意思是即使对待古时候流传下来的驱鬼的傩戏，也要诚心诚意，要有敬畏之心。这符合孔子一贯的态度，对鬼神之事是存而不论的，是祭神如神在。

10.15 问人于他邦，再拜而送之。

【语译】

托人向在外国的朋友问好，向受托者拜两次而后送行。

【解读】

这里说的是孔子接人待物的态度，从这个角度去说明孔子重视礼而且做得非常好。在生活中我们难免托人办事，不可能事事亲力亲为，孔子托人办事时非常谦逊有礼,会反复地拜谢,朱熹说这是"拜送使者,如亲见之,敬也"。即使不见面,孔子也按照见面一样来对待,说明孔子心中有敬,敬是人际交往中维系和谐的一个重要纽带。

10.16　康子馈药,拜而受之。曰:"丘未达,不敢尝。"

【语译】

季康子送药给孔子,孔子拜谢而接受。说:"我对药性不知道,不敢服。"

【解读】

这里从孔子与季氏的交往来描写孔子的守礼。季康子把孔子迎回鲁国的时候孔子年事已高,也不可能再做什么重要的官了,季康子这时候把持鲁国的政权,用人用的就是孔子的学生。季康子对孔子很尊敬,孔子病了后他就送药过来。从礼节上讲,别人送你东西都要拜受,要表示感谢,这一点孔子也是这么做的。接下来,因为送的是药,孔子不敢随便服用了,他于是告诉季康子说:"我没有通达药性,所以我不敢吃你给我送的这个药。"这一点上我们许多人做不到像孔子这么诚实,往往会一边谢谢对方,一边把药放下,还保证说"一会儿我一定吃",等到客人走了,药有没有吃他也不知道了。可是孔子不同,他直接告诉送给他药的人说自己不敢吃送来的这个药,这就是正直,也是与人交往的诚意,至于说吃这个药还是不吃这个药,就看通达药性之后的判断了,吃与不吃都在其中。

10.17　厩焚。子退朝,曰:"伤人乎?"不问马。

【语译】

马棚失火。孔子从朝廷回来,问:"伤人了吗?"不问马。

【解读】

这个故事也是被后世儒家经常引用的段子,说是这个段子里反映了孔子的人本主义思想。人本主义思想肯定是有的,在儒家看来人是最重要的。但是不管怎么说,这个故事本身还是充满了吊诡的色彩,灾害出现的时候"问人"还是"问马"成为一个问题,这本身就很有意思,显然"问人"并不是唯一选择,这在《论语》中是非常少见的,不管这两项选择谁对谁错,它们都是可以被并列的两种选择。这个问题直到今天仍然如此,比如前几年的明星驾车肇事,事发后只顾着先把自己的责任撇清楚,而不是本着人本主义的精神优先考虑去救人。还有某些大公司在处理公共事件时,同样面临着企业利润和顾客生命健康之间的冲突,这些时候都无疑有两种可以并行的选择:"问人"还是"问马"。孔子选择了"问人",同时也看到了"问马",孔子不是没有对马匹损失感到可惜,而是马和人比较而言,人更重要而已,仅仅是这么一个简单的理念,我们仍不能说全部贯彻,因为我们还有那么多的制约因素存在。

10.18 君赐食,必正席先尝之。君赐腥,必熟而荐之。君赐生,必畜之。侍食于君,君祭,先饭。

【语译】

国君赐熟食,必定摆正座位先尝一下。国君赐生肉,必定煮熟先供奉祖先。国君赐畜生,必定喂养它。同国君一道吃饭,当国君饭前举行祭礼的时候,自己先吃饭。

【解读】

这里讲接受国君赏赐时应当遵循的礼仪规范,这些规矩的内涵和之所以这么规定的原因,我们今天可以不必计较,主要是学习这些礼仪背后的精神。也就是说,要知道孔子这么做的道理是什么,当然也有一些行为在今天看来是没有那么多道理可讲的,对这样的行为我们只需知道它是一种"礼"就可以了。

"君赐食,必正席先尝之。"为什么要"正席"呢?朱熹说正席就好像君王在面前一样,要庄重谨慎,食物是君王所赐,所以要正席。为什么要"先尝"呢?有"先尝"就肯定还有"后尝",因为君王所赐会被再分给下属,一层一层往下分享,所以这里用了"先尝",之后就该把这些东西分给下属一块享用了。

"君赐腥,必熟而荐之。君赐生,必畜之。"生肉要做熟了再拿去祭祀祖先,为什么呢?因为这个肉是君王所赐的,所以拿出来祭祀祖先是告诉祖先以表示光荣,表示给祖先长脸了。而当君王赏赐的是活的牲畜时,要养起来,为什么呢?因为把赏赐得来的活牲畜养起来,能够彰显君王的仁德,不到祭祀等特别重要的礼仪活动不敢随便宰杀。

"侍食于君,君祭,先饭。"君王在祭祀,你在旁边先吃上饭了,这是为什么呢?这里是替君王尝一尝,因为君王祭祀的时候一般都要臣下代替君王先尝一尝祭食。

10.19 疾,君视之,东首,加朝服,拖绅。

【语译】

孔子病了,国君来探望,孔子头朝东,把朝服加盖身上,拖着大带。

【解读】

这里继续讲君王探视时所应遵守的礼仪,这个礼仪的形式可能随着历史文化的变迁而随时更替,但是其中的精神是值得传承的。礼文化本质是一种秩序的表现,就像今天我们做事情要排队一样,自觉排队虽然有时候会牺牲一点个人的私利,但这种秩序却是保证群体利益的重要措施。古人非常讲究君君臣臣的等级观念,对待君王和对待朋友的方式因此而有所差别,这是当时社会秩序的保证,也是当时那个社会文化水平下保障大多数人的利益的有力措施。今天我们社会进步了,关于社会秩序的约定也在进步,形式上会有各种变动,但是精神实质是一样的,就是着眼点是群体利益的保障,这也正是儒家文化的特征之一:重视群体利益。

10.20 君命召,不俟驾行矣。

【语译】

国君召唤,孔子不等驾好马车,自己先步行。

【解读】

这里是孔子对待君王召唤时的守礼的表现,只要君王一召见就恨不得马上过去,所以不等车驾过来自己就先走起来了。这里表示的是一种态度,而不是非得这么做,就是表达对待君王、上级、师长的召见要谨慎庄重。

10.21 入太庙,每事问。

【语译】

孔子进入周公庙,每件事情都要问。

【解读】

这件事情被后世儒家广泛讨论,"太庙"就是皇家祭祀祖先的地方,今天北京天安门城楼的左边(东侧)是人民文化宫,也就是明清两代皇帝祭祀祖先的地

太庙问礼图

方,而右边(西侧)是中山公园,是明清两代祭祀社稷之神的地方,这就是所谓的"左祖右社"。

太庙是祭祀祖先的地方,这里的礼可以说是最大的。而孔子在太庙里事事都要问,这是不是孔子不懂礼呢?钱穆先生不这么理解,他认为孔子进入太庙主持祭祀仪式大约是在三十岁前后,这个时候孔子还人微言轻,他虽然懂得礼,但是没有多少影响力,针对当时礼崩乐坏的局面,问是一种表达,就是说:"你们这么做符合礼吗?"

10.22　朋友死,无所归,曰:"于我殡。"

【语译】

朋友去世了,没有负责办丧事的人,孔子说:"丧葬由我来处理。"

【解读】

这里说的是朋友之义,如果朋友亡故后没有别人帮他办丧事,做朋友的就要主动承担起为他办丧事的责任。古人把丧葬之事看得很重,如果死后没有人管,那将是一件非常可悲的事情,作为朋友又怎么能够坐视这种事情发生呢?

10.23　朋友之馈,虽车马,非祭肉,不拜。

【语译】

朋友赠送的礼物,即使是车马,只要不是祭肉,也不躬身下拜。

【解读】

这里还是接续上一章讲朋友之道方面的守礼,朋友之道是"五伦"之一。这里说的是礼物的轻重的衡量,孔子眼中的礼物的轻重不在于其价值,而在于其内在的含义,比如说车马,价值很重,但还是比不过祭祀用的肉,这种肉的价值不如车马,但是其象征意义远远大于车马。君子重视的礼物是礼的规定中所重视的礼物,而不是那些价值贵重的东西。

10.24　寝不尸，居不客。

【语译】

孔子睡觉不像死尸一样直挺平躺，在家不像接见客人一样庄重严肃。

【解读】

这里仍是从起居方面来表现孔子的守礼。

"寝不尸。"睡觉的姿势不能像一个尸体一样，尸体是一个什么姿势呢？大多数死尸的姿势都会有一个特点：直挺挺的，硬邦邦的，而睡觉的姿势要"卧如弓"，就是要和缓、柔顺。另外，我们要注意到古人对睡觉的态度有时候也会表现出一种矛盾来，比如说最早时古人的枕头都不是很舒适，目的是让人在睡着的时候从枕头上滚下来而惊醒，睡觉被看成是灵魂离开身体的事情，越少发生越好，于是就会生出睡觉不要睡太死的设置和规范，这自然和"卧如弓"的舒适诉求是背道而驰的。

"居不客。"孔子在《论语》中被称赞的正确"居"容是"燕居"，即"申申如也，夭夭如也"。随意舒缓的居住容仪才是守礼的表现，不用总板着个脸。

10.25　见齐衰者，虽狎，必变。见冕者与瞽者，虽亵，必以貌。凶服者式之。式负版者。有盛馔，必变色而作。迅雷风烈必变。

【语译】

孔子看见穿孝服的人，就是平素熟识的人，也必定改变态度。看见戴着礼帽的当官人和盲人，即使经常相见，也必定有礼貌。遇上穿丧服、拿寿衣的人，便伏在车前横木上低头致敬。遇见背负国家图籍的人，也要伏在车前横木上低头致敬。有丰富的菜肴，必定改变神态然后站立起来。遇见疾雷大风，必定改变神态。

【解读】

"见齐衰者，虽狎，必变。见冕者与瞽者，虽亵，必以貌。凶服者式之。式负版者。"这里仍然是从孔子日常生活的一个方面来展现孔子守礼的形象，也只有足够细致，孔子守礼的形象才更加丰满。齐衰者、冕者、盲者，前文已经解释过了，凶服者和齐衰者的意思大致相当。增加的内容是见到负版者怎么表现，所谓负版者就是背着国家版图的人，这人为什么要背着国家版图就无从知道了，想来大致相当于今天我们见到一个人举着国旗庄严地走过,那么也应当以崇敬的态度对待他。"式"是一种表现崇敬的动作方式,就是手扶着车前的横木,低头顺目。后两句"有盛馔,必变色而作。迅雷风烈必变",一个讲人事,一个讲天时,都需要守礼,丰盛的饮食是人事,要心存敬畏,疾风暴雨雷霆是天时,也要心存敬畏。

10.26 升车,必正立,执绥。车中,不内顾,不疾言,不亲指。

【语译】

孔子上车,必定先端正站好,拉着扶手带。在车中,不向里面回顾,不急速说话,不用手指指点点。

【解读】

这里接着解释孔子在行为上的各种守礼的表现,说的是乘车礼仪方面的内容。孔子教小六艺,其中就有御这一门功课,驾车既是一种技术,也是一门礼仪,具体怎么御才符合礼呢?那就是"正立,执绥""不内顾,不疾言,不亲指"。

这一章文字在字义上没有太多难点,理解起来也不困难。这里顺便需要说明一下的是,我们从中可以看到传统文化的一种学理思路,这种思路认为"一屋不扫何以扫天下",认为"滴水中可以见太阳",一个人的修养可以并且必然从一点一滴上反映出来。这种思路本来无可厚非,但是我们同时不要忘记了孔子的另一个教导:中庸。这种思路一旦被推到极致就会出现误差,在人心中生出藩篱羁绊,尤其是用在教育小孩子时更容易失去宽容,造成不好的后果。归根到底,这种思路会导致一种被称为"过度概括"的心理定式,由一个偶然事例而得出一种极端信念并将之不适当地应用于不相似的事件或情境中,比如我们的孩子被教导说"尊师重道是一种好品质",然后我们家长往往容易过度概括地认为"孩子必须在任何时候、任何情况下都尊师重道,否则这个孩子就是个彻头彻尾的坏孩子",而客观来说,这种说法是经不起考验的。

10.27 色斯举矣,翔而后集。曰:"山梁雌雉,时哉时哉!"子路共之,三嗅而作。

【语译】

野鸡感觉处境危险就高高地向上飞起,飞翔一阵之后又聚集在一处。孔子说:"山梁上的雌野鸡,懂得时运呀!懂得时运呀!"子路向它们拱手,它们长叫了几声就飞走了。

【解读】

这一章是很费思量的一章,我们知道在《论语》上半部中已经论述了孔子主要的学术观点,在介绍完了核心学术观点之后的一个总结会是什么样的呢?《论语》这里很聪明,不是去提炼出更核心的观念,因为学术内在的逻辑不允许有所偏废,每一个环节都重要,"仁"重要,"礼"也重要,"中庸""忠恕"等等都重要,它们都是一个学术思想的不同表现而已。《论语》在这里提出了一种孔子所有学术主张都适合的态度——时,即懂得时运。

"色斯举矣,翔而后集。""举"是起的意思,"翔"是盘旋着飞的意思。"集"字金文（ ）的上半部分画的是短尾巴的鸟,下面的部分画的是树木,合起来就是短尾巴的鸟停在树木上的样子,很多短尾巴鸟停在树木上就是集字的本义,也就是集合、汇集的意思。

"山梁雌雉,时哉时哉!"这里是孔子对鸟儿的评价,说鸟儿很谨慎,回旋着飞,考察清楚环境后才落下来停集,这是懂得时运的表现。

"子路共之,三嗅而作。"子路总是非常崇敬地执行老师的思想,听闻老师表扬鸟儿,就以尊敬的礼节对待鸟儿,鸟儿当然不会懂得这番心思,还是一样用谨慎的态度来对待子路的恭敬,这难道是真正懂得时运的表现吗?只要有人对自己恭敬,就改变原则,恰恰是不懂时运的表现,比如说孔子之前在鲁国的时候阳虎和公孙不狃都曾经请孔子出山,孔子也确实很希望实现自己的政治抱负,不过最后还是没有去帮助阳虎或公孙不狃,最后还是按照自己路思想处理了这两次邀请,这种作为不正是这句话最好的注解吗?

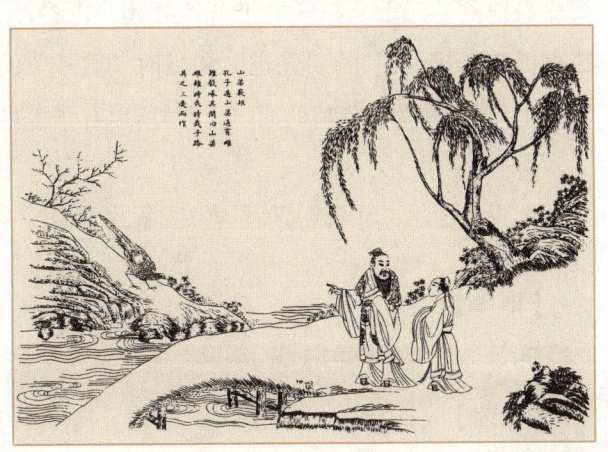

山梁叹雉图

先进第十一

11.1 子曰:"先进于礼乐,野人也;后进于礼乐,君子也。如用之,则吾从先进。"

【语译】

孔子说:"在从政之前先学习礼乐,是乡野民众的做法;在从政之后再去学习礼乐,是贵族子弟的做法。如果要选择,那么我赞同先学习礼乐。"

【解读】

这一段主要讲孔子讨论出仕为官与礼乐教化之间的关系,在孔子看来,出仕为官做实务是施行礼乐教化的好方法,所以他主张"吾从先进"。

为什么孔子在这里推崇"野人"的"先进"呢?想要搞清楚这个问题,我们先要搞清楚"先进"和"后进"各有哪些内容,用仁德的标准去考察,究竟哪个值得提倡。"野人"的"先进"和当时"君子"的"后进"相比,"先进"的礼乐文化和质朴,没有花哨的面子工程,所以孔子提倡这种礼乐文化。

11.2 子曰:"从我于陈、蔡者,皆不及门也。"

【语译】

孔子说:"跟随我在陈国、蔡国之间忍饥挨饿的人,现在都不在我身边了。"

【解读】

这一段话的背景是孔子被围困在陈国和蔡国之间,当时孔子带着一些学生在外游学,也有不少公卿大夫想请孔子去帮助,孔子都没有答应,后来楚国的国君派使者来见孔子,这样一来陈国、蔡国的国君就着急了。这两个小国认为楚国是大国,孔子不答应公卿大夫的请求是因为孔子心中的目标和这些公卿大夫的目标不一致,现在楚国来请孔子,孔子极有可能会答应楚君。楚国有了孔子的帮助,一定会更加强大,而与楚国比邻的陈国、蔡国就会遭殃,所以这两国的国君决定阻止楚国的使者见到孔子。于是他们就派了一些人把孔子包围了起来,搞得孔子他们粮食也没有了,追随的学生也有人生病了,总之境况很悲惨。后来是子贡跑去楚国搬来救兵才脱困。

"皆不及门"这句话古人至少有这么两个方面的解释,一种认为孔子的仁德之道不能得以施行,门人弟子也因此而没能出仕为官,没有机会施展才华,"皆不及门"是指不能到仕进之门。另一种解释是"皆不及门"的"门"是指孔子自家的家门,也就是说那些学生们现在不来孔子家里受教了,这大约是事实,因为孔子最喜欢的一些学生确实是先后离开了他,比如说颜回英年早逝,子路在卫国做官,子贡在鲁国为官等等,当然就不能老跟在夫子身边了。

11.3 德行:颜渊,闵子骞,冉伯牛,仲弓。言语:宰我,子贡。政事:冉有,季路。文学:子游,子夏。

【语译】

具有德行的是:颜渊,闵子骞,冉伯牛,仲弓。善于言说的是:宰我,子贡。善于处理政事的是:冉有,季路。熟悉古代文献的是:子游,子夏。

【解读】

这段话里含有两个非常重要的概念,一个是孔门四科,一个是孔门十哲。四科就是四门学问,分别是德行、言语、政事和文学,其中文学不是我们今天的文学,而是指文献等学问。十哲就是以上这四科里孔子评价甚高的十个学生,孔门十哲我们在前面已经多次提到,这些人物基本都先后出过场了,这里不再多说。

四科中孔子排在第一位的是德行,德行就是品行修养,这是孔子最重视的品质。什么样的德行才算是好的呢?孔子没有直接告诉我们,而是列举了几个学生,说这几个人在德行这门功课上做得很不错,他们是颜回、闵子骞、冉伯牛和仲弓,他们四个有一个共同的特点就是很孝顺,而且都不把做官当回事,清贫但快乐。四科里排在第二位的是言语,孔子所在的春秋时代各国纷争,孔子自己也带着学生们干

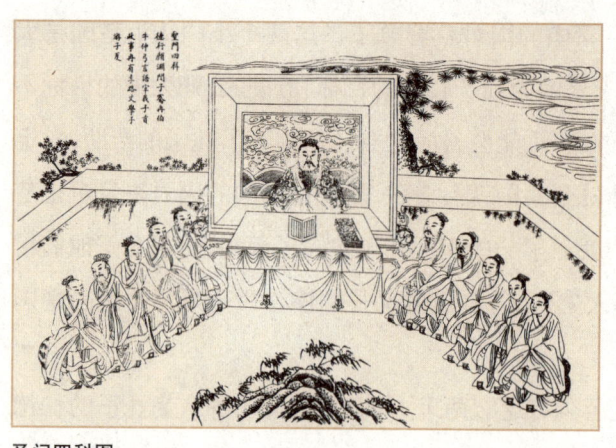

圣门四科图

过四处游说诸侯的事，他当然明白清晰雄辩的表达是多么重要，于是言语被排到第二的位置。但是言语科上出色的学生却未必都让孔子省心，子贡还行，很优秀也很听老师的话，而宰予就不同了，跟孔子顶嘴抬杠，让孔子很无奈，就骂宰予"朽木不可雕也"。德行和言语都好了之后，就可以出来做官了，接下来排的是政事科，孔子认为冉有和子路在这方面做得还不错，虽然孔子对这两个学生也不乏批评之辞。再接下来的是文学这一门，这一门在学术传承来说非常重要，可以说我们今天还能见到孔子的思想，主要是这些文学科的弟子们的贡献，比如说文学科的第一名子夏在孔子过世后非常出名，他继承了孔子整理文献和著述的本领，儒家的学问得以流传下来主要是靠文学科的弟子们手中传下来的文献资料。

11.4 子曰："回也非助我者也，于吾言无所不说。"

【语译】

孔子说："颜回不是对我有帮助的人，他对我的话没有不喜欢的。"

【解读】

这里孔子再次给了他最喜欢的弟子颜回以非常高的评价，说颜回这个学生对老师的学术没有不喜欢的。听话的学生总是招老师喜欢，更何况是听话而且优秀的学生呢。这里孔子提到颜回不是"助我者也"，不是帮助孔子的人，这句话怎么理解呢？朱熹认为所谓"助我者也"，指的是像子夏那样的学生，跟老师讨论学问的过程中对老师有启发、有帮助，孔子也曾说"起予者，商也"，商就是子夏。而颜回的个性与子夏不同，颜回是学什么都默默地学习、理解，并且高高兴兴地施行，一方面是颜回对孔子仁德之道的体悟比其他学生要深，悟性可能比较高，另一方面也与颜回的谦谦君子的品性修养有关，颜回是德行科的第一名，给人的感觉是典型的君子，总是泛出喜悦，带着谦逊。

11.5　子曰:"孝哉闵子骞! 人不间于其父母昆弟之言。"

【语译】

孔子说:"孝顺呀,闵子骞! 人们对于他父母兄弟称赞他的话丝毫也没有异议。"

【解读】

这里孔子表扬了德行科的亚军闵子骞,说他是一个很孝顺的人。闵子骞年少的时候母亲就去世了,父亲娶了一个后母,这个后母又生了两个孩子。后母很疼自己生的这两个孩子,而对闵子骞却很差。冬天的时候后母给两个亲生儿子穿着丝棉做成的厚棉衣,而给闵子骞穿着芦花做成的薄棉衣。穿着薄棉衣的闵子骞帮父亲驾马车,因为太冷,把缰绳给丢掉了,父亲以为闵子骞偷懒,就拿鞭子抽打他,结果把棉衣打破了,里面的芦花飞了出来,父亲知道自己错怪了闵子骞。然后父亲拉过后母所生的两个小孩的手,发现这两个小孩的手很温暖,穿的棉衣也够厚实。于是,父亲很生气地对后母说:"我娶你是要你帮我照顾儿子的啊,现在你倒好,欺骗我,又让我儿子挨冻,你走吧,我不要你了!"闵子骞一听父亲生气了,就跑上去劝父亲,他说:"母在,一子寒;母去,三子单。"后母留下来,只是一个孩子受冻而已,如果后母被休掉了,那三个孩子都要变成孤儿了,劝他老爸不要休掉后母。后来后母也悔改了,一家人过着幸福的生活。这段故事就是闵子骞孝顺的注解,因为这段故事,闵子骞的名字也被排进了"二十四孝"中。

闵子骞单衣顺母图

11.6　南容三复白圭,孔子以其兄之子妻之。

【语译】

南容多次诵读"白圭之玷,尚可磨也;斯言之玷,不可为也",孔子便把兄长的女儿嫁给他。

【解读】

在这段文字中孔子再次表扬了他的侄女婿南宫适,正因为这个人是个君子,孔子才把侄女嫁给他。这里需要解释的是"三复白圭"。

"南容三复白圭,孔子以其兄之子妻之。""三"是多次的意思,"复"在这里是复述、重复的意思。"白圭"是一篇诗文,这篇诗文里说白圭沾上脏东西之后,还可以通过打磨去掉污染,而人的言行如果被玷污了,就没有什么办法改变了,寓意是让人言行谨慎。南宫适多次诵读这样的诗篇,说明他品行高洁,言行谨慎,孔子感到把侄女嫁给南宫适是正确的选择。

11.7 季康子问:"弟子孰为好学?"孔子对曰:"有颜回者好学,不幸短命死矣,今也则亡。"

【语译】

季康子问:"你的弟子中谁最好学?"孔子答道:"有一个叫颜回的最好学,不幸短命死了,现在再也没有这样的学生了。"

【解读】

这里孔子再次给了颜回最高的评价,认为颜回是最好学的弟子。颜回比孔子小三十岁,是孔子早期弟子中最出色的弟子之一。这个颜回家里很穷,活着的时候吃不好、穿不暖,死后也没有钱办丧事,用现在的话说就是没钱买棺材板儿。

颜回虽然生活艰苦,但是他很好学。所谓好学就是要在学习中感到快乐,即"人不堪其忧,回也不改其乐",为什么"不改其乐"?因为有老师孔子的道,也因为颜回自己内心的好学,喜好学习才能从学习中体会到快乐。颜回二十九岁头发就白了,四十一岁就英年早夭了,孔子很痛惜这个学生,说之后再也没有碰到像颜回这么好学的学生了。

11.8 颜渊死,颜路请子之车以为之椁。子曰:"才不才,亦各言其子也。鲤也死,有棺而无椁。吾不徒行以为之椁。以吾从大夫之后,不可徒行也。"

【语译】

颜渊死了,颜路请求孔子卖掉车子来替颜渊买外椁。孔子说:"有才能或者没有才能，也都是自己的儿子。我的儿子孔鲤死了，也只有内棺而没有外椁。我不能徒步行走来替他买椁。因为我也曾做过大夫，是不可以步行的。"

【解读】

颜路是颜回的父亲，也是孔子的学生，颜回死后，颜路就跑去跟孔子商量，说："老师啊，您看颜回这么年纪轻轻就死掉了，您也挺喜欢他的，您看是不是可以把您的车子让出来，给颜回做一个椁？"椁就是外面的棺材。但是孔子拒绝了颜路的请求。我们都知道孔子特别喜欢颜回这个学生，曾经当面对颜回说："用之则行，舍之则藏，惟我与尔有是夫。"像穷不失义、达不离道这样的修为，只有我们师徒俩能做得到吧。孔子应当是把颜回当学术继承人来培养的，那为什么拒绝颜路的请求呢？这里蕴含的意思是君子待人接物、处理财物时首先要考虑是否符合礼，丧葬之事要符合自家情况，有什么样条件就办什么样的丧事，家里没有条件做椁就不要做椁了，没有条件风光大葬就丧事从简好了。礼不是表面的风光，而是内心的诚意。

11.9　颜渊死。子曰："噫！天丧予！天丧予！"

【语译】

颜渊死了。孔子说："啊！老天要我的命呀！老天要我的命呀！"

【解读】

这里主要是表现出了孔子与颜回之间深厚的师徒感情，颜回死的时候是四十一岁，这个时候孔子七十一岁了。之前孔子的儿子伯鱼也逝世了，伯鱼死的时候是五十岁，当时孔子六十九岁。亲生儿子死了，老年丧子，三年之后，寄予希望最大的学生颜回也死了，雪上加霜，孔子的悲痛可以想象。所以在这里孔子说："老天要我的命啊！"

"噫"是一个表达伤痛感情的拟声词，"天"就是指老天爷，是一个不能明确界定的、有神秘能力的规则性的力量，中国人的感情中总是有这么一个需要敬畏的老天爷，名谓可以多种多样，比如俗话说"举头三尺有神灵"，这个神灵和老天爷是类似的东西。颜回死了，孔子感到自己的道统将要失传，非常悲痛，一时间忍不住哀叹，说这是天意啊，天意让我的道得不到流传啊。可是就连当时的孔子本人也没有想到，孔子的道经过数千年，还在华夏大地上绵延流传，这不是靠一个人的力量完成，而是靠一代又一代鸿儒，一代又一代中华儿女一起完成的。

11.10 颜渊死,子哭之恸。从者曰:"子恸矣!"曰:"有恸乎?非夫人之为恸而谁为?"

【语译】

颜渊死,孔子哭得很悲恸。跟随孔子的人说:"您悲恸太过了!"孔子说:"真的太悲恸了吗?我不为这样的人悲恸,还能为什么人悲恸呢!"

【解读】

这里主要描写了颜回死后孔子的悲痛之情,从一个侧面展现了孔子的真性情。

"颜渊死,子哭之恸。""恸"是"哀过也",过于哀伤的意思,一般亲人亡故肯定都会哀伤,这里用一个"恸"字来描述孔子当时的心情,一下子就表现出了孔子对颜回之死的痛惜。

孔子周围的人提醒孔子,说他太悲伤了,孔子的回答非常耐人寻味,他说:"有恸乎?"孔子说:"我有悲伤太过吗?"他沉浸在痛惜悲伤中,自己都不知道,可见他是多么痛惜,多么悲伤。接着孔子还说:"非夫人之为恸而谁为?"不为这样的人感到悲伤痛惜,还能为谁感到悲伤痛惜,言下之意就是颜回值得我这么忘我地痛惜悲伤。

11.11 颜渊死,门人欲厚葬之。子曰:"不可。"门人厚葬之。子曰:"回也视予犹父也,予不得视犹子也。非我也,夫二三子也。"

【语译】

颜渊死,孔子的弟子们想要隆重地埋葬他。孔子说:"不可以。"弟子们仍然隆重地埋葬了他。孔子说:"颜回呀,你把我视为父亲,我却不能像对待儿子一样对待你。这不是我做的,是你的师兄弟们做的。"

【解读】

这里再次提到颜回死后的丧葬之事,主要是讨论颜回的师兄弟们怎么对待这件事情的。从孔子的回答中我们可以看到师兄弟之间如何处理丧葬才算合礼数。

"颜渊死,门人欲厚葬之。"颜回的同学们想把颜回厚葬,孔子的基本态度是"不可"。为什么呢?因为丧葬应该根据家境来定,颜回家穷困潦倒,还要厚葬,显然是不合适的,所以孔子觉得这样做不合礼。

"门人厚葬之。"结果颜回的同学们还是把颜回给厚葬了,这个时候孔子的反应又不相同了。"回也视予犹父也,予不得视犹子也。非我也,夫二三子也。"孔子没有继续批评这些个厚葬颜回的多事学生,而是以对颜回述说的口吻说明了事实:不是老师我厚葬你的,是你的师兄弟们厚葬了你啊。一方面孔子还是声明了自己的基本立场,丧葬要视家境而论厚薄,家富有可以厚一些,家穷困可以薄一点;另一方面孔子也称许了弟子们的同门之谊,师兄弟们合伙帮助处理了颜回的身后事,也是同门之谊的一种表现。

11.12 季路问事鬼神。子曰:"未能事人,焉能事鬼?"曰:"敢问死。"曰:"未知生,焉知死?"

【语译】

子路问奉祀鬼神的方法。孔子说:"人的事情都没有处理好,怎么能去奉祀鬼神?"子路又问:"我冒昧地请问死是怎么回事。"孔子说:"生还没有弄明白,怎么能够知道死?"

【解读】

这里是子路和孔子讨教鬼神和死后的事情,实际上子路问的是为什么要祭祀,为什么祭祀这么重要。祭祀就是供奉鬼神,供奉先祖的在天之灵。孔子的回答显得非常有智慧,这种智慧我们现在的人都很清楚,那就是祭祀死去的人是做给活着的人看的,也就是说,祭祀的意义在活着的人这里,在于它的现世的意义,而不用考证在死者那里的意义。

这里孔子的回答看似在打马虎眼,在糊弄学生,实际上不是这样的,孔子这个回答蕴含了深刻的哲理,蕴含了中国哲学的一种思维方式。你不是想知道鬼神的事情怎么样吗?不是想知道怎么侍奉鬼神才合适吗?那么,你就要先从鬼神之事开始的地方做起,从起点开始考虑。鬼神的起点是什么呢?是活着的人,所以孔子说:"未能事人,焉能事鬼?"活着的人的事情没做好,侍奉鬼神的事情也一定做不到位,诚信待人做到位了,侍奉鬼神也能做得很好。

子路这个学生很执着,问鬼神,老师没给正面的回答,他就换一个角度再来问一次,问问老师"死"是怎么回事。孔子回答问题的思路一如既往,还是告诫子路要从根本处着眼,"未知生,焉知死?"只要把开始的"生"的问题处理好了,死的问题也就明白了。活明白了,死也就明白了,现在有很多人非常怕死,其实就是没有活明白。当代有一个文化大家这么形容我们很多当代人的生活:要么是在等死,要么是在赶死。所谓"等死"就是那些工作生活不努力、竞争不上心的人,被生命本来的规律拖着往死亡一天一天逼近。所谓"赶死",就是那些拼命竞争,不惜牺牲健康也要生活在快节奏、高压力的环境中的人,争来争去健康争没了,不是在赶死吗?然后他说生活的真谛往往在"等死"与"赶死"之间,不用那么拼命,也不用那么消极,一边做点事情,一边欣赏生活,还要品味生命,虽说到最后总是个"死",感觉就潇洒多了。

11.13　闵子侍侧,訚訚如也;子路,行行如也;冉有、子贡,侃侃如也。子乐。"若由也,不得其死然。"

【语译】

闵子骞站在孔子身旁,恭敬而正直的样子;子路,刚强直率的样子;冉有、子贡,温和而愉悦的样子。孔子高兴。说:"像仲由吧,得不到正常死亡呀。"

【解读】

这里讲了孔子看到高足满堂时的欣悦之情,孔门弟子性格分明,各有各的特点,各有各的才华,济济一堂围在孔子周围,可以想见孔子多么高兴。

"闵子侍侧,訚訚如也;子路,行行如也;冉有、子贡,侃侃如也。"闵子骞是德行科的高足,表现得恭敬有礼的样子,曾经坚决推辞掉了季桓子让他出仕做官的安排,原因就在于闵子骞觉得季氏获得政权不合礼。子路、子贡一武一文常年跟随孔子左右,是孔子很喜欢的两个学生。子路从来都是直爽而孔武有力的,子贡从来都是温文尔雅,风度翩翩的。冉有年轻有为,为孔子回归故国立下功劳,孔子也很喜欢他。

"子乐。'若由也,不得其死然。'"孔子很高兴,他说子路这个学生太刚直了,不会是正常死亡的,所谓的正常死亡应该是老死,是终其天年而亡,不正常死亡就是那些战死、累死、病死等等。子路死于卫国的动乱之中,果然被孔子给言中了,而且子路临死前也遵循老师的教导,做到守礼,一则是没有当逃兵,明知有生命危险还是回到政治旋涡中,一则是临死正衣冠,从容就义。

11.14 鲁人为长府。闵子骞曰:"仍旧贯,如之何?何必改作?"子曰:"夫人不言,言必有中。"

【语译】

鲁国要整修长府。闵子骞说:"照着老样子做怎么样?为什么一定要改建重修呢?"孔子说:"这个人平日不大说话,一说话必定中肯合理。"

【解读】

这里孔子发表了对他的学生闵子骞的评价,说这个学生话虽不多,但是都说到点子上了。从这里也可以看出孔子对说话的基本观点:说话的数量不重要,重要的是质量。

"鲁人为长府。""长府"是国家藏东西的库房,可以藏货物、兵器等等,鲁国人想重新修建一个这样的库房。闵子骞知道这件事之后说:"仍旧贯,如之何?何必改作?"认为没必要重新建,府库不就是藏东西的吗,照着原来的样子做就可以了,重新修建是劳民伤财的事情,不值当。

"夫人不言,言必有中。"孔子知道这个学生的看法后,首先认为闵子骞说得对,其次还看到另一层,他这学生平日话不多,一说就说到点子上,所以孔子很赞赏闵子骞这种"言必有中"的说话方式。

11.15 子曰:"由之瑟奚为于丘之门?"门人不敬子路。子曰:"由也升堂矣,未入于室也。"

【语译】

孔子说:"仲由弹瑟,为什么到我这里呢?"因此孔子的弟子们不尊敬子路。孔子说:"仲由,虽然已经升到大堂了,但还没有进入内室。"

【解读】

这里出现了一个成语"登堂入室",这个词用来形容学习某种技艺或者知识开始入门了,开始从初级往高级渐次长进了。古人的建筑前面都是堂,后面才是室,要想进到屋子里,必须要先经过堂,先得登堂,然后才能入室。这里也说明了做学问是分阶段的,要一步一步来,要循序渐进,慢慢就登堂入室。

这段话里说到子路弹奏瑟这种乐器,瑟是一种弹拨乐器,弹出来的声音应该是叮叮咚咚、和谐悦耳的。虽然乐器的表现力是很丰富的,但是子路这个人粗放有余,细腻不足,让他鼓瑟,就带有杀伐之音,还不够平和。所以孔子说:"由之瑟,奚为于丘之门?"同学们见老师都批评子路弹瑟弹得不好了,这些学生自然也不看好子路,于是"不敬子路"。孔子一看这个情况,偏离了他本意,就又补充了一句对子路的评价:"由也,升堂矣,未入于室也。"子路的鼓瑟已经入门了,只是造诣还不到而已。这里提示了一个重要的教育原则,就是教育要以鼓励为主。

11.16 子贡问:"师与商也孰贤?"子曰:"师也过,商也不及。"曰:"然则师愈与?"子曰:"过犹不及。"

【语译】

子贡问孔子:"颛孙师和卜商谁更贤能一些?"孔子说:"颛孙师有些过头,卜商有些不足。"子贡说:"那么,颛孙师更贤能一些吗?"孔子说:"过分和不足是相同的。"

【解读】

这里孔子又点评了两个学生,一个是颛孙师,也就是子张;一个是卜商,也就是子夏,通过点评这两个学生,孔子传递了一个很重要的理念:过犹不及。

子张是孔子后期弟子中出众者之一,也是为传承孔子的学说做出很多贡献的弟子之一,这个人的学术主张比较激进,比如他很看不上道德低下的人,认为这些不讲仁义道德的人不活在世上也罢。子夏是孔门四科里文学科的高足,对传承孔子之道也卓有贡献,尤其是对儒家文献得以流传下来贡献很大,子夏这个人才华很出众,但是没有那么激进,显得保守一些,他非常守礼,非常重视守规矩,所以后来有的学者把子夏放到法家里面。子张、子夏一个"过",一个"不及",比较起来那个更高明一点呢?孔子说"过犹不及",真正高明还是中庸之道,而能达到中庸之道的,在孔子眼中估计只有早夭的颜回了。

11.17 季氏富于周公,而求也为之聚敛而附益之。子曰:"非吾徒也。小子鸣鼓而攻之,可也。"

【语译】

季氏比周公还富有，而冉求却又替他搜刮，使财富进一步增加。孔子说："冉求不是我的弟子，你们大张旗鼓地去攻击他是可以的。"

【解读】

这一段讲了孔门一个有名的案例，看得出来冉有是把孔子给气急眼了，连把冉有逐出师门的狠话都说出来了。冉有是孔门弟子中政事科的代表，孔子曾经对季氏说，冉有多才多艺，从事行政管理工作不在话下，为什么孔子这里一改以往称许的态度而抨击冉有呢？这就反映出孔子的一种主张，即为政不能为了私利，不能一心只为自己聚敛财富，而是应当富民，使人民富裕起来，然后安民，让老百姓有安全感、幸福感。

冉有当季氏总管时，季氏本来就已经很富裕了，比周公还有钱，现在冉有还要继续帮季氏聚敛财富，这样的做法让孔子不高兴了。孔子应该也规劝过冉有不要这么干，冉有这个学生个性还是很鲜明的，用现在的话来形容就是有点"蔫有准儿"，虽然很谦逊、很温和，但是有自己的主见，比如说他说自己不是不喜欢孔子的道，而是自己"力不能及"，气得孔子批评了他。后来冉有做了季氏的总管，而季氏要干一些违礼出格的举动，孔子问冉有能不能纠正，冉有说自己干不了这活儿，让孔子只能徒叹奈何……可以想象，孔子批评冉有帮季氏聚敛财富的意见，在冉有那里没有起到太多的作用，但是在孔子看来，这个是原则问题，不能没有自己明确的立场，所以宣称这个冉有不是我的学生了，被我开除学籍了，你们这些学生可以去口诛笔伐他了。可见，即使孔子再喜欢你，你再有才华，为政时如果只是为虎作伥，不能做到富民、安民，孔子也是要坚决批判的。

11.18　柴也愚，参也鲁，师也辟，由也喭。

【语译】

高柴愚朴，曾参迟钝，颛孙师偏激，仲由鲁莽。

【解读】

高柴也是孔子的弟子，这个学生在《论语》中出场的机会不多，《左传》中记载了一段高柴和子路在卫国之乱时不同表现的故事，当时卫国动乱，高柴想躲避动乱而出城去，刚好碰到往回走的子路，高柴就劝子路说："这卫国人争国君的位子导致动乱，没咱什么事情，咱还是赶紧躲躲吧，别去蹚这浑水了。"子路回答说："我拿人家的工钱呢，老板现在处于危难之中，我不能自己脱身而去啊。"后来高柴就离开了卫国，子路回到了卫国。孔子听说卫国发生动乱，他就预言说："柴也其来，由也死矣。"高柴是会回来的，子路看来是要死于这场动乱了，果然被孔子言中了。高柴之所以和子路的表现不同，就是因为高柴当时并不是什么要紧的官员，只是一个小小的职员，而且个性也很质朴，所以他说："弗及，不践其难。"你们争国君这么大的事儿，跟我一个小职员有什么关系吗？压根儿没有关系的嘛，所以我也不会参与到这个动乱中，去承受你们造成的苦难。

曾参就是曾子，一般认为曾参是孔子的弟子，然后孔子的孙子叫子思，子思是曾参的学生，子思的学生就是孟子，学界一般认为《大学》《孝经》是曾参著述的，至少是托名曾参所作。孔子这里说曾参迟钝，为什么这么说呢？其实是因为曾参总是能够化繁为简，显得比较迟钝。比如孔子说他的道"一以贯之"，曾子说："好吧，老师。"他说老师的道就两个字"忠恕"而已，又说"慎终追远，民德归厚矣"。这些话给人的感觉是迟钝憨厚。

颛孙师偏激，仲由鲁莽，前面已经分析过，这里不再重复。

11.19 子曰："回也其庶乎，屡空。赐不受命，而货殖焉，亿则屡中。"

【语译】

孔子说："颜回的学问差不多近道了，可是非常贫穷。端木赐不安于天命，而去从商生财，预测商情往往都能猜中。"

【解读】

颜回穷是出了名的，子贡富有也是出了名的，子贡是儒商的祖师爷。在孔子看来颜回要更接近道一些，但是颜回总是穷。为什么颜回总穷呢？因为他能安贫乐道，虽然很穷，但是依然很快乐，所以贫穷对颜回来说根本不是需要解决的问题，因此他也就不会动心思去想怎么挣钱、怎么发财了。而子贡不同，他非常聪明，非常有才华，他不安于天命，动心思去赚钱发财，自然就能富有起来。孔子提倡安贫乐道更多一些，他自己大半辈子在贫或穷的状态中度过。就今天来说，现代文明鼓励创造财富，积极进取的，不太强调安于贫穷。这种做法应该说是值得补充的，鼓励积极进取，兴办实业，创造财富的同时，也应重视精神上对道的追求和坚守。

11.20　子张问善人之道。子曰:"不践迹,亦不入于室。"

【语译】

子张请教怎样做善人。孔子说:"不踩着别人的脚印走,也不只是去追求高深的学问。"

【解读】

什么是"善人"?就是善良之人,本质很好的人。好人的道是什么样的呢?这应该说是一个非常重要的哲学命题,在中国哲学史上至少有三种观点,第一种观点认为人与生俱来的本性是善良的。第二种观点认为人与生俱来的本性是恶的。第三种观点认为人与生俱来的本性既不是善也不是恶。那么孔子怎么看待这个问题的呢?孔子本人并没有明确地说过人的本心是善还是恶,但是孔子关心的是你现在作为一个人怎么能够做到善,而不是为恶。怎么做到这一点,孔子是给出了方向的,那就是不能一味地重蹈覆辙,或一味地在形式上模仿为善,也不能一味地追求高深的学问,善除了是一门学问之外,更是一种实践,要在行动中为善。

11.21　子曰:"论笃是与,君子者乎?色庄者乎?"

【语译】

孔子说:"听到言论笃实诚恳就表示赞许,这种人是真君子呢,还是伪装庄重的人呢?"

【解读】

这里孔子提出了一个开放式的话题:如果一个人言论诚恳笃实,算不算是君子?孔子貌似给了我们一个疑问,这种人是真君子呢,还是假装庄重的人呢?孔子貌似很困惑,实则不然,孔子在所有面临选择的问题上基本都不会困惑,孔子"四十而不惑",四十岁就不再有犹疑不定和困惑了。孔子怎么看待类似的事情,可以找到其他的例子来判断,孔子有一个很有才华的学生叫宰予,这个学生大白天睡大觉,孔子很生气,批评了宰予,然后孔子说了一句自我总结的话,他说:"之前我听一个人说什么,我就相信他;现在我听一个人说什么之外,还要再看看他怎么做,才能相信他。"这样的思路用在这里也同样适合,言谈诚恳笃实的人可能是真君子,也可能是伪君子,所以孔子这里给出的不是判断,而是方法,这个方法就是前面谈到过的听其言、观其行。

11.22 子路问:"闻斯行诸?"子曰:"有父兄在,如之何其闻斯行之?"冉有问:"闻斯行诸?"子曰:"闻斯行之。"公西华曰:"由也问闻斯行诸,子曰,'有父兄在';求也问闻斯行诸,子曰,'闻斯行之'。赤也惑,敢问。"子曰:"求也退,故进之;由也兼人,故退之。"

【语译】

子路问:"只要听到就去做吗?"孔子说:"有父亲兄长在,怎么能听到就去做呢?"冉有问:"只要听到就去做吗?"孔子说:"听到就要去做。"公西华问:"仲由问听到就做吗,您说'有父亲兄长在';冉求问听到就做吗,您说'听到就做'。我有点迷惑,冒昧地来问问。"孔子说:"冉求做事退缩,所以鼓励他;仲由的胆量胜过常人,所以要抑制他。"

【解读】

"闻斯行诸"的意思是听到一个道理就去实验它、实践它,这里有两个弟子问了孔子该不该这么做,而孔子的回答不一样,这体现了孔子教育思想的一个重要原则——因材施教。

在孔子看来,听到一个道理就要去实行它,之所以要实行它,是因为这个道理是符合道义的。符合道义的道理有很多,是不是时时刻刻、任何地方、任何情况下都要立即实行它呢?原则上是应该这样做的,不过因为符合道义的事情太多了,所以它们本身也有一个先后次序的问题,在儒家看来,"孝亲"是第一位的,这件事情是要优先考虑实行的。

这里孔子是在回答两个学生的提问,一个是很勇猛向前的子路,孔子根据子路的个性品质,提醒子路不要太快了,要想想家里的父兄,想想"孝悌"是人伦的第一道义。另一个提问的学生是冉有,这个学生特别懂得量力而行,至少在孔子看来是这样的,所以孔子鼓励他要勇敢地去实行道义。

11.23 子畏于匡,颜渊后。子曰:"吾以女为死矣。"曰:"子在,回何敢死?"

【语译】

孔子在匡被囚禁了,颜渊最后才来。孔子说:"我以为你死了。"颜渊说:"您活着,我怎么敢死呢?"

【解读】

　　这里讲了"畏于匡"事件后，失散的颜回找到孔子后，师徒之间的对话。颜回在这里表明了一种态度，一种极端的尊师重道的态度，颜回对老师如对父母那样尊重孝敬，老师还健在的情况下，作为弟子不应该让自己身临险地，以免让老师担忧。匡地被围的时候，孔子虽然受了不少苦，最后还是跑出去了，颜回追随孔子是知道这件事情的，所以颜回也没有拼死和匡地的暴民们打斗，而是想办法跑掉，随后又找到了孔子。如果孔子在动乱中不幸遇难了，颜回的做法应该又有不同了，一方面他可以不要命了，去和匡地暴民打斗；另一方面如果颜回运气真的很好，不要命地去打斗也没有丢掉小命，那么他可以树立旗帜，告知天地神祇，告知天下，自己要继承孔子的遗志，为他的枉死报仇。这个思路是中国传统文化的大致思路，历史上屡屡出现，也屡屡显效。不过颜回始终无法做到，因为最终他还是在孔子健在时就死掉了，"回何敢死"是一个态度，没法成为事实，这可以说是孔子的悲哀，也是颜回的悲哀。

围匡图

　　11.24　季子然问："仲由、冉求可谓大臣与？"子曰："吾以子为异之问，曾由与求之问。所谓大臣者，以道事君，不可则止。今由与求也，可谓具臣矣。"曰："然则从之者与？"子曰："弑父与君，亦不从也。"

【语译】

　　季子然问："仲由和冉求可以称为大臣吗？"孔子说："我以为你是问别的人，竟是问仲由和冉求呀！所谓大臣，以正道侍奉君主，如果正道行不通就不做了。现在仲由和冉求，只能算是有才能的臣子罢了。"季子然又说："那么，他们会一切服从上级吗？"孔子说："那种杀父亲和君主的事情，他们是不会顺从的。"

【解读】

　　这里是季氏子弟和孔子的一段对话,很形象地表现出孔子的机智来。子路和冉有都做过季氏的总管,子路做的时间较短,冉有做的时间较长。季氏来问这两个人能不能做"大臣",是有一些炫耀的意思在里面,孔子说,"我还以为你问别的人呢",言外之意是我的学生中才能品德出众的人多了去了,你才用了两个而已,不值得在我面前来夸耀。然后接着孔子又说子路和冉有只能算是有才能的臣子,但是还称不上"大臣"。季氏接着问子路和冉有是否会服从上级。孔子的回答很机智,说弑君弑父的举动这两个人是不会服从的,一方面表明孔门弟子受到过仁义的良好教育,不会胡作非为;另一方面也点明季氏的狼子野心,路人皆知。

　　这一段最重要的含义还在于孔子申明了一种为人臣之道,好的臣子要具备两个素质:一个是要有能力,有才华;另一个是要讲道义,走正道。

11.25　子路使子羔为费宰。子曰:"贼夫人之子。"子路曰:"有民人焉,有社稷焉,何必读书,然后为学?"子曰:"是故恶夫佞者。"

【语译】

　　子路叫子羔去做费地的长官。孔子说:"这是害人子弟!"子路说:"那里有老百姓,有土地神和谷神,为什么一定要读书才叫为学呢?"孔子说:"所以我讨厌强词夺理的人。"

【解读】

　　这段故事讲孔子对学生们出仕做官的看法,孔子不反对学生们出来做官,子路提这建议的时候孔子自己正当着鲁国的司寇,这个时候子路应该是季氏宰,所以想着推荐子羔(也就是前面我们提到过的高柴)去做费地的长官。费是一个相对独立的地方,地险城固,虽然是季氏的私人地盘,但是季氏也不太管得住这个地方。此前季氏给这个地方派了一个长官叫公山不狃,并且非常器重公山不狃,结果这个公山不狃伙同阳虎一起背叛季氏而作乱。所以孔子才说子路推荐子羔去费地是误人子弟,一来子羔还年轻,正是学习的好时光,不用这么早就跑出去做官,二来费地的情况实在太复杂了,不是一个年轻小伙子能搞定的,出于对学生的爱护,孔子也不愿意让子羔陷身其中。子路一看老师不想让小师弟出来做费地的长官,就用了孔子的观点再争取一下,说学习也包括实地考察的学习,小师弟子羔去费地当官也是一种学习。孔子气得批评子路,说子路是狡辩。找理由总是很容易的,孔子很讨厌为了某种欲望而给自己找借口、找理由的做法,后面我们还会提到孔子在这方面的批评,不过批评的对象换成了冉有,冉有那个时候也是做着季氏的总管。

11.26　子路、曾皙、冉有、公西华侍坐。子曰:"以吾一日长乎尔,毋吾以也。居则曰:'不吾知也!'如或知尔,则何以哉?"子路率尔而对曰:"千乘之国,摄乎大国之间,加之以师旅,因之以饥馑;由也为之,比及三年,可使有勇,且知方也。"夫子哂之。"求!尔何如?"对曰:"方六七十,如五六十,求也为之,比及三年,可使足民。如其礼乐,以俟君子。""赤!尔何如?"对曰:"非曰能之,愿学焉。宗庙之事,如会同,端章甫,愿为小相焉。""点!尔何如?"鼓瑟希,铿尔,舍瑟而作,对曰:"异乎三子者之撰。"子曰:"何伤乎?亦各言其志也。"曰:"莫春者,春服既成,冠者五六人,童子六七人,浴乎沂,风乎舞雩,咏而归。"夫子喟然叹曰:"吾与点也!"三子者出,曾皙后。曾皙曰:"夫三子者之言何如?"子曰:"亦各言其志也已矣。"曰:"夫子何哂由也?"曰:"为国以礼,其言不让,是故哂之。""唯求则非邦也与?""安见方六七十如五六十而非邦也者?""唯赤则非邦也与?""宗庙会同,非诸侯而何?赤也为之小,孰能为之大?"

【语译】

　　子路、曾皙、冉有、公西华陪孔子坐。孔子说:"因为我比你们年纪大一点,没有人用我了。你们平常总是说:'不了解我呀!'假若有人想了解你们,那你们怎么打算呢?"子路率直地回答:"一千辆兵车的国家,受制在几个大国的中间,外有军队侵犯它,内又有灾荒。我去治理,等到三年,可以使百姓有勇气,而且懂得道理。"孔子微微一笑。又问:"冉求,你怎么打算?"冉求回答:"方圆六七十里或者五六十里的国家,我去治理,等到三年,可以使百姓富足。至于礼乐教化,那只有等待君子了。"孔子又问:"公西赤!你怎么打算?"公西赤回答:"不敢说我已经有才能了,我愿意学习。祭祀的事情或者与外国结盟,我愿意穿礼服,戴礼帽,做一个主持礼仪的小官。"孔子又问:"曾点!你怎么打算?"曾点弹瑟正近尾声,铿的一声,放下瑟站起来回答:"我的志向和他们三位所说的不同。"孔子说:"那有什么妨碍呢?正是要说说各人的志向啊!"曾皙便说:"暮春三月,穿上已经做好的春服,五六位成年人,六七个小孩,在沂水河里沐浴,在舞雩台上吹风,然后一路唱着歌走回家中。"孔子长叹一声说:"我赞成曾点的主张呀!"子路、冉有、公西华三人都出来了,曾皙最后走。曾皙问:"三位同学的话怎么样?"孔子说:"也不过说说各自的志向罢了。"曾皙又问:"您为什么笑仲由呢?"孔子道:"应该以礼仪治理国家,可是他的话却不谦让,所以笑他。""难道冉求所讲的不是国家吗?"孔子说:"怎么见得方圆六七十里或者五六十里的土地还不是一个国家呢?""难道公西赤所讲的不是国家吗?"孔子说:"有宗庙,有国家的盟会,不是国家是什么?如果他只能做一个主持礼仪的小官,那么谁还能做大司仪呢?"

【解读】

这一段孔子让他的几个弟子谈人生志向的话意味深长。子路说要统领千乘之国,使国民有勇有道义。冉求说要治理小国,让他们衣食充足。公西华说愿意做一个小司仪,主持祭祀和会谈。孔子听了,对子路笑一笑,对其他人不置可否。

轮到曾皙时,曾皙说了一段话:"暮春者,春服既成,冠者五六人,童子六七人,浴乎沂,风乎舞雩,咏而归。"这段话后世有很多解释,为什么是"冠者五六人,童子六七人"呢?有的人这么理解,戴帽子的有三十个人(五六三十,五乘以六等于三十),童子有四十二个人(六七四十二,六乘以七等于四十二),加起来七十二个人,这就是七十二贤的数目。金庸先生在《射雕英雄传》里通过黄蓉之口就引用了这么一种解释,于是现在很多人都知道这种解释。对不对呢?开玩笑地这么理解也挺有意思。不过我们还是先看一看《论语》的正经理解是什么样的。

正经的解释是这样的:暮春三月,穿上春天的衣服,约上五六个成人(古人成年的时候会有一个礼仪,要加冠,戴上一个冠以表示已经成年了,所以"冠者"指的是成年人),六七个小孩,在沂水边沐浴,在高台上吹风,一路唱着歌而回。孔子听了大加赞赏,原来这正是孔子

春游晚归图

自己的理想！一般人看了，都会觉得很奇怪，曾晳说的不过是日常小事，春浴欢咏，人人不都可以做到吗？有什么大不了的呢？难道孔子就这点志向吗？如果你这样想就错了。表面上看是身体沐浴，实际上是心灵的沐浴，不仅洗身，而且洗心。这是孔子所希求的大同境界，是一幅安宁、快乐、恬静、温暖的社会风俗图。只有人人都心灵纯净，有仁爱之心，社会才能安宁，人民才能安居乐业。这种生活如此平实，却又如此难得。想一想今天我们的物质文明程度已经远远超过孔子时代，可是我们的心灵能达到"浴乎沂，风乎舞雩，咏而归"的自由、安宁的境界吗？

先进第十一

颜渊第十二

12.1　颜渊问仁。子曰:"克己复礼为仁。一日克己复礼,天下归仁焉。为仁由己,而由人乎哉?"颜渊曰:"请问其目。"子曰:"非礼勿视,非礼勿听,非礼勿言,非礼勿动。"颜渊曰:"回虽不敏,请事斯语矣。"

【语译】

颜渊请教仁。孔子说:"克制自己使言语行动都符合礼仪,就是仁。一旦这样做,天下的人都会回归仁德了。实践仁德全靠自己,难道是靠别人吗?"颜渊问:"请问具体的办法。"孔子说:"不符合礼仪的事不看,不符合礼仪的事不听,不符合礼仪的事不说,不符合礼仪的事不做。"颜渊说:"我虽然愚钝,也要遵照您的话去做。"

【解读】

这一篇里有很多孔门弟子问仁的记录,孔门学问主要围绕仁字展开,从某种意义上说整部《论语》都是讲一个仁字,而这一章是集中体现。本篇以颜回问仁开始,应该也有所暗示,颜回是孔门第一高足,由他来开始与孔子展开关于仁的对话,似乎意在通过这场师徒对话展示仁最根本的内涵。

颜回问仁,孔子回答说"克己复礼为仁",这里有两个要点,第一个要点是"复礼",恢复周礼,这既是目标,也是过程;第二个要点是"克己",这也是孔门学问的一贯主张,重视群体多于重视个体,所以个体要克制,为什么要克制、要约束自己呢?就是为了保障群体利益。"克己"是自律,"复礼"是和谐,人人自律就天下大同了,就达到和谐社会了。而通往和谐社会的途径靠不了外在的东西,全靠人内心的"克己复礼",对每个人来说,仁完全是内圣功夫,外人帮不上忙。

虽然总原则清楚了，颜回这么好学的学生还会接着问具体怎么做，不会自作聪明地发挥。孔子这次的解释相当于没有解释，他说"非礼勿视"等等，视听言动都要符合礼，这其实还是原则。具体怎么视才是礼，怎么视才是非礼，这个孔子没有说，所以可以说孔子相当于没有回答。这是孔子不清楚吗？显然不是，在前面《乡党》篇里我们看到了很多具体的符合礼的做法，孔子是知道什么是符合礼的、什么是非礼的。但是他没有说，因为礼是有损益的，随着时代的不同，个人处境的不同，礼的内容和标准也不同。孔子深知这一点，所以，即使在回答颜回的具体性提问时，孔子也只是介绍了从哪些方面来考虑问题、来把握礼。我们现代人往往缺乏这种独立思考的精神，总想偷懒，希望有人直接告诉自己该怎么做就好了，而不愿意按照原则正确地推演和思考，然后灵活应用。这也正是我们现代人急需学习国学、学习孔子的原因之一。

12.2 仲弓问仁。子曰："出门如见大宾，使民如承大祭。己所不欲，勿施于人。在邦无怨，在家无怨。"仲弓曰："雍虽不敏，请事斯语矣。"

【语译】

仲弓请教仁。孔子说："出门仿佛去接待贵宾，役使百姓仿佛去主持大祭祀。自己所不喜欢的，不要强加于别人。在诸侯之国不会有怨恨，在家中也没有怨恨。"仲弓说："我虽然愚钝，也要遵照您的话去做。"

【解读】

这一段是仲弓问仁，仲弓就是冉雍，"孔门十哲"之一，德行科的高才生，也是孔子弟子中难得的帝王之才，之前已经出场介绍过了。冉雍本来德行方面做得就很好了，但是他还是问仁。前一段是德行科第一名颜回在问"仁"，后面还有孔子诸多贤弟子问仁，不管学得怎么样，孔门弟子都在思考这个概念，都在围绕这个概念向孔子发问。这说明"仁"这个问题确实是儒家最核心的概念，也确实是连孔子也难以用一句话两句话说清楚的问题。

上段说到冉雍是帝王之器，所以孔子回答冉雍的问题时主要从政治领导的角度来考虑，叫"敬以持己，恕以及物"，对自己而言，要时时事事有敬畏之心，要守礼，更要内心存有恭敬，就好像见外宾、主持祭祀一样，规矩守礼。具体行为方面的原则就是"己所不欲,勿施于人",随之而来的效果就是"家邦无怨",太平盛世,和谐社会。

12.3 司马牛问仁。子曰:"仁者,其言也讱。"曰:"其言也讱,斯谓之仁已乎?"子曰:"为之难,言之得无讱乎?"

【语译】

司马牛请教仁。孔子说:"仁人,他的言语迟钝。"司马牛说:"言语迟钝,就可以叫作仁了吗?"孔子说:"做起来很难,说出来能够不迟钝吗?"

【解读】

这一段是司马牛问仁,司马牛这个人话多,性子急躁,孔子于是告诉他:仁就是要说话感到比较困难,有说不出来的那种感觉。为什么仁的人说话有为难的感受呢?因为如果内心总是有仁的概念,总也放心不下,反复反省自己是不是达到了仁的标准,就会战战兢兢,就会心有敬畏,说话的时候就会思量再思量,有所忍而不易发,这就是仁在言语谨慎方面的表现。

那么,是不是说话吞吞吐吐、什么也说不明白就是仁呢?司马牛这个学生虽然急躁一点,脑子还是好使的,他也想到这一点,就这个问题司马牛也有进一步的发问。司马牛问得刁,孔子的回答更巧。孔子说达到仁是不容易的,说话是仁的表现之一,自然说话也不是件容易的事情。从另一个角度看,言语和行为要统一也是仁的表现,仁包括了很多内容,言语是难以尽意的,行动也是难以全部实践的,只能是在一点一滴中去感受,去实践,接着再表达出来,接着再在行动中实践。处在这样一个为仁的过程中,自然就会体会到仁是"其言也讱"。

12.4 司马牛问君子。子曰:"君子不忧不惧。"曰:"不忧不惧,斯谓之君子已乎?"子曰:"内省不疚,夫何忧何惧?"

【语译】

司马牛请教怎样做君子。孔子说:"君子不忧愁、不畏惧。"司马牛说:"不忧愁、不畏惧,这样就可以称为君子吗?"孔子说:"内心反省而没有愧,有什么可以忧愁和畏惧的呢?"

【解读】

这一段司马牛接着问"君子",怎么才算"君子"?在前面的篇章中其实已经说了很多了,比如第一篇《学而》开篇两段都说了君子——"人不知而不愠,不亦君子乎"。之前也有子贡问过君子,孔子回答是:"先行其言而后从之。"通观《论语》中关于君子的论述,我们可以发现:做到了仁的人就是君子,这里孔子再次回答司马牛的提问,也是从一个侧面说明仁的表现。

孔子说,什么是君子呢?他说君子无忧无惧。这个回答太高明了,没有忧愁,没有畏惧,不像现代人,总是焦虑这个焦虑那个,担心畏惧个没完。这里描述了一种道德完满状态下无忧无虑的境界,这个境界同样不是那么容易理解、容易达到的,所以司马牛才再次问:"无忧无虑,没有畏惧,就是君子了吗?"这本身就是一个担忧的提问啊,如果平日作为无愧于心,内心反省时自然就不用担忧畏惧,道德达到完满,当然是一个君子。

12.5　司马牛忧曰:"人皆有兄弟,我独亡。"子夏曰:"商闻之矣:死生有命,富贵在天。君子敬而无失,与人恭而有礼。四海之内,皆兄弟也。君子何患乎无兄弟也?"

【语译】

司马牛忧虑地说:"别人都有兄弟,唯独我没有。"子夏说:"我听说过:死生由天命决定,富贵由天安排。君子做事认真而不出差错,对待别人谦恭而符合礼仪,天下处处都有兄弟啊。君子又何必忧愁没有兄弟呢?"

【解读】

这一段司马牛担忧自己一个人没有兄弟,子夏用他从孔子那里听来的学问回答了司马牛的忧虑。其实这也是在回答仁的问题,前一段说了"君子不忧不惧",司马牛担忧兄弟丧亡的问题,还有忧虑,所以问,所问和子夏所答,都围绕着仁展开。

子夏认为,达到仁要从两个方面把握:一个是安于命,有些东西是随着上天禀赋所来的,是客观条件,这些内容要认可它、接纳它;一个是修己,我认为学习国学最关键的就是要"修心改命",修心也就是修己,把自己的修养做好了,自己的行为做到符合仁,成为一个君子,命就慢慢会改过来了。修己怎么修?也就是前面所说的"持己以敬"和"接人以恭""恕以及物"。自己要常存恭敬之心,待人接物要恭敬有礼,要推己及人,以忠恕之道待人接物。如此对待你接触到的人,别人也会这么对待你,这个时候"四海之内,皆兄弟也",还有什么可担忧的呢?这不就达到仁了吗?不就"君子不忧不惧"了吗?

12.6　子张问明。子曰:"浸润之谮,肤受之愬,不行焉,可谓明也已矣。浸润之谮,肤受之愬,不行焉,可谓远也已矣。"

【语译】

子张问怎样才能做到"明"。孔子说:"像水浸物那样暗中挑拨的谗言,像切肤之痛那样直接的诽谤,都行不通,就可以称作明了。暗中的谗言、直接的诽谤,都行不通,可以称作是看得远了。"

【解读】

这一段子张问"明",这个明的概念儒、道、禅三家都有。而且道家更是把明看成悟道后的状态,很推崇明,《道德经》里说"知常曰明",又说"不自见,故明""知人者智,自知者明",还有很多关于明的论述。明是道的一种状态,禅宗也很重视明,禅宗的明既是一种觉悟的方法,也是一种觉悟的状态,叫明心见性。而儒家这里的明和道家的明有相同之处,也有它特别的地方,我们主要看看孔子怎么阐释明的。

孔子把明和远并重来解释,所谓"视远惟明",只有明才能看得远,只有明才能行得久。孔子的学问也可以说是启发明的学问,可以让人不受到谗言、诽谤的伤害,能经久而明。这种明怎么达到呢?那就是要慎终追远,要做到仁,要修己安人。

12.7　子贡问政。子曰:"足食,足兵,民信之矣。"子贡曰:"必不得已而去,于斯三者何先?"曰:"去兵。"子贡曰:"必不得已而去,于斯二者何先?"曰:"去食。自古皆有死,民无信不立。"

【语译】

子贡请教怎样治理政事。孔子说:"粮食充足,军备充足,百姓信任政府。"子贡说:"如果迫不得已,在三者之中一定要去掉一项,先去掉哪一项?"孔子说:

"去掉军备。"子贡说:"如果迫不得已,在两者之中一定要去掉一项,先去掉哪一项?"孔子说:"去掉粮食。自古以来人都要死。如果百姓不信任政府,国家是立不住的。"

【解读】

这一段是子贡与孔子关于为政的对话,子贡这个学生很好问,很聪明,而且也曾参与政事,是言语科的代表,做外交工作卓有成效。在这里孔子提出政事的三件大事:食、兵、信。食和兵都偏向于物质文明,食是经济建设,兵是国防建设,而信则偏向于精神文明,属于思想道德建设。这三者中孔子排了一个顺序,排到第一位的是信,也就是将精神文明建设排到第一位。把民众的基本信念放到第一位考虑,这可以说是孔子的政治智慧,因为民众的幸福感、安全感并不取决于物质文明的高低,物质文明只是很重要的影响因子,还需要文化建设,需要有仁德仁行来教化万民,让万民都心中有信。

12.8 棘子成曰:"君子质而已矣,何以文为?"子贡曰:"惜乎,夫子之说君子也!驷不及舌。文犹质也,质犹文也。虎豹之鞟犹犬羊之鞟。"

【语译】

棘子成说:"君子只要本质好便可以了,何必要那些文采?"子贡说:"可惜啊!先生这样评价君子!话说出口,驷马难追。文采如同本质,本质如同文采。如果拔去文采的毛,那么虎豹的皮革和犬羊的皮革就相仿了。"

【解读】

这一段再次讨论了文和质的关系,前面我们已经解释过"文质彬彬"的含义,孔子认为这样才算是君子。结合时弊,人们喜欢摆花花架子,华而不实,所以棘子成觉得君子只要朴实就够了,只要实实在在地干实务,只要踏踏实实地行仁,这就是君子了,不要那些文采也没有关系。这个说法有其背景,也不能说完全没有道理。但是,我们一看子贡的解释,就更明白了,子贡不愧是言语科的高才生,他认为文和质就是一件事情的两个面:没有单纯的文采,所有的形式花样之下都有实实在在的东西;也没有单纯的质朴,所有的质朴本质上都有一些表现形式。所以,本质和现象,形式和内容,是同一事物的两个方面,都重要,君子既要保障本质的仁,作风上、言语上、行动表现上也得符合仁。

12.9 哀公问于有若曰："年饥,用不足,如之何?" 有若对曰："盍彻乎?" 曰:"二,吾犹不足,如之何其彻也?" 对曰:"百姓足,君孰与不足? 百姓不足,君孰与足?"

【语译】

鲁哀公问有若:"收成不好,国家用度不足,怎么办?"有若回答:"何不实行十分抽一的税率呢?"哀公说:"十分抽二,我还不足,十分抽一又能怎么样呢?"有若回答:"百姓用度充足,您怎么能不充足? 如果百姓用度不充足,您又怎么会充足?"

【解读】

这一段通过哀公与有若的对话阐明了儒家关于百姓和国君关系问题的观点,这可以说儒家民本思想的肇始,可以看到后来孟子所谓"民为重,社稷次之,君为轻"的影子。哀公就是鲁哀公,年度收成不好的时候,哀公感到"用不足",这里所谓"用不足"是指国库的费用不足,哀公就问有若该怎么办。其实哀公问话的时候心里是有他希望的答案的,哀公想用税收来解决国家用度问题,而有若回答的思路却和哀公恰恰相反,有若想让哀公减少税收,哀公一听急了,这怎么行呢? 现在的税收我都不够用了,你还减少税收,那让我怎么活啊? 有若就告诉哀公说,老百姓都富有了,都有钱了,你做君王的还会没有钱吗? 老百姓都没有钱,你做君王的从哪里变出钱来啊? 儒家在两千多年前就认识到这一点了,百姓是国家的根本,国家要想用度充足,首先要藏富于民,让老百姓先富起来,这就是儒家提倡的富民思想。《大学》里有句话说,"财聚则民散,财散则民聚",要想民心所向,做成一件事情,就不能聚敛钱财为一家所有。治理国家如此,管理企业也是如此,财富只有不聚集,才能如水般流动起来,从而带来更多的效益。

12.10 子张问崇德辨惑。子曰:"主忠信,徙义,崇德也。爱之欲其生,恶之欲其死。既欲其生,又欲其死,是惑也。诚不以富,亦祇以异。"

【语译】

子张请教如何提升品德,辨别迷惑。孔子说:"以忠实诚信为主,遵从道义,这就是提升品德。喜欢一个人,希望他长寿;讨厌这个人,希望他短命。既要他长寿,又要他短命,这就是迷惑。《诗经》说:确实不是因为他富裕,只是因为他与众不同。"

【解读】

这一段是子张问"崇德辨惑",崇德问的是如何提升仁德,辨惑问的是如何抵制干扰仁德提升的因素,一个是正面的、积极的发展仁德之心,一个是防御的、被动的保护仁德之心,两者一进一守,相辅相成。

崇德就要忠信和遵守道义,辨惑主要克制由喜恶之心带来的偏见和不正确的思维、行为。崇德是做人的基础,《周易》里面叫"崇德广业",只有提升仁德,事业才能广大。我经常在给成功人士的讲课中提"有德此有财",德修好了,财自然会随之而来,这个东西可以成为一种信仰。儒家讲有爱心才能有成全,有仁爱之心,能帮助别人成就,自己也会很快乐,实际上也是在成全自己的德行和仁心,客观上又在成全自己的事业,这不就是崇德广业吗?除了崇德,辨惑也很重要,这个属于守住已经有的仁德。假如喜欢一个人就看他顺眼,什么都是好的,不喜欢他的时候就看不顺眼,觉得他什么都坏的,这种做法就是"惑",是要克服的。历史上就有这样的例子,卫国有一个国君宠爱一个叫弥子瑕的人,两个人在后花园里散步,这个弥子瑕看到树上的果实很漂亮,摘一个下来自己先尝了一口,觉得味道很可口,然后递给国君吃。因为这个时候国君还宠爱弥子瑕,所以国君就认为,他是真心爱护我啊,爱到都忘记了这个果子是他刚刚咬过一口的。后来弥子瑕人老色衰了,失宠了,国君开始算旧账,要定弥子瑕的罪,其中一条罪状刚好就是弥子瑕给国君果子吃这件事,国君此时的解读是,那个时候你居然敢把自己咬过的东西给我吃,你这是犯了欺君之罪,眼里哪有我这个君王啊?这就是典型的被好恶左右而失去了相对客观的判断的例子,所以喜恶之情往往会左右人的判断,崇德的同时需要时时警醒,时时辨惑,这样仁德才会长久稳固。

12.11 齐景公问政于孔子。孔子对曰:"君君,臣臣,父父,子子。"公曰:"善哉!信如君不君,臣不臣,父不父,子不子,虽有粟,吾得而食诸?"

【语译】

齐景公向孔子请教治国政事。孔子回答说:"君主要尽君主的责任,臣子要尽臣子的责任,父亲要尽父亲的责任,儿子要尽儿子的责任。"景公说:"好啊!如果君主不尽君主的责任,臣子不尽臣子的责任,父亲不尽父亲的责任,儿子不尽儿子的责任,即使有粮食,我能够吃得着吗?"

【解读】

这一段的内容很多人都很熟悉,它的意思常常被想歪了,认为"君君"就是拿君王当君王,必须要忠,要听君王的话,君要臣死,臣不得不死,不敢不死。这就忘记了这句话的另一层意思,"君君"也是对君王提出要求,要求君王做得像个君王的样子,按照儒家的标准君王的样子就是要"为政以德",要富民、安民。后面的几句都是一样的理解,"臣臣"是做臣子的要有做臣子的样子,"父父"是做父亲的要有做父亲的样子,"子子"是做儿子的要有做儿子的样子。只有各人都有各人的样子,各安其位,这个社会才是和谐的,各人才能更好地把自己的事情做好。而社会各种角色的样子又都有一个核心,那就是都要讲"仁德",都以"孝悌"为根基,只不过各类角色在"仁德"的具体表现上有所不同而已。

12.12 子曰:"片言可以折狱者,其由也与?"子路无宿诺。

【语译】

孔子说:"根据片面的言语就可以断案,大概只有仲由吧!"子路没有久不兑现的诺言。

【解读】

这一段话孔子再次肯定了子路,在这一段里我们看到子路鲜活的个性,有侠义精神,很值得欣赏,子路这种知道仁德很好就立即去实行的作风是我们今人需要学习的。知道了正确的知识,立即就要行动,这才是知行合一,才是真正的仁德。

孔子说子路凭一句话就能断案,即"片言可以折狱者",为什么能这样呢?因为子路很仗义,很直爽,不会犹豫不决,断案子很明快,更重要的是子路这种个性使得他很"天真",能跟最本真的感受相契合,能一下子就把握住事情本质。后面孔子接着说"子路无宿诺",宿就是夜晚,宿诺就是一晚上这么长时间的诺,子路没有一晚上这么长时间的诺言,为什么?因为他及时兑现了诺言,所以就没有过夜的诺言了。子路为人直爽,办事情雷厉风行,判断什么事情非常快,兑现诺言也非常迅速。

12.13 子曰:"听讼,吾犹人也。必也使无讼乎!"

【语译】

孔子说:"审理诉讼,我与别人相同。一定要使诉讼消灭。"

【解读】

这一段孔子提出了自己在司法方面的理想,他说他的理想是让社会和谐,没有争讼,这种没有争讼的社会就是儒家所说的大同世界。上面提到子路"片言可以折狱",在这一段话中又说到孔子对待诉讼的态度,境界高低显而易见。再高明的解决诉讼的方法都不如社会无讼。《论语》的编排上把这两句话放在一起其实是有深意的。

"听讼",就是听争讼的人说些什么。讼就是两边互相争执、争吵,一般是有了矛盾,需要找官家来判断一下,在官家面前陈述自己正确的理由,这就叫"讼"。孔子说,如果只是像法官那样去听人争讼,审理案件,做出合理判决,这是大多数人都会做的事情,我也不会比他们高明多少,和那些法官是一样的。而孔子的理想是让人们不要起争讼。怎么才能让人们不起争讼呢?就是要施行"仁义",要用仁德去教化万民,万民心中有了仁德孝悌,就自然争讼少了,自然和谐了。

12.14 子张问政。子曰:"居之无倦,行之以忠。"

【语译】

子张请教治理政事。孔子说:"在位时不要倦怠,行动时要忠心。"

【解读】

前面有齐景公问政,这里是子张问政,孔子因为对象不同应答也会有所变化。齐景公是总理一个诸侯国的,所以孔子的回答就是国君治理的大原则,子张是出仕做官的后备人才,所以孔子的回答就是怎么做一个有仁德的官员,用今天的话来说就是,怎么做一个道德高尚的好干部。

怎么做一个称职的、有品德的好干部呢?孔子认为主要是做到两点,一个是不要偷懒,另一个是心思和力量都用到正道上。不偷懒、努力工作是首要条件,光努力也不够,努力干私活儿,公家的事一律不干,对上不忠也是不行的,所以还要加上一条限制条件,叫"行之以忠",做工作都以忠于上级,忠于岗位,忠于事业来考核。"居之无倦,行之以忠"这八个字说起来容易,真要做起来,若是学问修养不到，是很难无倦且忠的。古话说"干一行，怨一行"，我们都知道大部分父母不愿意下一代做自己从事的职业。所以孔子回答子张的这八个字看似简单，实则不易。

12.15 子曰："博学于文，约之以礼，亦可以弗畔矣夫！"

【语译】

孔子说："广泛地学习典籍，用礼仪约束自己，也就不会离经叛道了。"

【解读】

这一段在前面第六篇《雍也》中也出现过，文字一样，是重出的内容，可以看出《论语》的整理编撰不是一个人完成的，应该是很多弟子都同时记录了老师的言论，分别加以整理，最后合集在一起成了这部《论语》。这段重出的内容其实表明了孔子教育学生的基本立场，他教学生要做两件事情，一件是多多地学习文献，另一件是要把握住关键环节，即要懂礼守礼。

12.16 子曰："君子成人之美，不成人之恶。小人反是。"

【语译】

孔子说："君子成全别人的好事，不成全别人的坏事。小人则相反。"

【解读】

这段话也是大家都耳熟能详的，常常被引为格言。"成人之美"的"成"字是成全的意思，也含有奖赏、鼓励的意思，帮助他人达成心愿。君子和小人的用心之所以有这么大的差别，就在于他们的好恶截然不同，君子有仁德之心，能爱人，别人有好事，君子也觉得高兴，所以就会鼓励、帮助别人完成好事。而小人不同，小人没有仁德之心，反而有一些劣根性，有的小人见不得别人好，用俗话说就是"一家有饭吃，十家不舒服"，所以小人看到别人的好事会心里酸溜溜的，看到别人走背字的时候，反而会鼓励、成全他走背字。而孔子的教导正是要我们大家用仁德之心去教化、消除这些人的劣根性。

12.17 季康子问政于孔子。孔子对曰："政者，正也。子帅以正，孰敢不正？"

【语译】

季康子向孔子请教如何治理政事。孔子回答说:"政就是正。自己带头端正,谁敢不端正?"

【解读】

这一段继齐景公、子张之后,鲁国的卿大夫季氏也问政,季氏是鲁国的实权派,如果鲁国国君相当于国家皇室的王的话,季氏就相当于国家首相。孔子这里回答季氏的问话又有不同了,孔子说为政的核心就一个字:"正"。为什么孔子会这么回答季氏呢?因为鲁国的政令出自卿大夫已经很久了,就是卿大夫把国君的权柄夺走了,卿大夫下面分封的家臣也效仿卿大夫,占据一块地盘就开始搞叛乱,这样的情况就属于"不正"。孔子深知这种情况,季康子现在接掌了季氏的权力,孔子这样回答他,是希望季康子能够克制自己,回归到正道上来,把权力还给鲁国的国君,如果季康子都这么做了,他下面的那些家臣们怎么敢不这么做呢?这样一来,也就完成了孔子在鲁国的政治理想了,恢复了君君臣臣的礼。

12.18 季康子患盗,问于孔子。孔子对曰:"苟子之不欲,虽赏之不窃。"

【语译】

季康子忧患盗贼太多,求教于孔子。孔子回答:"如果您没有太多欲求,就是奖励盗窃,他们也不会盗窃。"

【解读】

这一段的讨论很有意思,讨论盗贼的问题,无独有偶,道家的老子也在《道德经》里有过类似的讨论。不过道家立论的高度是哲学,是讨论人性和天道规律之间的关系,儒家立论的高度是社会学,是从社会治乱里看人性管理。比如《道德经》中说,"不贵难得之货,使民不为盗""绝巧去利,盗贼无有""法令滋彰,盗贼多有"。道家把盗贼问题仅仅当成人的作为没有符合天道时出现的一种后果,你不是头痛盗贼的问题吗?那就应该按照天道去作为,自然就不会有盗贼的问题了。而符合天道的作为是什么样的呢?是无为,是无欲,是什么都不要有,所以不要看重那些贵重的宝贝,不要依靠那些严密的法令,不要仰仗那些技巧去争逐利益。整个《论语》谈及盗贼问题仅此一处,看起来孔子和老子是一个论调,都是说你不要有私欲,那么盗贼自然就没有了,就算你鼓励别人去当盗贼,别人还不肯去呢。不过我们也要看到孔子说这段话的背景是在回答季康子的问话,季康子是季氏的继承人,而季氏从鲁国国君那里盗来了权柄,季康子本来也不是嫡长子,不是法定继承人,他继承季氏的产业也是盗来的,那么季康子治理下的老百姓去做些偷鸡摸狗的事情,这不正是上行下效的结果吗?所以孔子告诫季康子:如果你没有那么多私欲了,盗贼就不会有了。言外之意是要季康子守礼,守正道,这样才能天下太平,盗贼无有。

12.19　季康子问政于孔子曰:"如杀无道,以就有道,何如?"孔子对曰:"子为政,焉用杀?子欲善而民善矣。君子之德风,小人之德草。草上之风,必偃。"

【语译】

季康子向孔子请教如何治理政事,说:"如果杀掉无道的人,亲近有道的人,怎么样?"孔子回答:"您治理政事,为什么要用杀戮?您想要行善,百姓就会归于善。君子的作风好比是风,百姓的作风好比是草。风吹向哪里,草就倒向哪里。"

【解读】

这一段还是记录孔子与季康子之间的问答,这次季康子问的是为政的问题。季康子大概是准备用刑法来治理国家,所以他说"杀无道,以就有道"。季康子的特殊之处在于用"杀"来止无道,"就有道"大家都差不多,为政者都懂得这么做。孔子显然不认可季康子这种治国方法,他认为在上位治理国家的人就不应该用"杀"这种方法来教育引导下面的百姓,在孔子的心目中用"杀"或者"齐之以刑"的办法来管理百姓,百姓仅仅是因为害怕被处罚而能免于刑法的处罚,内心并没有认可,这样的老百姓是"免而无耻",没有羞耻之心,也可能不犯法不违纪,但是道德沦丧,社会上人情淡漠。所以,孔子反对季康子的这种治理方法,他告诉季康子,高明的政治应该言传身教地引导人民向善,而不是以杀戮来制止什么。孔子还跟季康子解释了他选择这个治

币迎归鲁图

理思路的理由,这个理由就是:君子作风的力量比小人作风的力量大很多,君子作风施加到小人作风上,就会像风吹倒草一样,把小人作风给吹倒、压制住。国家的治理就是要提倡、培养君子作风,而君子作风肯定不会是"杀无道",而是仁德之心,对人有爱心。

12.20　子张问:"士何如斯可谓之达矣?"子曰:"何哉,尔所谓达者?"子张对曰:"在邦必闻,在家必闻。"子曰:"是闻也,非达也。夫达也者,质直而好义,察言而观色,虑以下人。在邦必达,在家必达。夫闻也者,色取仁而行违,居之不疑。在邦必闻,在家必闻。"

【语译】

子张问:"读书人怎样做才可以称作达?"孔子说:"你所说的达是什么意思呢?"子张回答说:"在国家做官一定有名望,在卿大夫家做官一定有名望。"孔子说:"这是闻,不是达。所谓达,就是本性正直,喜好道义,分析别人的言语,观察别人的颜色,从思想上愿意谦让于人。这样在国家必定通达,在卿大夫家也必定通达。所谓闻是表面上爱好仁德而实际行为却不如此,自己以仁人自居而不疑惑。这样在国家一定有名望,在卿大夫家也一定有名望。"

【解读】

这一段子张与孔子讨论了后世儒家经常会谈到的一个命题——达,后世所谓的达就是通达,很多时候表达的是一种志向得以施展的状态,与达相对的命题是穷,就是路走到了尽头,走不通了,很多时候穷这个词是在表达一种抑郁不得志的状态。这里孔子也讨论了"达"的问题,子张理解的达就是闻达,就是被听闻,有名气,孔子认为这样不是真正的达,真正的达应该是仁德在外在行为和内在本性上的通达统一,也就是言行都有仁德,如果仅仅是口头上、脸色上表现出有仁德的样子,而行为上总是在违背,这就不是"达",而只是"闻",闻就是出名而已。

我们现在提到穷或者达,往往带有一点宿命的无奈,达要靠时运,穷也是运气坏所致,事实真的是这样吗?孔子早就告诉我们了,达不是宿命的,而是把仁德修养到内外和谐统一后的必然结果,也就是一个人要想通达,想有机会实现志向,就得要内外都做到有仁德。

12.21 樊迟从游于舞雩之下,曰:"敢问崇德,修慝,辨惑。"子曰:"善哉问!先事后得,非崇德与? 攻其恶,无攻人之恶,非修慝与? 一朝之忿,忘其身,以及其亲,非惑与?"

【语译】

樊迟陪孔子游于舞雩台下,问:"请问怎样提升德行,消除怨恨,辨别迷惑。"孔子说:"问得好! 先付出劳动,然后有收获,不是提升德行了吗? 批判自己的错误,不批判别人的错误,不就消除怨恨了吗? 由于偶然的愤怒,便忘记自己,甚至也忘记了亲人,不是糊涂吗?"

【解读】

这里还是在问崇德辨惑,还加了一条"修慝",孔子关于仁德的所有论述都可以看成是对崇德的解释。辨惑的主要精神在前面已经比较明确地解说了,它的主要精神就是不要被情绪左右理性,尤其不要因为负面情绪而做出不正确的判断,比如前面谈到过的"爱之欲其生,恶之欲其死",这里所说的"一朝之忿,忘其身,以及其亲",都是被情绪左右的情况,都是惑,需要很好地辨别出来,然后克制这种情况的

舞雩从游图

发生。至于说"修慝",修就是修治、治理的意思,慝这个字上面是隐匿的匿,下面是一个心,意思就是在心里隐藏着什么不好的东西,所谓修慝就是要在心里去掉那些恶的东西。

孔子答弟子问有一个特点,就是切合提问弟子的自身情况,可以立即就去做,答案对提问者来说针对性很强。比如这里问话的樊迟,崇德方面可以去做到先踏踏实实做工作,然后再考虑能不能有所领悟;辨惑方面可以注意防止被一时的愤怒左右了正确的判断和行为;修慝方面可以考虑"闲谈莫论人非,静坐常思己过"。每一项都很具体,很切合樊迟的个性和问话时的处境。

12.22 樊迟问仁。子曰："爱人。"问知。子曰："知人。"樊迟未达。子曰："举直错诸枉，能使枉者直。"樊迟退，见子夏曰："乡也吾见于夫子而问知，子曰，'举直错诸枉，能使枉者直'，何谓也？"子夏曰："富哉言乎！舜有天下，选于众，举皋陶，不仁者远矣。汤有天下，选于众，举伊尹，不仁者远矣。"

【语译】

樊迟请教仁。孔子说："爱人。"请教智。孔子说："识人。"樊迟不明白。孔子说："把正直的人提拔出来，置于邪恶的人之上，能够使邪恶的人变得正直。"樊迟退了出来，见着子夏，说："刚才我去见老师向他请教明智，他说，'把正直的人提拔出来，置于邪恶的人之上，能够使邪恶的人变得正直'，说的是什么意思呢？"子夏说："含义丰富呀！舜治理天下，在众人之中提拔了皋陶，不仁德的人就难以存在了。汤治理天下，在众人之中提拔了伊尹，不仁德的人就难以存在了。"

【解读】

这一段是樊迟问仁，孔子回答樊迟说，"仁"就是"爱人"，这一回答也成为仁的标准注释，屡被后世学者引用。这一段里孔子更解释"仁"和"智"是一体的思想。

尽管孔子说了仁就是爱人，樊迟显然对仁者爱人的回答还有疑惑，于是接着问怎么才算是"知"，怎么才算是智慧，孔子这里的回答和道家的老子又不谋而合，老子说"知人者智，自知者明"，了解别人的人，知道别人心思的人，才算是智者。樊迟对孔子的这个回答还是不很清楚，因为根据平常人的逻辑推演也可以明白，爱人就是要尽量多地成全人、爱护人，而知人则不同，知人是要有所选择，知道那个好，那个坏，那个贤，那个愚，那仁和智不是相悖了吗？所以樊迟说自己还是没有搞明白。孔子接着说出了一个办法让仁和智不相悖，就是"举直错诸枉"，把正直的、正确的人选出来，让他们成为榜样、管理者。选出正直的人，这是智。让他们成为榜样、管理者，这样一来就"能使枉者直"，让那些不那么正直的人也变得正直起来，这种教化的功能和转变的效果就是仁。这不就把仁和智结合起来了吗？仁和智不就不相悖了吗？

12.23 子贡问友。子曰："忠告而善道之，不可则止，毋自辱焉。"

【语译】

子贡请教对待朋友的方法。孔子说:"忠心地劝告并好好地引导他,不听从就罢了,不要自寻羞辱。"

【解读】

这一段里孔子讲了交友之道,孔子在《论语》里多次提到交友之道,名气最大的说法就是"友直,友谅,友多闻",这里从自己怎么对朋友的角度说明了交友之道。前面的两条内容是孔子的常规教导,不用多说,后面一条特别有意思,对朋友的忠告要"不可则止",不要自取其辱。这显示了儒家的胸襟和自信。我们知道历史上很多学派都生怕别人不信自己的学说,想方设法要说服别人相信自己的学说,很多时候就没有了"不可而止"的雅量和信心。而儒家则不然,儒家主张按照自己的正道去行动,用自己的学说和实际行动在世间修行,觉得好的人自然会被教化,自然会成仁,不是非得要用吓唬、许诺等手段来劝说别人相信。

12.24　曾子曰:"君子以文会友,以友辅仁。"

【语译】

曾子说:"君子用文章来会聚朋友,用朋友来辅助仁德。"

【解读】

这一段孔子也是说的交友之道。"君子以文会友"的做法也成为后世文人喜欢的一种交往方式,孔子的本意"以文会友"是用文化思想来探讨道,让大家对道的领悟更加明朗,而参照朋友的仁德、善行来提升自己也是辅助自己提升德行的一种好办法。

子路第十三

13.1 子路问政。子曰:"先之劳之。"请益。曰:"无倦。"

【语译】

子路请教如何处理政事。孔子说:"自己先带头,再让百姓劳动。"请求多讲一点。孔子说:"永远不要倦怠。"

【解读】

这一段里孔子再次申明了为政之道在于以身作则的道理,并且在回答子路的问话时加了新的一个条件:持之以恒,不要倦怠。当官的想要老百姓干活儿,自己要以身作则,这样即使不用命令,老百姓也会很辛勤地劳动。子路还想在孔子这个意思的基础上更进一步,孔子当然知道子路的个性,因为按照常理,越是勇猛向前的人,持久性就会越差,于是孔子就说"无倦",也就是"勿倦",不要疲倦,要持之以恒。

13.2 仲弓为季氏宰,问政。子曰:"先有司,赦小过,举贤才。"曰:"焉知贤才而举之?"子曰:"举尔所知;尔所不知,人其舍诸?"

【语译】

仲弓做了季氏的总管,向孔子请教如何处理政事。孔子说:"给官员带头,赦免小过失,推举贤才。"仲弓说:"怎样才能识别贤才而把他们推举出来呢?"孔子说:"推举你所知道的;你所不知道的,别人会埋没他吗?"

【解读】

这一段中孔子的另一个弟子冉雍也问为政的事情,孔门弟子中有三个人先后做过季氏宰,也就是季氏聘请的CEO,分别是子路、冉雍、冉有,其中子路只做了一年左右就离职了,冉雍做的时间稍长一些,孔子老年的时候,冉有在季氏那里供职,做季氏宰的时间最长。冉雍是接替子路做季氏宰的,因为孔子要出国游学,而子路要追随孔子,护卫孔子游学,所以子路就不能接着做季氏宰了,由冉雍接替子路来做。冉雍刚刚做上季氏宰的时候孔子应该还在国内,所以冉雍才有机会当面请教孔子该如何治理国家,这一段很可能就是孔子出国前夕和冉雍的问答。

我们也注意到孔子回答冉雍和回答子路,又有所不同了,回答子路是勉励他持之以恒,回答冉雍是勉励他尽力而为。孔子给冉雍提了三条"政治纲领",第一条和给子路的纲领一样,叫"先有司",以身作则,给下属做个好榜样,在子路那里叫"先之";第二条和第三条就和子路那里的纲领有所不同了。因为冉雍是德行科的高才生,性子四平八稳,德行高洁,典型的君子之风,我们现在的人都知道一句话叫"水至清则无鱼,人至察则无徒",水太清澈了就没有鱼儿愿意生活在那里,人太精明了就很难有朋友,冉雍要是太正直、太高洁了,就有可能陷入这样的困境。所以孔子后两条政治纲领就是针对这种情况开的药方,一条是"赦小过",也就是居上位的时候要宽容,要给下属改过的机会;另一条是"举贤才",居上位的人要宽容,还包括知人识人,让有能力的人施展自己的才华。"举贤才"这一条很有意思,暗示不用事事亲力亲为,贤才可以分工合作,大家一起把事情干好。所以孔子跟冉雍说,你把你见到的贤才举荐上去就好了,别的贤才难道还愁没有人举荐吗?要做到野无遗贤绝对不是一个政治长官能做到的,需要形成一种任贤的风气,这样才是真正好的为政。

13.3 子路曰:"卫君待子而为政,子将奚先?"子曰:"必也正名乎!"子路曰:"有是哉,子之迂也!奚其正?"子曰:"野哉,由也!君子于其所不知,盖阙如也。名不正,则言不顺;言不顺,则事不成;事不成,则礼乐不兴;礼乐不兴,则刑罚不中;刑罚不中,则民无所错手足。故君子名之必可言也,言之必可行也。君子于其言,无所苟而已矣。"

【语译】

子路说:"卫君等着您去管理政事,您打算先做什么?"孔子说:"一定是先纠正名分!"子路说:"您多么迂腐呀!名分又何必纠正呢?"孔子说:"鲁莽啊,仲由!君子对于不知道的,大概采取存疑保留的态度。名分不当,言语就不能顺理;言语不顺理,事情就不能做好;事情做不好,国家的礼乐制度也就不能振兴;礼乐制度不能振兴,刑罚就不会得当;刑罚不得当,百姓就会连手脚都不知道怎么放。所以君子对于名分一定可以说得顺理成章;顺理成章的话也一定行得通。君子对自己的言论没有一点苟且的地方。"

【解读】

这一段中孔子解读了传诵几千年的名句"名不正则言不顺",其实这一句只是孔子一大段论述的开头一句而已。做事情的道理都是一样的,首先要"正名",名不正则言不顺,言不顺则事不成。

这一段开头就是子路问孔子,如果卫国的国君想请孔子来主持政事,孔子最先会做什么,这大致发生在孔子从楚国返回卫国的时候。卫国这段时间乱得不得了,先是卫灵公的夫人南子很淫乱,卫灵公自己也不守礼。接着是卫灵公的儿子蒯聩想杀南子,不小心事情败露了,蒯聩只好流亡国外。随后是灵公欲立公子郢作为继承人,公子郢不愿意。等卫灵公死后,大家立了蒯聩之子辄,以此来抵御蒯聩。之后蒯聩想回国夺取政权,与蒯辄交战。这里子路说的想请孔子出来主持政事的卫君应该是卫出公蒯辄,正是因为考虑到蒯辄的君王之位来历微妙,孔子才说第一件事必须是"正名",也就是要给卫国国君的权力来源找到合适的政治理由,不然之后会争夺不休。子路这段时间应该是在辅助蒯辄,而且他觉得蒯辄对国家的治理还算不错,所以他才没能理解孔子的一番苦心。孔子于是接着给子路解释为什么必须要先"正名",因为一定要做到名实相符才能管理好国家,不出乱子。这一段对话很可能对子路的影响不是很大,因为最后子路还是在卫国之乱中死掉了,子路知道自己拿着蒯辄开的工资,而在蒯辄有困难的时候离开是不仁义的行为。但是他没能更深一步地理解到:一开始辅助蒯辄就是名不正言不顺的,是不仁义的行为。

从子路的角度来看,国家正处于动荡不安的时候,老师却想要先解决无关紧要的"正名"问题,这不是迂腐吗?但是孔子对待任何事情都从长远的角度考虑,正名实则是国家文化思想的重要方面,指导国家的文化方针必须在文字和理论上都说得通,否则不管是从当下还是长远来看,都不能使国家稳定长久地发展。讲到这里,要提醒我们做文化工作的同仁们,全世界的文化处于一种物欲膨胀的空虚状态,要想人类的精神状态饱满充盈,我们首先要对自己文化的复兴有信心,生活在当今世界,要有一种使命感,要有舍我其谁的担当感。

13.4　樊迟请学稼。子曰:"吾不如老农。"请学为圃。曰:"吾不如老圃。"樊迟出。子曰:"小人哉,樊须也!上好礼,则民莫敢不敬;上好义,则民莫敢不服;上好信,则民莫敢不用情。夫如是,则四方之民襁负其子而至矣,焉用稼?"

【语译】

樊迟请教如何种庄稼。孔子说:"我不如老农民。"又请教如何种菜蔬。孔子说:"我不如老菜农。"樊迟退了出来。孔子说:"樊迟是小人!统治者喜好礼仪,百姓就没人敢不恭敬;统治者喜好道义,百姓就没人敢不服从;统治者喜好诚信,百姓就没人敢不说真话。如果这样做,四方的百姓都会背着小孩来投奔,哪里还用得上学种庄稼呢?"

【解读】

这一段里孔子申明了他认为仁义重于稼穑的观点,说话的背景是樊迟请学稼。樊迟想请教怎样搞农业,实在是哪壶不开提哪壶,孔夫子一生致力于文化建设,"四体不勤,五谷不分",而樊迟这个不开眼的学生却向他请教具体如何种庄稼的问题。孔子自己说他"多能鄙事",估计也是懂得怎么种庄稼的,但是孔子确实没有稼穑这部分教学内容,为什么呢?这里孔子解释了原因,因为在孔子看来仁义是最根本的,只有仁义被全社会遵行,社会才会和谐,这个过程中最需要的是文化建设、精神文明建设,比如"上好礼""上好义""上好信"等等,先把这些问题解决了,稼穑问题自然也就好解决了。

13.5　子曰:"诵《诗》三百,授之以政,不达;使于四方,不能专对;虽多,亦奚以为?"

【语译】

孔子说:"熟读《诗经》三百篇,把政事交给他,却办不好;出使外国,不能独立谈判;纵使读得多,又有什么作用呢?"

【解读】

　　这一段孔子申明了自己实用主义的文化教育方针，孔子非常重视学以致用，认为学完不会用跟没学差不多。《诗经》本来是孔子传授的小六艺之一，属于具体的技术门类，《诗经》里面有人情，有万事万物的道理，从中可以看出风俗变迁的过程，可以看出政治方面的得失，《诗经》的语言也温厚平和，学习《诗经》也能够通达政事。如果学完《诗经》这样的经典，还是不能应用于政事，那他学到的只是"章句之末"，没有学到其中的"微言大义"。

13.6　子曰："其身正，不令而行；其身不正，虽令不从。"

【语译】

　　孔子说："统治者自身正直，不发命令，事情也行得通；统治者自身不正直，虽然发布命令，百姓也不会遵从。"

【解读】

　　这段话非常有名，讲了为政者要身体力行，要以身作则，要正直。前面我们已经讲过了，孔子的思想中"正"是一个很重要的范畴，在这个范畴下包含了一组概念，其中一个起点性的概念就是"正名"，名不正则言不顺，言不顺则事不成，也就是要做到名实相符，做到讲信实。接下来还有正身、正行、正思维，正身其实包括了行为的正直和思想的端正，身正者为政能让老百姓信服，起到带头作用，所以"不令而行"。反之，上梁不正下梁歪，在上位的人都不端正、不正直，也就别指望下面的人正直端正，能讲信实，能听教导，对待上面的命令也多半会阳奉阴违，"虽令不从"。

13.7　子曰："鲁、卫之政，兄弟也。"

【语译】

　　孔子说："鲁国和卫国的政治，好似兄弟。"

【解读】

　　这段话孔子描述了鲁国和卫国的相似之处，是"兄弟"，因为鲁国是周公的后人分封传承下来的，卫国是康叔的后裔传下来的，本来都是周王室分封下来的，第一代国君真的是"兄弟"，而且孔子所在的年代鲁国和卫国一样政治混乱，也是

"难兄难弟"，所以孔子才有这样的感叹。

13.8 子谓卫公子荆，"善居室。始有，曰：'苟合矣。'少有，曰：'苟完矣。'富有，曰：'苟美矣。'"

【语译】

孔子评论卫国的公子荆，说："善于居家过日子。刚开始有，便说：'差不多够了。'稍微增加一点，又说：'差不多完备了。'更多一点，便说：'差不多完美了。'"

【解读】

这一段孔子通过表扬卫公子荆来说明了他另一个很重要的观点：做事情要循序渐进而且有节制。卫公子荆是卫国一个名声不错的贤德公子，他对居室等物质条件，总是用"苟"来评价，苟就是粗略、大致的意思，不求十全十美，但是层次又会循序渐进，比如从"合"到"完"到"美"，这就叫"循序而有节"。如果人对什么事情都务求完美，人心就会被外物羁绊，就会因追求物欲所累，于是就会养成骄奢或者吝啬小气的坏脾气。

13.9 子适卫，冉有仆。子曰："庶矣哉！"冉有曰："既庶矣，又何加焉？"曰："富之。"曰："既富矣，又何加焉？"曰："教之。"

【语译】

孔子到卫国，冉有替他驾车子。孔子说："人口已经很多了！"冉有说："人口众多了，又该怎么做呢？"孔子说："使他们富裕。"冉有说："已经富裕了，又该怎么做呢？"孔子说："教育他们。"

【解读】

这一段里孔子讲了为政的次第，先富民，再教化万民。至于为什么是这个次第，其实我们在前面第四篇《里仁》的第五章已经谈过了，这里就不再多说。我们今天地球上的人口众多，很多问题都暴露出来了，污染问题、环境保护问题等等接踵而至，怎么办呢？几千年前孔子的智慧对今天的我们有没有启发呢？我想还是有一些的，因为孔子讲到最后是要"教之"，要教化万民。用什么来教化？怎么教化？那就是用中国传统文化里的天地人和谐共存之道来教化。所以一个国家的治理必须要经过三个阶段：人丁兴旺，财富充足，文化教养。孔子的这句话仍有现实意义，中国发展到现在，文化的教养迫在眉睫。

13.10 子曰："苟有用我者，期月而已可也，三年有成。"

【语译】

孔子说："如果有用我治理政事的，一年便可以了，三年会有所成就。"

【解读】

这一段里孔子少之又少地表述了自己的本领，说如果用他来管理国家，一年小成，三年就大成了。可是我们前面也已经看到了，当孔子五十多岁还在鲁国的时候，也帮季氏做过治理国家的工作，结果呢，小成是有了，其一是帮助定公与齐会于夹谷，取得外交上的胜利，之后又主张"堕三都"，"堕三都"没有完全完成就受阻了，孔子也自动离职出国游学去了。鲁国也用了孔子，从一个方面验证了孔子自己的这个评价，但是"三年有成"的情景我们并没有看到，因为用孔子的季氏后来也不那么坚定地用孔子了。

齐鲁会夹谷图

13.11 子曰："'善人为邦百年，亦可以胜残去杀矣。'诚哉是言也！"

【语译】

孔子说："'善人治理国政一百年，也可以克服残暴免除杀戮。'这句话正确呀！"

【解读】

这一段孔子强调了为政要靠人，靠善人，这也是中国传统，中国是礼仪之邦，中国传统文化里也最强调人的因素。儒家也承认有残暴的人，那么对待残暴的人应该怎么办呢？孔子说要善人去"胜残"，所谓"胜残"就是教化残暴的人，让他不要再继续作恶。大家都不残暴了，就自然用不着刑杀来治理，这就是"去杀"。这句话的本意是，经过一百年就可以让所有人心灵净化，都成为善良的人，全社会都不再有残暴杀戮。同时，能成就一个没有杀戮残暴的社会，善人的为政也能传承久远，绵绵不绝。《易经》坤卦里有句话，"积善之家必有余庆"，在中国传统的思维里，国与家从来都是分不开的，家如此，国也如此，为善必能长久。

13.12　子曰："如有王者，必世而后仁。"

【语译】

孔子说："如果有王者兴起，一定要三十年才能行使仁政。"

【解读】

这一段里孔子解释说，仁政不是一蹴而就的，需要一定年月的积累才能施行。比如说周王朝，经过了文王、武王乃至成王这么几代君王的仁德教化，才形成礼乐兴盛的局面，这说明仁德教化是一个慢功夫，要润物细无声，要慢慢地移风易俗。这个特点也可以说是所有传统文化传承过程中共同的特点，都不可能一蹴而就，都有一个学而知之和教化的过程。不管是"为邦百年"还是三十年推行仁政，都告诉我们：治理国家，特别是文化的教养，都是急不得的事情。"仓廪实而知礼节，衣食足而知荣辱"，在合适时机下的文化教育，才是真正的文化教育。

13.13　子曰："苟正其身矣，于从政乎何有？不能正其身，如正人何？"

【语译】

孔子说："如果端正了自己，治理政事有什么困难呢？如果不能端正自己，怎么去端正别人呢？"

【解读】

这段话里孔子再次申明了为政的第一原则"正"，"正"包括两个主要内容，一个是"正名"，一个是"正身"，这里强调的是"正身"。一身正气，走正道，当然就很容易为政，当然就很容易管理大众。这和前面所说的"其身正，不令而行，其身不正，虽令不从"是一样的道理。《大学》的修齐治平思想在这里也能找到根据，做任何事情君子都是往自己身上求取的，人最大的敌人其实是自己，所以《道德经》里讲"知人者智，自知者明"。明明德就是自知自修的过程。

13.14 冉子退朝。子曰:"何晏也?"对曰:"有政。"子曰:"其事也。如有政,虽不吾以,吾其与闻之。"

【语译】

冉有退朝。孔子问:"为什么回来这样晚呢?"冉有回答说:"有政事。"孔子说:"只是事务罢了。如果有政事,即使不任用我了,我也会知道的。"

【解读】

这一段孔子主要是想教导冉有关于为政的正道,这个正道就是要"正名",要"守礼"。孔子把这种教导融入一个很小的事件中,冉有下班回家晚了,孔子问冉有为什么会回来晚了,冉有说"有政"。就这一句回答,孔子就开始展开教育了,因为冉有搞错了一个概念,不应该叫"有政",而应该叫"有事"。为什么呢?因为"有政"是国家的事情,"有事"是季氏自己的事情。孔子判断这个说法对不对的理由很简单,就是通过孔子自己知道不知道这件事来判断。判断推理的逻辑也很清晰,因为孔子是大夫,大夫都是会知晓国政的,现在孔子不知道这件事,显然不是国政。孔子这里也是在提醒冉有,季氏专权,有什么国政也不告诉士大夫们,这种做法本身就不符合礼,不是"名正言顺"的做法,冉有更有必要分清楚这些细微的差别,才能更好地帮助季氏治理鲁国,也才能更好地实现儒家的治世思想。

13.15 定公问:"一言而可以兴邦,有诸?"孔子对曰:"言不可以若是其几也。人之言曰:'为君难,为臣不易。'如知为君之难也,不几乎一言而兴邦乎?"曰:"一言而丧邦,有诸?"孔子对曰:"言不可以若是其几也。人之言曰:'予无乐乎为君,唯其言而莫予违也。'如其善而莫之违也,不亦善乎?如不善而莫之违也,不几乎一言而丧邦乎?"

【语译】

鲁定公问:"一句话可以兴盛国家,有这样的事吗?"孔子回答说:"言论不可以像这样机械。人们说:'做君主难,做臣子也不容易。'如果知道做君主的艰难,不是接近于一句话可以兴盛国家吗?"定公又问:"一句话可以丧失国家,有这样的事吗?"孔子回答说:"说话不可以像这样机械。人们说:'我做君主没有其他的快乐，只是我说的话无人敢违抗。'如果说的话正确而无人违抗，不是好事吗？如果说的话错误而也无人违抗，不是接近于一句话可以丧失国家吗？"

【解读】

这一段里孔子解释了什么叫"一言兴邦"，靠一句话就能让一个国家兴盛起来，有没有这样的话呢？应该是有的。如果一句话就能兴盛一个国家，那么我们都知道说话是很容易的，于是就会联想到兴盛一个国家其实也很容易，事实是不是这样的呢？肯定不是这样的，让一个国家兴盛起来，除了说话之外，还得做事，而且更重要的是做事。孔子说接近于"一言兴邦"的话是"为君难，为臣不易"，因为孔子这里是回答鲁定公的问话，主要是顺便告诫定公认真做君王，因为这个工作也不是那么容易的。知道了为君之难，就能在做事情的时候战战兢兢，如同临近深渊或踏在薄冰上一样，无一事敢忽视，这样励精图治不就可以兴邦了吗？这就是国君的"一言兴邦"。而一言也可以丧邦，如果是一个暴君，没有人敢违抗他的话，忠言就不会被国君听到，国君日渐骄奢，而臣子们日渐谄媚，这样下去哪有不丧失国家的呢？这不就是"一言丧邦"吗？所以专制而听不进去不同的意见，要下属不敢违抗，是国家败亡的催化剂。

13.16　叶公问政。子曰："近者悦，远者来。"

【语译】

叶公请教如何治理政事。孔子说："国内的人使他愉悦，国外的人使他来投奔。"

【解读】

这一段里孔子接着从效果方面来解释如何为政，他认为为政就是要让国内的人愉悦，让国外的人来投奔。为什么国内的人会愉悦呢？因为国内的人享受到了这个国家的优越性，能受益于为政者富民、安民的政策。为什么国外的人会来投奔呢？因为国内人的这些受益被国外的人听说了，国外的人也向往这个地方，就来投奔了。这个观点在今天仍然有价值，一个企业要做到怎样才算做得很好？按照孔子这条标准来判断也是适合的，是不是企业里的人都很愉悦？是不是企业外的人都想到这个企业来？做到了"近者悦，远者来"就会是一个成功的企业，就会不断前进。

13.17 子夏为莒父宰,问政。子曰:"无欲速,无见小利。欲速,则不达;见小利,则大事不成。"

【语译】

子夏做了莒父的长官,请教如何治理政事。孔子说:"不要想快速,不要贪图小利。想快,反而不能达到目的;贪图小利,就做不成大事。"

【解读】

这一段孔子通过教育做莒父宰的弟子子夏来阐明自己为政的思想,孔子的学生出去做官,在赴任前大概都会去请教老师为政的问题,前面已经有了子路、冉雍、冉有等,这里又有子夏。

孔子给子路的建议是"先之,劳之",给冉雍的建议是"先有司,赦小过,举贤才",那么孔子给子夏的是什么呢?孔子给子夏的建议仍然是一个简单的东西,简单到了路人皆知的地步,叫"无欲速,无见小利。欲速则不达,见小利则大事不成"。这句话产生了一些格言谚语,比如欲速则不达。道理好像非常浅显明白。可是就是这样浅显的道理,做得到的人又有多少呢?不论是对于我们个人,对于一个企业,还是对于一个国家,如果仅仅看到眼皮子底下那么一点东西,没有长远的大计,是不大可能有什么出息的。一个连明天都不管不顾的人,会有明天吗?

13.18 叶公语孔子曰:"吾党有直躬者,其父攘羊,而子证之。"孔子曰:"吾党之直者异于是:父为子隐,子为父隐。直在其中矣。"

【语译】

叶公告诉孔子:"我们那里有直率的人,父亲偷了羊,儿子便告发。"孔子说:"我们那里直率的人与你们不同:父亲为儿子隐瞒,儿子为父亲隐瞒。直率就在其中了。"

【解读】

这一段话里孔子阐发了一个后世颇多争议的观点:子为父隐,即儿子帮父亲隐瞒恶迹。叶公设计的是一种两难的场景,帮父亲隐瞒恶迹或不帮父亲隐瞒恶迹都不讨好。叶公治理下的老百姓,儿子发现父亲偷东西的,儿子会勇敢站出来

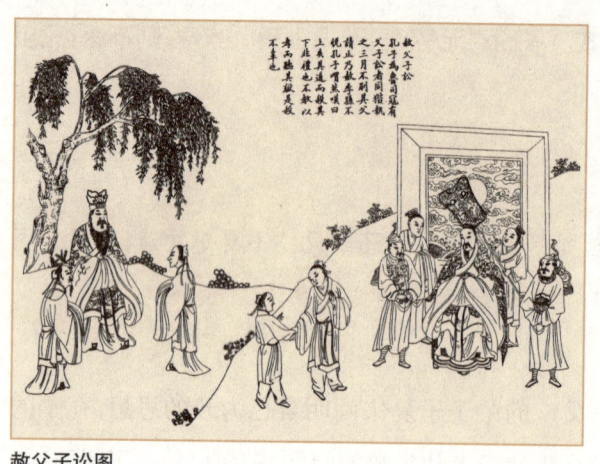

指证父亲，颇有大义灭亲的风范。这样好不好呢？应该说也不坏，有些为政者往往会提倡这种做法，因为这样可以挑动群众斗群众，让大家互相监视，为政者斡旋其中，借力用力就能相对容易地抓住权柄。但是，全社会都提倡这么做，显得于人情不合，也让人焦虑紧张，倒不是因为人人都在做坏事，而是人人都没有可以信任依赖的感觉，自然没有安全感、幸福感。唯有在大家都公认一种价值、伦理标准是适合所有人、所有情况、所有时间的时候，大家用这个标准来互相劝勉，互相警示，或许才会有幸福安全的感觉。而实际情况是：适合所有人、所有情况、所有时间的标准基本上不存在。那么，反过来看，孔子的主张就显得人性化很多了，孔子强调直己不直人、直内不直外，内心和行为要端正正直，对自己要求要严格，但是这一切的前提都是顺乎人性，当碰到父亲做了坏事的时候，人性的反应一定是保护父亲，而不是和父亲斗个你死我活，把父亲当成大仇人来对待。怎么保护父亲呢？在孔子那个年代，能想到的办法就是"子为父隐"，而在今天，可能就不是这么简单了，可能有很多其他的方法来保护父亲，端正正直和孝顺合为一体，这就是"直在其中"。

敕父子讼图

13.19 樊迟问仁。子曰："居处恭，执事敬，与人忠。虽之夷狄，不可弃也。"

【语译】

樊迟请教仁。孔子说："平常处事恭敬，做事庄敬，为人忠诚。即使到边远国家，也不可以废弃。"

【解读】

这一段樊迟再次问仁，前面樊迟已经问过这个内容，我们这里不清楚樊迟在什么情景下再次发问，但是可以很清楚地感觉到孔子仁的学问太大了，一次请教学不到家，得反复思考反复去孔子那里问道。孔子用三个字来阐述仁的内容：恭、敬、忠。恭是内在的,敬是外在的,恭是真心诚意的尊重,敬是做事情一点一滴中体现出诚意,忠是对人而言,前面曾子已经在"日三省吾身"中说了帮人谋划事情要忠实,与朋友交往要讲信实,其实也是对忠的阐释。

13.20 子贡问曰:"何如斯可谓之士矣?"子曰:"行己有耻,使于四方,不辱君命,可谓士矣。"曰:"敢问其次。"曰:"宗族称孝焉,乡党称弟焉。"曰:"敢问其次。"曰:"言必信,行必果,硁硁然小人哉!抑亦可以为次矣。"曰:"今之从政者何如?"子曰:"噫!斗筲之人,何足算也?"

【语译】

子贡问:"怎样才可以称作士?"孔子说:"自我有羞耻之心,出使国外,不辱没君主的使命,这样就可以称作士了。"子贡问:"请问次一等的人。"孔子说:"宗族称赞他孝顺,本乡人称赞他悌爱。"子贡又问:"请问再次一等的人。"孔子说:"言语一定要诚信,行为一定要果断,这是目光短浅的小人呀!或者也可以说是再次一等的士了。"子贡问:"现在从政的人怎么样呢?"孔子说:"唉!这些器识狭小的人,何必要算他们呢?"

【解读】

这一段孔子解释了什么样的人才算是"士",孔子分三个层次阐述了士的标准,从高到低,最高的是有才有德于社稷,其次是在宗族中有德有才,再次是有德而才华少。最高标准的大"士"是要出仕为官的,也就是《孝经》说的,"立身行道,扬名于后世,以显父母,孝之终也",建立功德事业,让父母脸上有光,这才是最大的孝道。其次一点的标准就是在宗族之内能做到孝悌,能孝顺亲长,友敬兄弟。再次一点就是士的基本标准了,要言而有信,做事情要讲信实,不能夸夸其谈,总说大话不兑现。并不是最高标准就最重要,最重要的反而是孔子这里说的最低标准,仁德的培养要朝最高标准努力,更要从最根本的做人的准则开始行动,只要这样一步一步地提高仁德和才华,就能达到孝道的最终目标:立身行道,扬名于后世,以显父母。

13.21 子曰:"不得中行而与之,必也狂狷乎!狂者进取,狷者有所不为也。"

陶渊明像

【语译】

孔子说:"不能和合乎中庸的人交往,那一定也要和激进的人、狷介的人交往,激进的人努力向前,狷介的人不妄为。"

【解读】

这一段里出现一个非常重要的概念:"中行",这个概念和仁、中庸一样重要,都是孔子最为赞赏的生活方式、行为方式。孔子没有说怎么才算中行,但是孔子至少说了两类处世方式不是中行,这两类分别是:狂、狷。狂者是"志极高而行不掩",志气非常高,颇有天下大事舍我其谁的气概,行为一点也不谦逊,非常积极激进,有些理想化和完美主义。而狷者是"知未及而守有余",这类人是知识、智慧都达不到,知识面不够宽,气度也不够大,心胸不够宽,冲劲不够足,相对保守悲观,有些退缩,有隐逸气象。那中行是什么呢?中行也就是中道,就是中庸的一种表现或者另一种说法,就是什么都恰到好处,不激进也不退隐,谦恭守礼。孔子非常希望交往到这样的贤达之人,教导这样的学生,但是能够做到中行的人毕竟是少数,如果没有做到中行的人,孔子还很欣赏狂狷之人,因为这两种人至少都有自己坚守的志向,是有精神的人。

13.22 子曰:"南人有言曰:'人而无恒,不可以作巫医。'善夫!""不恒其德,或承之羞。"子曰:"不占而已矣。"

【语译】

孔子说:"南方人有句话:'人如果没有恒心,连巫医都做不了。'这句话说得好呀!""德行不能恒久,有时候会遭到羞辱。"孔子说:"不必去占卜罢了。"

【解读】

这一段里孔子主要解释了人要有恒德的道理。古希腊的时候苏格拉底的学生中有人问他："老师，您是怎么成为这样伟大的人的呢？我们应该怎么学习这个呢？"苏格拉底对学生说："你们只需要学会做一件最简单也是最容易的事，每个人都把胳膊尽量往前甩，然后再尽量往后甩。"苏格拉底要他的学生们每天做300下，学生们都认为这么简单的事有什么做不到的呢？过了一天，苏格拉底问学生："谁昨天甩了300下？做到的人请举手！"几十名学生的手举了起来。一周后，苏格拉底又问："谁昨天甩了300下？做到的人请举手！"有九成的学生举手。过了一个月，苏格拉底再问学生："谁坚持甩300下了？"还有一多半的学生骄傲地举起了手。一年后，苏格拉底再一次问大家："请告诉我，还有谁坚持每天甩手300下了？"这时只有一个学生举起了手，这个学生就是柏拉图。这就是恒德的重要性，恒德才能事业有成，尤其是在一些明显需要深厚积累的学问上，急于求成是不可能成功的。

这里孔子还引用《周易》恒卦九三爻，说"不恒其德，或承之羞"，恒卦的《象传》说："不恒其德，无所容也。"不能恒久地保持住德行，就不能有所容纳，有所包容。这也就是儒家所谓的"守经达权"，有恒德是"守经"，就是要有固守的道德原则，要知道天地恒常的那个道并遵循它、顺应它，同时又要有变通、有创新，这就是"达权"的内容，为人做事不死板、不固执，学问灵动活泼。

13.23　子曰："君子和而不同，小人同而不和。"

【语译】

孔子说："君子合和而不苟同。小人苟同而不合和。"

【解读】

这句话非常有名，很多人都耳熟能详，大家都知道这个说法是"小人"和"君子"的主要差别之一，那究竟差别是什么呢？估计很多人对这句话有自己的理解，我们这里还是来看看孔子本来的意思是什么吧。按照儒家常用的解释就是，"和者，无乖戾之心"，能"和"的人没有个性古怪、暴躁、非得和人对着干等毛病；"同者，有阿比之意"，有"同"的人就有阿谀奉承、苟合等用意。应该说这样理解也是孔门儒家的本意，因为儒家就是讲仁德修养的，就是讲人在与周围世界的相处过程中通过一些合宜的行为来达到仁德，要达到仁德就不能有"乖戾心"，不能有"阿比之意"。君子处事有自己的中心思想，不容影响动摇，但是能在方法上左右兼听，博采众长。小人则不同，没有内心坚持的原则，遇到利益冲突，很容易出现分歧，这就叫"同而不和"。

13.24 子贡问曰："乡人皆好之，何如？"子曰："未可也。""乡人皆恶之，何如？"子曰："未可也；不如乡人之善者好之，其不善者恶之。"

【语译】

子贡问："乡里的人都喜欢他，怎么样？"孔子说："不可以。"子贡便又问："乡里的人都厌恶他，怎么样？"孔子说："不可以。不如乡里的好人都喜欢他，乡里的坏人都厌恶他。"

【解读】

这一段里孔子主要讨论了仁德之人的口碑、声誉如何。孔子从人性本身的好恶为逻辑起点来分析了一个仁德之人应当有怎样的声誉，因为人往往容易喜欢跟自己同类的人，比如说好人喜欢好人，善良的人喜欢善良的人，恶人喜欢恶人。假设有一个人，所有的人都喜欢他，好人喜欢他，说明他做善良的事情，心地不错，恶人也喜欢他，说明他也有苟合的倾向，也合恶人的脾气，说明这种人的品德还有瑕疵。假设好人讨厌他，说明他不是好人，恶人也讨厌他，说明他没有什么实实在在可以喜欢的地方，这种人更无从谈仁德了。孔子心里的仁德之人，应该是好人喜欢他，恶人讨厌他，这也正是《论语》所塑造的儒家形象的可爱之处，这个形象有好恶，有脾气，有跟我们普通人一样的喜怒哀乐，同时这个儒家形象始终都有明确的价值取向和追求，坦荡正直。

13.25 子曰："君子易事而难说也。说之不以道，不说也；及其使人也，器之。小人难事而易说也。说之虽不以道，说也；及其使人也，求备焉。"

【语译】

孔子说："与君子共事很容易，却难以让他高兴。使他高兴而不采用正当的方式，他会不高兴，但他用人会衡量各人的才德。与小人共事很难，却容易讨他高兴。讨他高兴即使采用不正当的方式，他也会高兴，但他用人则求全责备。"

【解读】

　　这一段孔子再次解释了小人和君子的差别,这里主要从交往的感受上来描述小人与君子的差别。这里应该主要讨论的是为政者中的君子和小人,君子容易交往,但是难以让他喜悦。想要取悦君子,必须要符合道。怎么才叫符合道呢?仅仅靠溜须拍马当然是不行的,而取悦小人只要说几句好听的就没什么问题了。君子用人会量才而用,有多大本事就让你做多大事情,不会要求你做做不到的事情,也不会提出什么无理的苛求,而小人则不会管他自己下发的命令合理不合理,反正下了命令你就必须得办到。这就是"君子之心公而恕",君子心里想的都是公事,都是为大众谋福利,待人能推己及人,有包容之心,而"小人之心私而刻",小人则自私而刻薄寡恩。这一段孔子再次把君子与小人并举,更加深入地描述了两者之间的差别,劝诫自己的学生们不要做小人,而要做君子,也劝诫为政者们不要做小人,而要做君子。

13.26　子曰:"君子泰而不骄,小人骄而不泰。"

【语译】

　　孔子说:"君子安泰却不骄傲,小人骄傲却不安泰。"

【解读】

　　这句话很多人也很熟悉。君子为什么"泰"?小人为什么"骄"呢?君子有为而无求,能做到"不以物喜,不以己悲",当一个人不仅仅是为了自己的时候,或者忘记了自己的时候,又怎么会有骄嗔之心呢?而小人逞欲,民间有句话能很好地作为小人心态的注脚:"小人得志更猖狂",小人要是成功了,要是顺风顺水了,自然会更加张扬地追逐自己的欲望,是不会去管什么仁德不仁德的,因为小人的内心没有天命的约束。

13.27　子曰:"刚、毅、木、讷,近仁。"

【语译】

　　孔子说:"刚强、坚毅、质朴、语钝,接近于仁德。"

【解读】

　　这一段里孔子讲了仁者有四个特征:刚毅木讷。有的人可能会困惑,仁者爱人,是一种慈爱、宽厚、温暖的感觉,怎么和刚毅扯上关系呢? 其实这很简单,仁者爱人,不断帮助别人,成全别人,他没有自己的私欲,无欲则刚,因此他又是最刚强的,最坚毅的,因为仁者要弘道,任重而道远,必须要坚毅,要刚强,才能坚持爱人之道、忠恕之道,而坚持了忠恕之道、爱人之道,自然也能刚毅。那么木讷为什么是仁者的特征呢? 孔门四科里专门有一科叫"言语科",对怎么辩论、表达,如何使用语言有很好的培训,而且孔子最喜欢的弟子之一子贡就是出了名的才思敏捷,能说会道。这样看起来仁者应该表达能力很强才对,这是怎么回事呢? 木的意思是质朴的意思,讷的意思是说话不灵光,仁者为什么会木讷? 这就是大智若愚啊,知道得越多,体会得越深入,越难以用语言说出仁德的含义,越只能用行动来表达仁德的内涵,这个时候不就木讷了吗? 这和我们前面讲过的"敏于事而慎于言"的道理是一样的,不用在口头上、言语上计较一个个字句的含义,而是赶紧在实际生活的行为中去施行仁德。

13.28 子路问曰:"何如斯可谓之士矣?"子曰:"切切偲偲,怡怡如也,可谓士矣。朋友切切偲偲,兄弟怡怡。"

【语译】

子路问:"怎么样才可以称作士?"孔子说:"恳切勤勉,和睦相处,可以称作'士'了。朋友之间,恳切勤勉;兄弟之间,和睦相处。"

【解读】

这一段里孔子阐述了"士"的标准,主要从兄弟、朋友之间关系原则来界定怎么算是一个士。这里的士应该跟君子相似,都是指有仁德的人。首先君子之间是互相切磋、互相辩论提高的关系。前面说过了君子和而不同,人都有不同,观点不一样,体会不一样,经历有差别很正常,所以要交流,要辩论,要互相理解,道理从来都是越辩越明的。其次,君子在处理兄弟之间关系的时候以和睦为主,古人说兄弟间有"贼恩之祸"的可能,就是不管兄弟怎么样,都一样对他好得不得了,而不加劝诫,这种和睦是表面的和睦,仁德君子兄弟之间的和睦是儒家思想中遵循孝悌之道的和睦,是符合仁德的和睦。

13.29 子曰:"善人教民七年,亦可以即戎矣。"

【语译】

孔子说:"善人教导人民七年,也可以叫他们作战。"

【解读】

这一段里孔子谈论了为政者如何教化万民的问题,春秋时候几乎每天都打战,所谓"春秋无义战",战争似乎是家常便饭,没有什么道义不道义,反正任何一个为政者都肯定会碰到。孔子这里其实是通过为政者最关心的"即戎"来谈论教化万民的问题,教育老百姓要用仁义礼智信,要他们懂得孝悌忠信,懂得农耕和武艺,这个时候老百姓都知道亲近官长,都知道爱护长辈,甚至为自己的亲长去死,这样有素质的老百姓当然可以作战了。

13.30 子曰:"以不教民战,是谓弃之。"

【语译】

孔子说:"用没有教导的百姓去作战,叫作抛弃百姓。"

【解读】

这里孔子还是通过谈论为政者感兴趣的战争问题来说明他教化万民的思想,在孔子看来为政者主要要做的事情有两个,一个是富民,让老百姓过上好日子,物质生活丰富起来;另一个是安民,让老百姓的幸福感提升,精神生活丰富起来。做到这两件事情的途径,孔子看来只有一种,那就是教育,孔子做了一辈子的教育工作,教育为政者,教育学生,更希望教化万民,移风易俗,回归到人人守礼有仁的理想社会。作战只是孔子关注的一个方面而已,上战场的将士同样要先接受作战教育,接受相应训练,如果随便纠集起来就让人上战场,这是抛弃老百姓的做法。

宪问第十四

14.1 宪问耻。子曰:"邦有道,谷;邦无道,谷,耻也。""克、伐、怨、欲不行焉,可以为仁矣?"子曰:"可以为难矣,仁则吾不知也。"

【语译】

原宪请问什么是耻辱。孔子说:"国家政治清明的时候,做官食俸禄;国家政治昏乱的时候,做官食俸禄,就是耻辱。"原宪又问:"好胜、自傲、怨恨和贪婪四种毛病都没有,可以算是仁人吗?"孔子说:"可以说是很难得了,至于仁我就不知道了。"

【解读】

这一段里是孔子和原宪讨论"耻"的问题,用今天的话说就是以什么为耻和以什么为荣的荣辱观问题。不过这里孔子说的荣辱观比较耐人寻味,一般来说,按照儒家的思路,邦有道的时候,君子不能出仕做官是一件可耻的事情,说明你没本事,没把祖师爷孔子的学问学到家,儒家就是要"兼济天下"。但是这里说:"邦有道,谷;邦无道,谷,耻也。""谷"就是拿俸禄的意思,就是出仕做官,邦有道的时候做官、邦无道的时候做官,是耻辱的事情,这个不是跟前面的邦有道要做官的思路相反了吗?而且似乎是做官就耻辱,这不更和儒家的思想相反了吗?其实不是这样的,"邦有道,谷",意思是碰到有道明君的时候,享受俸禄,但是并没有建功立业,这就是耻辱,这叫尸位素餐,白吃饭不干活儿,很可耻。而"邦无道,谷",国家混乱了,还在白拿俸禄,对国家政治安定没有什么帮助,这当然是可耻的事情。所以总结来说,知识分子有知识分子的责任,为何读书一定要搞清楚,如果仅仅是为了升官发财,那就丧失了知识分子本应有的节气。

何谓知识分子的耻,是这一段的第一个问题,第二个问题就是原宪又与老师谈起了何为仁。从他的问题中可以看出,原宪也是一个不简单的人物。"克、伐、怨、欲不行焉"意思就是好胜、自矜、怨恨和贪婪四种毛病都没有。我们从自己生活的经验看,要达到这种修养不是件容易的事情。原宪拿自己修养的心得问老师是不是达到了仁的境界,但是孔子并没有做出明确的回答,只是以"不知"作答。我们在前面也遇到过很多类似的情况,由此我们可以知道儒家所说的仁的境界,和道家道的境界一样,玄之又玄。修养境界,如人饮水,冷暖自知,如果是真的到了仁的境界,或许豁然开朗,并不需要跟老师确认是否做到了仁。

14.2　子曰:"士而怀居,不足以为士矣。"

【语译】

孔子说:"读书人而留恋安逸的生活,便不能算做读书人。"

【解读】

这一段里孔子又一次谈论了士的标准,而且用了我们中国哲学最惯常使用的表达方式,不是从概念的内涵、外延上正面地界定一个概念,而是说哪些不是士。这里孔子说:"士而怀居,不足以为士矣。""怀居"的人不能算士,不能算君子,不能算是有仁德的人,那什么是"怀居"呢?繁体字"怀"字是竖心旁右边一个"裹",裹字的意思是用包把东西裹起来藏在身体中,大概是藏在怀里,含有幸运得到东西而不愿遗失掉的意思,而怀字的本义里也有这个意思,含有以什么东西为念、为珍贵的意思。那么怀居的意思就是以居处、居室为念,计较居处的好坏,这样的人不能算是士。士应当像颜回那样,居陋室而不改其乐。

14.3　子曰:"邦有道,危言危行;邦无道,危行言孙。"

【语译】

孔子说:"国家政治清明的时候,要言语正直,行为正直;国家政治昏乱的时候,要行为正直,言语谦逊。"

【解读】

这里孔子从言行标准的角度谈论了人在国家政治清明和政治昏乱两种处境中如何自处。其实关于这两种处境的讨论,在《论语》中至少有六七处,大多是讲出不出来当官的,也有说处事方式的,比如邦有道就表现得聪明一些,邦无道就表现得愚笨一些。这里孔子说:"邦有道,危言危行;邦无道,危行言孙。"我们可以看出来,不管国家政治清明还是昏乱,对于行为来说,都是要"危行"。我们现在都知道危就是危险的意思,这个字本来写成"危",中间那个"厂"字表示山崖,山崖上面画着一个人,山崖下面画着一个人,山崖上面有人,表示人在山崖上,山崖很险峻,所以就很危险,而如果山崖上面没有人了,就剩山崖下面的人,就变成了厄字,人在山崖下面窝着,没有出头的地方,也很憋屈。但是"危行"却不是指危险的行为,而是指高峻的行为,也就是今天我们说的正直的行为,与后面说的"孙行(逊行,卑顺的行为)"相对。这里的意思就是,不管环境如何变化,行为都要遵守仁德,不能说环境变了,做人的标准也变了。但是言语方面,就可以随着环境变化有所调整,邦有道的时候可以言辞高峻,很正派,讲原则,而邦无道的时候,言辞就要注意收敛,要注意卑顺,不要太直爽地把所有正义的言论都说出来,这样很容易招致祸患。孔子拿这句话来教育学生,让人初读时会觉得这老师不是在教学生耍滑头吗?其实依据人生经验,并不是这样。一个人不管处在怎样的社会环境中,行为上正直善良是不变的道理,但是对语言的要求却不一样,太平盛世,有言论自由,多发表一些个人的见解是可以的,但是如果时逢乱世,政治黑暗,制度毫无章法,语言就是一把杀人的利器,管好一张嘴,说话谦逊不放肆,才可以保全自己。

14.4 子曰:"有德者必有言,有言者不必有德。仁者必有勇,勇者不必有仁。"

【语译】

孔子说:"有德行的人一定有名言,有名言的人不一定有德行。仁人一定勇敢,勇敢的人不一定有仁。"

【解读】

这一段里孔子讲述了"德"与"言","仁"与"勇"的关系。

有仁德的人和美之德充沛于内心,自然而然就会在外表现出来,在言语方面也会表现出才华来。而口才好的人,也许仅仅是能言善辩,没有真才实学,没有仁德。有仁德的人心里没有私欲,不会被私心所牵累,只要是符合道义的事情,必定会去做,所以肯定是勇敢的,而勇敢的人也许仅仅是逞一时的血气之勇,不见得有仁德。

14.5　南宫适问于孔子曰:"羿善射,奡荡舟,俱不得其死然。禹稷躬稼而有天下。"夫子不答。南宫适出,子曰:"君子哉若人！尚德哉若人！"

【语译】

南宫适请教于孔子:"后羿擅长射箭,奡擅长水战,两者都没有得到好死。禹和稷亲自种植庄稼,却得到了天下。"孔子没有回答。南宫适退了出来。孔子说:"这个人是君子！这个人多么崇尚道德！"

【解读】

这一段里是孔子和南宫适的交谈,南宫适这个人前面已经提到过了,是孔子侄女婿,孔子把自己兄长的女儿嫁给了他,不过这里是《论语》中的南宫适和孔子有了第一次面对面的交谈。通过这师徒俩的对话,我们再次看出孔子强调仁德的态度。南宫适说:"羿善射,奡荡舟,俱不得其死然。""羿"就是后羿,他凭借高超的射箭技术和勇武之力,想称王却被寒浞杀害。"奡"是寒浞的儿子,"荡舟"就是说奡力气大,能陆地行舟,最后被少康杀害。这两个人都是靠武力征服别人,最后都没有好结果。这里潜台词是用羿和奡来比拟孔子那时的当权派,这些当权派都是靠武力拥有地位、权力的,和古代的这两个人相似。"禹稷躬稼而有天下。""禹"我们都知道是大禹,"稷"就是后稷,周朝的祖先,因为后稷在自己的职位上本本分分做事,平凡老实,最终他的子孙得以治理天下几百年。这里南宫适用禹和稷来比拟孔子,在仁德方面,孔子和这两个古代贤人相似,所以南宫适用他们来比孔子。正因为南宫适以古代的贤人来比孔子,所以"夫子不答",等南宫适出去之后,孔子才称赞他说:"这个南宫适真是有仁德的人啊！"

帝禹像

14.6 子曰:"君子而不仁者有矣夫,未有小人而仁者也。"

【语译】

孔子说:"君子中有不仁的人,小人中却不会有仁人。"

【解读】

这里孔子说了君子、小人与仁的关系,在《论语》中君子这个词大多数时候是指有仁德的人,是孔子心目中赞许的人,而小人这个词多数时候是孔子反对的那种人,和君子相对的、没有仁德的人。不过这里比较特别,这里孔子说君子也有不仁的情况,为什么呢?因为君子毕竟还不是圣人,君子把仁德修养作为一种终身奉行的目标,偶尔也会有心不在焉的时候,这个时候就会有不仁的情况出现,即"君子而不仁者有矣夫"。相反,小人本来心里就没有打算有仁德,仁德修养不会成为小人的人生目标,那么就"未有小人而仁者也",不会出现小人有仁德的情况。

14.7 子曰:"爱之,能勿劳乎?忠焉,能勿诲乎?"

【语译】

孔子说:"喜欢他,能不让他勤劳吗?忠诚于他,能不教诲他吗?"

【解读】

这一段里孔子是在强调正确的爱和忠,这个非常有意义,仁者虽然爱人,但过度的爱就会出现问题,所以孔子反问:"爱之,能勿劳乎?"仁者爱人也包含着让所爱之人劳动,引导所爱之人勤劳,比如我们现在父母都非常爱自己的孩子,爱得太过了,一点事情都不要孩子动手,这就不好了,按照古人的说法这种溺爱叫"禽犊之爱",是比较低等级的爱。同样的道理,忠这种品质也是这样,忠得太过了也不对,是愚忠,是"妇寺之忠",就像没有文化的人忠于寺庙里的泥坯一样,是低层次的忠,所以孔子说:"忠焉,能勿诲乎?"正确的忠应当还含有诲的内容,要告诫他、教导他。

14.8 子曰:"为命,裨谌草创之,世叔讨论之,行人子羽修饰之,东里子产润色之。"

【语译】

孔子说:"郑国的外交公文,裨谌拟定草稿,世叔研究它并提出意见,外交官子羽进行修改,东里子产做语言方面的润色。"

【解读】

这里孔子讲述了郑国外交辞令的出炉必定经过郑国四位贤人之手,经过详尽的审定修改,四位贤人各尽所长,所以应对诸侯的时候很少出差错,孔子其实是提倡这种严谨、规矩的礼仪作风。"裨谌草创之",草就是简略,创在这里就是写作的意思,即由裨谌来打草稿。"世叔讨论之",讨是探究的意思,论是讲述、议论的意思,即由世叔游吉来发表修改意见,评论这个草稿。"行人子羽修饰之",行人是外交官员的官称,修饰是指增加、损减文字,即由专门的外交使臣来增删。"东里子产润色之",东里是一个地名,是子产的居处所在,润色就是给加上文采的意思,即最后由子产来负责给外交辞令增加文采。

14.9 或问子产。子曰:"惠人也。"问子西。曰:"彼哉!彼哉!"问管仲。曰:"人也。夺伯氏骈邑三百,饭疏食,没齿无怨言。"

【语译】

有人向孔子问子产。孔子说:"是个慈惠的人。"又问子西。孔子说:"他呀,他呀!"又问管仲。孔子说:"是个人物啊。夺下伯氏骈邑三百户的地方,伯氏吃粗粮,却至死没有怨言。"

【解读】

这一段里孔子评论了当时各诸侯国里有贤名的三个人物,分别是郑国的子产、楚国的子西、齐国的管仲。子产的政治主张不仅仅是强调宽大,他更强调宽猛相济,但是不管是宽还是猛,都是以爱民为宗旨的,所以孔子说子产是"惠人也"。楚国的公子子西也是贤大夫,能够帮助楚昭王治理楚国,而当楚昭王想请孔子去指导怎么治理楚国的时候,也是这个子西谏阻楚昭王的,所以孔子也不好说子西什

子西阻封图

么，他只能说："彼哉！彼哉！"用外交辞令打哈哈。而对齐国的管仲而言，孔子总体上是很推崇的，"夺伯氏骈邑三百"是指齐桓公把伯氏的骈邑没收了，然后把骈邑给了管仲作为他的地盘，"饭疏食，没齿无怨言"是指伯氏吃的粗粮，但是他知道自己有罪过，所以一直没有怨言。孔子这里既是说管仲有才德，所以伯氏很服气，不会有怨言，同时也是说伯氏品德高洁，知错认错，没有怨言。

14.10 子曰："贫而无怨难，富而无骄易。"

【语译】

孔子说："贫穷却没有怨恨很难做到，富贵却不骄傲容易做到。"

【解读】

这里孔子解释贫富两种处境里人心的变化，告诉我们应当培养"勉其难，而不忽其易"的处世心态。"贫而无怨难"说的是贫穷的境地很难安处，容易产生抱怨等一些不好的心态。"富而无骄易"说的是富贵的境地相对容易安处。这是人之常情，但是孔子在这里告诉我们这个常情，在于教导我们认识到这个人性，然后就能够考虑仁德的需要，做到安贫乐道，安富乐道。

14.11 子曰："孟公绰为赵魏老则优，不可以为滕、薛大夫。"

【语译】

孔子说："孟公绰做晋卿赵氏、魏氏的家臣，能力是有余的；却不可以做滕、薛这样小国的大夫。"

【解读】

这里孔子说了量才为用的道理，什么才华的人适合做什么事情，适合在什么岗位，都需要匹配才能达到最大的效果。比如鲁国的孟公绰，做大国的总管很合适，做小国的大夫则不合适。再比如"隋炀不幸为天子，安石可怜作相公。若使二人穷到老，一为名士一文雄"。隋炀帝和王安石都很不幸、很可怜，一个生来就做了皇帝，一个官做到了宰相。实际上这两个人确实是有才华的，不过在政治方面能耐都不够，如果不是因为当了皇帝、当了官，隋炀帝会是一个很好的名士、一个才子，王安石也会成为名声非常好的大文豪，两个人都不至于留下污点。

14.12 子路问成人。子曰:"若臧武仲之知,公绰之不欲,卞庄子之勇,冉求之艺,文之以礼乐,亦可以为成人矣。"曰:"今之成人者何必然?见利思义,见危授命,久要不忘平生之言,亦可以为成人矣。"

【语译】

子路请教怎样做才能成为全才。孔子说:"如果有臧武仲的智慧,孟公绰的寡欲,卞庄子的勇敢,冉求的多才多艺,再以礼乐做修饰,可以说是全才了。"又说:"现在的全才何必一定要这样呢?见到利益想一想符不符合道义,遇到危难肯付出性命,长久处于困穷却不忘记平日的诺言,也可以算是全才了。"

【解读】

这一段里孔子讲了"成人"的问题,不是长大成人的成人,而是成为一个有社会责任感、道德感和有教养的人,也就是区别于被物欲所支配的动物性的人。这种成人有哪些要点呢?孔子总结了五点:智、清、勇、艺、礼。"若臧武仲之知"说的是成人需要培育智慧,要懂得谋略。"公绰之不欲"说的是成人需要清整私欲,要培育清廉的品质。"卞庄子之勇"说的是成人要保持锐意,除了有谋还得能断,有大义面前能果敢向前的品质。"冉求之艺"是说成人需要培养审美人格,要多才多艺,培育温文尔雅的一面。"文之以礼乐"说的是成人需要有所约束,懂得克己复礼的道理,在守礼的前提下完成乐的享受。真正做到成人是不容易的,而且随着时代、环境的变化,成人的标准也会因时而变,但是还是有一些基础性的内容不会变化,这方面孔子也做了总结,他概括出三点成人的基本要求:见利思义、见危授命、久要不忘平生之言。"见利思义"好理解,和前面说的"清""不欲"是同一个意思。"见危授命"也不难理解,和前面的"勇"意思相当,是讲一个人要有担当,敢于担当。最后一个"久要不忘平生之言"其实也可以用一个字概括,那就是"信",讲一个人要说话算话。所以,"义""勇""信"三个字是成人的基本要求,直至今日,我们按照这三个字来要求去达到成人的目标,仍然适合。

14.13 子问公叔文子于公明贾曰:"信乎,夫子不言,不笑,不取乎?"公明贾对曰:"以告者过也。夫子时然后言,人不厌其言;乐然后笑,人不厌其笑;义然后取,人不厌其取。"子曰:"其然?岂其然乎?"

【语译】

孔子向公明贾打听公叔文子,说:"真是这样的吗?他老人家不讲话,不笑,不取财吗?"公明贾回答:"是传话的人错了。他老人家到应当讲话的时候才讲话,所以人们不厌恶他的话;快乐了然后才笑,所以人们不厌恶他的笑;符合道义然后才获取,所以人们不厌恶他的获取。"孔子说:"是这样吗?难道真的是这样吗?"

【解读】

"不言不笑"在今天看来是不苟言笑,很严肃端庄,常常是一个严厉长者的形象,而公明贾的解释更高明,说"时然后言,人不厌其言;乐然后笑,人不厌其笑",时机合适就说,高兴了就笑,说话和笑都那么恰到好处,那么合时宜,这不就是言谈和笑的中庸之道吗?还有一点值得称赞的是"不取",即不拿别人的东西,公明贾说得更好:"义然后取,人不厌其取",符合道义的东西才去取,君子爱财取之有道,这不就是"和顺于道德而理于义,穷理尽性以至于命"吗?修养达到了最高的境界,一举一动都切合中庸之道。不过孔子对这种评价持存疑的态度,他说:"其然?岂其然乎?"孔子评价人的这种态度是值得提倡的,因为评价一个人需要考察其一生的行为,不能仅仅依靠一个横断面的感观或者一个人的言论来做判断。

14.14 子曰:"臧武仲以防求为后于鲁,虽曰不要君,吾不信也。"

【语译】

孔子说:"臧武仲凭借防城请求立子嗣为鲁国卿大夫,虽然有人说他没有要挟君主,我不相信啊。"

【解读】

这一段孔子讨论了君臣之义,举了臧武仲的例子,这个故事记载在《左传》中,臧武仲很有谋略,辅佐季氏当家的季武子废掉了季孙弥的继承权,帮助季武子立了他喜欢的儿子季孙悼作为季氏家族的权力继承人,这么做就得罪了季孙弥和支持季孙弥的孟孙氏家族。于是孟孙氏家族和季孙弥就想了很多办法在季武子跟前说臧武仲的坏话,因此臧武仲采取了一些防备季武子的措施,季武子也因此逐渐不信任臧武仲了。季武子后来下令攻打臧武仲,有所防备的臧武仲逃跑到了国外,"防"就是防邑,臧武仲宗族的封地,当时还在臧武仲家族的控制中,于是臧武仲就通过在防邑的弟弟和鲁国政府谈判,让鲁国保证臧武仲的宗族不被牵连,而且臧武仲家族的后代能世代继承大夫的爵位,作为妥协条件,臧武仲自己也从此不再回到鲁国,流亡国外。这段故事是典型的春秋时候贵族权力斗争的缩影,臧武仲是被季武子冤枉误解,但是臧武仲也以封地势力为后盾向季武子、鲁国国君施加了政治压力。但是在孔子看来,臧武仲就是在要挟当局以取得富贵和地位,表面言论宣传说不要挟,不能掩盖事情的本质。这是孔子对时政的评价。

14.15 子曰:"晋文公谲而不正,齐桓公正而不谲。"

【语译】

孔子说:"晋文公诡诈而不正直,齐桓公正直而不诡诈。"

【解读】

这一段孔子评价了春秋五霸中的两位霸主:晋文公和齐桓公,相比之下孔子更喜欢齐桓公一些。同样是霸主,但是个人性格、思想都会有不同,比如同样是美国总统,林肯和小布什肯定风格不一样,林肯是平民出身,小布什的爸爸就干过总统,两人的想法和格局肯定有差别。晋文公在外面流亡了19年,非常熟悉政治上的各种手段,所以孔子说"晋文公谲而不正"。比如我们熟悉的一个成语叫"退避三舍",本来是晋文公流亡的时候被楚国收留,晋文公那个时候答应楚国国君的报答方式,结果被晋文公巧妙地用在晋楚争霸的战场上,"退避三舍"既赢得了名义上的正当性,也达到了鼓舞士气和麻痹敌人的效果,不能不说晋文公非常擅长诡诈之道。齐桓公虽然也是经过斗争才登上齐国的君王之位,不过他没有那些流亡在外的经历,气量和风度都要大很多,比如说齐桓公重用大臣管仲,这个管仲原本是帮助齐桓公的政敌公子纠的,管仲还在战场上用箭射过齐桓公,但是齐桓公斗争胜利后还是重用管仲,所以孔子说"齐桓公正而不谲"。

14.16 子路曰:"桓公杀公子纠,召忽死之,管仲不死。"曰:"未仁乎?"子曰:"桓公九合诸侯,不以兵车,管仲之力也。如其仁,如其仁。"

【语译】

子路说:"齐桓公杀了公子纠,召忽自杀,管仲却活着。"接着说:"管仲不仁吧?"孔子说:"齐桓公多次主持诸侯国的会盟,不用武力,都是管仲的力量。这就是管仲的仁德,这就是管仲的仁德。"

【解读】

　　这一段里孔子评价了齐桓公的重臣管仲,说管仲"如其仁,如其仁",管仲是符合仁的标准的。结合前面孔子对管仲的评价,我们可以发现,孔子对管仲这个人的看法是比较矛盾的,前面孔子说管仲有"三归",树"塞门",有"反坫",都是不守礼的表现,这里又说管仲的政治功绩很大,帮助齐桓公多次组织诸侯国召开了联合会议,而不用武力威胁,安定了国家,整顿了礼法,从政治效果来看是符合仁的。

齐桓公像

为什么对一个人评价会有截然不同的两个方面呢?孔子这不是拿起砖头砸了自己的脚吗?其实仔细想一下,孔子的评判是站在不同的角度来看待的,"三归"和树"塞门"是站在管仲身为一个臣子的角度,应该守臣子的礼,不应当僭越。这一段里又对管仲做了积极正面的评价,是站在整个大环境下来说的,当时多不义之战,管仲却没有动用武力就安定了国家,功不可没,当然符合仁义的要求。

　　14.17　子贡曰:"管仲非仁者与?桓公杀公子纠,不能死,又相之。"子曰:"管仲相桓公,霸诸侯,一匡天下,民到于今受其赐。微管仲,吾其被发左衽矣。岂若匹夫匹妇之为谅也,自经于沟渎而莫之知也?"

【语译】

　　子贡说:"管仲不是仁人吧?齐桓公杀了公子纠,他不以身为公子纠殉难,反而去辅佐齐桓公。"孔子说:"管仲辅佐齐桓公,称霸诸侯,匡正天下,百姓到今天还受到他的惠泽。如果没有管仲,我们大概还是披散头发,衣襟向左开。他难道要像普通百姓一样信守小节,自杀在小山沟里且无人知道吗?"

【解读】

　　这一段里孔子通过回答子贡的疑问,更进一步阐释了个人小节和国家大义之间的关系。子贡很疑惑管仲能不能算仁,因为他考虑到管仲曾经是一个投降的人,即"桓公杀公子纠,不能死,又相之",最先的老板被后来的老板干掉后,管仲就投降了,跟着新老板继续做高级管理者,这样没有坚定立场的人能算仁吗?子贡表示很困惑。孔子跟子贡解释了,从个人的角度来看,管仲似乎应当忠于一个老板,老板被干掉了,是不是也应当像子路那样与老板一起被干掉呢?即使没有被干掉,是不是也应该自杀殉国呢?虽然这种忠义有些惨烈,甚至有时根本没有价值,但是人们仍然忍不住会敬佩或者同情这样的忠义。不过孔子显然要比大多数人认识得更深刻,更高远,孔子认为评价一个人仁与不仁,主要要看他有没有爱人的实质性行为,有没有达到爱人的客观效果。那么对管仲而言,"相桓公,霸诸侯,一匡天下,民到于今受其赐",老百姓至今还承受着他的恩泽,如果没有管仲的话,"微管仲,吾其被发左衽矣",我们大家都还会和野人一样生活呢。所以孔子说:"岂若匹夫匹妇之为谅也,自经于沟渎而莫之知也?"难道我们还能指望管仲也跟小老百姓一样为了小节而自杀吗?

14.18 公叔文子之臣大夫僎与文子同升诸公。子闻之,曰:"可以为'文'矣。"

【语译】

公叔文子的家臣大夫僎和文子都做了国家的大臣。孔子听说后,说:"可以给他'文'的谥号了。"

【解读】

这一段里孔子通过公叔文子的事例阐述了"文"这个谥号所应当有的内涵。公叔文子这个称谓里,文这个字是谥号里出来的字,他原本的名字里是没有这个字的,而古代要想在谥号里用文这个字还是不那么容易的,因为文这个谥号是非常高的评价了。为什么孔子说公叔文子"可以为'文'矣",认为公叔文子当得上这个"文"字呢?因为公叔文子做了一件很有气量的事情:"公叔文子之臣大夫僎与文子同升诸公",把自己的家臣提拔、推荐到与自己一样的地位和职位,位列公卿,这样不拘一格选贤任能的风格才当得起一个"文"字。儒家文化精神是一种奉行和的精神,儒家文化是"己欲达而达人"的文化,自己好也想着让别人好,在人际关系中就常常会互相帮助,而上级和师长都会注重提携后进,在人才培养方面下功夫,人才培养做得好而且品行修养高的人,往往会用"文"字来作为他的谥号,比如清朝的曾国藩,合着谥号一起称呼就叫"曾文正公",他也是有气量的人,曾国藩的下级官员李鸿章后来也做到了和他一样的高官,也是"同升诸公",这或许就是曾国藩的谥号中有一个"文"字的原因。

14.19 子言卫灵公之无道也,康子曰:"夫如是,奚而不丧？"孔子曰:"仲叔圉治宾客,祝鮀治宗庙,王孙贾治军旅。夫如是,奚其丧？"

【语译】

孔子谈到卫灵公的无道,康子说:"既然如此,卫国为什么不灭亡？"孔子说:"仲叔圉接待外宾,祝鮀管理宗庙祭祀,王孙贾治理军队。像这样,怎么会灭亡呢？"

【解读】

这一段里孔子通过和季康子讨论卫灵公阐述了合理用人的重要性。卫灵公是一个很荒唐的国君,前面我们提到过他喜欢男宠弥子瑕,等弥子瑕人老色衰的时候又找后账,卫灵公还宠爱南子和宋公子朝,搞了很多荒唐事出来,所以卫灵公的名声很臭,孔子也说他"卫灵公之无道也",很昏庸无道。季康子作为鲁国的实权派人物就想到一个问题:"夫如是,奚而不丧？"既然这个国君这么荒唐,怎么还没有亡国呢？孔子说虽然卫灵公本人很荒唐,也没有多少本事,但是他善于用人,选用的人都很能干,所以卫国才能够撑下去,具体怎么用人呢？卫灵公是这样安排的:"仲叔圉治宾客,祝鮀治宗庙,王孙贾治军旅。"这几个人之前孔子都提到过了,祝鮀口才很好,王孙贾曾经向孔子请教过祭祀方面的问题,仲叔圉就是孔文子,前面孔子表扬他"敏而好学,不耻下问"。这三位都是卫国的贤达人士,卫灵公这个荒唐君王懂得正确地用这三位贤人,也算是知人善任,总算还保得住卫国的香火传承。

14.20 子曰:"其言之不怍,则为之也难。"

【语译】

孔子说:"那个人说起来不惭愧,那实现起来就困难了。"

【解读】

这一段里孔子分析了大言不惭则为之也难的道理,大言不惭就是说大话而不感到难为情。一般喜欢说大话而心里一点担忧都没有的人,往往"无必为之志而不自度其能否",没有必定要兑现这些话的想法,说过了就忘掉了,不会把自己说过的话当一回事,因此也往往缺乏自知,不知道自己究竟能不能做到自己所说的那些事情,这样的情况下,当然就"为之也难"。

14.21 陈成子弑简公。孔子沐浴而朝,告于哀公曰:"陈恒弑其君,请讨之。"公曰:"告夫三子!"孔子曰:"以吾从大夫之后,不敢不告也。君曰'告夫三子'者!"之三子告,不可。孔子曰:"以吾从大夫之后,不敢不告也。"

【语译】

陈恒杀了齐简公。孔子斋戒沐浴而后上朝,报告鲁哀公说:"陈恒把国君杀了,请出兵讨伐他。"哀公说:"你向孟孙、仲孙、季孙三人报告吧!"孔子(退出来)说:"因为我曾经做过大夫,不敢不来报告。君主对我说'报告三位大臣吧'!"孔子又去报告三位大臣,不肯出兵。孔子说:"因为我曾经做过大夫,不敢不来报告。"

【解读】

这一段通过孔子对当时国际上的一桩政治事件的回应,来展示孔子对人伦大义坚持的态度。这桩政治事件其实是春秋时期普遍状况的一种代表,那就是政权把握在权臣手中,天子、国君没有什么权力,弄不好天子或国君还会成为政治的殉葬者,而齐国的齐简公就碰到这样的倒霉事——被齐国的权臣陈成子给杀掉了,这就是"陈成子弑简公"事件。臣弑君是大逆不道,即使在孔子那个礼崩乐坏的年代也够耸人听闻了,孔子知道这事后做了三件事:沐浴、告哀公、告三子。首先是"沐浴而朝",这是表示非常重视这件事,不敢轻忽,然后是报告给哀公"陈恒弑其君,请讨之",请哀公讨伐陈成子,因为在孔子看来这种臣弑君的事情是天理难容,随便谁都可以声讨这样的行为,鲁国作为齐国的邻国当然也可以讨伐。鲁国这个时候政在三家,三个大家族把持着鲁国的政权,鲁哀公也做

沐浴请讨图

不了主,所以鲁哀公让孔子去问问掌权的季孙氏、孟孙氏、叔孙氏。于是孔子又跑去报告给这三个权臣,结果是"之三子告,不可",三家说不能讨伐陈成子,为什么呢?陈成子在齐国也是权臣,鲁国的这三子也同样是鲁国的权臣,平素也没怎么把鲁哀公放在眼里,这在本质上和陈成子是一样的,讨伐陈成子不是打自己的耳光吗?所以他们不答应讨伐陈成子。这样的结果孔子也可以预料得到,不过孔子还是这么做了,因为他有支撑他坚持这么做的理由:"以吾从大夫之后,不敢不告也",无论如何孔子也算是卿大夫的后世子孙,就得有点卿大夫的精神,违背人伦道义的事情就一定要敢于斗争,敢于坚持正确的见解。

14.22 子路问事君。子曰:"勿欺也,而犯之。"

【语译】

子路请教怎样侍奉君主。孔子说:"不要欺骗他,却可以犯颜谏诤。"

【解读】

这一段里孔子教导子路事君之道,做臣子的怎样对待君王才符合道义。孔子说出两个要点:忠和直。"勿欺也"是忠,臣子对君王要诚实,不能欺瞒。"而犯之"是直,臣子要正直,对真正有利于君王的事情,要有勇气冒犯君王。讲到这里我们都会想到历史上有名的谏臣魏征,他可谓是"勿欺也,而犯之"的代表。不过谏臣也是要遇到伯乐才行,君臣好搭档终能成就一段美谈。

14.23 子曰:"君子上达,小人下达。"

【语译】

孔子说:"君子向上通达仁义,小人向下追求名利。"

【解读】

这里孔子再次把君子和小人并举,朱熹对孔子这句话的注释可谓得其精髓了,他这么注释:"君子循天理,故日进乎高明;小人徇人欲,故日究乎污下。"君子遵循天地的大道,这个天地之道就是自强不息和厚德载物,所以君子的人格是日渐高尚,修养是日渐精进的。而小人与此相反,小人总是盯着私欲不放,总是追求私欲的满足,所以小人的格调会日渐低下,对自我道德的要求也会越来越低了。所谓"君子坦荡荡,小人长戚戚"说的是一个道理,君子遵循天地之道,内心光明坦荡，小人为私欲斤斤计较，必然内心凄切烦恼。《论语》里有很多关于君子与小人的对比描述，其实是用不同的语言，从不同的侧面来阐述的，在学问修养的境界上实则是相通的。

14.24　子曰："古之学者为己，今之学者为人。"

【语译】

孔子说："古代的学者目的在于修养自己，现在的学者目的在于向别人炫耀。"

【解读】

这一段里孔子对为学问题做了一个古今对比，孔子的态度是厚古薄今的，古人的为学态度要好于今人的为学态度。"古之学者为己"，古人为学是想自己得到道，"今之学者为人"，今天的人为学是为了让别人知道；古人为学的最终结果是"成物"，能成就万物，成全他人，今人为学的最终结果会是"丧己"，使得自己迷失。

14.25　蘧伯玉使人于孔子。孔子与之坐而问焉，曰："夫子何为？"对曰："夫子欲寡其过而未能也。"使者出。子曰"使乎！使乎！"

【语译】

蘧伯玉派使者访问孔子。孔子让使者坐下后问："夫子做些什么呢？"使者回答说："夫子想减少过失却没能做到。"使者出来。孔子说："一位好使者呀！一位好使者呀！"

【解读】

这一段里讲孔子接待了卫国的贤大夫派来的使者，当孔子还在卫国游学的时候，曾经在蘧伯玉家里住过，两人交情还不错，孔子回到鲁国之后，蘧伯玉就派使者来鲁国问候孔子。"孔子与之坐而问焉"，请使者到家里坐下来然后询问他：你家主人最近忙些什么呢？"与之坐"是孔子敬重蘧伯玉，所以对蘧伯玉的使者也表示出敬重来。蘧伯玉的使者也挺会说话的，他说"夫子欲寡其过而未能也"，意思是蘧伯玉虽然坚持反省自己，克己复礼，但总感到自己做得还不够。使者出使都注重形象，一般来说使者的言辞越谦逊有礼，表现得越有道德修养，可以推断出他的主人也就越高尚有礼，这里蘧伯玉的使者表现得非常谦逊有礼，所以孔子感叹说："使乎！使乎！"意思是这样的使者啊！这样的使者啊！其实也是在赞叹他的朋友蘧伯玉的品德高尚。

14.26 子曰："不在其位，不谋其政。"曾子曰："君子思不出其位。"

【语译】

孔子说："不在那个位置，就不要考虑那个位置所管的事。"曾子说："君子思虑的都不会超出自己的职位。"

【解读】

这一段是重复之前提到过的"不在其位，不谋其政"。"君子思不出其位"这句话出自《周易》的艮卦，意思是考虑问题不超出自己的本分。艮卦的《象传》原文这么说："兼山，艮。君子以思不出其位。"艮为山，艮卦的上卦和下卦都是艮，都是山，所以称之为"兼山"。艮为止，代表着停止、终结的意思，这种意思用在思想上就是不用再想了，不要再浮想联翩，要停下来，要谦逊起来，这就是"思不出其位"，因为过分的欲望、过分的想法都停下来了。

14.27 子曰："君子耻其言而过其行。"

【语译】

孔子说："君子以说得多做得少为羞耻。"

【解读】

这一段孔子从另一个侧面说明了儒家的荣辱观，同样，这里的君子就是指有仁德的人，君子的荣辱观也就是儒家的荣辱观。君子"耻其言"，为什么会以说话为耻呢？因为他说得太多了，把话都说绝了，说尽了，说到头了，因此这里的"耻"含有"不敢尽"的意思，说话要留有分寸，不要说过头的话。而君子"过其行"又是为什么呢？因为他的行为还不够坚决，不够彻底，还没有付出足够的努力，因此这里的"过"含有"欲有余"的意思，就是要求行为更加踏实有力，更多地行动起来。

14.28 子曰："君子道者三，我无能焉：仁者不忧，知者不惑，勇者不惧。"子贡曰："夫子自道也。"

【语译】

孔子说:"君子所做的三件事,我没能做到:仁人不忧虑,智人不迷惑,勇敢的人不惧怕。"子贡说:"这正是夫子在说自己吧!"

【解读】

这里孔子阐明了君子仁德的三个基本要素和这三个基本要素的效果(也是仁德之人的三重特点,又称"三达德"),这三个基本要素是:仁、智、勇。它们各自的效果是:"仁者不忧",爱人的人没有忧虑;"知者不惑",智慧的人行为果敢,不用焦虑疑惑;"勇者不惧",勇敢的人能心无挂碍,无有恐怖,远离颠倒梦想。之前的章节孔子也说过这三句话,不过那个时候是分着说的,因为这三句话其实都是在说仁德之人的品质,所以孔子在这里把他们合到一起说,"君子道者三"。至于"我无能焉"则是孔子的自谦之辞,所以后面子贡就更正了一下,说"夫子自道也",这三句话正是夫子您自己的写照啊。

14.29 子贡方人。子曰:"赐也贤乎哉?夫我则不暇。"

【语译】

子贡评论别人。孔子说:"你真的那么贤良吗?我可没有闲暇工夫去评论别人。"

【解读】

这里孔子表明了他对品评人物的态度。"子贡方人"这句话里的"方"字就是比较的意思。"方人"就是比较人的长短,评价别人。《论语》中有不少孔子对他人做出的评价,现在子贡跟他学着品评人物,孔子怎么会这么大的感触呢?这是因为,孔子本来就觉得品评人物不是一件容易的事情,更不可以轻易地评论他人,虽然品评人物是一门学问,跟其他学问一样,只要用心去做就能做得很好,但是这门学问毕竟是要耗费心力的,心力耗在这件事上,自己的修养还下不下功夫呢?肯定要打折扣了,所以孔子说"夫我则不暇",他自己是没有太多闲工夫来评论别人的,或者说,他对他人的所有评论,都还有充实、丰富的空间,并不是没有缺憾。

14.30 子曰:"不患人之不己知,患其不能也。"

【语译】

孔子说:"不担心别人不知道我,只担心自己没有能力。"

【解读】

这一段孔子讲了人如何认识自己的问题,不要担忧别人不了解自己,相同的意思在《论语》中出现过几次,我们从中能想到什么呢？"不患人之不己知",为什么孔子会这么说,会这么表明自己的态度？不正是因为现实生活中孔子真的不被周围的人所理解吗？我们看孔子在鲁国的时候,年轻时"入太庙,每事问",别人当他是傻瓜,认为他不懂礼；好容易等到做了官,执政纲领是"隳三都",人们还是理解不了他,结果这个纲领也没执行下去；后来到国外游学,诸侯们也不理解,不肯重用他……一辈子都没几个知己,难怪孔子会说几回这个话。别人不理解我,不知道我,我也不当回事,这句话好说不好做,淡定需要修养。我们现在往往容易在别人不理解自己时发脾气,烦躁受挫,然后我们自己安慰自己说:"算了,我不要用别人的过错来惩罚自己。"这也只是自欺欺人而已,真正该做的是孔子提倡的下一句话:"患其不能也。"不被理解、不被知道,这时要返回自身,回来做"内圣"的功夫,也就是继续加强修养、增进仁德,只有这样做了,才能达到"外王"的效果,这个时候别人就知道你了,就愿意理解你了。

14.31　子曰:"不逆诈,不亿不信,抑亦先觉者,是贤乎！"

【语译】

孔子说:"不预先怀疑别人的欺诈,不臆测别人的不诚信,却能及早发觉,这样的人是贤人啊！"

【解读】

这一段孔子又提出了一个贤人的标准,也就是儒家提倡的做人的标准,这个标准在今天也非常不容易达到。这个标准分出来三条,第一条相对容易一点,叫"不逆诈",逆就是迎着、反过来的意思,别人欺诈你,你不要反过来也欺诈别人,我们都知道一个词叫尔虞我诈,互相都不诚实,都在欺诈,结果谁都可以推卸责任：是他不老实,我怎么能老实对他呢？那我不是傻子吗？一个是因为怕自己吃亏,一个是因为把责任推给他人之后欺诈起来就更加心安理得了。第二条叫"不亿不信",不猜别人不相信自己,这一条非常不容易做到,因为我们根本不知道别人相不相信自己，很多时候只能靠猜，但是孔子告诉我们了，猜是最要不得的一种方式。第三条叫"抑亦先觉者"，别人的欺诈、别人的不信任还得自己提前知道，事先警觉，这个涉及分辨真假信息，就更难了。怎么做到以上三点呢？归根到底只有一条路，就是加强自己的仁德修养，修养自己的诚心诚意的品质，自己是一个赤诚之人，那些虚伪的感情自然也就无所遁形了。

14.32 微生亩谓孔子曰："丘何为是栖栖者与？无乃为佞乎？"孔子曰："非敢为佞也，疾固也。"

【语译】

微生亩对孔子说："你为什么要这么忙碌呢？不会是为了逞口才吧？"孔子说："我不敢逞口才，只是厌恶顽固的人。"

【解读】

这一段通过孔子与微生亩的对答反映了孔子对待忙碌入世的态度。微生亩究竟是谁已经不好考证了，微生亩对孔子说话时直呼其名，说："丘何为是栖栖者与？无乃为佞乎？"通过这个称谓我们大概能推测，这个微生亩是一个比孔子年长的、有点资历的人。微生亩问孔子：孔丘你怎么这么忙啊？不会是忙着说一些好听话给人听混口饭吃吧？语气很倨傲，很不客气，通过这一点信息，我们大概能推测，微生亩的见解和孔子不一样，瞧不起孔子的那些搞法。什么人会瞧不起孔子的搞法呢？一般都是德高望重但是过着隐逸生活的人。孔子对待这样有德而且在某一方面很通达，又比自己年长的人，一方面回答时表现出谦恭，说"非敢为佞也"，表明自己不敢以混饭吃为目的而说中听的话给人听；另一方面也耿直地表达了自己的观点，说"疾固也"，表达出自己非常不赞成那种因固执己见而离世弃俗的做法，社会要发展进步就必须要有入世的人来担当责任，而不能一味地躲起来过清闲日子。

14.33 子曰："骥不称其力，称其德也。"

【语译】

孔子说："骥马，不是要称赞它的力量，而是要称赞它的美德。"

【解读】

这一段孔子再次强调了德重于才的人才观。儒家的人才观首重"德",接着才考虑德才兼备。有才无德是"毒品",能力越大,品德越坏,造成的坏影响不是就越大吗?所以孔子第一重视的是"德"。

14.34　或曰:"以德报怨,何如?"子曰:"何以报德?以直报怨,以德报德。"

【语译】

有人问孔子:"用恩德来回报怨恨,怎么样?"孔子说:"那用什么来回报恩德呢?用正直来回报怨恨,用恩德来回报恩德。"

【解读】

这一段孔子阐明了自己回馈他人的原则。这里提到一个我们今天很熟悉的词,"以德报怨"。什么叫以德报怨?"德,谓恩惠也","德"在这里是指恩惠、恩德,"以"是拿、用的意思,"报"的意思是回馈、回报,"怨"是指怨恨。这句话的意思是说,对怨恨自己的人也回馈以恩惠,也给他好处。按道理说能做到这样的一定是神仙。道家的老子就教导我们这么做,他教我们要"报怨以德",对自己不好的人同样要用德来回报,因为老子认为天地有大德,对好的、坏的、高的、低的、正的、反的都一视同仁,人要顺应这种大德,所以不管别人对你是好是坏,是施以恩德还是待以怨恨,都应当用同样的原则来回馈,都应当以德来回馈、对待,不过这个德是道家的德,也就是道,用的方法是"反"、是"弱"。孔子在这里阐明的是儒家的回馈原则,孔子觉得"以德报怨"不妥,如果这么做了,那么"何以报德"?对自己有恩惠的人,如果还是以德报之,那就不公平了。所以孔子提倡回馈他人时要贯彻公平原则,叫"以直报怨,以德报德"。那为什么不是"以怨报怨"呢,这不是更公平吗?因为"以怨报怨"不符合孔子提倡的另一个处事原则——恕,也就是君子之心公而恕,正直而能推己及人。

14.35　子曰:"莫我知也夫!"子贡曰:"何为其莫知子也?"子曰:"不怨天,不尤人,下学而上达。知我者其天乎!"

【语译】

孔子说："没有人了解我呀！"子贡问："为什么没有人了解您呢？"孔子说："不怨恨上天，不责备于人，学习人事进而通达天命。了解我的只有上天吧！"

【解读】

这里孔子阐述了如何自处的问题，人要立身处世，如何摆正自己在天地、社会之中的位置。孔子在世的时候不怎么得志，但是他不抑郁，因为他"不怨天，不尤人"，这一点很重要，今天有的人说"点儿背莫要怨社会，命苦不能怪政府"，似乎也有点儿孔门遗风。成天埋怨老天，总是抱怨他人，心情也好不了，身体健康受损不说，正经事情也给耽误了，自己的修养也给耽误了，实在是不值当的事。真正应当做的是"下学而上达"，"下学"就是踏踏实实地学做事、学做人，"上达"就是通达天地至理，明白大道，下学是途经，上达是结果。然后就是怡然自得了，即使谁都不理解自己，也没有关系了，因为"知我者其天乎"。这种达观知命的态度是儒家提倡的处世之道，不要求世俗之间有人了解自己，存心自有天知。

14.36 公伯寮愬子路于季孙。子服景伯以告，曰："夫子固有惑志于公伯寮，吾力犹能肆诸市朝。"子曰："道之将行也与，命也；道之将废也与，命也。公伯寮其如命何！"

【语译】

公伯寮向季孙毁谤子路。子服景伯告诉了孔子，说："夫子已经被公伯寮迷惑了，可是我的力量还能把他陈尸街头。"孔子说："我的主张如果能够实现，是由于天命；我的主张如果不能实现，也是由于天命。公伯寮能把天命怎么样呢？"

【解读】

这里孔子阐述了如何对待别人对自己的毁谤。公伯寮是子路的同事，都在季氏家里做家臣，《史记·仲尼弟子列传》中记载，这个人也是孔子的弟子。这个公伯寮在季氏面前说子路的坏话，鲁国另一个叫子服景伯的人看不过去了，去告诉孔子这件事。根据子服景伯的判断，季氏似乎是被公伯寮蛊惑了，这可能与子路推行孔子的为政理念有关，孔子要"堕三都"，要把贵族们自家不合礼的私城破坏掉，放到现在来说就是没收他们的私产，是抄家的举动，而这个为政理念的忠实执行者就是子路，季氏"固有惑志于公伯寮"也属正常。怎么对待这个毁谤之言呢？子服景伯想到的是从肉体上消灭敌人，说"吾力犹能肆诸市朝"，他说自己有本事让毁谤之人永远闭嘴，还把尸体拿来展览，以儆效尤。孔子一听说他打算这么帮子路，就不赞成这个搞法，孔子认为自己行的是大道，不用怕别人毁谤，"公伯寮其如命何！"即使他想破坏也不能成功，至于自己的大道能不能成功，则是"道之将行也与，命也；道之将废也与，命也"。

14.37 子曰："贤者辟世，其次辟地，其次辟色，其次辟言。"子曰："作者七人矣。"

【语译】

孔子说："贤人隐居不出，次一等的择地而居，再次一等的避开不善的脸色，再次一等的避开恶言。"孔子说："这样的人有七位了。"

【解读】

这里孔子阐明了贤达之人应当规避的内容。"辟"同避，就是回避、规避的意思。"贤者辟世"的意思是天下无道则隐，比如伯夷、太公就是这样的贤达之人。"其次辟地"的意思是去乱国，适治邦，离开政治混乱的国家，去那些政治清明的国家。"其次辟色"的意思是根据君王对待自己的态度来决定去留，如果对待自己不符合礼了，就要离开。"其次辟言"的意思是自己的政治主张不被君王听从的时候就离开。以上四种情况虽然是按照次序一级一级地说出来，但实际上贤明的程度是一样的，只是碰到的情况有差异而已。

14.38 子路宿于石门。晨门曰："奚自？"子路曰："自孔氏。"曰："是知其不可而为之者与？"

【语译】

子路在石门住宿，清晨进城，守门人问："从哪里来？"子路说："从孔氏那里来。"守门人说："是那位明知做不到却一定要去做的人吗？"

【解读】

这里通过子路与别人的对话，反映出孔子在世人眼中的形象，这个形象有些悲壮，更有些勇猛，叫"知其不可而为之者"，简单说就是明知山有虎，偏向虎山行。石门是一个地方，是鲁国的外门，早晨负责守门的人应当是一个隐者，知道这个世道是没有机会推行自己的想法的,所以隐世不出,知其不可为而不为,这也是贤达的人。但是比起孔子的知其不可为而为之,显然要少一些担当,孔子是觉得没有不可为的时候,不论穷达,都要讲下学上达,都要讲修行仁德。

14.39　子击磬于卫,有荷蒉而过孔氏之门者,曰:"有心哉,击磬乎!"既而曰:"鄙哉,硁硁乎!莫己知也,斯己而已矣。深则厉,浅则揭。"子曰:"果哉!末之难矣。"

【语译】

孔子在卫国敲击磬,有一个挑着草筐的人经过孔子的门前,说:"有心事吧,所以敲击磬。"听了一会又说:"鄙陋啊,僵硬的样子;没人理解自己,自我宣泄罢了。水深就垫块石头走过去,水浅就提起衣襟蹚过去。"孔子曰:"确实如此。我没有什么可以责备的。"

【解读】

这一段讲了发生在孔子身上的"闻弦歌而知雅意"的故事。我们知道,孔子在卫国的时候并没有受到重用,但是孔子又时刻心忧天下,在平常的音乐演奏中自然而然就流露出这种关怀天下的心情,而荷蒉之人应当也是一个隐士,不但懂音乐,而且懂孔子的心思,所以他才能闻弦歌而知雅意,说出孔子有心事。孔子的心事是什么呢?就是"莫己知也,斯己而已矣",是感到这个世道没有人理解自己的道,只有自己一个人宣泄一下。而荷蒉之人对此看法不同,他认为孔子只知道自己的理想,而没有理解社会环境,在荷蒉之人看来,在这样的世道里立身行事,就应当是"深则厉,浅则揭",也就是"沧浪之水清兮,可以濯我缨;沧浪之水浊兮,可以濯我足"。应时沉浮,不用那么固执。孔子虽然在行为上不能认可荷蒉之人这样的处世之道,但是也肯定了他的想法并不是错误的,所以他说"果哉!末之难矣"。

击磬图

14.40 子张曰:"《书》云:'高宗谅阴,三年不言。'何谓也?"子曰:"何必高宗,古之人皆然。君薨,百官总己以听于冢宰三年。"

【语译】

子张说:"《尚书》说:'殷高宗守孝,住在凶庐,三年不说话。'什么意思呢?"孔子说:"何必说高宗,古代的人都是这样。国君死了,君王三年不问朝政,官员都听命于宰相。"

【解读】

这一段里通过孔子答子张问来阐明君王之家的居丧之礼。核心意思就是丧礼最大,不管是天子还是庶人,都要守三年之孝。子张引用《尚书》里关于高宗武丁三年不言的记载,询问孔子为什么会这样。孔子没有解释原因,这是孔子一贯的风格,对于正常、正当的事情,从来都是径直告诉你怎么做,不会去罗列理由。孔子说"何必高宗,古之人皆然",其实不是"古之人皆然",而是守礼之人皆然。天子、国君都是日理万机的,他们三年居丧,天下岂不乱套了吗?孔子说不会这样的,因为他们居丧的时候"百官总己以听于冢宰三年",有大臣代行管理职责,不会乱套。

14.41 子曰:"上好礼,则民易使也。"

【语译】

孔子说:"在上位的人如果喜好礼仪,那么百姓就容易役使。"

【解读】

这里孔子阐释了一个很重要的管理原则:"上好礼,则民易使也。"居上位的人,处在管理者位置的人懂得礼,喜欢礼,一举一动都遵礼,那么上行下效,老百姓也就容易遵守礼,老百姓遵守礼不就是听话吗?不就好使唤了吗?孔子对于有引导作用的上一阶层的人要求很高,因为这些人起到了引领社会风气的作用,马虎不得。其实这是古今中外都不例外的一个现象,上层社会尤其是统治者的作为是风向标,是全国上下学习的方向。

14.42 子路问君子。子曰:"修己以敬。"曰:"如斯而已乎?"曰:"修己以安人。"曰:"如斯而已乎?"曰:"修己以安百姓。修己以安百姓,尧舜其犹病诸?"

【语译】

子路请问怎样做君子。孔子说："修养自己，保持严肃恭敬的态度。"子路说："这样就可以了吗？"孔子说："修养自己，使周围的人安乐。"子路说："这样就可以了吗？"孔子说："修养自己，使百姓安乐。修养自己，使百姓安乐，尧舜大概也没有完全做到！"

【解读】

这一段里孔子说明了君子的目标追求，在子路的一路追问下，孔子把目标的三个层次都说了出来。第一个层次是"修己以敬"，修持自己的恭敬之心，对天地自然要有所敬畏，对人性道义要有所敬畏，不敢胡作非为，言谈举止都要据仁守礼。第一个层次还是独善其身，子路觉得不解馋，接着追问老师："如斯而已乎？"于是，孔子接着说出了第二个层次，叫"修己以安人"，修己以敬之后，自己已经能有恭敬之心了，然后要做的就是推己及人，自己能守礼，还能给别人带来好处，能够安人，修己安人也成为儒家入世的一般目标，要自己安泰也要别人安泰，自己富有了也要带动别人富有起来。子路还是觉得不够，问孔子：还有没有更君子的呢？孔子说，修己安人已经是很不错了的，尧舜禹汤也不过如此啊，所以第三个层次在核心思想上和第二个层次是一样的，都是让自己好也要让别人好，不过范围有所扩展，叫"修己以安百姓"，修己安人的主体，位置更高一些，是国君、天子一类的人物，是高层管理者；所以修己安人的对象也更广泛一些，是天下所有的老百姓，是公司所有的员工。

14.43 原壤夷俟。子曰："幼而不孙弟，长而无述焉，老而不死，是为贼。"以杖叩其胫。

【语译】

原壤两腿叉开坐着等待孔子。孔子说："年少时不爱护兄弟，年长时毫无可称赞的成就，年纪老了还不死，这就是个贼。"说完，用手杖敲他的小腿。

【解读】

这里讲述了孔子拜访一个叫原壤的人时发生的事情，从而阐释了孔子的人生态度。孔子的一生他自己已经概括过了："十有五而志于学，三十而立，四十而不惑，五十而知天命，六十而耳顺，七十而从心所欲不逾矩。"他的一生都很规矩，很有节奏，做得很到位了，是正面教材，我们应当向他学习，一生得按照这样的要求来做。这一段里孔子给我们树立了一个反面教材，告诉我们一生绝不能这么做，这个反面教材在年轻的时候是"幼而不孙弟"，从小就不尊老爱幼，长大一些也还是"长而无述焉"，不能学好前贤的学问，不能在继承的基础上有所发挥，等到老了还"老而不死"，一生什么也没有做却年迈苟活，孔子说这样的人就是一个贼子，让我们不要学这样的人。

14.44 阙党童子将命。或问之曰："益者与？"子曰："吾见其居于位也。见其与先生并行也。非求益者也，欲速成者也。"

【语译】

阙党的一个小孩向孔子传达信息。有人问孔子："这孩子是追求上进吗？"孔子说："我看见他坐在成年人的位置上，看见他与长辈并肩而行。不是追求上进的人，只是急于求成的人。"

【解读】

这里通过对一个童子的评论，阐明了孔子对于孩子教育问题的观点。童子不是我们今天所说的儿童，而是没有行冠礼（相当于成人礼）的都叫童子。乡里有一个童子作为传递信息的人被派来给孔子传递信息，可以看出，这个童子还是挺让人信任的，办事机敏。于是有的人就问孔子："益者与？"这个孩子是不是很上进啊？孔子可不这么看，因为他看到过这个孩子逾礼的行为，比如"见其居于位也。见其与先生并行也"，坐座位的时候、走路的时候敢跟长者平起平坐，这就是倨傲而不是求上进了，所以孔子说，这样的孩子是"非求益者也，欲速成者也"，是急于出风头、急于有成就的人，不是真正的追求上进。

卫灵公第十五

15.1 卫灵公问陈于孔子。孔子对曰:"俎豆之事,则尝闻之矣;军旅之事,未之学也。"明日遂行。

【语译】

卫灵公向孔子请教治军之法。孔子回答:"礼仪的事情,曾经听到过;军队的事情,还没有学习过。"第二天便离开了。

【解读】

这一段里通过孔子与卫灵公的答对,反映出孔子对待战争的态度。前面已经提到过了,卫灵公是一个无道之君,但是还算懂得用人之道,卫国的贤人都被他安排到恰当的岗位上,所以卫国还能运转得很正常。孔子所处的春秋时代战争很频繁,所以像卫灵公这样的无道之君,心里也想着打仗的事情,他也向孔子请教派兵列阵的学问。孔子推说他没有学过这方面的学问。卫灵公问得出这样的问题,让孔子看出他不是什么明君,所以随后孔子就离开了。"豆"字的甲骨文写作 豆,画的是一个高脚的器皿,古代用来装祭祀用的肉或者食品,孔子说"俎豆之事,则尝闻之矣",就是用礼器"俎豆"来指代关于礼的学问,这种学问孔子是学习过的,而

灵公问陈图

"军旅之事,未之学也",关于行军打仗的事情则没有学习过,孔子真的没有学过吗?应该不是没学过,而是孔子觉得军旅之事不是一个国君应该把握的根本,国君应该把握的根本是礼,应当努力克己复礼。

15.2 在陈绝粮,从者病,莫能兴。子路愠见曰:"君子亦有穷乎?" 子曰:"君子固穷,小人穷斯滥矣。"

【语译】

孔子师徒在陈国断绝了粮食,跟随的人也都饿病了,不能起来。子路生气地来见孔子,说:"君子也有困穷的时候吗?"孔子道:"君子虽然穷困,但是能坚持住,小人一穷困就无所不为了。"

【解读】

这里讲了孔子在陈蔡之间那段最困难的日子里发生的事情,通过孔子和弟子的答对,阐明了孔子对待穷困的态度。这段时间粮食吃光了,追随的弟子也生病起不来了,子路于是沉不住气了,跑去跟孔子抱怨:"君子亦有穷乎?"意思是老师您给我们说的理想倒是挺高尚的,可是我们现在连饭都吃不上,病也看不起,这就是听您的话做君子的代价吗?孔子说这个当然不是做君子的代价,反而是考验君子的时刻,因为"君子固穷,小人穷斯滥矣",君子能安于穷困,而小人则会在穷困中失去气节,丢失掉应有的原则。

在陈绝粮图

我们前面提到过颜回的安贫乐道,"一箪食,一瓢饮,在陋巷,人不堪其忧,回也不改其乐",颜回为什么能安于贫穷,对财富没有追求?因为他内心的道给予他远远超越财富的喜悦。芸芸众生,大多为名为利,随风漂泊,内心是相当空虚的。有事情忙起来的时候不觉得,但是闲下来却不能忍受,可见清福不是人人可享的啊!这里是由子路的问话岔开的话题,现在回过来再看看这对话,人在穷途末路时不仅要能忍受物质上的贫乏,还要能忍受前途的遥遥无期,可见圣人的力量!"天何言哉,四时行焉,百物生焉,天何言哉!"一股贯通天地的浩然正气!

15.3 子曰:"赐也,女以予为多学而识之者?"对曰:"然,非与?"曰:"非也,予一以贯之。"

【语译】

孔子说:"赐!你认为我是努力学习又能记得住的人吗?"子贡回答:"是呀,难道不对吗?"孔子说:"不是的,我只是有一个基本观念来贯穿它。"

【解读】

这里孔子和他心爱的弟子子贡讨论怎么学习的问题。通过这段对话,我们发现,其实是孔子觉得他心爱的弟子误解了他,孔子问子贡是不是这样看老师的:"以予为多学而识之者。"子贡是不是认为孔子博闻强记呢?当然是的,就像我们现在的学生一样,对老师很崇拜,老师本身又是那么才华横溢,当然会觉得老师博闻强记了。不过孔子还是告诉子路:"非也,予一以贯之。"孔子承认自己并不是博闻强记,而是"一以贯之",以什么来贯穿呢?就是以仁来统贯天地之道、人伦之道,统贯自己所有的学问。

15.4 子曰:"由!知德者鲜矣。"

【语译】

孔子说:"由!懂得德的人很少了。"

【解读】

这里孔子再次对着自己最忠实的弟子子路发出世道暗淡的感叹,说"知德者鲜矣",知道仁德的人都很少了,更何况能身体力行仁德的人呢?整个一个末法时代,礼崩乐坏,乱成一团糟了。正因为世道暗淡,所以孔子才需要站出来清整古代文献,提倡恢复周礼,倡导仁心仁德,他这么做,在当时有现实意义。

15.5 子曰:"无为而治者其舜也与?夫何为哉?恭己正南面而已矣。"

【语译】

孔子说:"不妄为但是使天下太平的人大概只有舜吧?他做了什么呢?端正自己做帝王罢了。"

【解读】

这里孔子又一次说明了为政的根本,也就是为政的最高境界。为政的根本不是自己要去做什么,而是自己什么也不做。我们现代的管理者可能会想:这个太简单了,自己什么也不做,派下面的小兵去干活,把自己的想法实现就好了,是不是这样呢?其实还不是这样的,在孔子看来,为政的根本是"无为",最高境界也是"无为",为政者自己不要作为,不要有私心私欲,然后做到"恭己正南面而已矣",就足够了,也就是前面《为政》篇里说的,"譬如北辰居其所而众星共之"。修齐治平,最重要最基础的是修身,为政者治理的最高境界是无为,无为的背后就是对自己的修持,"君子求诸己,小人求诸人",关注自己内在的修养,是为人为政的必修方法。

15.6 子张问行。子曰:"言忠信,行笃敬,虽蛮貊之邦,行矣。言不忠信,行不笃敬,虽州里,行乎哉?立则见其参于前也,在舆则见其倚于衡也,夫然后行。"子张书诸绅。

【语译】

子张请教如何才能让自己通达。孔子说:"言语要忠实诚信,行为要忠厚恭敬,纵使到了南蛮北狄之地,也是能够通达的。言语不忠实诚信,行为不忠厚恭敬,即使在本乡,能够通达吗?站立的时候,就看见忠信笃敬仿佛就在面前;坐车的时候,看见它仿佛就在前面的横木上,这样就可以通达了。"子张把这些话记录在束腰的大带上。

【解读】

这里孔子通过回答子张的问话,阐明了自己关于怎样才能通达的看法。在孔子看来,能够通达的根本在于心里有忠信,行为上能恪守恭敬而且讲信实。只要做到这些,不管在什么环境里,都能够通达;如果做不到这些,就是环境再好,也通达不了。这个道理其实也很浅显明白,就比如北京的交通,如果人人遵守交通规则,守礼,自然能够通畅;如果每个人都争先恐后,顶头堵死也不让路,道路桥梁架设得再高明仍免不了堵车。子张听到这番教诲后,很受教,把老师的教导写在他平时能够看到的位置,以便提醒自己,这也许就是我们后世标志牌最早的起源吧。

15.7 子曰:"直哉史鱼!邦有道,如矢;邦无道,如矢。君子哉蘧伯玉!邦有道,则仕;邦无道,则可卷而怀之。"

【语译】

孔子说:"好一个刚直的史鱼!政治清明,像箭一样一往无前;政治黑暗,也像箭一样一往无前。好一个君子蘧伯玉!政治清明就出来做官,政治昏乱就可以收敛才华隐藏起自己。"

【解读】

这一段里孔子又一次赞扬了卫国的两位贤人。一个叫史鱼,是卫灵公的臣子,卫灵公是个荒唐的国君,宠爱男宠弥子瑕,疏远贤臣,史鱼对这种情况很担忧,反复劝谏,但卫灵公就是不听。最后史鱼临终的时候告诉子女说:"我生前不能匡正君王,那死后也没脸按照正式的丧礼处置,把我的尸体放在窗子下面就可以了。"卫灵公去吊唁史鱼的时候发现尸体放在窗子下,这么轻慢,就责问史鱼的子女,史鱼的子女把史鱼临终的这些嘱咐汇报给了卫灵公,卫灵公感动了,听从了史鱼的建议。这就是史鱼,不管国家政治清明不清明,都是一根直肠子,一定要尽最大的力量去匡正社稷,孔子称赞他:"直哉史鱼!邦有道,如矢;邦无道,如矢。"另一个贤人叫蘧伯玉,这个人前面已经提到过了,孔子在卫国游学的时候没少去拜访他,孔子回国后蘧伯玉也派了使者去问候孔子。这个蘧伯玉和史鱼的性格有点差别,他是"邦有道,则仕;邦无道,则可卷而怀之",有点穷不失义、达不离道的意思。

15.8 子曰:"可与言而不与之言,失人;不可与言而与之言,失言。智者不失人,亦不失言。"

【语译】

孔子说:"可以与他交流却不交流,这叫错过人才;不可以同他交流却偏要交流,这叫浪费口舌。有智慧的人不错过人才,也不浪费口舌。"

【解读】

这里孔子提到了一个为人处世的原则。说话不仅要看准时机，还要看对人。每个人的天资禀赋不同，生活环境不同，对世界的理解也不一样，所以人与人之间并不是总能顺利沟通、没有障碍。一个有智慧的人，他一定分得清楚什么样的人可以交谈、分享的，而什么样的人有些道理和理念是不能说的。

15.9 子曰："志士仁人，无求生以害仁，有杀身以成仁。"

【语译】

孔子说："志士仁人，不因为贪生怕死而损害仁德，只会牺牲自我来成全仁德。"

【解读】

这里提到一句很有名的话叫"无求生以害仁，有杀身以成仁"，这句话成为后世儒家鼓励大家坚持信念、宁死不屈的精神支柱。儒家认为道重于势，仁德这种精神比什么都重要，比皇权更有力量，比暴力更有力量，但落到每一个个体身上时，暴力能要你的命，让你的肉体生命受到戕害，这个时候精神力量并不能帮助你制服暴力，这个时候就需要杀身成仁的勇敢，摒弃求生害仁的欲望。

15.10 子贡问为仁。子曰："工欲善其事，必先利其器。居是邦也，事其大夫之贤者，友其士之仁者。"

【语译】

子贡请教怎样能做到仁。孔子说："工匠要想做好他的工作，必定先要使工具锋利。我们居住在这个国家，就要侍奉那些大夫中的贤人，与士人中的仁人为友。"

【解读】

这里孔子为子贡解释了怎样做到仁，从做到仁的基础条件开始讨论。在孔子的观念里有一个基本的道理，这个道理直到今天我们还经常引用，也是我们做很多事情时自然而然用得到的道理，这个道理就是，"工欲善其事，必先利其器"，要想做好一件事情，工具先得准备好了，也就是"没有金刚钻别揽瓷器活儿"的意思。那么为仁的基本条件是什么呢？为仁的基本条件是："事其大夫之贤者，友其士之仁者",也就是"友直,友谅,友多闻",自己想要成为一个仁德之人,就得努力往仁人堆儿里扎,总跟小人混到一块儿,显然很难成为仁德之人。我们同时要注意到子贡这个人的特点,子贡是不拘一格的性格,又多才多艺,所以季氏用他做总管,子贡也能把总管工作干得很好,性格上的率性而不拘一格,导致子贡和各色人等都交往密切,也许这才是孔子说这番话告诫他的原因吧。

15.11 颜渊问为邦。子曰:"行夏之时,乘殷之辂,服周之冕,乐则韶舞。放郑声,远佞人。郑声淫,佞人殆。"

【语译】

颜渊请教如何治理国家。孔子说:"使用夏朝的历法,乘坐殷朝的车子,戴着周朝的礼帽,音乐用舜时的韶舞。禁止郑国的乐曲,远离谄媚小人。郑国的乐曲淫秽,谄媚的小人危险。"

【解读】

这里通过孔子回答颜渊的问话,解说了"为邦"之道,也就是治国的方略。颜回很少问这么具体的问题,他是孔门德行科的第一名,一般都问道德问题、哲学问题,这一次是例外,正因为如此,我们也可以看出孔子的回答中多了一些唯美的色彩,预留了一些理想主义者可以想象的空间。孔子说:"行夏之时,乘殷之辂,服周之冕,乐则韶舞。放郑声,远佞人。"全国用的是夏代的历法,我们今天农历还是用的夏历,可见这个历法是很高明的,古代的历法主要是用来指导农业生产的,用夏代的历法就表示不会误导农事,就能保证五谷丰登。乘坐的是商代的车子,孔子很欣赏商代的车子,具体什么原因有很多说法,一般认为这是孔子通过对商代车子的欣赏来表达他对商代民风的一种向往,商代的民风朴实,乘坐商代的车子就是表达民风朴实、不要浮夸奢华的意思。穿戴的是周代的帽子,服饰帽子是文明装饰,是礼仪文化的外在表现,孔子最欣赏的就是周礼了,当然要用周代的帽子。音乐要用舜那个时候用过的韶乐,韶乐具体如何呢?今天估计是再也听不到了,不过可以肯定的是,韶乐一定很高雅、很正经。后面还有两条是要规避、要禁止的内容,要断绝靡靡之音和谄佞之言,社会风气要高雅向上。我们看看,孔子的这一番回答勾勒了一个理想的世界。或许也只在回答颜回关于为邦的问题时,孔子才能这样理想主义吧。

15.12　子曰:"人无远虑,必有近忧。"

【语译】

孔子说:"人没有长远的考虑,必定会有眼前的忧患。"

【解读】

这里孔子又说了一句我们今天耳熟能详的格言:人无远虑,必有近忧。这句话讲得太对了,它也可以反过来说:"人有近忧,必无远虑。"如果一个人每天都反思自己,有忧患意识,那肯定不会有大的灾祸。

15.13　子曰:"已矣乎!吾未见好德如好色者也。"

【语译】

孔子说:"完了吧!我从没见过喜欢美德像喜欢美貌一样的人。"

【解读】

这里孔子再次强调了"德"重于"色"的道理,这个道理在之前的章节已经详细解释过,这里就不再解释了。前面《子罕》篇的说法比这里少了"已矣乎"三个字,这是一种加重语气的感叹词,是孔子看到好色危害好德的现象很普遍之后的感叹。

15.14　子曰:"臧文仲其窃位者与!知柳下惠之贤而不与立也。"

【语译】

孔子说:"臧文仲不是个称职的人吧,知道柳下惠贤良,却不让他为官。"

【解读】

这里孔子点评了臧文仲、柳下惠两个人,臧文仲是政坛不倒翁,经历了四代国君,都安稳地做着辅弼重臣,不过孔子对他评价不高。孔子之所以看不上臧文仲,其中一个很重要的原因就是因为臧文仲没有起用柳下惠。柳下惠这个人现在成了"坐怀不乱"的代名词,历史上真有其人,这个人是鲁国王室的后裔,"柳下"是他管理的那个地方,"惠"是他的谥号。虽然文献中关于柳下惠事迹的记载并不是很多,但是《左传》《国语》《论语》对柳下惠的基本评价是一致的,都认为这个人有才华,而且道德高尚,能坚持自己高洁的志向而不向歪风邪气低头让步,所以才有藏文仲不任用柳下惠这一回事,即"藏文仲其窃位者与！知柳下惠之贤而不与立也"。在孔子看来,一个为政者,自己要有治国的本事,还要能选贤任能,只有这样才能治理好国家。

15.15　子曰:"躬自厚而薄责于人,则远怨矣。"

【语译】

孔子说:"对自己要求严格,而对别人少责备,那么就能远离怨恨。"

【解读】

"躬"就是反躬自问的意思,"自厚"是对自己要求严格。儒家的学问是用来审视自己的,所谓"君子求诸己",有问题先反省自己有没有过错。与人相处如果时刻盯着别人的错误,却不反省自己,很容易生出怨恨的心。

15.16　子曰:"不曰'如之何,如之何'者,吾末如之何也已矣。"

【语译】

孔子说:"不想想'怎么办,怎么办'的人,对这种人我也不知道他能怎么办呢。"

【解读】

这里孔子说明了谨慎谋事的道理,"如之何,如之何"是深思熟虑之后审慎处置的意思,这种处事态度是孔子提倡的,反之,如果一个人从来也不"如之何,如之何",做事不思考清楚就草率行动,别人也没有办法帮你。

15.17　子曰:"群居终日,言不及义,好行小慧,难矣哉！"

【语译】

孔子说:"大家整天待在一起,谈话不提及道义,又喜欢卖弄小聪明,很难教导啊！"

【解读】

这里孔子讲了小聪明的人很难教育,"言不及义"就是谈论的问题跟仁德沾不上边,这样一来就会滋生散漫、歪邪、奢靡的心思,而这些心思和仁德之心是对立的。"好行小慧"就是喜欢耍小聪明，这种人的头脑是灵活的，但是耍小聪明的后果就是"行险侥幸之机熟"，使人养成了投机冒险侥幸的心理。这样的人走的不是正道，不能按照仁德的大道来约束自己行为，可不是很难教导嘛。

15.18 子曰："君子义以为质，礼以行之，逊以出之，信以成之。君子哉！"

【语译】

孔子说："君子做事情，首先必须要符合道义，用礼来约束，用谦逊的言语说出来，用诚信的态度来完成。这才是君子啊！"

【解读】

这里孔子讲了作为一个君子、一个知识分子，应该具备的四种品质：义、礼、逊、信。从本质上来讲，义是最重要的。"义"就是合宜，孟子说"义者宜也"。但是只有本质的"义"未免太过朴野，还要有教养，要学习礼仪，以"礼"来约束自己。"逊"就是谦虚的意思，态度谦虚、不自满，对人对事还要言而有"信"。具备了这四个条件，就是合格的君子。

15.19 子曰："君子病无能焉，不病人之不己知也。"

【语译】

孔子说："君子惭愧自己没有能力，不怨恨别人不了解自己。"

【解读】

这一段的内容也提到过好几次了，孔子一贯的观点是不要担心自己不被人知道，而只会担忧自己没有本事。

15.20 子曰："君子疾没世而名不称焉。"

【语译】

孔子说："君子担心死后声名不被人称赞。"

【解读】

这里孔子又说了君子应当担忧的一件事情，这件事情就是没有留下好名声。儒家有三不朽：立德、立功、立言，《孝经》也开宗明义地要求人要扬名于后世，以显父母，都是在追求一种不朽。什么东西能不朽呢？肯定不是物质的东西，儒家的开山祖师爷孔子非常聪明，他选了仁德这项可以不朽的内容来作为儒家学说的核心，不断地教导门人弟子要时时警惕：人死之后，身体尽归尘土，而生前的仁德仁行、生前的功业、生前所做的文章、生前所发表的言论则会留存下来，如果不好好对待这些，就什么也留不下来，那是一件很可悲的事情。

15.21　子曰："君子求诸己，小人求诸人。"

【语译】

孔子说："君子要求自己，小人要求别人。"

【解读】

这里孔子再次把君子和小人进行对照，说明了君子和小人在归因方式上有差别，君子总是朝内归因，什么事情都首先考虑自己做得够不够好，对自己提出要求，什么事情都靠自己。而小人什么事情都首先朝外归因，总是抱怨别人做得不好、环境不好等等，是对外部条件提要求，什么事情都想依靠外人。

15.22　子曰："君子矜而不争，群而不党。"

【语译】

孔子说："君子庄重而不争斗，处众而不结党。"

【解读】

这里孔子还是把君子和小人进行对照，从一个人如何在人群中自立来判断他究竟是不是君子。如果能做到"矜而不争，群而不党"，就是君子。"矜"的意思是"庄以持己"，要庄重，把持住自己，言谈举止都守礼而有分寸，又没有桀骜不驯、争强好胜的心思，这就是"矜而不争"。"群"这个字，《说文解字》里说"辈也。从羊，君声"，"辈"的意思是一个团体，而含有"羊"这个字的汉字一般都与美好、善良相联系，"群"字的组成里也有一个"羊"字（古代这个"羊"写在"君"字的下面），所以这应该是基于美好、善良的一种团体，这叫群。而"党"是结党营私的意思，所以孔子说君子要"群而不党"，不结党营私、拉帮结派，但是能团结人，能与美好、善良的事物和人和谐相处。

15.23 子曰:"君子不以言举人,不以人废言。"

【语译】

孔子说:"君子不因为一句话而举荐一个人,也不因为这个人而鄙弃他的善言。"

【解读】

这里孔子讨论了识人问题,类似的内容在前面已经提到过了,孔子本来是相信别人的,相信每个人都是诚实的,都是说话算话的,不过孔子更看重行为。在孔子的学问中,言语和行为是一回事情,所以孔子说的与孔子做的是一致的,都是仁德。而这里孔子说"不以言举人,不以人废言",意思是不要从一个人的言谈来判定他这个人怎么样,还应该结合他的行为来综合考察。

15.24 子贡问曰:"有一言而可以终身行之者乎?"子曰:"其恕乎!己所不欲,勿施于人。"

【语译】

子贡问:"有没有一句话可以让我终身奉行吗?"孔子说:"那就是恕吧!自己不想要的,不要强加给别人。"

【解读】

这里孔子为子贡概括了可以终身奉行的原则:恕。恕的意思就是要推己及人,这样一推就可以达到无穷无尽了,所以才可以终身奉行。前面我们讲曾子"一以贯之"一段时提到过"忠恕",可见恕在儒家学问中有很重的分量。在现实生活中,我们总是要求别人不犯错,对于自己的错误却会找来很多理由,为自己辩护。孔子之所以提出"恕"字作为我们一生奉行的准则,就是要求我们时刻以此字反省自己,推己及人,自我修持。

15.25 子曰:"吾之于人也,谁毁谁誉?如有所誉者,其有所试矣。斯民也,三代之所以直道而行也。"

【语译】

孔子说:"我对于别人,损毁了谁?赞美了谁?如果有我所赞誉的人,必然是曾经考验过的。所以夏商周三代能够直道而行。"

【解读】

　　这里孔子解释了他不赞誉他人也不毁谤他人的原则，因为"毁"是"称人之恶而损其真"，是宣扬别人的恶，同时也减损了他的真性情，减损了他本来还有的那一点点善念。而"誉"是"扬人之善而过其实"，赞誉别人是褒扬别人的善，而同时也是褒扬过度，把原本很正常的事情也当成善行来宣扬，这就言过其实了。而孔夫子不会做这种事情，孔子自己说："如有所誉者，其有所试矣。""有所试"就能避免犯"损其真""过其实"的错误，具体怎么个"有所试"法呢？那就是"斯民也，三代之所以直道而行也"，看看这个人是不是"直道而行"，会不会因为私心里的喜恶而歪曲事实。

　　除了不说人长短，自己面对毁誉能宠辱不惊，那也是需要大气魄的。人生在世，谁人背后不遭人评议，但若能做到"举世誉之而不加劝，举世非之而不加沮"这种毁誉不惊的气度，才称得上是大丈夫。

15.26　子曰："吾犹及史之阙文也。有马者借人乘之，今亡矣夫！"

【语译】

　　孔子说："我能够看到史书存疑的地方。有马的人先借给别人使用，这种事情今天已经没有了吧！"

【解读】

　　这段话不是很好理解，一般认为孔子说这句话是在慨叹世道变化之大。"吾犹及史之阙文也"说的应该是孔子心里还可以认可的世道，史书还有存疑的地方，不会胡乱篡改或者主观臆断。"有马者借人乘之"说的应该是孔子不能认可的世道，人都被私心私欲蒙蔽了，不能推己及人，不能以仁德待人。

15.27　子曰："巧言乱德。小不忍，则乱大谋。"

【语译】

　　孔子说："花言巧语能够败坏道德。小处不忍耐，便会败坏大的谋略。"

【解读】

　　这里有一句很多人都耳熟能详的话，叫"小不忍，则乱大谋"，这句话的意思本不难解，关键还是看忍什么、谋什么，忍的东西是小，是忍自己的私欲，谋的东西是大，是谋自己的仁德。

15.28 子曰："众恶之，必察焉；众好之，必察焉。"

【语译】

孔子说："大家都厌恶他，一定要考察原因；大家都喜爱他，也一定要考察原因。"

【解读】

这里孔子解释了如何对待社会舆论的问题。孔子是非常有智慧的，几千年前就指出了这个问题，可是即使到了今天，我们很多人仍然处理不好。"众恶之，必察焉"，现在我们做到了吗？假设我们周围所有人都说顶花带刺儿的黄瓜不能吃，说这个是用过避孕药的黄瓜，那么众人都很讨厌这个东西，是不是"必然察之"呢？并没有！很多人是盲目地选择了从众，选择了相信这个根本没有科学依据的流言。"众好之，必察焉"，这方面我们似乎也并没有按照孔子的教导行事，比如今天的很多娱乐信息，很多炒作，我们未必都能"必察之"，而是盲目追从。

15.29 子曰："人能弘道，非道弘人。"

【语译】

孔子说："人能够弘扬道，并不是用道来弘扬人。"

【解读】

孔子这句话非常有名，是后世儒门常用来鼓舞弟子不断完善自身修养的说辞。儒家是以人为本的学问，仁德的核心就是爱人、安人，让人感到爱，让人能安居乐业，而做这些事业的时候同样是以人为本，强调人的作用高于学问的作用，这就是"人能弘道，非道弘人"，人是最根本的，道是通过人来表现、施展的。

15.30 子曰："过而不改，是谓过矣。"

【语译】

孔子说："有过错却不改正，这才称作过错。"

【解读】

这里孔子讨论了过失的界定问题，怎样界定过失，孔子跟我们的思路不太一样,孔子认为:犯了错而不改正的才叫真正的错误;如果犯了错误而能改正,就不会再次犯错误,过失也就能避免了。如果错了还不肯改,接着还会犯错,过失就会不断放大。

15.31 子曰:"吾尝终日不食,终夜不寝,以思,无益,不如学也。"

【语译】

孔子说:"我曾经整天不吃,整夜不睡,去思考,但没有收获,还不如去学习。"

【解读】

这里孔子再次讨论"思"和"学"的关系问题,我们都知道孔子在这方面的另一名句"学而不思则罔,思而不学则殆",强调学、思并重。学、思都很重,那谁更重一点点呢?这里孔子回答了我们这个问题,他举了自己的一个例子来说明:"终日不食,终夜不寝,以思",一整天一整天地不吃、不睡,把时间全部用来思考问题,经过这么卖力的思考,孔子得出一个结论:"无益。"——没有什么增益的地方。所以孔子认为"不如学也",学习是基础,得在学习的基础上思考,才会有益。

学琴师襄图

15.32 子曰:"君子谋道不谋食。耕也,馁在其中矣;学也,禄在其中矣。君子忧道不忧贫。"

【语译】

孔子说:"君子致力于道,不致力于衣食。耕田,也会常常饿肚皮;学习,常常得到俸禄。君子担忧得不到道,而不担忧贫穷。"

【解读】

这里孔子阐述了他所认为的君子的根本追求,他认为君子的根本追求是道而

卫灵公第十五

不是生计,这就是"谋道不谋食"。君子的思路不会被眼前的东西所羁绊,君子也是要吃饭的,但是绝不会因为要吃饭就整日想着怎么种地种出吃的来。种地能出产粮食,然后就有饭吃了,这个思路也没有问题,是直线思维,但是这种直线思维也很害人,就拿我们现在提倡的节能环保来说,不就是过去近一百年来人类直线思维的后果吗?掠夺性的开发,朝自然要东西,很直接,也在一段时间里有效,但是长期效果非常恶劣。孔子在这方面也是专家,他认为君子应该有高远的志向,有长远的谋划,而不应该只谋划一口饭吃。如果心里只装着怎么吃饱饭的问题,那就会"耕也,馁在其中矣",反而会挨饿。反之,如果心里装着对大道的追求,然后去努力学习,则能"学也,禄在其中矣",学习好了,大道把握住了,俸禄自然就唾手可得。按照这个思路发展下去,孔子得出一个结论:"君子忧道不忧贫。"君子应该担忧自己有没有践行"道"了,而不是担忧自己贫穷不贫穷。

15.33 子曰:"知及之,仁不能守之,虽得之,必失之。知及之,仁能守之,不庄以莅之,则民不敬。知及之,仁能守之,庄以莅之,动之不以礼,未善也。"

【语译】

孔子说:"智慧足以得到它,如果仁德不能固守它,即使得到了,也必定会失去。智慧足以得到它,要用仁德去固守,如果不以严肃的态度治理百姓,百姓就不会恭敬你。智慧足以得到它,仁德能保持它,能用严肃的态度治理百姓,如果不用礼来动员百姓,也是不好的。"

【解读】

这里孔子层层递进地阐释了治国的四个要点,这四个要点是:智、仁、庄、礼。"知及之"是说有聪明劲儿,知道怎么才能治理好国家,管理好老百姓,但是如果不能仁爱百姓,这也不能得到百姓的拥戴。"仁不能守之,虽得之,必失之",最后还是会失去百姓。如果智、仁都有了,是不是就可以治理好国家了呢?还不是,如果跟百姓相处时不庄重,百姓就不会尊敬你,也不能治理好国家,这就是"不庄以莅之,则民不敬"。如果智、仁、庄都做到了,而没能以礼来驱使老百姓,即"动之不以礼",也是"未善也",也不是仁德的做法,也算不得治理好了一个国家。

15.34 子曰:"君子不可小知而可大受也,小人不可大受而可小知也。"

【语译】

孔子道:"君子不可用小事考察,却可以委以重任;小人不可以委以重任,却可用小事考察。"

【解读】

这里孔子从"小""大"的差别上讲述了如何区别君子和小人。君子追求仁德,讲求爱人,有担当意识,所以可以"大受",能够接受大的任务、大的责任,同时正因为君子要承担这样的重任,所以君子不能是"小知",不能只有做小事情时表现出来的小聪明,要有承担大责任时体现出的大智慧,这就是"君子不可小知而可大受也"。而小人则不同,小人被私欲所控制,委托小人以重任时一定要小心谨慎,因为往往"小人不可大受",不足以承担大的责任,同时小人在小事情上常常显示出小聪明,可以从这方面来考察他,即"可小知也"。

15.35 子曰:"民之于仁也,甚于水火。水火,吾见蹈而死者矣,未见蹈仁而死者也。"

【语译】

孔子说:"百姓渴望仁德,超过需要水火。我见过跳到水火里而死的人,却从没有看见践行仁德而死的人。"

【解读】

这里孔子再次通过对比老百姓对仁德的需求和对水火的需求,阐明仁德的重要性。老百姓需要水、火,因为这两件东西是生活必需品,不能缺少,但是对于仁德的渴求比对水火的渴求更加迫切。因为特别渴望这个东西,就会去追求它,走得太过了,走到水、火里面去了,就会被淹死、烧死,但是仁德不会这样,孔子从来没有见到过"蹈仁而死者",追求仁德不会死人。从另外一个角度来看,孔子这里何尝不是在阐述一种治理原则呢?老百姓渴望仁德的治理,比对生活必需品水、火的渴望更甚,为政者给老百姓水、火,满足他们的生活需求,给太多了还会发生淹死、烧死的不幸事件,但是为政者如果给出的是仁德,给得再多也不会有问题,"未见蹈仁而死者也"。

15.36 子曰:"当仁,不让于师。"

【语译】

孔子说:"面临仁德,不谦让于老师。"

【解读】

这里孔子通过对师徒关系的解读,再次强调了仁德的重要性,当面临仁德这样的大是大非问题时,学生不必跟老师客气,应该跟老师一样争先恐后地做仁德的事情,还有一层意思是:学生对于老师做的不符合仁的地方,要敢于提出来,这就是"当仁,不让于师"。由此我们可以看出,孔子的教育并不是专制,任何人的行为不符合仁德的要求都是不可以的。成语"当仁不让"就是从这里出来的,意思就是应当做的事情(仁德)就要积极主动,勇敢承担,不要推让。

15.37　子曰:"君子贞而不谅。"

【语译】

孔子说:"君子坚守正道,却不讲小信。"

【解读】

这里孔子解释了君子的品质特征,"贞"的本义是"卜问也",占卜在古代是国家大事,后来贞又衍生出"正"的含义,《周易》里乾卦的卦辞说"元亨利贞",其中贞被解释为"贞者,事之干也",朱熹把"贞"解释为"正"。"谅"的本义是信,是讲信实的意思,孔子还说过益者三友中有一种就是"友谅",与讲信实的人交朋友。本来贞和谅都是好的品质,而这里要君子"贞而不谅",要求"贞"好理解,为什么要"不谅"(不讲信实)呢?其实这里应该合在一起来看,如果是为了"贞",就不用固执地"谅",为人要正直、走正道,而不是僵化地说话算话而已。

15.38　子曰:"事君,敬其事而后其食。"

【语译】

孔子说:"侍奉君主,认真做事而后才会考虑俸禄。"

【解读】

这里孔子讲述了事君之道,前面孔子已经讲到过臣事君的基本原则是忠,君待臣的基本原则是礼,这里就具体怎么做进一步展开。忠的表现之一就是"敬其事而后其食",尽力办事而不以食禄为先,这就是君子儒的风范。这句话对现在的年轻人尤其适用,做一件事情,如果能先考虑自己能否做好,而不是计较待遇问题,勤恳踏实,往往容易成功。

15.39 子曰:"有教无类。"

【语译】

孔子说:"每个人我都教,没有贫富、地位、愚痴等的差别。"

【解读】

孔子的这句话广为人知,当然这也是儒家教育的基本原则,至今被当成教育的基本原则来运用。"有教无类"的"类",意思是种类,比如说把受教育的对象分成聪明的、傻笨的、富贵的、穷困的,等等,这些区分都是后来加上去的,在本性层面上所有受教育对象都是平等的。只有教诲而不区分种类,意思是恶人可以教导他向善,而善人则可以教导他更善,教育总是有施用的空间,这样才符合儒家"泛爱众而亲仁"的道理。

孔子讲学图

15.40 子曰:"道不同,不相为谋。"

【语译】

孔子说:"道不相同,不互相商议。"

【解读】

这句话也非常有名,至今常常被人们引用,意思也很明确了,不用多做解释,孔子本人也是这么做的。

15.41 子曰:"辞达而已矣。"

【语译】

孔子说:"言辞能够达意就可以了。"

【解读】

这里孔子谈及言辞表达方面的观点,认为说话、作文,只要能确切地表达意思就够了,不必使用烦琐的文辞。"辞达而已矣"应该说是一个基本要求,是言辞表达的核心,首先必须要保证达到这一效果后再去追求其他的表达效果,比如说雅致等高一级的要求。

15.42 师冕见,及阶,子曰:"阶也。"及席,子曰:"席也。"皆坐,子告之曰:"某在斯,某在斯。"师冕出。子张问曰:"与师言之道与?"子曰:"然;固相师之道也。"

【语译】

师冕见孔子,走到台阶边,孔子说:"这是阶沿。"走到座席旁,孔子说:"这是座席。"都坐定了,孔子告诉他说:"某人在这里,某人在这里。"师冕出来。子张问孔子:"这是同盲人讲话的方法吗?"孔子说:"是的,这本来是帮助盲人的方法。"

【解读】

这里通过记述孔子与盲人乐师的交往过程,来展现孔子以仁德待人的待人原则。师冕是鲁国的一位盲人乐师,他来拜会孔子,因为师冕眼睛看不见,所以孔子就引导他走路,给他指引:"及阶,子曰:'阶也。'及席,子曰:'席也。'"记录的是孔子给师冕引路的过程。随后大家都坐下来了,要开始交流、说话了,孔子又给师冕介绍了在场都有哪些人,让师冕知道适合怎么交流。"皆坐,子告之曰:'某在斯,某在斯。'"记录的是孔子对在场诸人的一番介绍。会谈结束后,孔子的学生子张问他的老师,这种对待师冕的方式可不可以推广,孔子说"固相师之道也",这就是与盲人交往的道,这种道既包含了指引,也包含了尊重。在古代因为非常重视礼乐文化,所以乐师是很重要的官职,孔子这里除了对乐师本人的尊重,还表现出对礼乐文化教育的重视。

季氏第十六

16.1 季氏将伐颛臾。冉有、季路见于孔子曰:"季氏将有事于颛臾。"孔子曰:"求!无乃尔是过与?夫颛臾,昔者先王以为东蒙主,且在邦域之中矣,是社稷之臣也。何以伐为?"冉有曰:"夫子欲之,吾二臣者皆不欲也。"孔子曰:"求!周任有言曰:'陈力就列,不能者止。'危而不持,颠而不扶,则将焉用彼相矣?且尔言过矣,虎兕出于柙,龟玉毁于椟中,是谁之过与?"冉有曰:"今夫颛臾,固而近于费。今不取,后世必为子孙忧。"孔子曰:"求!君子疾夫舍曰欲之而必为之辞。丘也闻有国有家者,不患寡而患不均,不患贫而患不安。盖均无贫,和无寡,安无倾。夫如是,故远人不服,则修文德以来之。既来之,则安之。今由与求也,相夫子,远人不服,而不能来也;邦分崩离析,而不能守也;而谋动干戈于邦内。吾恐季孙之忧,不在颛臾,而在萧墙之内也。"

【语译】

季氏准备讨伐颛臾。冉有、子路去见孔子,说:"季氏准备对颛臾采取军事行动。"孔子说:"冉求,这难道不是你的过错吗?颛臾,过去的君王曾经授权他主持东蒙山的祭祀,而且它的国家也在被封的疆土之中,是鲁国的属臣,为什么要去攻打呢?"冉有说:"季孙氏想这样做,我们两个人都不想这么做。"孔子说:"冉求!周任说过:'能够贡献自己的力量,就任职;不能就停止。'譬如遇到危险而不去扶持,摔倒了却不去搀扶,那又何必用助手呢?况且你的话说错了。老虎犀牛从圈里出来,龟壳美玉被毁坏在匣子里,是谁的责任呢?"冉有说:"现在的颛臾,城墙很坚牢,离季孙的采邑费地很近。如果现在不对它采取军事行动,以后一定会给子孙留下祸害。"孔子说："冉求！君子讨厌不说自己贪利却另找借口。我也听说过：治理国家的人不担心财富少而担心财富分配不均，不担忧人民少而担忧国内不安定。若是财富分配平均，便没有贫穷；境内平和，人丁便不会少；境内平安，便不会倾危。如此，则远方的人不归服，就修仁义德政吸引他们。既然来了，就使他们安心。如今仲由和冉求辅佐季孙，远方的人不归服，又不能招揽；国家分裂却守不住国家，反而想在国境内用兵。我担心季孙的忧患不在颛臾，而在国内啊。"

【解读】

这一段孔子和冉有在讨论鲁国重大的政治举措，从这场讨论中可以看出孔子的基本政治主张。讨论围绕"季氏将伐颛臾"这项政治举措展开，询问孔子的人是冉有、季路，冉有做季氏的家臣应该是在孔子回到鲁国前后，根据子路和冉有一块儿来询问孔子的情形来看，子路可能追随孔子回到鲁国，短暂地做过季氏的家臣，不久之后又回到卫国去了。孔子一听要对颛臾动武，首先就给这件事定了性：这个政治举措是不对的。孔子一贯反对兼并战争，反对不符合礼的讨伐，他认为颛臾是"昔者先王以为东蒙主，且在邦域之中矣，是社稷之臣也"，不可以讨伐。接下来冉有就解释了这项政治举措的来源："夫子欲之，吾二臣者皆不欲也。"是季氏想这么干，我和子路师兄都不想这么干，说的肯定是实情，季氏掌握鲁国政权不是一天两天了，肯定是他们说了算，冉有、子路都是给人打工的，说什么也没用。可是孔子不同意这种说辞，孔子认为士要有所担当，不能推卸自己以身任道的责任，他觉得冉有在这件事上有不可推卸的责任，主要有两点理由：其一，"周任有言曰：'陈力就列，不能者止。'危而不持，颠而不扶，则将焉用彼相矣？"出仕为官就是要承担责任，完全不作为那不是犯错了吗，那还要你出仕为官干吗？其二，"且尔言过矣，虎兕出于柙，龟玉毁于椟中，是谁之过与？"更何况这件事情本来就还没有超出你冉有的责任范围，你去做季氏的家臣不就是要帮助季氏多做好事、不干错事吗？现在季氏要干错事，你却说管不了，那你不是也犯了错误吗？冉有一看，把责任往季氏身上推说服不了老师，就改为就事论事，为"将伐颛臾"正名，这也正是孔子教给学生们的方法："名不正则言不顺，言不顺则事不成。"冉有的正名理由是：颛臾"固而近于费。今不取，后世必为子孙忧"。不过仍然不能说服孔子，孔子觉得这么正名不是真的正名，而是给自己找借口，叫"舍曰欲之而必为之辞"。孔子认为辅佐季氏的施政纲领应该遵循两条基本原则和两件主要的事情，两条基本原则是均和安，两件主要事情是服远民和守家邦，现在冉有、子路不做这两件事,反而帮着季氏谋划发动不义的战争,显然是错误的。

16.2 孔子曰:"天下有道,则礼乐征伐自天子出;天下无道,则礼乐征伐自诸侯出。自诸侯出,盖十世希不失矣;自大夫出,五世希不失矣;陪臣执国命,三世希不失矣。天下有道,则政不在大夫。天下有道,则庶人不议。"

【语译】

孔子说:"天下太平,那么礼乐和出兵都由天子发令;天下不太平,那么礼乐和出兵便由诸侯发令。由诸侯发令,大概传到十代就很少能继续了;由大夫发令,传到五代就很少能继续了;如果大夫的家臣把持国政,传到三代便很少能继续了。天下太平,那么政令便不会被大夫掌握。天下太平,那么百姓就不会有私议。"

【解读】

这里孔子声明了他所主张的政治秩序,这种政治秩序是以天子为核心的大一统格局,即"礼乐征伐自天子出",孔子认为这是"天下有道"的表现。孔子自己所处的春秋时代和他心目中的政治理想恰好相反,是"礼乐征伐自诸侯出"的"天下无道"格局。针对这种格局,孔子大胆预测,说"自诸侯出,盖十世希不失矣;自大夫出,五世希不失矣;陪臣执国命,三世希不失矣",政令被诸侯、卿大夫、陪臣掌握,都不是可以长久的事情,而且违背礼的程度越重,统治所能持续的时间就越短。

16.3 孔子曰:"禄之去公室五世矣,政逮于大夫四世矣,故夫三桓之子孙微矣。"

【语译】

孔子说:"国政离开鲁君已经五代了,政权被大夫掌握已经四代了,所以桓公的三房子孙也衰微了。"

【解读】

这里孔子解释了鲁国三大贵族的子孙为什么会越来越衰微,解释这件事情的理论依据还是上一章所说的,政权应该把握在天子手中,如果这个礼被违背,则违背的程度越深,统治所能持续的时间越短。前面孔子说了"自大夫出,五世希不失矣"，现在三桓是鲁国的大夫，他们执掌政权已经四世了，所以也快要到头了，子孙自然会衰微下去。

16.4 孔子曰："益者三友，损者三友。友直，友谅，友多闻，益矣。友便辟，友善柔，友便佞，损矣。"

【语译】

孔子说："好的朋友有三种，有害的朋友有三种。与正直的人交友，与诚实的人交友，与学识广博的人交友，就有好处。与谄媚的人交友，与善于迎合的人交友，与夸夸其谈的人交友，就有害处。"

【解读】

这里孔子讲了选择朋友的原则，从正反两个方面分别举了三个原则。正的方面是"益者三友"："友直"就可以知道自己的过失；"友谅"可以让自己诚实的品德更加精进；"友多闻"可以让自己更加明白事理。反的方面是"损者三友"："友便辟"的便辟是熟悉威仪而不正直，这就会丧失原则而犯错误，也就是不要和假正经的人交朋友；"友善柔"的善柔是善于谄媚、取悦于人却不诚实，这样就会危害到诚实的品德；"友便佞"的便佞是"习于口语而无闻见之实"，这样就会让人成了言语的巨人、行动的矮子，更是不可取的。

16.5 孔子曰："益者三乐，损者三乐。乐节礼乐，乐道人之善，乐多贤友，益矣。乐骄乐，乐佚游，乐宴乐，损矣。"

【语译】

孔子说："有益的快乐有三种，有害的快乐有三种。以礼乐节制为快乐，以彰显别人的善德为快乐，以结交贤德的朋友为快乐，就有益。以骄傲纵情为快乐，以放纵游荡为快乐，以饮食宴乐为快乐，就有害。"

【解读】

这里孔子讲了选择快乐的原则，从正反两个方面分别举了三个原则。正的方面是"节礼乐""道人之善""多贤友"。其中"节礼乐"又是最需要注意的，因为礼乐是最容易让人快乐，也最容易偏离它本来的正道，所以要节，要"辨其制度

声容之节",也就是分辨出哪些乐符合礼,哪些不符合礼。反的方面是"乐骄乐""乐佚游""乐晏乐",

伯牙鼓琴图

这三者都是不符合礼的,都不符合"制度声容之节"。其中"骄乐"是侈靡放肆而不知节制,"佚游"是懒惰怠慢而讨厌听闻善念,"宴乐"是荒淫沉溺而亲近小人,所以这三者都是无益的快乐,君子应当摒弃。

16.6 孔子曰:"侍于君子有三愆:言未及之而言谓之躁,言及之而不言谓之隐,未见颜色而言谓之瞽。"

【语译】

孔子说:"侍奉君子有三种过失:还没轮到说话的时候就说,叫急躁;该说话的时候却不说,叫隐瞒;不能察言观色便说话,叫盲目。"

【解读】

这里孔子讨论了君子的说话艺术,孔子用了"负"的方法来谈论这个问题,从不好的说话艺术来反证君子应该提倡的说话艺术。不当说的时候说、该说的时候不说、不察言观色就开说都是不好的说话方式,归根结底,君子的说话艺术有一个原则,"时,然后言",看准时机,当说再说。

16.7 孔子曰:"君子有三戒:少之时,血气未定,戒之在色;及其壮也,血气方刚,戒之在斗;及其老也,血气既衰,戒之在得。"

【语译】

孔子说:"君子有三件事情应该引以为戒:年轻的时候,血气未定,要戒迷恋女色;壮年时血气旺盛,要戒争斗;年老时血气衰弱,要戒贪欲太多。"

【解读】

这一段孔子根据人生的三个不同阶段身体气血的特点,提出养生的基本原则。少年时候，血气还没有平稳，要戒色，也就是要戒房事，这个阶段的养生重点在于保精。壮年的时候，血气方刚，要戒斗，不要争强好胜，不要动不动就发怒，因为发怒容易伤肝，所以壮年以后要注意养肝。按照《黄帝内经》的说法，中年五脏气血衰落就是从肝开始的。老年的时候，血气开始衰落，要戒贪得无厌，就是要控制心里的欲望，要注重养心。《黄帝内经》说，六十岁心气开始衰落，人到了这个时候要清心寡欲。

16.8　孔子曰："君子有三畏：畏天命，畏大人，畏圣人之言。小人不知天命而不畏也，狎大人，侮圣人之言。"

【语译】

孔子说："君子要敬畏三件事：敬畏天命，敬畏大人，敬畏圣人的话。小人不懂得天命而不知道敬畏，轻视大人，轻侮圣人的话。"

【解读】

这里孔子解释了敬畏之心的三个层面："畏天命，畏大人，畏圣人之言。"孔子说过"五十而知天命"，天命字面意思就是上天赋予的使命，这种使命存在于人的本性中，每个人都有自己的天命，每个人到世间走一遭都带有一个使命，而孔子到五十岁的时候明白了自己的使命（就是要推广仁的学问），他知道对这种使命是要敬畏的，这是敬畏之心的第一个层面，是对自身使命的自觉担当。第二个层面的敬畏是畏大人，大人是一种非常高明的人，《周易》里这么描述大人："与天地合其德，与日月合其明，与四时合其序，与鬼神合其吉凶。先天而天弗违，后天而奉天时。天且弗违，而况于人乎？况于鬼神乎？"这种大人是得道的人，是天命的代表，所以也要敬畏。第三个层面的敬畏是畏圣人之言，为什么要敬畏圣人之言呢？因为圣人的言论是对天地规律的概括，其实也是天命的约束，是天命的表达，所以也应当敬畏。

16.9　孔子曰："生而知之者，上也；学而知之者，次也；困而学之，又其次也；困而不学，民斯为下矣。"

【语译】

孔子说："生来就知道的是上等人；学习然后知道的是次等人；有所不通而去

学习的，又是再次一等的人；有所不通而不学习的，是最下等的人了。"

【解读】

这里孔子就学习问题而把人分为四等，孔子一生讨论最多的莫过于这么三件事情：为仁、为学、为政，而这三件事情都是有次序、逐级地展开，其中又以为学问题最拿手，因为孔子是第一个私人教师。就为学问题而言，孔子称第一等人为"生而知之者，上也"，这是儒家一直相信的一种圣人的存在，比如宋代的大文豪苏东坡也这么认为，他觉得学问在这一世来做已经晚了，这一世学的学问是为了下一世从出生开始就聪明那么一点点做积淀的，逐渐积累学问和品行，最后达到生而知之。第二等的人叫"学而知之者，次也"，大多数人归于这一类，要学习才能知道，刚生下来的时候是不懂道理的，这一类属于比较正常的。第三等的人是"困而学之，又其次也"，是有学习困难的那一类人，也就是比较愚笨的人，这种人需要"困学"才能知道道理，别人学一遍，我要学三遍，勤能补拙，也还是可以知道道理的，《中庸》说"人一能之己百之，人十能之己千之，果能此道矣，虽愚必明，虽柔必强"，讲的就是这个道理。最可怕的是"困而不学，民斯为下矣"，本来就笨点儿，还不肯学习，肯定是做不了学者的。孔子那个时候的民是指平民，他们就是自己种地，干体力活，不学习也没有关系，社会环境也不要求他们学习，只要听从君王的差遣，事君以忠就可以了。而我们今天的情况不同了，全民都需要提高素质，都需要学习，"困而不学"是不值得提倡的。

16.10　孔子曰："君子有九思：视思明，听思聪，色思温，貌思恭，言思忠，事思敬，疑思问，忿思难，见得思义。"

【语译】

孔子说："君子有九种要思考的事情：看的时候思考是否要看得明白，听的时候思考是否要听清楚，自己的颜色要思考是否温和，容貌要思考是否恭敬，言语要思考是否忠诚，做事要思考是否恭敬，遇到疑问要思考向人请教，发怒要思考后果，看见可得之物要思考是否符合道义。"

【解读】

这里孔子从视、听、色、貌、言、事、疑、忿、得等九个方面阐述了君子应当注意和追求的内容。看东西要避免被蒙蔽，这样才能明无不见；听的时候要避免被壅塞，这样才能聪无不闻;色是指脸上的表情、颜色,要有温情;貌是指全身上下所有的情貌,要表现出恭敬之心,这样才能体现君子之风;言语说话要讲信实;做事情要有敬畏之心,不能为了私欲随意胡来;疑虑的时候要懂得向人请教,这样才能疑不蓄,才不会疑而不决、迟疑不定;愤怒之心起于有贪嗔的念头,愤怒之情刚刚涌起的时候就要多思量一下来源和后果,戒止贪嗔之念;得也是起自贪欲,起自对利的追逐,所以要见利思义,最后做到义利相合,也就是《周易》所说的"利者,义之和也"。

16.11 孔子曰:"见善如不及,见不善如探汤。吾见其人矣,吾闻其语矣。隐居以求其志,行义以达其道。吾闻其语矣,未见其人也。"

【语译】

孔子说:"看见善道便去追求,好像赶不上似的;看见邪恶就避开,好像伸手到沸水里试温度一样。我看见过这样的人,也听过这样的话。隐居遁世来保全自己的志向,践行仁义来贯彻自己的主张。我听过这样的话,却没有见过这样的人。"

【解读】

这一段里孔子又给我们介绍了两种人,一种人孔子见到过,另一种人连孔子都没见到过。那种"见善如不及,见不善如探汤"的人,是真正的善人,内心真正喜欢善良的事物,讨厌邪恶的事物,这种人孔子还是见到过的,比如他自己的学生,德行科的四个弟子颜渊、闵子骞、冉伯牛、仲弓大概也能做到这一点。另一种"隐居以求其志,行义以达其道"的人是孔子也没有见过的,只有伊尹、姜太公这样的人才能做到这一点,他们能实现自己的志向,又能守住他们所能达到的道,守住道的同时也在施行他们的志向,也就是志趣和功业一致,所以孔子自己也说没有见到过这样的人。按理说,他的得意门生颜渊倒是有这样的素质,可惜也早早夭亡了,孔子也没能看到颜渊成长成这样的人。

16.12 齐景公有马千驷,死之日,民无德而称焉。伯夷、叔齐饿于首阳之下,民到于今称之。其斯之谓与?

【语译】

齐景公有四千匹马,死了以后,老百姓认为他没有什么德行可以称赞。伯夷、叔齐饿死在首阳山下,百姓到今天还称颂他。大概说的就是这个意思吧!

【解读】

这里孔子通过举例对比,说明了德重于财、德重于位的道理。参与对比的人物是齐景公、伯夷、叔齐,齐景公很富有,是国君,很有地位;伯夷、叔齐很穷困,穷困到被饿死了,是逊位的王室后代,而且他们的国家也灭亡了,没有任何地位。但是这些人死后,老百姓称赞的却是没有地位、没有财富的伯夷、叔齐,即"民到于今称之",对又富有又有地位的齐景公则"无德而称焉",可见德是根本,比财富、地位都重要。

16.13　陈亢问于伯鱼曰:"子亦有异闻乎?"对曰:"未也。尝独立,鲤趋而过庭。曰:'学《诗》乎?'对曰:'未也。''不学《诗》,无以言。'鲤退而学《诗》。他日,又独立,鲤趋而过庭。曰:'学《礼》乎?'对曰:'未也。''不学《礼》,无以立。'鲤退而学礼。闻斯二者。"陈亢退而喜曰:"问一得三,闻《诗》,闻《礼》,又闻君子之远其子也。"

【语译】

陈亢问伯鱼:"您听到与众不同的教诲吗?"伯鱼回答:"没有。他曾经一个人站立,我快步走过庭中。他问我:'学《诗》没有?'我说:'没有。'他又说:'不学《诗》就不会讲话。'我便退回学《诗》。有一天,他又一个人站立,我又快步走过庭中。他问:'学《礼》没有?'我说:'没有。'他说:'不学《礼》,便无法立足社会。'我便退回学《礼》。只听到这两件事。"陈亢回去后高兴地说:"问一件事就可以推知三件事。知道了《诗》,知道了《礼》,又知道了君子不独亲其子。"

【解读】

这里是孔子的儿子孔鲤和陈亢的一段对话,从中展现出孔子在子女教育方面的观点。孔子是开私学、收徒弟、办教育的第一人,我们大概都会想知道,孔子教学生和教子女有没有不同,而且我们的传统中又确实强调血缘关系比师徒关系更重要,自然就能推测老师教他儿子会更用心,陈亢跟我们的想法一样,所以他跑去问孔子的儿子:"子亦有异闻乎?"孔鲤回答说,孔子没有给他开小灶,他老爸对他的教育也是一样循序渐进,都是先学《诗》,再学《礼》。学《诗》可以通达事理而心气和平,所就能懂得怎么说话了,学习了《礼》就能品节详明而德性坚定,于是就可以卓然自立了。陈亢通过听孔鲤讲述,收获颇多,知道孔子在子女教育问题上的三条智慧:第一要教子女学习《诗》,第二要教子女懂得礼,第三要教子女明白他不能享受特殊优待。现在子女教育问题困扰着很多成功人士,这三条智慧我们可以尝试一下,尤其是那些准备让子女接班的成功企业家。

16.14　邦君之妻,君称之曰夫人,夫人自称曰小童;邦人称之曰君夫人,称诸异邦曰寡小君;异邦人称之亦曰君夫人。

【语译】

国君的妻子,国君称她夫人,她自称小童;百姓称她君夫人,但在别国人面前则称为寡小君;外国人也称她君夫人。

【解读】

这一段是孔子说明对国君夫人的称谓中显示出的礼,类似于我们今天对同一个人有很多种称谓一样,场合不同、关系不同则称谓不同,比如有的场合称呼职称,叫"教授";有的时候称呼职务,叫"院长";有的时候称呼关系,叫"老师"。每一种称谓都没有错,只是使用的场合、使用的人不同而已,但是如果使用的场合不对,就会招人讨厌。

阳货第十七

17.1　阳货欲见孔子,孔子不见,归孔子豚。孔子时其亡也,而往拜之。遇诸涂。谓孔子曰:"来!予与尔言。"曰:"怀其宝而迷其邦,可谓仁乎?"曰:"不可。""好从事而亟失时,可谓知乎?"曰:"不可。""日月逝矣,岁不我与。"孔子曰:"诺,吾将仕矣。"

【语译】

阳货想让孔子见他,孔子不去,他便送孔子一只蒸熟了的小猪。孔子等他不在家的时候,前去拜谢。两人在路上相遇了。阳货对孔子说:"来,我与你讲几句话。"接着说:"自己有才华,却坐视国家混乱而不管不问,可以称为有仁吗?"孔子说:"不可以。""想要做官,却屡次错过时机,可以称作聪明吗?"孔子说:"不可以。""时光流逝,岁月不等人啊。"孔子说:"好吧!我打算做官了。"

【解读】

这里讲了孔子与阳货的交往,有一个大家都知道的成语"瞰亡往拜"就是从这里出来的,这一段主要是阐述孔子关于入世、出世的观点。在后世看来,儒家思想是入世的思想,是关于此生的思考,也是关于现实世俗社会的思考。按照孔安国的注释,阳货就是季氏的家臣阳虎,这个人很有权势,把持着鲁国的政权。孔子推崇周礼,最见不得的就是这种专滥的乱臣贼子。所以当"阳货欲见孔子"时,"孔子不见",阳货这个人也挺有权术,孔子你不来见我也没关系,我给你送一头蒸熟了的小猪作为礼物,即"归孔子豚",这样一来,孔子这么推崇礼的人就不能不回拜了吧。孔子也要聪明,来一个"瞰亡往拜","时其亡也,而往拜之",趁阳货不在家的时候去回拜。可是孔子运气不好,在回家的路上碰到了阳货,路上见面后两人有了一段对话,这段对话表现出孔子入世的态度。这一段对话有两种解释,一种就是上面我们的这种解释,阳货和孔子一问一答,阳货逼着孔子承认不仁、不智慧,然后承诺出仕,这种解释合情理。另一种解释认为,前面的话都是阳货自问自答,他认为孔子这么做是不仁不智,"诺,吾将仕矣"才是孔子的回答,孔子承诺自己将出仕,对前面不仁不智的评价未置可否,这也合情理,因为孔子确实也说过去乱邦就有道的话,最后孔子也没有帮阳货办事,而是离开了鲁国,游学列国寻找入世出仕的机会去了。

途遇图

17.2 子曰:"性相近也,习相远也。"

【语译】

孔子说:"人的本性相接近,却因为后天的习染相差很大。"

【解读】

这句话大家都非常熟悉了,也是《三字经》里的话。"性相近也"的性是什么?这是一个千古之谜,正如子贡所说,"夫子之言性与天道,不可得而闻也"。孔子谈性和天道的问题很少,没怎么听说过。而后世关于"性"的注释发挥大致有三个方向。第一个是孟子,他主张人性本来是善的;第二个是荀子,他持性恶说;第三个是扬雄,他说人性是善恶相混杂的。不管善恶,孔子这里说了,大家伙儿一开始都差不多,都是一样的,这叫"性相近"。而"习相远也",因为后天教养的不同,各人都有差别,人和人是不一样的,习于善的人就成为善人,习于恶的人就成为恶人。就先天而言,人的本性都是差不多的,但是后天环境和接受的熏陶不同,加上个人修持精进的程度不同,所以人的习性又是不相同的。

17.3 子曰:"唯上知与下愚不移。"

【语译】

孔子说:"只有上等的智人和下等的愚人不可以改变。"

【解读】

这里孔子提出了教育学中一个很重要的命题:人的智慧品德究竟是从遗传来的,还是从教养来的?孔子认为至少有两种人,对于他们来说,遗传禀性的内容起决定性作用,这两种人就是:"上智"和"下愚"。"上智"也就是前面提到过的那种"生而知之"的人,天生就有智慧,天生就知道仁德,就能自觉地遵守仁德,这种人不管处境怎么改变都不会更改自己的志向。"下愚"也就是那种"困而不学"的人,天生不求学,顽鄙的性子让他们很固执,会一直被自己内心的痴愚所控制,也是改变不了的。

17.4 子之武城,闻弦歌之声。夫子莞尔而笑,曰:"割鸡焉用牛刀?"子游对曰:"昔者偃也闻诸夫子曰:'君子学道则爱人,小人学道则易使也。'"子曰:"二三子!偃之言是也。前言戏之耳。"

【语译】

孔子到武城,听到弹琴唱歌的声音。孔子微微一笑,说:"杀鸡何必用宰牛刀呢?"子游回答:"以前我听老师说,君子学习道,就会仁爱百姓;百姓学习道,就容易听指挥。"孔子说:"诸弟子!言偃的话是对的。我刚才那句话是开玩笑的。"

【解读】

这里通过孔子和子游的对话来谈对待音乐的观念,阐述了孔子仁德不分大小的道理。子游做过武城这个地方的长官,子游与老师孔子之间的这段对话应该是发生在孔子视察武城的时候。孔子"之武城,闻弦歌之声。夫子莞尔而笑","莞尔"的本义就是男子微笑的意思,孔子在学生管理的地方听到了美妙的音乐,一派祥和的气象,做老师的当然会很高兴了,于是开心地微笑。然后孔子就信口说了一句:"割鸡焉用牛刀。"这句话我们现在也都在说,意思是大材小用,孔子这里说治理武县太小儿科,哪里用得着这么高雅的音乐啊。子游当然要说明一下自己为什么会这么干,他说:"昔者偃也闻诸夫子曰:'君子学道则爱人,小人学道则易使也。'"我这么干也是老师您教的啊。孔子立即就承认了错误,说你们这些学生记住了,子游说的是对的,我不过是开个玩笑罢了。在仁德礼义面前,事情没有大

341

小之分,都是大事,都值得重视。通过这一段,我们可以看到一个可爱而又生活化的孔子,任何人都有说话不过大脑、随口就说的时候,但是能及时改正,不掩饰自己的错误,这样的人才真实可爱。

17.5　公山弗扰以费畔,召,子欲往。子路不说,曰:"末之也,已,何必公山氏之之也?"子曰:"夫召我者,而岂徒哉?如有用我者,吾其为东周乎?"

【语译】

公山弗扰凭借费邑谋逆,召令孔子去,孔子想要去。子路不高兴,说:"没有地方去便算了,为什么要到公山氏那里去呢?"孔子:"召令我去的人,难道是白白叫我吗?如果有用我的人,我可使周朝之道复兴。"

【解读】

这一段里孔子和子路师生两人的意见发生分歧,关于出仕的基本观点,孔子觉得天下还没有到真的什么也做不了的地步,天下人也还没有到真的不能改正错误的地步,所以才想着出仕。而子路不同,他认为天下无道,走到哪里都差不多,都是无道。"公山弗扰以费畔",是季氏下属的一个很有权势的家臣利用自己在费这座城市里的治理权而不服从国君的管理,公山弗扰虽然是叛臣贼子,也需要高级管理人才,需要有一个人帮他打理、帮他树立好名声,孔子无疑是最佳人选,他想请孔子去帮他,孔子觉得可以趁机施行自己的仁德主张,帮助公山弗扰改正错误,于是有了"召,子欲往"。子路听说这件事后,不高兴,找老师讨论这件事,由此引出师生二人观点的不同,子路认为"末之也,已,何必公山氏之之也",没有可以施行仁德的地方,即使有公山弗扰召见,也还是没有办法施行仁德。而孔子觉得"夫召我者,而岂徒哉?如有用我者,吾其为东周乎?"别人既然来找我帮忙,我至少能在一定范围内施行仁德。最后的事实是孔子没有去帮公山弗扰,说明孔子最后也认识到这个人不可能改正错误,到他那里去做官也不能施行仁德。

17.6　子张问仁于孔子。孔子曰:"能行五者于天下为仁矣。""请问之。"曰:"恭、宽、信、敏、惠。恭则不侮,宽则得众,信则人任焉,敏则有功,惠则足以使人。"

【语译】

子张向孔子请教仁。孔子说:"在社会上能够实行五种美德的人,便是做到仁了。"子张问:"请问是哪五种美德呢?"孔子说:"恭敬,宽厚,诚信,敏捷,慈惠。恭敬就不会遭受侮辱,宽厚就会得到众人的拥护,诚信就会得到别人的任用,敏捷就会有成就,慈惠就能够役使人。"

【解读】

这一段的意思已经非常明确了,恭、宽、信、敏、惠是仁德的五种要素。恭,前面已经说过多次,就是要敬畏,要恭敬守礼;宽就是宽宏,气量大;信就是信实;敏就是聪敏;惠就是能富人、安人。这五个条件达到了,那他的心地就是公平的,是周全的,知识和才能是全面的,走到哪里都可以施行仁德。

17.7 佛肸召,子欲往。子路曰:"昔者由也闻诸夫子曰:'亲于其身为不善者,君子不入也。'佛肸以中牟畔,子之往也,如之何?"子曰:"然,有是言也。不曰坚乎,磨而不磷;不曰白乎,涅而不缁。吾岂匏瓜也哉?焉能系而不食?"

【语译】

佛肸召令孔子,孔子打算去。子路说:"从前我听老师说过,'亲自做坏事的人的地方,君子是不会前去的。'佛肸盘踞中牟谋反,您却要去,怎么说得通呢?"孔子说:"对,我是说过这话。不是说很坚硬的东西怎么磨也不会变薄吗?不是说很纯洁的东西怎么染也染不黑吗?我难道是匏瓜吗?怎么能够只是被悬挂着而不给人吃呢?"

【解读】

这里孔子又被另一个有权势的人物召见,这个人物是晋国的佛肸,在留问题上孔子和子路再一次发生分歧。佛肸的情况和鲁国的公山弗扰很相似,都是卿大夫的家臣,佛肸的上级卿大夫是晋国的中行氏。从师徒俩的对话可以看出:孔子出仕救世的愿望很迫切,"佛肸召,子欲往"。因为佛肸和公山弗扰一样,所作所为都是不守礼、不仁义的,他们仰仗着手中的权势而不把君权放在眼里,都可以归为叛臣贼子,所以子路特别不能理解。他站出来提醒孔子不要在这个问题上犯错误,他说:"昔者由也闻诸夫子曰:'亲于其身为不善者,君子不入也。'佛肸以中牟畔,子之往也,如之何?"子路的提醒总是这么有根有据,都是用孔子自己的教义来提醒孔子,总的意思就是佛肸是叛臣,不合礼,老师您最好不要去帮他办事。孔子又想去,于是他就得想办法给子路一个交代,也是给自己一个说得过去的理由。这个理由分两个层次,第一个层次讲一个人需要自身足够的坚硬、清白,即使被磨砺、被污染,也能够保持住坚硬、清白,即"不曰坚乎,磨而不磷;不曰白乎,涅而不缁";第二个层次讲一个人在当世应该有所作为,而不能浑浑噩噩地度过,被人当成摆设,即"吾岂匏瓜也哉?焉能系而不食?"

17.8 子曰:"由也!女闻六言六蔽矣乎?"对曰:"未也。""居!吾语女。好仁不好学,其蔽也愚;好知不好学,其蔽也荡;好信不好学,其蔽也贼;好直不好学,共蔽也绞;好勇不好学,其蔽也乱;好刚不好学,其蔽也狂。"

【语译】

孔子说:"仲由,你听过有六种品德和六种弊病吗?"子路答道:"没有。"孔子道:"坐下!我来告诉你。喜好仁德却不好好学习,这种弊病就是愚钝;喜好知识却不好好学习,这种弊病就是放荡;过于自信却不好好学习,这种弊病就是伤害;喜好正直却不好好学习,这种弊病就是尖刻;喜好勇敢却不好好学习,这种弊病就是捣乱;喜好刚强却不好好学习,这种弊病就是狂妄。"

【解读】

这一段里孔子提出了"六言六蔽","六言"是仁、知、信、直、勇、刚,都是美德,但是这六种美德如果不通过学习来加以引导规范,最终就会演变出六种弊端:愚、荡、贼、绞、乱、狂。总之,如果没有学问修养,六种美德都会失去其本质的味道,变得粗鄙。

"好仁不好学,其蔽也愚",前面讲过"人之初,性本善",每个人都有善的初心,但是如果没有真正的学问修养,只是一味地行善,可能会盲目慈悲,害人害己。"好知不好学,其蔽也荡",这是说那些知识渊博却没有修养的人,恃才自傲,放荡不羁,眼里只有自己,容不得别人。"好信不好学,其蔽也贼",一个过于自信的人,总认为自己无所不能,做事情就不免无所忌惮,使尽手段,到最后害人害己。"好直不好学,共蔽也绞",一个人太直了,也可以说太直性子了,没有什么涵养,内心无所保留,很容易脾气急躁,没有容人的大度,是不容易与人和谐相处的。"好勇不好学,其蔽也乱",匹夫之勇是不能成大事的,孔子欣赏的是好勇能谋的人,谋就是学问修养。喜欢以蛮力解决问题，一言不合就大打出手的人，很容易生出乱子。"好刚不好学，其蔽也狂"，"刚"字和"直"差不多，有话藏不住，想说就说，不会转弯，用现在的话来讲就是这人轴得很。从生活经验来讲，有些话放在自己心里，不讲出来，是对大家都好的，若是滔滔不绝，说个没完没了，很容易惹祸上身。

17.9 子曰："小子何莫学夫《诗》？《诗》，可以兴，可以观，可以群，可以怨。迩之事父，远之事君；多识于鸟兽草木之名。"

【语译】

孔子说："弟子们为什么不学习《诗》？《诗》可以激发情志，可以提高洞察力，可以交往朋友，可以讽刺不平。从近的方面说，可以用来侍奉父母；从远的方面说，可以用来服侍君主；可以知道很多鸟兽草木的名称。"

【解读】

这一段里孔子解释了学习《诗经》有什么好处，大概是从小到大、从近到远都可以有好处。第一种好处是"可以兴"，就是感发意志，帮助人抒发豪情壮志；第二种好处是"可以观"，是能考见得失，通过学习《诗经》可以借鉴历史上的得失，从而提高自己、警示自己；第三种好处是"可以群"，是指学习《诗经》能让人和而不流，与人和气相处又不流于庸俗；第四种好处是"可以怨"，就是怨而不怒，恰到好处地抒发情绪，而不至于失去节制而冲冠大怒。有了以上四种好处，《诗经》就功能作用来说有两条，第一条是"迩之事父，远之事君"，也就是使人懂得人伦方面的学问，因为人伦之道，《诗经》没有不具备的，所以近可以用来侍奉亲长，远可以用来侍奉君王，这些道理都可以在《诗经》里学到；第二条是"多识于鸟兽草木之名"，也就是使人增长科技文化知识，因为《诗经》里除了人伦大道之外，"其绪余又足以资多识"，可以帮助人增长见闻，多知道一些科技文化知识。

17.10 子谓伯鱼曰："女为《周南》《召南》矣乎？人而不为《周南》《召南》，其犹正墙面而立也与？"

【语译】

孔子对伯鱼说："你学习过《周南》和《召南》了吗？人如果不学习《周

南》和《召南》，就像正对着墙壁而站！"

【解读】

这一段孔子说明了他把《诗经》作为基础教育素材的观点，认为一个人如果连《诗经》中的《周南》《召南》都没有学的话，是寸步难行的，就好像今天我们如果不识字、不会算术，也没法适应今天的社会。《周南》《召南》在《诗经》里属于"国风"，反映的是周公、召公治下区域的风土人情，也是歌唱周天子的美德、歌唱周朝和谐社会的诗篇，孔子认为这种诗篇可以起到教化的作用，属于一个人应当完成的基本素质教育。如若不然，就会"犹正墙面而立也与"，像面壁思过一样，没办法看见任何东西，没有眼界，没办法走一步路，没有出路。

17.11　子曰："礼云礼云，玉帛云乎哉？乐云乐云，钟鼓云乎哉？"

【语译】

孔子说："礼呀礼呀，只是指玉帛一类的礼器吗？乐呀乐呀只是指钟鼓一类的乐器吗？"

【解读】

这一段孔子反思了礼、乐和外在表现形式的关系问题。礼肯定是重要的，值得提倡的，但是如果只注重了礼的形式，孔子就要开始质疑这种礼了："玉帛云乎哉？"乐也是孔子所提倡的，但是如果只注重了乐的外在形式，孔子也要开始质疑了："钟鼓云乎哉？"因为礼所代表的只是一种秩序，如果世界失去秩序就会乖乱；乐所表达的只是一种和气，世界乖乱了也就失和了，所以就礼、乐而言，关键是要把握住秩序、和谐的核心，而不是一味地追逐外在的表现形式，礼、乐无处不在，不是非得要玉帛、钟鼓才能表现它们。

17.12　子曰："色厉而内荏，譬诸小人，其犹穿窬之盗也与？"

【语译】

孔子说："外表威严而内心懦弱，若用小人做比喻，就像挖洞跳墙的小偷。"

【解读】

这一段中孔子批判了小人身上的一种坏脾气："色厉而内荏。""厉，威严也。

荏,柔弱也。"看起来脸色威严,却内心软弱,孔子还举例说明了这种情况:"其犹穿窬之盗也与",这种人"无实盗名,而常畏人知也",总是害怕别人知道,内心极度软弱不安,那种表面的镇定威严也不过像是偷来的罢了。《道德经》崇尚的"外柔内刚"和孔子这里的思想是一致的,一个真正的强者,应该是从外在的表现看起来柔弱随和,实则内心无比强大,是遇事挑重任的人。孔子在这里是从反面来说,把自己外在武装得很强大的人,实际上内心往往很胆怯、很空虚。

17.13 子曰:"乡愿,德之贼也。"

【语译】

孔子说:"看似忠厚的伪君子,其实是败坏道德的小人。"

【解读】

这一段里孔子批评了"乡愿",认为这种人是败坏道德的人。这段批评只是提到乡愿,却没有具体说乡愿究竟如何败坏道德,所以后世围绕这个命题有许多不同的发挥。一般都把乡愿理解成一种同流合污的、媚俗的、打着儒家旗号的、混淆搅乱儒家正常仁德概念的人,这种人看起来有仁德,其实本质上没有仁德,看起来是在提倡仁德,其实本质上在做不利仁德推广的事,所以孔子非常痛恨这种人,称他们是"德之贼也"。

17.14 子曰:"道听而涂说,德之弃也。"

【语译】

孔子说:"听到传言就到处传播,是应该抛弃的品行。"

【解读】

这一段里孔子表明了一种应当抛弃的习气:"道听而涂说"。道听途说这个成语就出自这里,它的意思也很好理解,今天的意思是消息是从路上听来的,不可靠,属于流言蜚语。孔子在这里的意思分为两层,一个层面是"道听",从路上听到的内容,泛指听闻各种传言,这是吸收、摄取信息的一面,听到的内容可能含有善言,也可能含有恶言。另一个层面是"涂说",就是接着在路途中去说,意指在随意的场合传播前面听闻的那些内容,属于自己没有很好地消化,没有很好地占有材料、分析材料就开始传播,就开始抛洒信息,如果听到的是善言,不就被白白地抛弃了吗？所以孔子称之为"德之弃也"。正确的做法应该是："君子多识前言往行以畜其德。"应当多多地学习、辨识已有的言论和德行，并内化成自己的修养，以便积蓄自己的仁德。所谓"流言止于智者"说的就是这个道理。

17.15 子曰："鄙夫可与事君也与哉？其未得之也，患得之。既得之，患失之。苟患失之，无所不至矣。"

【语译】

孔子说："庸劣之人，可以与他一起侍奉君主吗？没有获得职位的时候，担心得不到；已经获得了，又担心失去。如果害怕失去，就什么事都做得出来。"

【解读】

这一段里孔子批判了一种庸俗鄙陋而不足以侍奉君王的坏习惯：把得失看得太重。这种坏习惯有两个主要特征，第一个主要特征是患得又患失，"其未得之也，患得之。既得之，患失之"，结合前面一句话"鄙夫可与事君也与哉"所界定的这段文字的讨论范围，这里的"之"字应该理解为岗位、官位、职位的意思，侍奉君王不就是要在一定的岗位上帮君王办事嘛。还没有得到职位的，相当于今天的待业青年，他们有忧患，担忧找不到工作；有职位的，相当于今天的在职员工，他们也有忧患，担忧被解雇，担忧事业。第二个主要特征则是因为患得又患失而无所不用其极，就是"苟患失之，无所不至矣"，小的方面就像《庄子》里面记载的故事那样，帮人舔舐痔疮而获得车马报酬，大的方面就像那些弑君弑父的失德之行，都是因为把得失看得太重而引发的。真正的君子应该有志于仁德，不以物喜，不以己悲，不要把得失看得那么重。

17.16 子曰："古者民有三疾，今也或是之亡也。古之狂也肆，今之狂也荡；古之矜也廉，今之矜也忿戾；古之愚也直，今之愚也诈而已矣。"

【语译】

孔子说："古代的人有三种缺点，或许现在的人都没有了。古代的狂人不拘小节，现在的狂人则放荡；古代矜持的人方正，现在矜持的人却易怒蛮横；古代的愚人正直，现在的愚人则欺诈啊。"

【解读】

　　这一段里孔子对比古今,发现今不如古,世风日下,孔子主要从三个方面比较了古今民风的变迁。"古者民有三疾,今也或是之亡也","疾"是气质禀性上有所偏差,也就是气质禀性不够中正平和,比较有个性、有脾气。孔子认为当今之世的人连个性、脾气也没有了,意思是道德日衰,今不如古。接下来孔子从三个方面对比了古今之人个性脾气的差别,第一个方面是狂,狂就是志愿太高了,古人的狂是肆,肆的含义是不拘小节,现在人的狂是荡,荡的含义则是越过了大的原则;第二个方面是矜,矜就是太严格地坚持原则了,有点吹毛求疵的感觉,古人的矜是廉,廉的本义是方方正正,隐含的意思就是棱角分明,现在人的矜是忿戾,忿戾就有争执、斗争的意思在里面了,意思是爱跟人较真争斗;第三个方面是愚,愚就是暗昧不明,古人的愚是直,直就是一根直肠子,笨就笨点,不会奸诈,现在人的愚是诈,诈的意思就是听任自己的私欲而胡作非为。

17.17 子曰:"巧言令色,鲜矣仁。"

【语译】

　　孔子说:"花言巧语、谄媚脸色的人很少有仁德。"

【解读】

　　这句话在《学而》篇第三章已出现过,具体解读可以参考那里。

17.18 子曰:"恶紫之夺朱也,恶郑声之乱雅乐也,恶利口之覆邦家者。"

【语译】

　　孔子说:"厌恶紫色夺去了红色的光彩,厌恶郑国的乐曲破坏了典雅的乐曲,厌恶巧舌利嘴倾覆国家。"

【解读】

　　这一段孔子说了他个人的几个喜好,主要从颜色、声音、言语三个方面来说,颜色方面是"恶紫之夺朱也",因为紫色是间杂不正的颜色,而红色是正色;声音方面是"恶郑声之乱雅乐也",因为郑声是淫邪不正的音乐,而雅乐是正的音乐;言语方面是"恶利口之覆邦家者",因为巧舌利嘴是不正的言语,而且只会说空话大话而不干实事,就会使家国覆灭。

17.19　子曰:"予欲无言。"子贡曰:"子如不言,则小子何述焉?"子曰:"天何言哉?四时行焉,百物生焉,天何言哉?"

【语译】

孔子说:"我不想说话了。"子贡说:"您如果不说话,那我们传述什么呢?"孔子说:"上天说了什么呢?四时在此运行,百物在此生长,上天说了什么呢?"

【解读】

这一段里孔子阐述了他关于说不说话方面的见解、态度。孔子说他本来是不想说什么的,这一点上他和道家的老子再次取得一致。道家的老子说"知者不言,言者不知""处无为之事,行不言之教",老子告诫我们要"闭其门,塞其兑",就是要三缄其口,闭嘴不要说话,孔子在这里说"予欲无言",意思是我不想说话,我希望不说话。子贡是孔门言语科的高才生,正指望着老师教他呢,现在孔子他老人家说下课不讲了,子贡可不是要着急了嘛,于是子贡就问老师了:"子如不言,则小子何述焉?"您老人家都不讲了,我们这些弟子们还能继承发扬什么啊?孔子怎么回答子贡?其实孔子想表达的意思是天地至理高于言语,听老师讲课,跟老师学习,要听老师言语里面的天地大道,而这种大道本身是不说什么的,要穿过老师讲课的语言去悟,所以孔子说:"天何言哉?四时行焉,百物生焉,天何言哉?"这一点上儒家和道家又一次取得了一致,道家的庄子就说"天地有大美而不言,四时有明法而不议,万物有成理而不说",越是基本的、宏大的大道,越是朴实,越是不能用言语来说。

17.20　孺悲欲见孔子,孔子辞以疾。将命者出户,取瑟而歌,使之闻之。

【语译】

孺悲想要拜见孔子,孔子以有病为借口拒绝了。传令的人刚出房门,孔子就把瑟拿下来弹唱,使孺悲听到。

【解读】

这里讲了孔子教学生的一个故事,实际上讲了一种别具一格的教学方法。孺悲是鲁国人,曾经跟着孔子学过丧葬之礼。孺悲去孔子那里请教问题,孔子称病不见他,等孺悲刚走,孔子就开始弹瑟唱歌,让孺悲知道自己其实没有病,这就是先"辞以疾",接着"取瑟而歌,使之闻之"。什么意思?孔子就是叫孺悲知道,孔子他老人家是"不屑之教诲",但是还得让孺悲清楚地知道这个事实。在孟子看来,孔子这样的做法就是"深教之",实际上是让人印象深刻的教诲。

17.21 宰我问:"三年之丧,期已久矣。君子三年不为礼,礼必坏;三年不为乐,乐必崩。旧谷既没,新谷既升,钻燧改火,期可已矣。"子曰:"食夫稻,衣夫锦,于女安乎?"曰:"安。""女安,则为之!。夫君子之居丧,食旨不甘,闻乐不乐,居处不安,故不为也。今女安,则为之!"宰我出,子曰:"予之不仁也!子生三年,然后免于父母之怀。夫三年之丧,天下之通丧也,予也有三年之爱于其父母乎!"

【语译】

宰我问:"为父母守孝三年,时间也太久了。君子三年不学礼,礼必荒废;三年不学音乐,音乐必定失传。陈粮已经吃完了,新粮又收获了,用的燧木又经过一个周期,一年就可以了。"孔子说:"你吃白米饭,穿花缎衣,心会安宁吗?"宰我说:"安宁。"孔子说:"你心安,你就做吧!君子守孝,吃甜味不觉得甜,听音乐不觉得快乐,住在家里不觉得舒适,所以才不做这些事。现在你觉得心安,就做吧。"宰我退了出来。孔子说:"宰予真不仁呀!儿女出生三年以后才能完全脱离父母的怀抱。守孝三年,是天下通行的做法。宰予难道就没有从他父母那里得到三年的爱护吗?"

【解读】

孔子和宰予的这一段对话也非常有名,前面我们已经提到过宰予是孔门言语科的高才生,而且年纪轻,很有个性,这段对话再次体现了宰予独立思考的品质,更反映了孔子重视对孝这种仁德的追求。宰予首先说明了自己的困惑,核心观点是丧礼不要太长(三年),有一年就够了。宰予主要从天地自然的运行规律和社会文化建设两个方面来论证自己的观点,第一是服丧太久了,不利于礼乐文化的推广普及,"君子三年不为礼,礼必坏;三年不为乐,乐必崩",社会岂不是更加没有秩序?第二是服丧太久,不利于顺应天地自然的时序变化发展生产,因为自然界都是"天运一周而时物皆变"。接着孔子当面回答了宰予的问话,孔子说:"女安,则为之!"你能安心你就这么做去吧,按照丧礼的秩序,服三年之丧也是逐渐降低要求的,刚开始的时候,亲长离开我们,我们心里都会很悲痛,都会"食旨不甘,闻乐不乐,居处不安",随着我们内心逐渐和亲长告别,重新拾起自己肩头的责任,虽然还有余悲,也会逐渐开始生产劳作了。最后等宰予走了,孔子又背后对宰予进行了一番评价,孔子觉得这个学生不仁义,并且从丧礼设置的内在逻辑上反对宰予这种做法。孔子认为之所以设置丧礼,主要是出于孝的考虑,而孝是一种父母与子女关系的概括,父母对子女非常疼爱,非常慈爱,子女对父母也就要孝顺。

17.22 子曰:"饱食终日,无所用心,难矣哉!不有博弈者乎?为之,犹贤乎已。"

【语译】

孔子说:"整天吃饱了饭,什么事都不做,很难呀!不是有下棋的吗?就是下棋,也比什么事都不做好。"

【解读】

这一段里孔子非常坚决地反对了"饱食终日,无所用心"的生活方式,这里孔子提到了"博弈",这是游戏的一种,孔子认为就算是去参加娱乐活动,也比无所用心强。这种观点是有道理的,这种吃饱了饭要做点事情的观点,不但是儒门修养方面的要求,就是从身体健康角度来考虑也是对的。其实这句话是孔子对当时社会的感叹,富家公子生活钱财不发愁,整天无所事事,不动脑子,还不如做些益智的娱乐游戏。

17.23 子路曰:"君子尚勇乎?"子曰:"君子义以为上,君子有勇而无义为乱,小人有勇而无义为盗。"

【语译】

子路问:"君子崇尚勇敢吗?"孔子说:"君子把道义看得最重,君子只有勇敢而没有道义,就会作乱;小人只有勇敢而没有道义,就会成为强盗。"

【解读】

这里孔子阐述了"义"是"勇"的根本,儒家学问也提倡勇,但是这种勇不是匹夫之勇,不是没有原则的勇,儒家提倡的勇是建构在义的基础之上的。孔子这一段阐述的缘起是子路问:"君子尚勇乎?"子路本来就很好勇,所以孔子为他解释了,义是勇的根基,并且告诫子路:"君子有勇而无义为乱,小人有勇而无义为盗。"

17.24　子贡曰:"君子亦有恶乎?"子曰:"有恶:恶称人之恶者,恶居下流而讪上者,恶勇而无礼者,恶果敢而窒者。"曰:"赐也亦有恶乎?""恶徼以为知者,恶不孙以为勇者,恶讦以为直者。"

【语译】

子贡问:"君子也有厌恶的事吗?"孔子说:"有厌恶的事:厌恶传播别人坏处的人,厌恶处于下位而毁谤上位的人,厌恶只有勇敢却不知礼仪的人,厌恶果断勇敢却顽固的人。"孔子反问:"子贡,你也有厌恶的事吗?"子贡说:"我厌恶抄袭别人却自以为聪明的人,厌恶毫不谦逊却自以为勇敢的人,厌恶揭露别人隐私却自以为正直的人。"

【解读】

这一段里孔子和子贡讨论了君子所厌恶的内容,儒家立场是非分明,喜好的是仁德,厌恶的自然就是无德,只是无德有多种表现,这里通过孔子和子贡的对话进行了列举阐释。首先是孔子厌恶的内容:"恶称人之恶者,恶居下流而讪上者,恶勇而无礼者,恶果敢而窒者。""称人恶"就是没有仁厚的意思,"下讪上"是无忠敬之心,"勇无礼"是为乱的原因(前文所谓的"君子有勇而无义为乱,小人有勇而无义为盗"也是这个意思),"果而窒"的"窒"是不通的意思,单纯果断而没有通达就是拍脑袋瞎干,是妄作,所以孔子讨厌这些。接下来子贡也说了他所讨厌的内容,即"恶徼以为知者,恶不孙以为勇者,恶讦以为直者",这些内容也是仁者厌恶的内容。

17.25　子曰:"唯女子与小人为难养也,近之则不孙,远之则怨。"

【语译】

孔子说:"只有女子和小人难以相处的,太亲近了他们就会无礼,太疏远了就会招致怨恨。"

【解读】

这段话里孔子说,"唯女子与小人为难养也,近之则不孙,远之则怨",这句话非常有名,现在多是男人用来说女人,男人琢磨不透女人的心思,说她们难以相处。因为这句话确实暗合了男女相处过程的一些常见现象,所以深得人心,逐渐变成现代社会里男人抱怨女人难以相处的话。孔子的意思也是这样的吗？关于这一点古今学者有不少不同的意见，各有各的理解，我们这里暂且把这些学者的讨论放下。我们关注到前面那种理解的深层潜台词的意思是，男女相处不好，是"女子""小人"的过失，是她们太"难养"了，这么理解肯定是错了，因为孔子肯定不会这么理解。为什么呢？因为孔子在讨论相互关系时，一定是采用对照的方式讨论，而不会只从一个方向去要求关系中的某一方，比如君臣关系，君待臣是要使之以礼，臣待君是要事之以忠；父子关系中，父待子以慈，子待父以孝。所以，孔子讨论男女关系、小人与大人（朱熹认为小人指仆妇下人）的关系时，肯定也是这样的，不会只从一个方向去要求的，这里孔子其实是在告诫我们：对待男女关系、上级和下级的关系，要"庄以临之，慈以畜之，则无二者之患矣"。

17.26 子曰："年四十而见恶焉，其终也已。"

【语译】

孔子说："到了四十岁还被憎恨，一生也就完了。"

【解读】

这一段里孔子认为：人生中可以反省总结、判断自己成绩的时间段是四十岁左右，因为四十岁左右是"成德之年"，是仁德品质开始小成的年龄，应该能看到一定的端倪了。孔子说"年四十而见恶焉"，四十岁了还总招人讨厌，没有好的品德，估计也就"其终也已"，估计以后也继续迷惑下去，没什么成就了。总的来说，孔子还是在警醒我们仁德修养要早早开始，不要等到人到中年再后悔。

微子第十八

18.1 微子去之,箕子为之奴,比干谏而死。孔子曰:"殷有三仁焉。"

【语译】

微子离开商纣王,箕子做了奴隶,比干谏诤而被杀。孔子说:"殷商有三位仁人。"

【解读】

这一段里孔子称赞了殷商时候的三位贤德之人:微子、箕子和比干。微子是商纣王的兄弟,后面我们在《尧曰》里还会讲到周武王打败商纣王之后,并没把殷商的后裔赶尽杀绝,而是继续给了商纣王的儿子一块地盘管理。商纣王的这个儿子后来造反了,想夺回他们家丢掉的天下,这个时候周公姬旦消灭掉这些反叛势力,然后让微子来继承殷商的宗祠,也就是周朝分封的宋国。箕子是商纣王的叔叔,在商纣王执政的时候,箕子做太师,商纣王荒淫无道,微子屡次当面劝阻都没用,就去联合两位叔叔箕子和比干一起去劝商纣王,商纣王还是听不进去。于是微子跑回到自己的封国微躲起来了,周武王得天下,微子就出来投降,周武王知道微子出淤泥而不染的行为后,给了他爵位,这就是"微子去之"。而箕子被商纣王抓起来,降为奴隶,箕子知道这个商王朝是要完蛋了,所以就假装疯掉了,忍辱负重,最后得以逃脱,往东北方向跑,在朝鲜半岛用商朝的制度和礼仪建立一个东方君子国,后来箕子也得到了周武王的承认,这就是"箕子为之奴"。商纣王的另一个叔叔比干就没有这么幸运了,比干从小就很聪明,辅助过商纣王的父亲(也就是比干的哥哥),随后又辅助商纣王,商纣王干荒唐事的时候比干一直去劝诫,这让商纣王非常恼火,商纣王说:"我听说圣人的心有七窍,现在我就剖开你比干的心看看是不是真的！"于是把比干杀害了，这就是"比干谏而死"。微子、箕子、比干都是商朝的贤人，孔子因此而称赞他们是"殷有三仁焉"。

18.2 柳下惠为士师，三黜。人曰："子未可以去乎？"曰："直道而事人，焉往而不三黜？枉道而事人，何必去父母之邦？"

【语译】

柳下惠做狱官，多次被撤职。有人说："您不可以离开鲁国吗？"他说："坚守正道侍奉人君，到哪里不会多次被撤职呢？不坚守正道而侍奉人君，为什么一定要离开本国呢？"

【解读】

这里孔子再次提到他所赞赏的一个人物——柳下惠。前面孔子是通过对比来刻画柳下惠这个人的贤德，这里是直接举柳下惠的工作事迹来说明他的贤德。柳下惠做了一个"士师"的官，这个官在《周礼》中属于司寇的下属，主要管捉拿罪犯、审理案件、管理监狱等刑事事务。"三黜"，柳下惠多次被撤职，孔子也不问柳下惠为什么会被撤职，只是根据柳下惠的人品推断，被撤职肯定不是柳下惠的过失，而是鲁国的政治环境不好，这是儒家品评人物时一贯采用的标准，主要看这个人怎么样，后面才考察这个人做事情做得怎么样。既然鲁国的政治环境差，柳下惠又是一个德才兼备的人才，去哪里也能做一个好官的，于是有人对他说："子未可以去乎？"你柳下惠不知道跳槽吗？柳下惠怎么看待这个问题呢？他认为，做人的关键是"直道而事人"，要坚持正直的品德修养，对人要真诚正直，而想要保持这种品质，就要准备好随时丢掉工作，"焉往而不三黜？"而且去哪里都会面临同样的处境。如果要改变自己的信念，为了迎合这个礼崩乐坏的世道而做一些不正直的事情，就不用到处奔波了。"枉道而事人，何必去父母之邦？"反正不守正道，走到哪里也不是正人君子，也不是一个好臣子，又何必离开自己的母国呢？

18.3 齐景公待孔子曰："若季氏，则吾不能；以季孟之间待之。"曰："吾老矣，不能用也。"孔子行。

【语译】

齐景公说到如何对待孔子时说："用鲁君对待季氏的方法来对待孔子，那我做不到;我准备用季孟之间的标准礼遇来对待他。"又说:"我老了,不能有所作为了。"孔子离开了齐国。

【解读】

　　这一段里再次讲了孔子与齐景公的交往,通过孔子的表现,我们可以看出儒家的目标还是入世救世,当不能有所作为的时候,儒家就会离开,去寻找能施展其抱负的天空。之前我们提到过齐景公,在《论语》的编撰者看来,齐景公和春秋时诸多的诸侯一样,是一个"无德可称"的国君。这一段里说齐景公想礼遇孔子,这件事情大概发生在孔子三十五六岁去齐国的时候,这个时候鲁国发生了"斗鸡之乱",当权的季平子和另一位贵族昭伯在斗鸡的时候都发现对方在作弊,吵了起来,而鲁国的国君鲁昭公早就看不惯把持政权的季平子了,就利用这个事端联合几个贵族围困了季平子。对峙的双方谁胜谁负,主要取决于鲁国另外两个重要贵族孟孙氏、叔孙氏选择帮谁,这两个贵族心想:"等鲁昭公干掉季平子这个眼中钉之后,接下来是不是也该收拾我们了呢?"于是这孟孙氏、叔孙氏先后站到了帮助季平子的立场,于是昭伯被杀,鲁昭公被赶跑了,而接受鲁昭公流亡的国家就是齐国,随后孔子也跑到齐国去了。齐景公知道孔子的才干,想好好地待孔子,他说:"若季氏,则吾不能;以季孟之间待之。"季氏就是指鲁国的季平子,孟就是指鲁国的孟孙氏,齐景公说自己做不到像鲁君善待季平子那样给孔子那么大的权柄,但是他承诺以低于季氏而高于孟孙氏的规格对待孔子,这也是非常高的规格了。但是,即使这样也只是齐景公的想法而已,具体实施还有不少阻力,比如齐国的贤人晏婴就反对重用孔子,在《史记·孔子世家》里记载了晏婴反对重用儒生的精彩论述,这里就不多讲了。总之齐国的主要政治纲领是富国强民,而不是礼乐兴邦,反对儒家孔子那套执政方针的人很多,齐景公没法重用孔子,实际上他自己心里也清楚这个事实,所以他接着说"吾老矣,不能用也",现在我也老了,想要重用先生他也有心无力了。随

晏婴阻封图

后"孔子行",孔子离开了齐国,这之后孔子去过很多诸侯国,都没有被重用,这是后话了。我们在这里可以有一个简单的比较,齐景公一告诉孔子说不能重用他,孔子就离开了,而乱臣公山不狃准备招揽孔子,孔子也有点动心,看来一如孔子关于仁德的论述,孔子考虑问题的主要立足点还是在实际行动,实际行动是仁德的才算是君子,口头说得再好也还不够,实际行动中能够被重用才是最根本的,形式上的礼遇还是不够。

18.4 齐人归女乐,季桓子受之,三日不朝,孔子行。

【语译】

齐国赠送了许多歌女给鲁国,季桓子接受了,很多天不问朝政,孔子就离去了。

【解读】

这一段故事在前面我们已经提到过了,是在解释"好德不如好色者"那句话时讲到的。"齐人归女乐","归"也就是馈的意思,就是赠送的意思,齐国这个馈赠的背景是"孔子为鲁司寇,摄行相事,齐人惧,归女乐以沮之"。齐、鲁为邻国,鲁国让孔子做了司寇这样的大官,把握国家大权,逐渐出现强盛的苗头,齐国感到害怕,就给鲁国的执政者季氏送一些美女过去,想打断鲁国崛起的步伐。"季桓子受之,三日不朝,孔子行",这是说季氏受女乐而怠于政事,孔子从小处看到大风向,见机而作,于是离开了鲁国。

齐人归女乐图

18.5 楚狂接舆歌而过孔子曰:"凤兮凤兮!何德之衰?往者不可谏,来者犹可追。已而,已而!今之从政者殆而!"孔子下,欲与之言。趋而辟之,不得与之言。

【语译】

楚国狂人接舆唱着歌经过孔子的身边说:"凤凰呀,凤凰呀!道德多么衰微呀！过去的不能再挽回,未来的还赶得上。算了吧,算了吧！现在的执政者危险呀！"孔子下车,想同他说话,他却赶快避开,孔子没法同他说话。

【解读】

这个典故非常有名,在其他先秦典籍中也有类似记载,一显一隐,一圣一狂,在这个短暂的冲突场景中出现的两个人都个性鲜明,非常可爱。这件事应该是发生在孔子即将到楚国去的时候,"楚狂接舆歌而过孔子",楚国的狂人接舆经过孔子的车驾时唱着歌劝诫孔子。这个狂人用凤来打比方,凤是一种高贵的鸟,天下有道的时候才出现,天下无道的时候就隐逸起来,现在孔子在天下无道的时候不知道隐逸起来,这不就是"凤兮凤兮！何德之衰？""往者不可谏,来者犹可追","往者"指孔子之前游说诸侯的举动,比如在齐国、卫国想做官却没做成的经历。"来者"是指孔子打算去楚国这件事,这件事情还是有得救的,孔子你现在归隐还来得及（后来孔子去了楚国,同样没有得到重用）。孔子下车想跟这个楚狂好好交流几句,结果楚狂一看这架势,孔子根本没有感触,根本没有听进去嘛,还想着说明情况呢,于是"趋而辟之",使得孔子"不得与之言"。

接舆狂歌图

18.6 长沮、桀溺耦而耕,孔子过之,使子路问津焉。长沮曰:"夫执舆者为谁？"子路曰:"为孔丘。"曰:"是鲁孔丘与？"曰:"是也。"曰:"是知津矣。"问于桀溺。桀溺曰:"子为谁？"曰:"为仲由。"曰:"是鲁孔丘之徒与？"对曰:"然。"曰:"滔滔者天下皆是也,而谁以易之？且而与其从辟人之士也,岂若从辟世之士哉？"耰而不辍。子路行以告。夫子怃然曰:"鸟兽不可与同群,吾非斯人之徒与而谁与？天下有道,丘不与易也。"

微子第十八

359

【语译】

长沮、桀溺一同耕田，孔子经过那儿，让子路去问渡口。长沮问子路："驾车的人是谁？"子路说："是孔丘。"长沮又问："是鲁国的孔丘吗？"子路说："是的。"长沮便说："孔丘早知道渡口在哪里了。"去问桀溺。桀溺说："您是谁？"子路说："我是仲由。"桀溺说："您是鲁国孔丘的门徒吗？"子路回答说："是的。"桀溺便说："像洪水一样的坏人到处都是，谁可以去改变它呢？您与其跟随孔丘逃避坏人，何不跟随我们逃避社会呢？"说完仍然继续做田里的工作。子路回来报告给孔子。孔子失望地说："飞禽走兽不可以同它们共处，我如果不同人群打交道，又同谁打交道呢？如果天下太平，我就不会同你们一道去变革了。"

【解读】

这一段话被选入中学生课本，同样是孔子周游列国时碰到隐逸之士时的情景，这个场景大约发生在孔子从楚国回来、去蔡国的路上，在路途中碰到"长沮、桀溺耦而耕"，两个隐士在那里肩并肩地耕作（"耦"就是"并耕"的意思，并排一块儿耕作）。孔子让子路去问问这两个耕田的人，渡口在哪里。其中的长沮反过来了解到是鲁国的孔子师徒在问路，于是他有了一个判断，"是知津矣"，说孔子知道渡口在哪里，为什么呢？因为孔子多次周游往返于诸侯国之间，周游列国的事儿估计也是出了名的，所以长沮推断孔子应当知道路怎么走。子路一看长沮没有回答实质性问题，转而问桀溺吧，桀溺也不正面回答，反而劝孔子师徒归隐，说："滔滔者天下皆是也，而谁以易之？且而与其从辟人之士也，岂若从辟世之士哉？"意思是说，你们问个路管什么用啊，问完了路，不还是会去辛辛苦苦地赶路游说诸侯吗？还是会不被任用而受到打击吗？思想观念不转变，你们就是受苦受累的命，知道渡口在哪里和不知道渡口在哪里并没有区别。子路没有问清楚路，回去把情况给孔子汇报了一下，孔子也只能很失望地再次重申自己的政治理想：第一，"吾非斯人之徒与而谁与？"正因为天下无道，我才这么辛苦地去游说诸侯，教

问津图

化百姓；第二，"天下有道，丘不与易也"，如果天下有道了，我也就不用改变什么了。

18.7　子路从而后，遇丈人，以杖荷蓧。子路问曰："子见夫子乎？"丈人曰："四体不勤，五谷不分。孰为夫子？"植其杖而芸。子路拱而立。止子路宿，杀鸡为黍而食之，见其二子焉。明日，子路行以告。子曰："隐者也。"使子路反见之。至，则行矣。子路曰："不仕无义。长幼之节，不可废也；君臣之义，如之何其废之？欲洁其身，而乱大伦。君子之仕也，行其义也。道之不行，已知之矣。"

【语译】

子路跟随孔子，却落在后面，碰到一位老人，用竹杖挑着除草用的工具。子路问："您看见我的老师了吗？"老人说："四肢不劳动，五谷不认识，谁是你的老师？"说完，便扶着竹杖去锄草。子路拱手恭敬地站着。老人便留子路到他家住宿，杀鸡煮饭给子路吃，又让他的两个儿子出来见子路。第二天，子路赶上孔子，报告了这件事。孔子说："是隐士。"让子路回去再拜见他。子路到了，老人却已经离开了。子路便说："不做官是无道义的。长幼之间的礼仪不可以废弃，君臣之间的道义，怎么能废弃呢？想要保持自身的清白，却混乱了君臣之间的大义。君子出来做官，只是行道义。我们的道义行不通，早就知道了。"

【解读】

这一段讲了另一个隐逸之士和孔子师徒交往的故事，这个故事的主角是学生子路。子路和孔子一块儿周游列国，被落在了后面，向荷蓧丈人打听孔子的行踪，结果听到这个丈人批评孔子的言论："四体不勤，五谷不分，孰为夫子？"这一点批评如果是真的，那就批评得没错，我们今天也常常这么教育下一代，不能"四体不勤"，四体不勤加上现代社会物质财富又丰富，城市里的小胖墩儿越来越多，身体健康很受影响。也不能"五谷不分"，什么生活的基本常识都不清楚，不接触社会生产，只知道考试，这样培养出来的人才只能算是"偏才"。但是这里荷蓧丈人对孔子的批评又未必是真的，因为孔子"多能鄙事"，也是懂得劳作之道的。子路知道自己碰到了一个隐逸贤人，所以他很恭敬，"拱而立"，之后荷蓧丈人把子路请到家里好酒好菜招待着，还把自己的两个儿子介绍给子路，隐逸贤人实诚的作风跃然纸上。可是子路还是满怀自己的政治理想，心里挂念着自己的老师，第二天就接着追孔子去了。等见到孔子后，子路把见到荷蓧丈人的情况做了一个汇报，孔子判断这个人是"隐者也"。然后"使子路反见之"，意思是让子路回去告诉这个荷蓧丈人君臣大义（也就是子路后面说的那一段话），劝他不要再隐逸了。荷蓧丈人也是聪明人，知道子路会回来，自己先躲起来了，不让子路见到。子路没见着人，自然也没办法说明自己的主张了，只好自己独自发表了一番见解，这种见解也是儒家立场的宣言，他说："不仕无义。长幼之节，不可废也；君臣之义，如之何其废之？欲洁其身，而乱大伦。君子之仕也，行其义也。道之不行，已知之矣。"主要是两层意思，一层意思是"不仕无义"，君子要致仕而行其义，如果隐逸不出，就是"欲洁其身，而乱大伦"，起到的是反作用；另一层意思是大义不可废，即"长幼之节，不可废也"和"君臣之义，如之何其废之"。

18.8　逸民：伯夷、叔齐、虞仲、夷逸、朱张、柳下惠、少连。子曰："不降其志，不辱其身，伯夷、叔齐与！"谓"柳下惠、少连，降志辱身矣，言中伦，行中虑，其斯而已矣。"谓"虞仲、夷逸，隐居放言，身中清，废中权。我则异于是，无可无不可。"

【语译】

被遗落的人才有伯夷、叔齐、虞仲、夷逸、朱张、柳下惠、少连。孔子说："不动摇志向，不辱没身份，是伯夷、叔齐！"又说："柳下惠、少连降低志向，屈辱身份，可是言语合乎伦理，行动经过思考，也不过如此罢了。"又说："虞仲、夷逸隐居而能直言，修身合乎清高，弃官合乎权变。我和他们不同，没有什么可以，也没有什么不可以。"

【解读】

这一段里孔子列举了一些隐逸贤人，分别赞扬了他们的高风亮节。首先是伯夷、叔齐，这二位，前面我们已经讲到过，不再说了。接着是柳下惠、少连，这二位中柳下惠我们也已经提到过几次，不再说了，而少连具体做过什么有影响的事情已经没法考证了，少连主要是因为居丧的时候非常符合儒家礼仪，才被认为是有仁德的贤人。接下来是虞仲、夷逸，这两个人之前没有提到过，这里多讲一点。虞仲，名仲雍，这个人在中国历史上非常有名。去年春天，我去拜谒了仲雍墓，仲雍墓就在江苏常熟。常熟是个很有名的地方，有一副对联："宰相合肥天下瘦，司农常熟世间荒",这上联说的是合肥李鸿章,这下联说的就是常熟翁同龢。常熟在周代属于吴国,商朝末年(公元前11世纪),有一个部落首领叫古公亶父(也就是后来的周太王),他有三个儿子,长子泰伯,次子仲雍,幼子季历。古公亶父看中了季历的儿子姬昌(后来的周文王),想通过季历传位给昌,但按礼制,太公应当传位于长子。为了避免宫廷争斗和满足父亲的心愿,泰伯和仲雍便以采药为名离开了,经过长途跋涉来到千里之外的江南,在常熟、无锡一带定居下来,仲雍兄弟俩来到这个地方,融入这里的文化,"断发文身,裸以为饰,隐居独善",这种独善其身的做法合乎"清"的原则。然后又"放言自废",说话虽不合乎先王的礼法规矩,但其目的和效果都是要谦让王位,所以这合乎"权"的原则。在当地人民的拥戴下,泰伯成为"勾吴"之主。泰伯之后,仲雍继位。后来勾吴逐渐强大起来,成为春秋时的吴国。武王灭纣后(公元前841年),封仲雍曾孙周章为吴王,立吴国。这里说的仲雍就是虞仲,他是吴文化的始祖,后世一直传颂他的故事,有一些对联就是对"虞仲清权"的描述,比如"道中清权垂百世,行侔夷惠表千秋""一时殉国难为弟,千载名山还属虞"等等。

18.9　**大师挚适齐,亚饭干适楚,三饭缭适蔡,四饭缺适秦,鼓方叔入于河,播鼗武入于汉,少师阳、击磬襄入于海。**

【语译】

太师挚到了齐国,亚饭干到了楚国,三饭缭到了蔡国,四饭缺到了秦国,打鼓的方叔到了黄河之滨,摇小鼓的武到了汉水,少师阳和击磬的襄到了海边。

【解读】

这一段主要介绍了一些人的去处,这是些什么人呢?为什么《论语》这部儒家经典中会记载他们去了哪里呢?这些人其实都是鲁国的礼乐人才,礼和乐是不分家的,有什么礼就要用到什么乐。鲁国是周武王给周公姬旦的封地,尽管周公没有去那里,而是让儿子伯禽去了封邑,但是鲁国的传国精神还是礼乐文化。随着周礼的崩坏,鲁国的礼乐也崩坏了,鲁国的国家乐师也就没活儿干了。太师是乐师的官长,现在他跑去了齐国,干、缭、缺、方叔、武、阳、襄是一干礼乐工作人员,有的敲鼓,有的摇小鼓,有的击磬,现在统统下岗了,各奔东西,"逾河蹈海以去乱",为了躲避国家昏乱而过河赴海。

18.10　周公谓鲁公曰:"君子不施其亲,不使大臣怨乎不以。故旧无大故,则不弃也。无求备于一人!"

【语译】

周公对鲁公说:"君子不遗弃他的亲族,不让大臣抱怨未被任用。老臣没有发生重大过失,就不要抛弃他。不要对人求全责备!"

【解读】

这一段里记载了周公对鲁公的告诫,周公就是周武王的兄弟姬旦,鲁公是周公的儿子伯禽,前面我们已经讲过了,鲁国是周公的封地,但是周公并没有去,周公留在了周王室继续辅佐周天子,周公的儿子去了封地。所以这段话可以看成是周公传下来的对鲁国立国的训示,意义很大。周公的训示很具体,包括了四个方面:不遗弃亲族、任用贤能、照顾老臣、不求全责备,这四个方面合在一起就是两个字:忠厚,主旨是告诫鲁公伯禽要忠厚待人,善待亲族、臣下、长者和有缺陷的人。

18.11　周有八士:伯达、伯适、仲突、仲忽、叔夜、叔夏、季随、季騧。

【语译】

周朝有八位士人:伯达、伯适、仲突、仲忽、叔夜、叔夏、季随、季騧。

【解读】

这一段写的是一个传说:"一母四乳,而生八子。"具体每个人都有什么事迹已经没法考证了。从名字来看应该是四对双胞胎,古人用伯、仲、叔、季来论兄弟的排行,这里"伯""仲""叔""季"都有两个人,可能是双胞胎,而且这八兄弟后来都成了贤人,所以《论语》才在这里记录下来。

子张第十九

19.1 子张曰:"士见危致命,见得思义,祭思敬,丧思哀,其可已矣。"

【语译】

子张说:"士人做到看见国家危乱便肯献出生命,看见利益便考虑要符合道义,祭祀的时候恭敬,居丧的时候哀痛,也就可以了。"

【解读】

这一段里孔子的弟子子张重申了士所当有的修养,总共四种,这四种被朱熹称为"立身之大节",认为只要有一种没做到位,那就"余无足观",估计其他方面也好不到哪里去了。反之,如果这四种都做到位了,则"其可已矣"。

19.2 子张曰:"执德不弘,信道不笃,焉能为有?焉能为亡?"

【语译】

子张说:"坚守德却不发扬光大,信仰道却不笃定,这种人没有什么可值得称道的。"

【解读】

这一段中子张又从程度上说明了对仁德的要求,对仁德之道有点心得,但是守仁德之道时太过狭隘了,即"执德不弘",仁德就会变少,就会"德孤"。对仁德之道有所听闻,但是内心相信它的信念不怎么坚定,即"信道不笃",仁德之道也就会荒废,就会"道废",这两种情况都是仁德在程度上不够广、不够坚深造成的,所以也没有什么可称道的地方。生活中我们经常会"执德不弘,信道不笃",比如知道早睡早起对身体好,但就是做不到。

19.3　子夏之门人问交于子张。子张曰:"子夏云何?"对曰:"子夏曰:'可者与之,其不可者拒之。'"子张曰:"异乎吾所闻:君子尊贤而容众,嘉善而矜不能。我之大贤与,于人何所不容?我之不贤与,人将拒我,如之何其拒人也?"

【语译】

子夏的学生向子张请教怎样交朋友。子张问:"子夏说了什么?"回答:"子夏说,可以交往的去交往,不可以交往的拒绝他。"子张说:"和我听到的不同:君子尊敬贤人,容纳民众;嘉奖善人,哀怜无能的人。我如果是个贤达的人,什么人不能容纳呢?如果我不是个贤达的人,别人拒绝我,我怎么能去拒绝别人呢?"

【解读】

这一段里子张就子夏的门人关于交友的提问做出了解答,这方面子张的主张和孔子是一脉相承的,都强调自身的觉悟修养,强调自身要做该做的事情,而不要把责任推给外界或他人。正当的做法是"尊贤而容众,嘉善而矜不能"。而子夏的说法"可者与之,其不可者拒之",有些小家子气,失于宽宏开放。子张后面用来反驳子夏的说法是,"我之大贤与,于人何所不容?我之不贤与,人将拒我,如之何其拒人也?"这又显得太高绝,不是一般人能达得到的了,即使有大贤德的人无所不容,当碰到大恶、大非的时候肯定还是容不下去了,还是要坚决斗争的。

19.4　子夏曰:"虽小道,必有可观者焉;致远恐泥,是以君子不为也。"

【语译】

子夏说:"即使是小的技艺,也必定有可取的地方;但是想要走得长远,恐怕就用不上了,所以君子不做这些小技艺。"

【解读】

这一段里子夏说出了他自己对"小道"的辩证的看法。首先是"虽小道,必有可观者焉",正如"百工居肆以成其事,君子学以致其道",做陶器的工匠、做布匹的工匠、做车辆的工匠,整天都按照工序一道一道地去做,虽然是小的技艺,也自有乐趣,自有可取之处,相反,如果守着这些具体的事务不去做,而整日高谈"大道",势必会陷入"皮之不存,毛将焉附"的尴尬境地。其次,我们必须要考虑怎么才能让"小道"也能可观,而不陷入"致远恐泥"的境地。其实这方面的内容我在很多场合都已经讲过了,就是要专注。《黄帝内经》记载说,轩辕黄帝"幼而徇齐",在幼小的时候,做事情就很敏捷。小孩子做事情总是非常快的,想要做什么事情就会立即去做,不会瞻前顾后,犹豫不决,而且做什么事情都很专注。比如说小孩子看到那儿有一朵花,他就会一下子去把这朵花给抓住,不管花上有没有刺,有没有毒,也不管路上有多么的坎坷不平。可是等长大以后,由于社会的竞争这么激烈,选择又这么多,人就多了困惑。我们成年人现在想要什么东西,会瞻前顾后,思左想右,选择的时候犹豫不决,左右摇摆。考虑问题太多了,就不天真了,就迷失了,忘记了自己本来的内在需求。

19.5 子夏曰:"日知其所亡,月无忘其所能,可谓好学也已矣。"

【语译】

子夏说:"每天都学习未知的,每月都温习已经知道的,可以称为好学了。"

【解读】

这一段里子夏的话也是我们耳熟能详的,子夏解释了怎么才算是好学的人,要"日知其所亡,月无忘其所能",才能算是好学的人。这个说起来容易,做起来其实不容易,日新而不失,既要学习新知识的速度,又要保证旧知识的稳定性。我们现代人都知道知识更新得快了,稳定性就会差,这是一组矛盾,只能在中间找一个平衡点,不可能真的做到既快又稳的,尤其是那些对孩子学习抱有过高期望的父母,更需要认清这个事实。

19.6 子夏曰:"博学而笃志,切问而近思,仁在其中矣。"

【语译】

子夏说:"广泛地学习而笃定志向,切合实际地发问并考虑当前的问题,仁就在这其中了。"

【解读】

这一段里子夏又讲了学问之道,他把做学问的要诀归纳成四个:博学、笃志、切问、近思。所学不广博,就不能守住仁德,学习和践行仁德的志向不坚定,就不能身体力行,而如果不是切问近思,反而是泛问远思,就会劳而无功,所以掌握住这四个做学问的要诀,就"仁在其中矣",学问也在其中了。

19.7 子夏曰:"百工居肆以成其事,君子学以致其道。"

【语译】

子夏说:"工匠在作坊里完成他们的工作,君子通过学习来获得道。"

【解读】

这里子夏讲的是社会分工问题,他简单地将其分为"百工"和"君子"。对百工的要求是"居肆以成其事","肆"是"官府造作之处",也就类似于今天的生产车间,百工应该在这些生产岗位上"成其事",完成他们的工作。而君子则要"学以致其道","致"的意思是"极也",通过学习来穷极"道"的奥妙。社会各行各业都要做好自己的工作,如果百工不好好生产,就会"迁于异物而业不精",技艺不精,生产效率不高;如果君子不好好学道,"则夺于外诱而志不笃",就会被外界的诱惑左右而志向不坚定。

19.8 子夏曰:"小人之过也必文。"

【语译】

子夏说:"小人对于自己的过失必定加以文饰。"

【解读】

这里子夏对小人犯了过失之后的态度进行了描述。小人为什么会"过也必文"?因为他们害怕改正错误,反而傻大胆,敢于自欺欺人,所以犯了过错,就会文过饰非,而让原本的一个错误变成了双重的错误。

19.9 子夏曰:"君子有三变:望之俨然,即之也温,听其言也厉。"

【语译】

子夏说:"君子有三种变化:远远望去很庄严,走近却温和,听他的话严厉。"

【解读】

这一段里子夏描述了君子给人的感受有三种气象,由远及近表现为三种变化。第一种是"望之俨然",所谓"俨然"就是"貌之庄",而"貌"是指全身上下的仪态给人的一种总体感觉，"貌之庄"就是仪态庄重大方。第二种是稍近一些时的变化，叫"即之也温"，"温者，色之和"，指脸色、脸上的表情温和。再进一步的变化是"听其言也厉"，"厉者，辞之确"，指言辞确凿、正直而有力量。这三者不是跟变脸似的随时变化，而是浑然一体的君子气象。

19.10　子夏曰："君子信而后劳其民；未信，则以为厉己也。信而后谏；未信，则以为谤己也。"

【语译】

子夏说："君子得到信任以后才去让百姓劳动；如果没有得到信任，百姓会以为在折磨他们。君子得到信任以后才去谏诤；如果没有得到信任，君主会以为在讥谤他。"

【解读】

这一段里子夏强调了君子应该讲信实，什么是"信"呢？"诚意恻怛而人信之也"，就是待人有诚意，能让大家信任，这样才有可能"劳其民"。如果不讲信实，老百姓就会"以为厉己也"，"厉，犹病也"，认为你的命令是害人的，是让老百姓"病"的（病有担忧、忧患的意思）。同样，侍奉君王也要讲信实，讲信实的臣子的话，君王听得进去。如果不讲信实，则君王会"以为谤己也"。对待上级和役使下级都是一样的，要以诚信为本，而后才可以有所作为。

19.11　子夏曰："大德不逾闲，小德出入可也。"

【语译】

子夏说："大德不能逾越一步，小德可以放松一点。"

【解读】

这里子夏解释了仁德的"小""大"之辨。所谓大德、小德就是大节、小节。"闲"的本义是木栅栏，"所以止物之出入"，用来控制、阻止东西出入的一种设置，人的仁德就跟木栅栏相似，只要能先把大的节操立起来，那些小节即使有所出入也没有什么害处。不能连个栅栏也没有，也不必把木栅栏换成真空密封桶，捂得死死的，不让人透一口气。

19.12 子游曰:"子夏之门人小子,当洒扫应对进退,则可矣,抑末也。本之则无,如之何?"子夏闻之,曰:"噫!言游过矣!君子之道,孰先传焉?孰后倦焉?譬诸草木,区以别矣。君子之道,焉可诬也?有始有卒者,其惟圣人乎!"

【语译】

子游说:"子夏教他的学生们打扫、接待、应对进退,也是可以的,不过那只是末节。但是却没有根基,怎么办呢?"子夏听了,说:"哎!子游错了!君子的道,什么先传授?什么后讲述呢?就像草木,区分为不同类别。君子的道,怎能诬蔑呢?有始有终,大概只有圣人吧!"

【解读】

这里是在讨论仁德之道的本末之辨,涉及子夏和子游的辩论。子游认为子夏教的礼仪之学是小道,用于"洒扫应对进退,则可矣",但是没有抓住根本,说这些内容只是形式上的。子夏听到这个评论当然要辩解一番了,子游认为仁德之道也要进行学科分类,要朝精细化发展,能既全面又专精的,只有圣人才能做到。在子夏看来,"君子之道非以其末为先而传之,非以其本为后而倦教",形式和细节里面也蕴含着君子之道的根本,并不会因为这个根本难以言传把握,就不愿意教给学生们,但是学生的学习是一个循序渐进的过程,学业专精的方面千差万别,所以不能"不量其浅深,不问其生熟,而概以高且远者强而语之",如果一概认为高绝深远的根本才算是君子之道,那就不客观,也不公平。

19.13 子夏曰:"仕而优则学,学而优则仕。"

【语译】

子夏说:"做官有余力便去学习,学习有余力便去做官。"

【解读】

这句话太有名了,至今被很多学子奉为座右铭,也许不少学者也奉此为座右铭。在大多数人的理解里,这句话里的"优"字是优秀的意思,学习优秀的学生应该去做官,做官优秀的官员应该去学习,去拿个什么MBA、博士学位之类的东西。我们的传统一直是这么要求的,做学问的目的是做官,比如有一首诗说:"富家不用买良田,书中自有千钟粟。安居不用架高楼,书中自有黄金屋。娶妻莫恨无良媒,书中自有颜如玉。出门莫恨无人随,书中车马多如簇。男儿欲遂平生志,五经勤向窗前读。"光读书,千钟粟、黄金屋、如玉女等自己就会跑过来吗?估计只有书呆子才相信有这种天上掉馅饼式的神迹,大家都能理解的逻辑是读完书,读得很好了,上知天文、下知地理、中悉人事,然后去做官,做官上班干活儿,自然什么都有了。但是在子夏这里,似乎"优"字的本来意思是有余力,而朱熹更是认为学问和做官的道理相同,都是儒家的道,只是做的事情有差别,照这样的思路去理解的话,做学问和做官就不是目的和手段的关系了,而是一件事情的不同侧面而已。做学问的要安心做学问,做官的要安心做官,都有活儿干,都过得心安理得,幸福安康,这个世界就大同了,等自己的活儿干得很出色了,还有余力,就可以去发展兴趣爱好了。

19.14　子游曰:"丧致乎哀而止。"

【语译】

子游说:"居丧完全表达悲哀就够了。"

【解读】

这一段子游说明他关于丧葬之礼的理解,子游认为,判断一个人处理丧葬时是否合"礼"的标准,是看他是不是"致乎哀而止","致"的意思是极尽、穷尽,穷极哀伤之情,然后就可以止了,不要再往前了。儒家重视丧葬之礼,因为要"慎终追远,民德归厚",同时这里子游也阐述了儒家丧葬之礼的一个重要原则即中庸之道,要合情,但不要过度,要知道"止"在什么地方。

19.15　子游曰:"吾友张也为难能也,然而未仁。"

【语译】

子游说:"我的朋友子张是难能可贵的了,然而还不能达到仁。"

【解读】

这一段里子游评价了子张,认为子张已经很好了,但还是没有达到仁的标准,这也许是因为子张"行过高,而少诚实恻怛之意",少了一点烟火气,让人觉得有距离感,不敢仿效信任。

19.16 曾子曰:"堂堂乎张也,难与并为仁矣。"

【语译】

曾子说:"子张的为人太高了,但是也没有达到仁的境界。"

【解读】

这一段曾子也评价了子张,说子张"难与并为仁",意思和子游对子张的评价大同小异。孔门后期的弟子中,子张还是很优秀的,而且子张为儒家学问的传承做出了很大的贡献,那这里为什么会被子游和曾子这样评价呢?这里面应该有两个因素,一个因素是子张自己的原因,子张是外有余而内不足;另一个原因是与他们的老师孔子定下的评价标准有关,孔子提倡不太会说话的人才算得上仁,"刚、毅、木、讷近仁",孔子喜欢不太会说但是老老实实学习、实践仁德的学生,比如颜回这样的学生。

19.17 曾子曰:"吾闻诸夫子:人未有自致者也,必也亲丧乎!"

【语译】

曾子说:"我听老师说过,人不可能把情绪完全抒发出来,必定是在父母去世的时候吧!"

【解读】

这一段里曾子转述了他的老师孔子的教导,说明了儒家关于情感抒发问题的观念。儒家对待情绪问题,一般主张内敛,不要张扬自己的情绪,要求人做情绪的主人而不是被情绪控制,这种对待情绪的基本态度也逐渐塑造了我们中国人的基本性格特征:不善于表达情绪。这里曾子告诉我们,孔子曾经对情绪问题有这样一种认识:第一,"人未有自致者也",人不可能把情绪全部抒发出来,也就是"发乎情,止乎礼",情绪的抒发总要有所约束,比如哭鼻子怕丢脸、发脾气怕伤人等等,总是不可能完全痛快地发泄。第二,"必也亲丧乎",只有在一种情况下人可以完全发泄出自己的情绪,那就是至亲的人去世的时候,那种悲痛抑制不住,也没有任何道理告诉我们需要约束这种悲痛,相反,因为儒家文化是鼓励亲近亲长的,这种悲痛被认为是赤诚之心的表现,人在这种情境下彻头彻尾地抒发自己的情绪,也是被鼓励的。

19.18　曾子曰:"吾闻诸夫子:孟庄子之孝也,其它可能也;其不改父之臣与父之政,是难能也。"

【语译】

曾子说:"我听老师说过:孟庄子的孝,别的很容易做到;但他继续用父亲的臣子,不改变父亲的政治措施,是很难做到的。"

【解读】

这一段里曾子呼应孔子关于孝道的论述而举了一个现实中孟庄子的例子来说明。孔子认为"三年而无改于父之道"才算是孝道,这里的孟庄子就是这么做的。孟庄子的父亲是鲁国的贤人,叫孟献子,孟献子过世后,孟庄子能继续用辅佐过父亲的那些老臣,继续坚守父亲管理时施行的政策,所以曾子认为孟庄子的其他各种孝行虽然也都值得称赞,但都不如做到这两点这么难,正因为这两点一般人做不到,所以才更值得称道。现在我们很多人都喜欢新官上任三把火,喜欢改弦易辙,喜欢自己鼓捣点新鲜东西,而不愿意在"守"这一点上多下功夫,不太愿意添柴加薪,其实继承和坚守正确的政策也非常重要。

19.19　孟氏使阳肤为士师,问于曾子。曾子曰:"上失其道,民散久矣。如得其情,则哀矜而勿喜!"

【语译】

孟氏任命阳肤做法官,阳肤向曾子求教。曾子说:"君王失道,百姓离心离德已经很久了。如果能够审出实情,便应该同情他,不要沾沾自喜!"

【解读】

这里曾子直接阐述了儒家的司法精神,这在《论语》中相对比较少见,《论语》中主要是论述仁德,充满了温情,这种温情也反映在曾子对司法的论述中。曾子的学生在出仕做官之前也去请教曾子,这个学生要去做"士师",前面已经讨论过了,"士师"是一个司法部门的干部。在我们今天很多人的心里,司法人员都是铁面无私、很刚硬的形象,可是这里曾子对学生的教导,却有很多温情的成分。他说"上失其道,民散久矣。如得其情,则哀矜而勿喜",因为上面管理的人"使之无道,教之无素",使得老百姓和管理者离心离德,这种情况下老百姓不听话,司法干部即使抓住了不听话的老百姓,掌握了确凿的证据,也应该同情这些弱势群体,要理解这些人犯法要么是迫于不得已,要么是陷于不知,而不要光想着自己破案立功而沾沾自喜。

19.20 子贡曰:"纣之不善,不如是之甚也。是以君子恶居下流,天下之恶皆归焉。"

【语译】

子贡说:"商纣王的恶行,不像说的那么严重。所以君子厌恶居于下流,如此天下的恶行都集中在他一人身上。"

【解读】

这一段里子贡从另一个视角评价了商纣王,而且还从中提炼出了一条君子的行为准则。子贡认为商纣王坏是坏,不过也没有想象的那么坏,"不如是之甚也",为什么呢?因为商纣王处在"下流"的位置,这样的位置会"天下之恶皆归焉",天底下很多的恶行都被归附到商纣王一个人身上了,谁叫他处于这样一个被万人唾弃的位置呢?于是子贡提炼出一条君子的行为准则,要"恶居下流",不要置其身于不善之地。

19.21 子贡曰:"君子之过也,如日月之食焉:过也,人皆见之;更也,人皆仰之。"

【语译】

子贡说:"君子的过错好比日食和月食:犯错误的时候,人人都看得见;改正的时候,人人都敬仰。"

【解读】

这里子贡讨论了君子对待过错的正确态度,这个态度就是勇于承认、善于改正,用一个形象的比喻就是"如日月之食焉"。有过错,不文过饰非,"人皆见之",天地尚且有日食、月食这样的不全、不圆满之处,人更是不可能成为完人。有过错也是掩盖不住的,群众的眼睛都是雪亮的,有过错就会被人发现、看见。只要不文过饰非,积极改正,就能"人皆仰之",人们还是会尊重他,对他的君子形象并没有坏的影响，对他的仁德也没有玷污。

19.22　卫公孙朝问于子贡曰："仲尼焉学？"子贡曰："文武之道，未坠于地，在人。贤者识其大者，不贤者识其小者。莫不有文武之道焉。夫子焉不学？而亦何常师之有？"

【语译】

卫国的公孙朝向子贡问："仲尼的学问是从哪里学来的？"子贡说："周文王武王的道，没有失传，在于个人。贤人记住大处，不贤能的人只记住末节。随时随地都有文王、武王之道。我的老师什么不学呢？又为什么非要有固定的老师呢？"

【解读】

这一段通过子贡回答卫公孙朝的提问，阐述了儒家学问的根基。在子贡看来，他的老师孔子的学术根基在于"文武之道"。这里的"文武之道"不是我们今天通常理解的文化和武功之道，而是指周文王、周武王之道，那么周朝这两代天子的道是什么呢？其实也就是一个道：仁道。这里反映了儒家文化里面两种很重要的文化传统：一个文化传统是圣人无常师，现实中的孔子并没有固定的老师，而是广泛地学习各种的知识，孔子的学问和修养都是自己"学"出来的，而不完全是靠"老师"教出来的。另一个文化传统是，虽然没有老师教，但是却有道统传续下来。按理说周文王、周武王都不能当面教导孔子，可是孔子还是继承了他们的道。后世儒家也这样，孔子故去后，经过了很多年，到了唐朝的韩愈等人，他们延续道统，认为自己继承了孔子的道，其实他们也不可能见到活着的孔子。再到后来朱熹朱夫子，也说自己继承的是孔子之道，那就更只是一种文化精神的传承，并不是真正的师徒关系了。

19.23　叔孙武叔语大夫于朝曰："子贡贤于仲尼。"子服景伯以告子贡。子贡曰："譬之宫墙，赐之墙也及肩，窥见室家之好。夫子之墙数仞，不得其门而入，不见宗庙之美，百官之富。得其门者或寡矣。夫子之云，不亦宜乎！"

【语译】

叔孙武叔在朝廷中对官员们说："子贡比他老师仲尼要贤能。"子服景伯把这话告诉子贡。子贡说:"比如房屋的围墙,我家的围墙只有肩膀高,可以看到房屋内的美好。老师的围墙却有数丈高,如果找不到大门进去,就看不到宗庙的雄伟、房舍的富丽。能够找着大门的人或许很少。武叔的话,不也是很合理的吗?"

【解读】

这一段话前面我们介绍子贡的时候已经引用、解释过了。这里是鲁国的当权贵族之一叔孙氏家的一个人,在公共场合想通过抬高孔子的学生来贬低孔子,子贡因此而作出了回应。子贡的回应中强调了品评人物时应当考虑的一个很重要的原则,那就是视角的高度。站在墙角根儿去看,当然只能看到眼前的东西,站在高处看,当然能看得更清晰一些、更远一些。对于孔子这样了不起的人,需要达到一定的高度,达到一定的境界,对儒家学问入了门,才能做出相对客观的评价,没有站在一定高度,没有做过深入的调查研究,往往会得出错误的结论。

万仞宫墙图

19.24 叔孙武叔毁仲尼。子贡曰:"无以为也!仲尼不可毁也。他人之贤者,丘陵也,犹可逾也;仲尼,日月也,无得而逾焉。人虽欲自绝,其何伤于日月乎?多见其不知量也。"

【语译】

叔孙武叔毁谤仲尼。子贡说:"不能这样做,仲尼是不可以毁谤的。别人的贤德,好比山丘,还可以超越;仲尼像太阳和月亮,是不能超越的。即使有人要自我毁灭,对太阳和月亮又有什么损害呢?可见是多么自不量力啊!"

【解读】

这一段还是讲叔孙氏家族的叔孙武叔毁谤孔子,子贡反击了他。在子贡看来,叔孙武叔的这种毁谤是小丑的伎俩,对孔子根本没有影响。这也许能成为我们今人在面对非议时如何自处的一种借鉴,清者自清,浊者自浊,把自己的品德、能力、修养做到位了,随便别人怎么毁谤,对我们又能有什么影响呢?

19.25 陈子禽谓子贡曰:"子为恭也,仲尼岂贤于子乎?"子贡曰:"君子一言以为知,一言以为不知,言不可不慎也。夫子之不可及也,犹天之不可阶而升也。夫子之得邦家者,所谓立之斯立,道之斯行,绥之斯来,动之斯和。其生也荣,其死也哀,如之何其可及也?"

【语译】

陈子禽对子贡说:"您对仲尼是恭敬啊,难道他真比您更贤明吗?"子贡说:"君子一句话可以表现他的智慧,一句话可以表现他的不聪明,所以说话必须谨慎。我的老师无人能及,犹如青天不可以用阶梯爬上去。我的老师如果做诸侯或卿大夫,那么正所谓要教百姓立于礼,百姓就会立于礼;要引导百姓,百姓就会跟着前进;安抚百姓,百姓就会来归顺;鼓舞百姓,百姓就会同心协力。我的老师生得光荣,死得可惜,怎么能有人赶得上呢?"

【解读】

这一段里记载了子贡如何回应有的人听信了对孔子的毁谤之言这件事,三人成虎,毁谤孔子的言论不会没有一个人相信,人群中总是会有跟着瞎起哄的蒙昧之徒,对这些人如何澄清问题呢?子贡采取的方法是陈述事实,他发表了一段较长的演讲,介绍了孔子的为人和成就,类似于今天的辟谣。当然子贡当年的辟谣方法今天或许已经不太适用了,这里只是要告诉我们一种原则,面对毁谤也不能一味地容忍,有时候也需要传递正面信息,以达到辟谣的效果。

尧曰第二十

20.1 尧曰:"咨!尔舜!天之历数在尔躬,允执其中。四海困穷,天禄永终。"舜亦以命禹。

【语译】

尧说:"啊!舜!天命已经落到你的身上了,坚守中道吧。如果天下百姓困顿贫穷,上天给的禄位会永远地终止。"舜也对禹说了这些话。

【解读】

这一篇是整部《论语》的结束,这一篇里,孔子又回到他最关心的话题"为政"上来了,在儒家看来,仁德的主要目标除了教化万民之外,最直接的贡献就是恢复和谐有序的社会伦理,而这方面最直接有效的措施莫过于为政了。儒家崇尚积极入世,所以要讲政治,而对所谓政治、管理而言,在孔子那个时代,其根本无疑在于帝王,整个社会的结构是以帝王为核心的差序结构,帝王的作用太大了。孔子当然也明白这一点,所以孔子前面讲了很多关于士如何提高修养、如何帮助帝王的内容,也讲了一些关于君王(诸侯)如何自处、如何对待民众的内容,但是还没有具体地讲过帝王为政方面应该怎么办(称赞过尧、舜、禹、汤、周文王、周武王,对周武王还夹杂着批评),也许正是出于这样的考虑,《论语》的编撰者们在这最后一篇《尧曰》里,相对细致地解读了孔子和儒家关

帝尧像

于帝王治世智慧的论述。

　　这一章一开始就给我们展现了一幅场景,尧帝禅让帝王之位给舜帝,我们知道,在孔子那个年代,获得帝王之位的主要依据已经变成了血统,也就是说老子当皇帝,儿子自然可以有当皇帝的资格。而且从上到下都是一个格局:老子当诸侯,儿子也有当诸侯的资格;老子当卿大夫,儿子也有当卿大夫的资格;老子当平民,儿子出生时只能是平民,想通过"下学上达"跻身士的阶层,也是后来的事情了……对血统的看重,在孔子自己身上都能看出来,孔子说自己是卿大夫,实际情况是他祖上是卿大夫而已,孔子这么说的一个主要依据就是血统。但是,最早的中国历史,传说不是"家天下",而是"公天下",一个人当帝王的依据不是靠血统,而是靠其他的东西,这个依据是什么呢? 孔子用一个禅让的场景来给我们加以解说。尧想传位给舜,我们现在也没法考证尧为什么要退休了,是出于法律的规定,出于身体状况的原因,出于年龄方面的考虑,还是出于业绩方面的考核,都不得而知。尧将要退休,然后要立一个继承人,他对继承人舜说:"咨! 尔舜!"然后开始解说为什么舜可以继任,而不是由其他人来继任,因为"天之历数在尔躬,允执其中"。上天赋予的"历"和"数"都在你身上了,所以你应当来继承天下,应当坚守中道。历是指历法,古代中国是一个农业社会,种粮食最重要的就是要懂得天时,春天来了你得知道,什么时候该播种什么作物你得清楚。而国家或者领袖人物的一项重要工作,就是指导人民什么时候干什么,也就是敬授民时、指导得当就能风调雨顺,五谷丰登,历法的主要功能就是这个。现在上天把历法交给了舜来掌握,他就可以带领人民搞好农业生产了。数是指术数,术数在中国古代也是国家大事,主要功能就是预测、推断人事吉凶、国运兴衰,告知人们趋吉避凶、做人处事的智慧,这个工具在中国古代也只有贵族才有资格拥有,只有发生关系国家命运的大事才会拿出来用用,比如说祭祀、征战之类的事情才使用术数,而且用的时候要斋戒沐浴,这是一件非常需要敬畏的事情。现在尧告诉舜,老天爷把术数这个工具也一并交给了你,这样舜带领人民就有了前瞻性,不会把大家带到歪道上去。接下来尧又告诉舜一个可以约束帝王的规律:"四海困穷,天禄永终。"这句话有两种截然相反的理解,一种理解认为,"四海困穷"的"困"和"穷"是动词,意思是穷尽、达到终点,整句话的意思是四海很大,没有穷极。"天禄永终"的"永"和"终"也是动词,意思是永远、长久,整句话的意思是上天给的命禄能够永远,没有终极。这样的理解非常契合后世"家天下"的皇帝登基的时候用的贺词,就好比群臣叫着"万岁万岁万万岁",谁都知道这个皇帝肯定要死掉的,还是会这么称呼他。而另一种理解是朱熹的理解,他认为"四海困穷"的"困穷"是穷困的意思,是走投无路的意思,"天禄永终"的"永终"是永远终结的意思,整句话的意思是如果天子让四海都走投无路,那么天子的禄位也会永远终结了。这种理解和周朝的思想很吻合,周朝是代替了商朝而拥有天下的,所以要从理论上说清楚自己为什么能代替商朝,周朝的知识分子给出的理论依据就是"天命靡常,唯德是辅",上天赋予的命禄不是恒常的,只有有仁德的人,上天才会帮助他。到这里,孔子描述给我们的一个场景就结束了,上一代领导人尧交代给下一代领导人的话就两句:"天之历数在尔躬,允执其中。四海困穷,天禄永终。"之后舜退休的时候,把天子之位传给禹,同样交代了这两句话,也就是孔子说的"舜亦以命禹"。

20.2 曰:"予小子履敢用玄牡,敢昭告于皇皇后帝:有罪不敢赦。帝臣不蔽,简在帝心。朕躬有罪,无以万方;万方有罪,罪在朕躬。"

【语译】

汤说:"我谨用黑色公牛作牺牲,斗胆告知光明而伟大的天帝:有罪的人不敢擅自赦免。臣仆的善恶不能隐瞒,天帝心里看得很明白。如果我本人有罪,不牵连天下;如果天下有罪,就由我一人来承担。"

【解读】

这一段里孔子又给了我们一个场景,这个场景是天子祭祀天地,向上天表决心,对上天宣誓。"予小子履"是对上天说话时自称的谦辞,实际上就是"我"的意思,"履"被认为是一个人的名字,相传古代的贤明帝王中,商汤的名字叫履,所以这一段话就被认为是商汤的话。"敢用玄牡,敢昭告于皇皇后帝","敢"这个词也是谦辞,就是壮着胆子做什么事情,"玄牡"就是纯黑色的公牛,是祭祀用的牺牲中最优质的了,"皇皇后帝"其实就是老天爷,"后"和"帝"是一样的意思,都是称位于帝王君主的尊贵位置、有主宰权力的人,"皇皇"是光明正大的意思,这是汤祭祀上天时的开场白,接下来就是汤对上天下了保证书,也就是汤的誓词:"有罪不敢赦。帝臣不蔽,简在帝心。朕躬有罪,无以万方;万方有罪,罪在朕躬。"这段誓词分了三个层面来保证,第一个层面是"有罪不敢赦",这句话省略了主语,不知道是谁有罪、谁赦罪,所以在解释时又开始有分歧,于是至少有了两种解释。第一种解释认为:有罪的是那些干坏事的人,天子治下的百姓,而赦他们的人就是这里给上天宣誓保证的汤,汤在这里告诉上天,对于那些有罪过的、干了坏事的人,汤自己不敢自作主张赦免他们,而是要请示上天,按照上天的仁德旨意去对待他们。第二种解释认为:有罪的人是汤自己,这是汤在上天面前做自我批评,汤说他自己曾经犯过的过错,自己也不敢擅自原谅自己,请求上天处罚他。第二个层面就是"帝臣不蔽,简在帝心",就是上天的臣民都不会被遮蔽,因为上天(帝)都知道呢,这就是中国老百姓说的"举头三尺有神明"。汤这么说就是表决心,自己将努力做到政治清明,让普天之下都清清朗朗的,功过是非都不被遮蔽,这样上天的仁德就不会被蒙蔽,上天的天威也不会被滥用,因为帝王做了什么,臣民做了什么,老天爷都看着呢。第三个层面就是"朕躬有罪,无以万方;万方有罪,罪在朕躬",换个说法就是"宁叫天下人负我,不叫我负天下人",我这个做帝王的要是有过失,就不要连累天下百姓了,天下百姓要是有过失,那只能算是我做帝王的过失。这是一种担当精神,儒家特别提倡这种担当精神,就是那种"人能弘道,非道弘人",一个人来担当全人类的精神责任。

20.3 周有大赉,善人是富。"虽有周亲,不如仁人。百姓有过,在予一人。"

【语译】

周朝大封诸侯,善人都富了起来。"我虽然有亲族,却不如有仁人。百姓有罪过,由我一人承担。"

【解读】

这一段继续通过对周王朝政治举措的解读来阐述儒家的政治理想。"周有大赉"是周王朝的施政纲领,"赉"字的意思是赐予,周天子赐予土地,也就是分封制。周武王得天下后,天下都是周王室的了,怎么管理成了一个问题,周王室想到的方法就是划分地盘,周天子让下一级的诸侯各自领一块地盘管理。这些分封的诸侯怎么管理呢?还是用同样的方法,诸侯又接着往下分封,下面再分给卿大夫一块儿地盘,让卿大夫自治管理。这是制度建设方面的举措。分封给谁总得有个依据,有个标准,那么这个分封原则是什么呢?周王朝的原则是"善人是富",让善人富起来。怎样才算是富起来?这里又涉及至少两种理解,最容易让人联想到的理解是财富多起来,就是让好人有钱,这也很合儒家治世的指导思想,为政的首要任务就是"富民""安民",然后"富而教之",用仁德来教化万民,让大家都能富得有幸福感,既富且贵。另一种理解认为,"富"是丰富、众多的意思,因为前面谈的是分封制,现在周武王大封诸侯,诸侯都有了自己的地盘,然后就要修自己的仁德。仁德修好了就能像《礼记》说的那样,"有德此有人,有人此有土,有土此有财"。按照仁德的方式管理之后,归附的人民就会越来越多,人民多起来,贤人也就多起来了,人才聚集了才能守住土地,守住土地然后才能有财富。本着这样的施政纲领,周武王对分封的那些异姓诸侯(姜太公等)说了一句鼓舞他们的话:"虽有周亲,不如仁人。"意思是任人唯仁,有仁德的人比至亲的人还重要,要委以重任,要分封给有仁德的人一块地盘,把百姓托付给有仁德的人管理、领导。周武王还告诉分封的诸侯,"百姓有过,在予一人",担当起天子的责任。现在的管理都讲"问责",谁管的谁就有责任,有的人一开始就寻思如何免责,根本没有"百姓有过,在予一人"的担当,而是刚开始就想方设法多找几个人一块儿开会讨论,群策群力,其结果就是要么就拖着不了了之,要么就有事大家一块儿扛着,这种思路,应该说是和儒家这种圣人君子率先担当责任的精神背道而驰的。

20.4 谨权量,审法度,修废官,四方之政行焉。兴灭国,继绝世,举逸民,天下之民归心焉。

【语译】

审定度量衡,制定礼乐制度,修复已废弃的工作,四方的政令就会通行。复兴被灭亡的国家,承续已断绝的后代,推举隐逸的贤才,天下的百姓就都会诚心归服。

【解读】

这一段阐述的是儒家治世理想中的经济文化建设纲领,第一句"谨权量,审法度,修废官,四方之政行焉",偏重于经济建设纲领;第二句"兴灭国,继绝世,举逸民,天下之民归心焉",偏重于思想文化、社会福利建设纲领。"谨权量"的"权"是指代重量的度量,权的本义是秤砣,用来称东西的重量,"量"是指代容量的度量,是指合、升、斗等量器,这两种东西都是用来测量的,"谨权量"就是统一度量衡,把这些称量东西的标准统一下来。"审法度"的"度"也是前面度量衡的度,实际上是指称量长短的度量,而"法"不是我们今天所说的法律,而是律,律就是律管,是一种用竹子做的定音、定节气的器物,"审法度"实际就是审定礼乐制度,把音乐、礼仪、节气方面的规则定下来。"修废官"就是把荒废掉的官职制度恢复起来,并且修正成适合当前情况的官职制度。这几件事情做好之后,就能"四方之政行焉",社会经济就能走上正常发展的轨道,人安于事,社会逐渐向前发展。仅仅搞经济建设还是不够的,接下来还要"兴灭国,继绝世"。"灭国"就是那些被灭掉了的诸侯国,周王朝推翻商纣王统治是通过战争的方式达到的,一打仗就会波及很多诸侯国,比如前面我们提到过的伯夷、叔齐,他们的国家就被灭掉了,所以这两个人才不食周粟,饿死在首阳山上了。"绝世"是指那些断绝了后裔的家族,尤其是贤人的家族子孙断绝,被称为绝世。兴灭国、继绝世这两项举措也正是周武王得天下之后的举措,新生的周王朝并没有对殷商王室及其后代赶尽杀绝,对其他被灭掉的诸侯国也是网开一面,还让尧、舜、禹的后世子孙也都得到承续,这就是"兴灭继绝",即分封黄帝、尧、舜、夏、商的后代子孙。最后是"举逸民"。"举"就是提拔、选拔、任用的意思。"逸民"一般被认为是隐逸的贤人。"举逸民"也指释箕子之囚,复商容之位。总之,凡是有仁德、有才能的贤人,都会受到礼遇、重用,这种举措也成为后世历代王朝的模范,也就是说,礼遇前朝遗老、贤达,力求做到野无遗贤,天下归心,如果真做到了,自然就能"天下之民归心焉"。

20.5 所重:民、食、丧、祭。

【语译】

所重视的:人民、粮食、丧葬、祭祀。

【解读】

这一段里阐释了为政需要重点关注的内容,其实就是一件事:民,分开来说是三件事:食、丧、祭。儒家讲"慎终追远,民德归厚",丧、祭都是对待先祖的行为,本身就是一回事,都是要敬畏和归属,而这个行为的主旨还是在于民德归厚,落脚点还是在民上。而食直接关系到民在今生今世的生存,落脚点也在民上。一个关注逝去的死者,一个关注活着的生者;一个关注精神的归属,一个关注物质的满足,终归落脚到一个民字上,换句话说,也就是"以民为本"。这可以说是为政和管理的核心精神，一个企业需要重视的不就是这个东西吗？员工的物质待遇是不是合理，员工的心思是不是系在企业上，对企业有没有归属感，所以企业需要重视的不外乎两个方面：一是让员工在物质上富足起来，二是让员工有精神生活，在精神层面上认同企业文化。

20.6　宽则得众，信则民任焉，敏则有功，公则说。

【语译】

宽厚就会得到群众的拥护，诚信就会得到百姓的重托，勤敏就会有功劳，公平就会皆大欢喜。

【解读】

这一段和前面孔子回答"子张问仁"时的答案有重复之处，前面讲"恭、宽、信、敏、惠"是仁德之人的修养，这里还是同样的提法，不过被编排到《尧曰》这个主要讲为政的篇章里，大致可以让我们产生两层揣测。第一层意思是，"恭、宽、信、敏、惠"这个五要素不但是仁德修养的要素，也是为政、管理的要素。为政、管理和做人是一体的，做人做好了，管理也能搞好，为政也能干得很好。第二层意思是，为政、管理落实到最后还是要落到仁德这个内核上来，而一旦落实到仁德上，自然就是"恭、宽、信、敏、惠"这些内容，做什么事情始终是"用"，根本的"体"都是仁德。

20.7　子张问于孔子曰："何如斯可以从政矣？"子曰："尊五美，屏四恶，斯可以从政矣。"子张曰："何谓五美？"子曰："君子惠而不费，劳而不怨，欲而不贪，泰而不骄，威而不猛。"子张曰："何谓惠而不费？"子曰："因民之所利而利之，斯不亦惠而不费乎？择可劳而劳之，又谁怨？欲仁而得仁，又焉贪？君子无众寡，无小大，无敢慢，斯不亦泰而不骄乎？君子正其衣冠，尊其瞻视，俨然人望而畏之，斯不亦威而不猛乎？"子张曰："何谓四恶？"子曰："不教而杀谓之虐；不戒视成谓之暴；慢令致期谓之贼；犹之与人也，出纳之吝谓之有司。"

【语译】

子张问孔子："政事要怎么治理呢？"孔子说："尊重五种美德，摒除四种恶政,就可以治理政事了。"子张说:"什么是五种美德?"孔子说:"君子给百姓好处,却没有浪费;劳役百姓,却没有怨恨;有欲望却不贪婪;安泰却不骄傲;威严却不凶猛。"子张说:"什么叫给百姓好处,却没有浪费呢?"孔子道:"按照百姓应得的利益而给他们好处,这不就是给百姓以好处而没有浪费吗?按照时令让人民劳动,谁会有怨恨呢?想得到仁时而得到了仁,又怎么会贪求呢?君子无论人多人少,无论势力大小,都不怠慢他们,这不就是安泰却不骄傲吗?君子衣冠端正,目不斜视,神态庄严,使人望而生畏,这不就是威严却不凶猛吗?"子张问:"什么是四种恶政呢?"孔子说:"不加教育便杀戮称为虐;不加告诫便要成绩称为暴;起先怠慢突然限期称为贼;给人财物,出手吝啬,称为小气。"

【解读】

　　这一段孔子从为政的角度阐释了"五美""四恶",这些关于为政和管理智慧的论述时至今日也还有借鉴意义。"五美"的第一美叫"惠而不费",并且孔子进一步解释说,这就是"因民之所利而利之",这可以说是为政的第一原则,也是管理的第一原则,给人实实在在的好处,这叫惠;同时也没有浪费,没有奢侈,对公共利益、他人利益乃至东家老板的利益都没有损伤,这叫不费。怎么做到这一点,孔子说,要为人民服务,对人民有好处的事情要多干,这肯定是正确的方法,不过做起来不容易。实际上孔子这个管理原则里含有现代管理的智慧,跟老百姓的利益相一致而不是与民争利,这不就是激励相容的模型吗?不就是现在我们熟悉得不能再熟悉的"多赢"吗?第二美叫"劳而不怨",孔子给这句话的解释是"择可劳而劳之",这可以说是为政用人、人力资源管理的第一原则。人的工作太劳累,一般都难免会有怨言,如果再加上其他因素,就可能变得更加愤愤不平。为政、管理都少不了让人干活儿,当然也就始终面对着这个挑战,孔子在几千年前就告诉我们:要学会挑人,挑那些能够承受劳累的人来干活儿。人为什么能承受劳累呢?从身体健康的角度来说,大多数人的承受能力都差不多,不是那么能承受也不是那么不能承受,但是从工作现实来看,人和人还真不一样,这就是心理因素在起作用了。千金难买愿意,人力资源管理就是要把那些心里愿意而且劳动能力强的人挑选出来,让他们来工作,来受累。第三美叫"欲而不贪",这是关于为政者、管理者自身修养的一条准则。关于欲望的问题,孔子的一贯主张既不是纵欲,也不是禁欲,而是节欲,也就是欲而不贪,有欲望但是不贪婪,用仁德、礼义来调和欲望,所以孔子说:"欲仁得仁,又焉贪?"欲望得到了合理的满足,同时也得到了合理的引导、节制，能够得到仁德的真谛，自然就不会贪婪了。其实关键还在于引导和节制，引导和节制欲望的方法就是仁德，孔子说"富与贵，不以其道得之，不处也"，就是要以仁德之道来引导、节制对富贵的欲望。第四美叫"泰而不骄"，孔子认为，"无众寡、无小大、无敢慢"，也就做到了泰而不骄。结合孔子自己的阐释来看，这里是讲为政者、管理者在人性假设方面应该持有的观点，如果觉得人生下来就分三六九等，就有众寡、小大的分别，君王天生优越，平民天生鄙陋，那就很难做到泰而不骄。如果不论对方是大还是小，是多还是少，都以同理心对待，都以忠恕之道对待，那自然就能泰而不骄了。第五美叫"威而不猛"，有威仪但是不凶悍，不恃才自傲，不盛气凌人，为政者既要平易亲民，又要有威仪，也就是前面已经谈到过的"温而厉"。怎么做到这一点，孔子也有论述，他说只要"正其衣冠，尊其瞻视，俨然人望而畏之"就可以了。

  接下来孔子又开始阐述他关于"四恶"的论述，也就是为政和管理不应该做的事情。其中第一恶叫"不教而杀谓之虐"，这是一种为政、管理中需要规避的错误倾向。事先没有教育，犯了错就直接杀掉他，这是暴虐的做法，不合仁德之道。孔子主张的正确做法是"富之""教之"，要教育他们，让人知道哪些是仁德的，哪些是不仁德的，改造人的动物性的一面，塑造人的社会性的一面，这个工作一定要做，而不能直接就给人扣上"反人类""反文明"等道德主义的大帽子，一刀子砍下去，就以为解决全部问题了。第二恶叫"不戒视成谓之暴"，"戒"这里是"诫"的意思，即告诫、申诫，先前不管不问，等结果出来后再来问责，这就是暴力，是不讲道理。这句话很值得品味，很多时候我们是不是都在"不戒视成"，只以成败论英雄。"贞妇白头失守，半生之清苦俱非"，太看重那个"成"了，而忽略了成长的经历。第三恶叫"慢令致期谓之贼"，这个确实够贼的，先不着慌不着急的，不当回事，突然就提出很紧迫的期限、很高的要求，这不是贼是什么啊。"贼"的本义跟贝有关，贝在古代被当成钱来用，就是宝贝、财物的意思，"贼"还跟戈有关，合起来就是用戈毁坏贝，也就是用武力、阴谋把宝贝的东西弄坏、弄走，"慢令致期"就是这样的贼子行为。第四恶叫"犹之与人也，出纳之吝谓之有司"，通俗地说就是出手小家子气，这为什么是一种恶呢？我们中国人不是讲究勤俭持家吗？其中俭就是要节约，那为什么在这里节约就是一恶呢？这里的节约其实是说，君主对人民小气，没有把国家的财物用到人民需要的地方。

20.8　孔子曰："不知命，无以为君子也；不知礼，无以立也；不知言，无以知人也。"

【语译】

孔子说："不懂得天命，就不可能成为君子；不懂得礼仪，就不可能在社会立足；没有留下有价值的言论，后人就不会记得你。"

【解读】

这一段里孔子说明了君子应该知道的三种内容：命、礼、言。"命"这个概念有一些宿命论的感觉在里面，但更主要的意思是指天地大道，是引起和推动宇宙万物发生、发展、变化的那个玄之又玄的本源性的东西，这种东西落实到一个人身上是什么呢？那就是上天赋予一个人的责任。比如孔子以推广儒家仁的学问为己任，他就能知其不可为而为之，后来的孟子也继承了这种责任感，他就鼓励自己和后学说，"天将降大任于是人也，必先苦其心志"，等等。再后来的程颐又说："人不知命，则见害必避，见利必趋，何以为君子？"人有了一种比利益更高的责任和追求后，就不会逐利忘本了，这就是"不知命，无以为君子也"。"礼"是孔子一直推崇的行为规范，一个有礼的社会才是有序和谐的社会，一个彬彬有礼的人也是孔子所赞赏的类型，而如果不懂礼的话，人就会"耳目无所加，手足无所措"，视听言动都会失范，也就是"不知礼，无以立也"。"言"也是儒家非常看重的内容，"三不朽"中就有一项是"立言"，就是著书立说，留下有价值的言论，这个也是达到不朽的方法，可见"言"对一个人的重要性，最普通最浅显的道理就是"不知言，无以知人也"，人类如果没有语言，就没法交流和沟通。

西狩获麟图

后 记

经过几年的努力,《张其成全解〈论语〉》一稿终于完成了。书稿是由我这几年讲《论语》的录音整理而成的。回首这几年和同学一起研读《论语》这本充满智慧的经典,不禁感慨时间飞逝,也甚是怀念那种认真、专注的工匠精神。眼下社会,能静下心来读书,尤其是读国学经典的人真的是不多了。《论语》积淀了中华民族几千年的智慧,若是此生错过,岂不可惜!这也是我出版此书的目的,希望国人能借助此书打开中华民族智慧的大门,体会孔子作为一个知识分子的骨气和担当,进而对自己的人生有所启发。学习国学就是修心的过程,期盼人人都能拥有幸福和谐的人生。

值此书稿出版之际,感谢那些付出辛劳的同仁,从录音转成文字,再到书稿的整理校对,最后成就本书,投入了大量的时间和精力。尤其要感谢我的研究生程小亚同学,承担了大量整理校对的工作,为本书的出版付出了辛勤的劳动。

张其成

2016 年 7 月